新世紀叢書

當代重要思潮・人文心靈・宗教・社會文化關懷

愛與意志

LOVE AND WILL

存在主義心理分析扛鼎鉅著

彭仁郁—譯　沈清松—校訂

沈清松、黃光國—導讀

羅洛・梅經典

探索愛的焦慮、意志與原魔

愛別人的程度，實賴於我們能夠愛自己到何種程度。

存在主義心理分析大師

羅洛・梅Rollo May 著

愛與意志：羅洛．梅經典

【目錄】全書總頁數520頁

I 愛

III 愛與意志

〈導讀①〉

面對死亡，追求本真的存在

黃光國
國家講座教授

這本《愛與意志》是存在主義心理分析大師 Rollo May 的成名之作，原書在一九六九年由紐約諾頓公司出版。Rollo May 在西方精神醫學界極富盛名，在台灣卻鮮少為人所知。主要原因在於：長久以來，台灣心理學界一直籠罩在「素樸實徵主義」的陰影之下，對心理分析有深入研究的學者，已經是屈指可數；對存在主義心理分析下過工夫的人，更是寥寥無幾。在利潤掛帥的資本主義時代，台灣的出版市場到處充斥著許多沒什麼學術價值的通俗心理學譯作，這本存在主義心理分析的扛鼎鉅著，雖然在二十年前經由「志文出版社」翻譯出版，卻早已絕版多時，二十年後的今天，「立緒文化編輯部」才又重新規劃，譯成中文，這大概只能怪台灣學風澆薄，這類著作「知音難覓」吧？

然而，如果我們仔細閱讀這本書，我們當可發現：這本書所討論的問題，對於台灣社會中的男男女女，不僅沒有過時，而且還十分適用。為什麼呢？要回答這個問題，我們先說明存在主義所產生的時代背景。西方文藝復興運動發生之後，理性主義的勃興，促成了工業革命的發生，同時也造成了資本主義的興起。在資本主義社會裡，「金錢」和「權力」變成兩種最具主導力的價值觀念，許多人都喜歡絞盡腦汁，希望以各種不同的「知識」作爲「工具」，來追求「金錢」和「權力」。結果西方文明從希臘時期以來對於「理論理性」的追求，異化成爲「工具理性」的極度擴張；人類的存在方式也發生了徹底的改變。

海德格認爲：人「存在於世」(being-in-the-world)的方式可以有兩種選擇：一種是選擇「是自己本身」，他稱之爲「本眞的存在」；另一種是選擇「不是自己本身」，他稱之爲「非本眞的存在」。對於這兩種存在方式作出抉擇之後，則個人的思考方式不同，對自己的態度不同，和別人的關係不同，連時間觀也會有所不同。處於「本眞的存在」狀態，個人所使用的是「原初性思考」(originative thinking)，他並不像笛卡兒哲學那樣，將自己想像是和客體對立的主體，相反的，他會開放自己，放鬆自己，讓世界中的事物降臨到自己身上，和自己融爲一體，這種境界海德格稱之爲「與物同遊」(in play within the matter itself)。在這種境界裡，個人是他眞正的自己，他人也會如其所是地展現其自身，人與人之間有一種互爲主體性的了解，他們之間的關聯，也有一種時間上的連續性和延展性。

「非本眞的存在」則不然。在這種存在狀態裡，個人把自己想像成是和外在世界對立的「主體」，並且企圖用「技術性思考」(technical thinking)或「形上學思考」(metaphysical thinking)來掌握或操縱外在世界中的客體。當他用這樣的方式和他人互動的時候，他會選擇「不是自己本身」，努力地把自我隱藏起來，並且盡量變得跟「常人」一樣。如此一來，他既不需要作任何的道德抉擇，也不需要擔負任何責任，因而也喪失了所有的自由。在這種「非本眞的存在」狀態裡，時間觀的表述方式是「現在—現在—現在」，因爲過去的已經過去了，沒有什麼值得回憶的；未來的尙未到來，也很難有所期待。個人所能做的唯一事情，就是「把握現在」。

在這本著作中，Rollo May指出：在西方傳統中，有四種愛的形式。第一種是性，西方人稱之爲肉慾(lust)或力比多(libido)。其次是愛慾(eros)，這種愛的驅力令人有繁殖和創造的慾望。第三種是朋友之愛，希臘人稱之爲philia，第四種是「同胞愛」，或agapé，意指會爲他人的福祉設想，譬如：「神愛世人」即爲此種愛的原型。然而，從第一次世界大戰結束之後不久，西方人開始把他們的關懷集中在以肉慾爲主的「性」之上，以爲它可以取代愛的其他形式，「我們從假裝性根本不存在，猛地轉入一個全心全意爲性著迷的狀態」，任何書店都可以買到談論性知識或性技術的書籍，每一天的報紙都可以看到許多有關避孕、墮胎、通姦或同性戀的消息，「人們大方地在性行爲中裸露自己的身體，然而，對伴隨著溫柔而來的心理層面和心靈層面的裸露，人們則顯得戒愼恐懼」。爲了克服自身的孤獨狀態，爲了逃脫空虛感和冷漠的威脅，人們把自己變成了一部「性愛機器」，「伴侶們氣喘吁吁地顫抖著，希望在另一個人身上發現同樣的顫抖回應，好證明自己的身體並未麻木」。怪異的是：性行爲愈開放，人們對性歡愉的感受卻愈來愈淡，熱情也減低到幾乎消退的地步，性關係變得枯燥乏味，甚至服用迷幻藥也無濟於事。Rollo May 毫不含糊地指出：這種「性格分裂的人，其實是技術化之人的自然產物」，他們躲避親密關係，碰觸不著親密關係，甚至無法感受到人與人之間的親密關係。用海德格的概念來說，這是屬於「非本眞之存在」狀態，在異性關係或人際關係方面所顯現出來的特色。

然則，有什麼力量可以使由這種「非本眞的存在」「選擇」成爲「本眞的存在」狀態呢？**海德格認爲：對於「死亡」的理解，是使人由「非本眞的存在」，超拔到「本眞存在」的唯一途徑。**每一個人都會死，而且在任何一個時刻都可能突然死亡。可是，大多數人都不認爲自己隨時會死，而寧可相信：自己還有無數日子可以活。這樣的信念使個人致力於追求「常人」的價値，並且變成一個終日在使用「技術性思考」的盤算者。**死亡的意義是個人永遠不再生存在這世界上。「面對死亡的存在」**(being-towards-death)**使所有現世的東西都喪失掉原有的價値。這時候，人才會定下心來，嚴肅思考存在的本質，而去追求「本眞的」存在狀態。**

同樣的，Rollo May 也認爲：對於死亡的覺識將使我們對於愛情的價値有更廣闊的開放性。在本書第四章的開頭，他引述著名心理學者馬斯洛在第一次心臟病發作後所寫的一封信，信中有一段話是這麼寫的：「死亡，和它終將現身的可能性，使得愛、熱情的愛，成爲可能。倘若我們知道自己將永遠不死，我懷疑我們是否還能如此熱情相愛，是否還能經驗到這等狂喜。」更清楚地說，就本書所關懷的「愛與性」而言，個人也是要清楚地認識到：人是一種「面對死亡的存在」，他才會反省並仔細評估自己在日常生活中所崇尚的價值；這時候，他才有可能選擇追求「本眞的存在狀態」，不再把異性當做是滿足個人性慾的工具，而樂於和對方建立長久的穩定關係。**愛與意志合而爲一，他對於肉慾的耽迷才有可能超拔成爲對於「愛慾」的嚮往**。在這種存在狀態裡，時間並不是以「現在」作爲核心，由「過去」奔向「未來」的直線型流失過程；而變成一種「過去」、「現在」和「未來」的不斷往復循環：「過去」和「現在」打通了，走向未來也可回復到「過去」，**人的存在不再是全然的空無，反倒蘊含著無限多的可能**。

談到這裡，我們便可以回過頭來說明：爲什麼我認爲Rollo May的這本鉅著對於今日的台灣社會仍然有高度的適用性。台灣的文化發展一向是跟在西方社會之後，邯鄲學步，亦步亦趨。西方文明中蘊含有「工具理性」或「技術性思考」的文化質素，通常都會像疫病一樣地快速傳遍台灣社會；然而，西方思想家對其文明發展的深刻反思，通常都要晚個三、五年甚至二、三十年，才能經由少數知識份子的引介，逐漸爲人所知。在過去幾十年中，在一批所謂「現代化派」知識份子的狂吹濫捧之下，傳統社會中的性道德和性規範早已土崩瓦解；對於新世代的年輕人而言，什麼「一夜情」、性解放、搖頭丸、墮胎、未婚媽媽、同性戀……等等，都是司空見慣之事。年輕人不管發生任何性的糾葛，許多「心理學家」和「輔導專家」的建議一定是「加強性教育」。在這種「性技術思考」氾濫成災的時代，將這本《愛與意志》譯成中文，讓我們對於自身的時代處境，有多一點反思的空間，誰曰不宜？

在對本書做完引介之後，作爲一個致力於推廣「社會科學本土化」的學者，對於本書的內容，我還想做一點提示。我們在讀本書的時候，切不可忘記：本書的作者是一位西方的心理學家，他在書中雖然偶爾也會提到東方文化的觀點，但整本書的思維理路卻是純粹西方式的。比方說，在本書中，他花費許多篇幅所討論的一個核心概念「愛慾」或「愛洛斯」(Eros)，就完全是西方文化的產品，跟傳統中華文化可以說是完全不相應的。在一篇題爲〈自由與自律之間〉的論文中，哲學家唐力權曾經用一段十分精闢的話來突顯中、西文化在這一方面的對比。他說：中國人的文化心靈是「良知型」（良知偏勝）的，而非「愛羅型」（愛羅偏勝）的。愛羅心性(Eros)乃是一個喻於「自體性價值」的心性，而良知心性卻是一個喻於「互體性價值」的心性。愛羅人所突顯的乃是「材知愛慾」的「自由本能」，而良知人所彰顯的卻是「仁恕關懷」和「悱惻本性」；前者是一種「異隔對執」的本能，而後者則是一種「同體感適」的本性。

唐氏所謂的「愛羅型」或「愛羅偏勝」，就是本書所說的「愛慾」或「愛洛斯」。

換句話說，所謂「本眞的存在狀態」，對於西方人和華人是截然不同的。這樣的差異，恰恰是中、西文化最最尖銳的對比所在。當然，由於篇幅所限，在此我無法繼續深論：什麼是「良知型」（良知偏勝）的「仁恕關懷」和「悱惻本性」；它和西方的「愛羅型」（愛羅偏勝）又有什麼不同。這裡，我只能留下一個引子，希望在「社會科學本土化」的潮流導引之下，有些年輕的學者能夠繼續思索這個問題，針對華人社會中的實際情況，另外再寫一本中國式的《愛與良知》。

二〇〇一年二月一日

〈導讀②〉

以智慧醫治心靈

多倫多大學中國哲學與文化講座教授
沈清松

梅若樂(Rollo May)（本書譯爲羅洛．梅）是我最欽佩的心理治療家。其實，我並沒有專門加以研究，只是曾經拜讀過他的《人的自我探索》(*Man's Search for Himself*)（本書譯爲《自我追尋的現代人》）、《愛與意志》(*Love and Will*)以及他討論焦慮和暴力方面的大作，深深被他的博學與智慧所吸引。對於像我這樣一個哲學和人文的研究者，之所以愛讀梅若樂，並不只是因爲他在哲學、文學與經典方面的精熟，而更是因爲他能將哲學、文學與心理學合冶於一爐，煉出治療心靈病痛的藥方，使他成爲心靈的良醫，這要比玩文字的魔術或扮演文化的醫生，更能悲天憫人，也更爲踏實，而不會徒託空言。

梅若樂雖然身爲心理治療家，卻出入於哲學、文學、古典研究、乃至神學方面的思潮與經典，並能從其中擷取直透人性的洞見和治療心靈的智慧。毫無疑問的，他對於本行的心理治療文獻，諸如弗洛依德、榮格、佛洛姆、羅傑斯……等人的著作，皆能取其精華，批其糟粕。對我來說，他所喜愛引用與分析的歐陸哲學家，諸如巴斯卡、史賓諾莎、尼采、胡塞爾、海德格、梅洛・龐蒂、呂格爾等，美國哲學家諸如詹姆斯、懷德海等，也都是我心目中最欽佩的西方哲學家，也因此讀起來備感親切。

難能可貴的是，梅若樂對於古希臘哲學與希臘化時期的哲學非常嫻熟，從先蘇時期的哲學家，例如安納希曼德，經辯士派到蘇格拉底、柏拉圖、亞里斯多德等雅典哲學大師，一直到希臘化時期與羅馬時期的哲學，都能恰當引用、深入分析。他對於中世紀的思想家，如奧古斯丁、聖多瑪斯，也不陌生，而能旁徵博引，藉以賦予其心理治療學的分析以哲學深度。他對希臘神話與悲劇的深入了解，在心理治療領域中可爲翹楚。在文學方面，他對歌德、艾略特、貝克特……以及對於歷代與當代的詩和戲劇的熟悉與洞見，亦令人自嘆弗如。他對神學家的思想一點也不陌生，尤其是對他的恩師田立克的思想，不但有深刻的認識，並且能信手拈來，藉以擴大和深化其視野。

我這樣說，並不表示我只是被他的博學所吸引。相反的，讀梅若樂的著作最令人感動的，是他從博學中提煉智慧，而且，這些智慧存在的理由是爲了對他者的慷慨與照料，他們都是醫治心靈的佳音。

事實上，《愛與意志》這本書出版於二十世紀七〇年代，正值學生運動與嬉皮風潮初興，當時思潮還沒產生從對西方近、現代「主體性」的批判轉向以「他者」爲重心的典範轉移。然而，梅若樂在當時已指出，**愛與意志已然成爲問題，其實就是一個人封限於自我，心中沒有他者的問題**。換言之，就今天看來，**愛與意志的問題，其實就是他者與自我的問題，二者不是二元的，也不是對立的，而是辯證的，相輔相成的**。梅若樂接受傳統上將愛區分爲性愛、愛慾、友愛與無私的愛，雖然他的重點是放在愛慾的分析，但他認爲完整的愛應包含四者，而且愛慾若要成功，不能下陷於性愛，而應提升至友愛和無私的愛。這點可從性高潮與人對他者的整體交付有關見之。這其中的智慧，在於人**都是在指向他者中尋獲意義，人應對於他者慷慨，而不是尋求自己性需求的滿足。「需要」只尋求滿足，然而「愛慾」則志在久長**。

避免二元論的陷阱，進而啓動自我與他者相互豐富的辯證，這是梅若樂思想的精粹所在。這一中道思想也表現在他對於意志與意圖、意向性與意願關係的處理上。他區分意向性與意願，但仍認爲意向性必須透過意願而實現，而意願也不能自我執泥，卻必須自覺自己眞正的意向性所在。他也區分意志與意圖，但他並不像康德那樣過度抬高意志而貶低意圖，也不像弗洛依德那樣貶低意志而強調慾望。這種思考方式，在一個嫻熟中國哲學的中道思想的人看來，會有似曾相識之感。

我這樣說，並不表示梅若樂的確已經明說出後現代思潮中至爲重要的「他者」向度，而且，他也還未超越人與人的「相互性」之上，轉向存有本身的慷慨與人對人不求還報的慷慨。他對於笛卡兒的批評也相似於後來的後現代主義者，不盡公平，好似笛卡兒必須爲現代性中的主智主義與主體膨脹負全責似的。其實，笛卡兒晚年著有《論靈魂的情感》(*Les Passions de l'âme*)一書，以重要篇幅討論慷慨，主張一種不求還報的利他主義。**笛卡兒認爲善用主體自由的最好方式，就在於對他人慷慨，並由於能自由地對他人慷慨，才能產生眞正的自尊。**換言之，**人眞正的主體性在於能善用意志對他人慷慨。**總之，現代性雖有在主體性中自我封閉的傾向，然而，或許我們不應將此現代性的弊端，過度簡單地歸咎於笛卡兒。

在閱讀梅若樂之時，我們也可以看出，他已經體會到**人是關係性的存在**。不過，他似乎仍未看清楚，自我與他者應重新安置在關係的存有論脈絡之中。在我看來，二十世紀已經見證了由「實體的存有論」往「關係的存有論」的變動。所謂關係的存有論表示一切存在者皆在動態、變遷的關係中指向意義、形成意義。**肯定關係，也就肯定了「他者」的不可化約性，以及與他者的內在而動態的關聯。**

此外，梅若樂在本書中重點分析了海德格的「掛念」（Care，本書譯爲「操煩」），不過，他似乎未注意到，海德格的掛念的本質在於實現個人「本眞的存有」，然而，梅若樂所要主張的，卻是「對他者的關懷」，其中有天壤之別。像其他心理治療家一樣，梅若樂也特別注意身體的存在與地位。然而，我總覺得，從海德格強調人是「在世存有」，到梅洛・龐蒂更轉入「己身」，對於身體的強調甚或陷溺，已然成為二十世紀文明的主調，不幸的是文明與思想從此更無出路。強調身體固然使思想更為具體，然而，**人的存在從身體出發，卻不停止於身體。二十一世紀的思想，應為迷戀於身體的人類尋索出路**。或許，這樣才能眞正完成愛慾的無限潛能。我想，這也應是梅若樂內心之宏願。

以上這些省思，謹提供讀者進一步的思考。無可否認的，閱讀梅若樂是一種心靈的饗宴，他的博學與智慧不但顯示在本書的正文，也表現在書中的註釋。讀者們在品嚐其正文之餘，也別忘了翻閱其註釋，定會有「為學日益」之效。

二〇〇一年二月二十二日於指南山麓

〈譯序〉羅洛・梅——存在主義與精神分析之實踐者

一九○九年四月二十一日，羅洛・梅生於美國俄亥俄州的艾達城(Ada)。父母的離異與其姊的精神病發作，必定在羅洛・梅幼小的心靈中，暗自種下日後探索人類精神奧秘的種籽。在密西根大學就讀時，他因積極參與一激進派學生雜誌的出版而被勒令退學，乃返回俄亥俄州，於歐柏林大學(Oberlin College)取得學士學位，其後，轉赴希臘亞納托利亞大學(Anatolia College)教授英文，爲時三年。訪歐期間，羅洛・梅以巡迴藝術家的身分實現其對繪畫的熱情和渴望，並曾短暫地求教於個體心理學(Individual Psychology)的開山祖師阿德勒(Alfred Adler)。返美後，進入聯合神學院(Union Theological Seminary)，結識當代重要神學暨哲學家保羅・田立克(Paul Tillich)，並於一九三八年獲得神學士學位。

身爲猶太人的田立克在二次大戰、希特勒執行種族清洗屠殺期間，流亡到美國，其大半家人皆未逃過納粹魔掌；對於人類心靈深層之惡魔傾向有親身體驗的他，一直在基督教信仰的現代社會脈絡中，探問惡的終極意義。羅洛・梅在本書中之所以試圖藉「原魔」(daimonic)概念，以解構愛與意志的對峙處境，應受其影響至深。當然，他自身與病魔對抗的經驗，亦不容忽視。由於感染肺結核，羅洛・梅臥病在床整整三年，此病在當時仍無藥可治，令他幾度徘徊於死亡邊緣，然而一旦病情稍微緩和，他便貪婪地閱讀。在其青睞的作家之中，丹麥宗教哲學家齊克果(Sören Kierkegaard)的存在哲學觀點，在羅洛・梅建構其存在主義心理學理論的道路上，宛如指引明燈。

大病初癒的羅洛・梅，進入懷特學院(White Institute)接受心理分析訓練，此間，他與蘇利文(Harry Stack Sullivan)、佛洛姆(Erich Fromm)等美國心理學界內扛鼎級人物，過從甚篤。一九四九年，他自紐約哥倫比亞大學(Columbia University)取得臨床心理學博士學位，成爲該校首名獲頒此頭銜的畢業生。

次年，以其博士論文爲基礎，他出版了第一部心理學專著《焦慮的意義》(*The Meaning of Anxiety*)。該書首度有系統地提出「一般性焦慮」(general anxiety)的概念，意在使「焦慮」一詞跨越心理病理專有名詞的囿限，而將之引入一般心理現象的範疇，以描繪現代科技發展對人類整體生活處境的徹底改變，如何導致現代人所共有的心理情緒問題。而在此科技理性時代所造成的特殊心理景觀（即社會學中所稱之「異化」）中，羅洛・梅觀察到**現代人內在空虛感的關鍵，乃是因爲愛與意志的舊有倫理力量已然遭到嚴重斲傷**，而使得人類在面臨生命本身所發出的根本質疑時，悵然若失怙孤兒，伶仃無依。羅洛・梅進一步認爲，在現代社會中，愛已被簡化爲性，而意志亦被誤解爲過度理性、嚴竣的意志力。其著書之目的，即在重新定位古希臘的「原魔」(daimonic)——此一介乎意識與潛意識、理性與非理性之間的原型力量——概念，說明此原型力量乃爲愛與意志的共同根源。依此觀點，**愛與意志其實是人類在每一個當下所展現出的生命動力；而且，這眼前的當下，延續著過去（史性經驗）、並投向未來（歷史之開創）**。此時間三向度的融會，即涉及羅洛・梅在本書中所欲重新詮釋的另一概念——意向性(intentionality)。此概念雖然轉借自胡塞爾現象學之語彙，但是，當羅洛・梅試圖運用此構念，作爲心理分析治療發生效用的根本關鍵時，即已脫離了胡塞爾藉其說明意識與意識對象間關係的哲學脈絡，而跨進了存在主義之境域。亦即，在人們面臨茫然未知的生命處境時，意向性如何成爲既在後推動、又在前牽引的力量；這個力量不僅是意識的、理性的，亦爲潛意識的、超越理性的。

羅洛・梅是將歐洲存在主義思潮引介至美國心理學界的重要拓疆者之一。讀者不難從字裡行間，看出他意欲在精神分析的基底之上，建構存在主義心理學的努力。曾在病榻間撫慰羅洛・梅、更鼓舞他與病魔相搏的存在主義先驅齊克果，在日記中寫著：「我必須尋得一個對自己爲眞的眞理；而此眞理中所蘊含之意念，將足以教我爲之而生、或爲之而死。」自此開始，倫理學便反叛了柏拉圖式的價值觀，不再認爲人世間應存在一種普遍而客觀的道德判準，因爲，人所尋求的眞理是否爲眞，唯有作爲主體的人有資格評斷；但是，繼主體擁有選擇的自由之後，伴隨此自由而來的則是承諾和責任。然而另一方面，由於弗洛依德精神分析理論對於潛意識力量的揭發，卻彷佛默默支持著行爲主義之生物決定論觀點，聯手削弱了存在主義所頌讚的主體自由。

面對此自由與制約的爭戰，比羅洛・梅晚生六年的法國存在主義哲學家沙特，在《自由與虛無》中藉由自在存有(en-soi)和自爲存有(pour-soi)的總體性辯證，導出了「人注定是自由的、並且此自由將在對宿命論的永恆反抗中獲得」的結論。同樣受到存在主義與精神分析之波瀾衝擊，並據此二人思潮以建構自身理論的羅洛・梅，卻未選擇沙特式的基進反叛路線，他所採取的是中庸法則，試圖將對立的兩端，統整、併匯在一圓融之體系中。在他的想法裡，認爲**人類必須先承認自己在某些方面是被決定的，然後才能談論自由選擇的問題**。在羅洛・梅心理學理論的鋪陳中，我們可時時嗅到中國傳統哲學裡陰陽相合的氣韻。比方「原魔」的善惡並存、兼具創造與毀滅力量；愛與意志的相生相依、不可或離等等。對羅洛・梅而言，**任何一種形式的心理治療，其目的皆是在幫助病人獲得自由，而達成此目標的根本途徑，即爲接納自身的原魔、學習聆聽潛意識的呼聲，並從愛與意志的共同實踐中，回應生命對人類所不斷拋出的意義探問。**

在翻譯全書的過程中，最令譯者頭疼的便是「原魔」(daimonic)這個詞彙的譯法。劉崎先生在所譯之《悲劇的誕生》（尼采著／志文出版社）中，曾經將這個詞譯成「魔性」；另外，王溢嘉先生則在其所編著之《精神分析與文學》（野鵝出版社）一書裡，譯爲「原始生命力」。爲了想強調 daimonic 作爲一潛意識原型力量的面向，譯者雖感羞赧，卻仍大膽地提出「原魔」的譯法。至於此譯法是否適切地呈顯此概念的實際意涵，還請讀者細讀本書之後，不吝指正。此外，羅洛·梅在本書第五章中，對於向蘇格拉底借用此概念的典故，有此一述：

……當蘇格拉底因被指控教授青年學子謬誤的「魔鬼學」而受到審判時，他如此描述自身的「魔」(daimon)：「這個徵兆在我尚年幼時，便以一種聲音向我顯現。」

但事實上，上文中的「魔」(daimon)字，意謂的乃是「原魔」(daimonic)，換句話說，它並非爲一具有想像實體的生命形式，而是一種超乎理性、橫跨意識與潛意識，暗暗影響人所作所爲的原型力量。由於在英文中，daimon 和 daimonic 字根（按：來自古希臘文，詳見第五章註①，以及內文中關於此概念的說明）相同，其意涵可神可魔、亦善亦惡、忽虛忽實。因此行文間，羅洛·梅經常在 daimonic 和 daimon 二詞之間來去自如地交互使用著。這一來可苦了學養甚淺的譯者，因爲中文裡並無相對應的概念，最後，譯者不得不和自己的智力妥協，分別依上下文將daimon譯爲魔（意指原魔）、魔鬼（現代日常生活中之指稱）或惡魔（當原魔全然展現其邪惡面向時）。

此外，書中某些段落行文背後的預設，不時衝撞著譯者的思考邏輯和倫理觀。每當羅洛・梅在談論性愛時，總不脫一種中古世紀騎士精神的口吻，彷彿欲藉其論述，諄諄善誘仍不識愛情眞諦的男士們，眞誠地對待自己的情感，選擇一個女人，並藉意志之助，讓愛繼續。此種將男性視爲想像論說對象、並以異性戀關係作爲參考架構的愛情論述，想必教時下對性別議題已具相當敏感度的讀者，感到不解，甚至可能引起某些女性主義者或性解放運動者的攻訐。然而，我們必須考慮到作者本身性別經驗及社會文化背景的限制。他在撰寫本書時，女性主義思潮猶方興未艾，而性別研究和同志論述亦仍在懷胎階段；當今讀者（當然包括譯者在內）已習以爲常的性別多元觀點，在羅洛・梅的時代仍是一片荒蕪，尚待下一世代運動者的開墾、耕耘。念頭稍轉，譯者思及在閱讀中所呈現的兩個並置時空（三十年前的美國／甫進入二十一世紀的台灣），正映照出文化思考一路行來的足跡，便不禁豁然莞爾。或許，誠如羅洛・梅所言，**如何在每個時代遞變的當口，重新尋得適合該時空脈絡的原魔意涵，才是值得人類深究的根本問題**。

〈作者序〉

從內在真實中超越永恆循環

有些讀者想必會揣想本書書題中將「愛」與「意志」並置的原因。長久以來，我一直深信愛與意志是相依相屬的。二者皆爲存有的連接過程——即，皆爲朝向外部影響他人的動作；它們塑造、形成、並創生彼此的意識。然而就其內在意義而言，唯有當一方同時對另一方開放自身、接受對方的影響時，這個過程才可能發生。缺乏愛的意志將會成爲操縱——其實例，在第一次世界大戰爆發前夕，四處可見；而無意志的愛，在當今已成爲令人感傷的實驗性作法。

對於這本書中所提出的想法，我不僅懷著作者所慣有的驕傲，也承擔所有的責任。然而必須說明的是，在這本書前後八年的撰寫過程中，幸有一群朋友閱讀拙作，不吝費時與我討論，才使這些章節的樣貌得以成形。他們是：傑若姆・布魯納(Jerome Bruner)、朶麗斯・柯爾(Doris Cole)、羅柏特・利夫頓(Robert Lifton)、嘉德納・墨菲(Gardner Murphy)、艾蓮諾・羅柏茲(Elinor Roberts)、恩尼斯特・夏胥帖爾(Ernest Schachtel)，以及已故的保羅・

田立克(Paul Tillich)，謹在此一併致謝。而潔西卡・萊恩(Jessica Ryan)以其直覺的理解力，所提供的許多實際建議，是任何一位作者都會感激不盡的。

那些在新罕布夏撰寫此書的漫長夏日裡，我經常在清晨時分起身，走到屋外露台上，凝視朝北方和東方山脈連綿而去的山谷，還沈浸在黎明前的銀色晨霧中。在此純然靜謐的世界裡，只有清澈的鳥囀正以哈勒路亞合唱曲，迎接這嶄新的一天。籬雀使出渾身解數熱烈地高唱著，差點就要把自己從蘋果樹頂端的枝椏上顫下來，在一旁的金翅雀則以晨鐘般宏亮的嗓音搭配伴奏著。歌鶇那廂唱得如此全神貫注，一副渾然忘我的神情。還有啄木鳥在空心的山毛櫸樹幹上敲打著節奏。只有湖面上的潛鳥，迸出魔鬼般淒厲的哀鳴，似是爲了拯救整個清晨，免於陷入過分甜膩的景象。不多時，朝陽升起，俯視群山，照耀出蓊鬱的新罕布夏，一派不可思議的綠意流淌在長長的山谷中，豐饒得直要氾濫。群樹彷彿在一夕抽長了數吋，而草地間則綻放著無數生著棕色眼睛的小百合。

我再度感到生命永無止境的來來去去，生長、交配、死亡，又回歸於生長的永恆循環。我深知人類也是這去而復返的永恆過程的一部分，分享著此循環所擁有的惆悵，亦參與著生命的謳歌。然而，**身爲探尋者的人類，由於受到其意識的呼召，不斷地追求超越此永恆循環的方式**。無異於他人，我只是選擇了一個不同的領域，以執行這項探尋的任務。我一直堅信，**人必須從內在眞實中尋求這樣的超越**，因我認爲，未來價值唯有在歷史價值的播種之下，才能開花結果。在這急遽變遷的二十世紀，當人們已經飽嚐內在價值蕩然無存的後果之時，我想，出發去探尋愛與意志的根源，乃是極爲重要的步驟。

羅洛・梅，一九六九年
於新罕布夏州霍德尼斯郡

1 引論：我們這個分裂的世界

Introduction: Our Schizoid World

卡珊卓：是阿波羅賜予了我這份預言的事工……

唱詩隊：難道妳早已沈醉在神賜的技藝中？

卡珊卓：的確如此，在事發之前，我便已讀出我城邦的命運。

——《阿加曼農》，艾斯奇里斯〔譯註：艾斯奇里斯(Aeschylus，約西元前525～455 B.C.)乃希臘三大悲劇家之一，他是第一個將高貴情操注入悲劇而提升其地位的人。流傳至今的作品僅剩七部，《阿加曼農》(*Agamemnon*)為其著名三部曲的第一部，而貫穿此三部曲的主題是「正義」。希臘悲劇中慣用演員和唱詩隊應答的方式引導劇情的發展。此處，卡珊卓(Cassandra)為特洛伊公主，因受太陽神阿波羅之賜而擁有預言能力。相關資料可參見劉毓秀與曾珍珍合譯之《希臘悲劇》（書林出版社，1934）〕

曾經，在我們面臨生命困境時，愛與意志一直被高舉爲最終的**答案**，然而曾幾何時，愛與意志本身已經變成需待解決的**問題**。的確，在每一個時代驟變的當口，愛與意志的課題便面臨沈重的挑戰，更何況我們所處的這個時代可謂瞬息萬變，令此兩大生命議題益形焦灼。我們曾經奉爲行事方針的神話和象徵皆已消失，空茫的焦慮感四處蔓延；我們緊抓著彼此不放，並試圖說服自己，我們所感受到的就是愛；我們也不敢表達自己的意志，因爲擔心選擇了一件事、一個人，便意味著失去其他事或其他人，強烈的不安全感讓我們無法承擔風險。隨之而來的情緒擾動和艱苦的掙扎過程，不斷耗損著我們的耐力——愛與意志本身的失落，恰是最明顯的例子。因此個人不得不轉而內求；於是，身分認同問題以新的形式出現，日夜糾纏著人們，這個問題即是：**就算我能了解我是誰，但這個「我」卻沒有半點重要性**。換句話說，我們最大的無奈是：**我沒有能力影響他人**。個人既對自己做了此種認定，接續出現的便是冷漠，更繼之而來的則是暴力。因爲沒有人可以忍受對自身的無力感永遠保持麻木。

我們在爲生命困境尋求出路時，極度強調愛的重要性，因此，是否能夠獲得愛，便決定了自我尊嚴的攀升或墜落。那些相信自己已經尋獲愛的人們，沈溺在自以爲是的得意中，深信此事淸楚地證明了他們必得救贖，這就像喀爾文教派信徒，把擁有萬貫家財，視爲躋身上帝選民之列的確實證據。反之，那些苦尋不得愛情的人，不僅或多或少覺得愛與被愛的機會被剝奪，更糟的是，在一個更深遠、更具破壞性的內在層次上，他們的自我尊嚴已受到嚴重斲傷。這些失愛人覺得自己被標上一種新的賤民身分，並往往會在心理治療療程中坦承，當自己在夜半無故醒來，雖然沒有特別孤單或不快樂的感覺，一種令人苦惱的念頭仍舊啃噬著他們的心，讓他們確信自己已經錯失了生命裡最重要的秘密。而長久以來，隨著離婚率逐年升高，愛情在文學與藝術作品中逐漸被庸俗化，再加上性這回事對許多人來說愈來愈唾手可得、也愈來愈失去意義，如今，所謂的「愛情」即使不是全然的幻覺，卻已讓人難以捉摸。某些新左派人士遂下結論道，愛，是被我們這個中產階級社會的內在特質所毀滅的，因此，他們所提出的改革方案，便意在創造「一個使愛更爲可能的世界」。①

在此矛盾處境的情況下，愛的性形式——這救贖之道上最低階的人性共同點——便自然而然地成爲我們最熱衷的事；因爲性，既源自人類無法逃脫的生物根性，似乎起碼可以爲愛情提供一個逼真的摹本。然而與此同時，性已然成爲西方人的試煉和負擔，其程度遠超過它能帶來的救贖。從坊間大量出版提供性愛技術知識的書籍看來，縱使這些書能在暢銷排行榜上風風光光待上數週，它們卻共同圍繞出一個知識的破洞，因爲大部分的人似乎都隱約地察覺到，我們瘋狂地追求性愛技巧、企求藉此得到愛的救贖，卻恰好揭示了我們苦苦追尋的救贖已經完全失去蹤影。人類有一個說來諷刺的老習慣：**當我們迷路時，我們反而奔走得愈急促；當我們失去愛的價值和意義時，我們愈是猛烈地抓緊性研究、性統計和性技術的協助。**無論《金賽性學報告》和《馬斯特與瓊生性學報告》本身有何優缺，它們其實意味著我們的文化出現了病徵，而在這個文化中，愛的個人意義已逐漸消失。愛，在過去被當成動力來源，是推動生命向前邁進的可靠力量。然而時代的迅速變遷說明了，這動力本身現已受到質疑。愛如今已成爲它自身的問題。

的確，愛變得如此自我矛盾，以至於那些研究家庭生活的研究者們下結論說，所謂的「愛」，只不過是家庭中的強勢成員用來控制其他成員的託詞罷了。羅納爾德·賴因(Ronald Laing)更進一步主張，「愛」其實是暴力的遮幕。

關於意志的演變也是如此。我們從維多利亞時代的祖先們那裡繼承了一種信念，認爲生命中眞正的問題只有一個，那就是理性地決定做**某事**，然後**意志**便會全副武裝，教我們「戮力」實踐此事。但是今天，我們所要面對的問題已不再是決定做**什麼**，而是**決定如何下定決心**。換句話說，**意志的根本基礎已經變成問題的來源**。

意志是幻覺嗎？許多自弗洛依德以降的心理學家和心理治療師都認爲如此。曾經，「意志力」和「自由意志」等名詞，是我們父執輩口中不可或缺的詞彙，而今這些詞彙卻鮮少在當代的深度討論中被提及；或有，亦是做嘲笑之用。人們於是去看心理治療師，試圖爲他們已消失的意志尋求替代物——學會如何讓「潛意識」引導自己的生命；或學習最新發展出的行爲制約技術，好教他們行止得當；再或使用新開發的藥物，以釋放出生活所需的動力。甚或有些人學習最新的「情感釋放」(releasing affect)方法，卻沒弄清楚，情感不是光靠認眞努力就會平白產生的，它是當我們投身在一生命情境中時，自然而然就會伴隨出現的副產物。所以問題應該是，我們要怎麼去運用這些生命情境。萊斯理・法柏(Leslie Farber)在他的意志研究裡聲稱，**我們這個時代的主要病態來源即是意志的衰敗，因而這個時代應被命名爲「意志失調的時代」**(age of the disordered will)。②

在這個急遽轉變的時代，個人被迫蜷居在自己的意識中。當愛與意志的基底受到搖撼、而至徹底遭到毀壞時，我們只能從外在世界回到內裡，繼續埋頭前進，並且在自己的意識和人類社會「集體的混沌意識」(collective unarticulated consciousness)中，繼續搜尋愛與意志的「泉源」。在此，「泉源」(source)一詞的用法，是取自法國人描述河川「起源」(source)時所取用之字義——亦即水流之發源處。若我們能夠尋得愛與意志源發之處，或許就能發現重塑這兩個根本生命經驗所需的現代形式，以便在我們正邁向的新世紀中，重新找到實踐愛與意志的方法。在此意義下，就如同所有此類探索一般，這樣的探求是一種道德上的探求，因爲我們的任務是在探尋倫理的根基何在，好讓它在新時代中得以續存。只要是足夠敏銳的人，都會對史蒂芬・德達勒司(Stephen Dedalus)的想法感同身受：**「向前邁進……到我靈魂的鍛冶場，鑄造我族人那尚未創生的良心。」**

本章篇名中的「分裂」(schizoid)一詞，所擬意指的是碰觸不著、躲避**親密關係**，以及**無法感受**。我在使用這個詞彙時，並不是參照心理病理學的解釋，而是用來說明我們當前文化的整體情況，以及所有生活於此文化中之人的心理傾向。安東尼・司鐸爾(Anthony Storr)則以較爲個人心理病理學的角度來描述這個詞，他主張有分裂傾向的人性格冷漠、遠避人群、自覺優越，並且疏離世事。這樣的分裂性格，最終甚至可能釀成暴力行爲。司鐸爾表示，凡此種種實際上是一個複雜面具的多重表象，目的在遮蔽長久受到壓抑的愛的渴望。性格分裂者在情感和行爲上表現出的疏離，其實是爲了對抗敵意所形成的防衛，它的來源可上溯至嬰兒期，由於愛和信任感曾經受到強烈扭曲，導致日後個體對眞實的愛永遠抱持恐懼的態度，「因爲那份愛威脅到個體自身的存在」。③

直至目前，我可以同意司鐸爾的說法，然而我想辯駁的是，這種性格分裂的狀態，其實是這個急遽轉型時代的一般傾向，此外，我們在嬰兒期所感受到的無助和被輕視，並非僅來自於我們的父母，實際上文化中的每一個面向都必須對這個分裂性格的生成負責。父母本身亦是無助的，他們只是在不知不覺中，成爲這個文化的代言人。性格分裂的人(schizoid man)其實是技術化之人(technological man)的自然產物。這是一種存活的方式，並且它的使用率有愈來愈高的趨勢，但是這種生存方式有可能引發暴力的發生。在「正常」的情況下，分裂性格不見得需要被壓抑。至於這種分裂性格是否會在某個特定情況下更形惡化，轉變成類精神分裂狀態(schizophrenic-like state)，只有在未來發病時才能得知。但是就如大多數的病例顯示，假若個人能夠坦白地承認、並勇於面對他目前的分裂處境，則將可降低轉變發生的機率。司鐸爾接著指出，性格分裂者「確信自己是不被愛的，且往往容易對他人的批評產生被攻擊、被羞辱的感覺」。④

儘管我對司鐸爾的見解有很高的評價，但我必須說他的論點在下面的推論上失了靈。其理論架構的斷裂點，起於他援引弗洛依德、笛卡兒(Descartes)、叔本華(Schopenhauer)

和貝多芬等名人作爲性格分裂的例子。「在笛卡兒和叔本華的情形中，正是他們對愛的疏離，催生了二人的哲學。」而貝多芬·

> 為了補償對實存之人的失望與憎惡，貝多芬想像了一個同時涵納愛情和友情的理想世界……他在音樂中以無比的震撼力、狂烈和力道所展現出的侵略性，比任何其他作曲家都更明顯。可想而知，若他未能將自己的敵意昇華到他的音樂中，則非常可能罹患妄想型精神病。⑤

司鐸爾的悖論是，若這些天才被視爲精神病患，而且被「治癒」的話，我們就永遠沒有機會看到他們的創作。如此說來，我相信我們必須承認，在面對極度艱困的生命處境時，此分裂狀態可能對處理危機反而有建設性的幫助。然而，當某些文化社會特意著重此分裂性格中的創造面向時，西方文化卻意圖將具分裂傾向的人，推往更疏離、更呆板的方向。

雖說我把問題的焦點集中在愛與意志的現代困境上，卻不曾或忘我們這個時代的正面特性，以及它所強調的個體自我實現所具有的發展潛力。事實證明了，當一個時代跳脫既往的束縛與牽絆，而所有的人都在某種程度下被容許（或被迫）自立時，的確就有更多的人能夠循序漸進地找到並實現自己的路。另外，的確只有在個人實際擁有的力量微乎其微時，我們才會聽到許多不同的聲音大聲疾呼、要求個體的權力。我之所以要偏重這些時代課題的負面影響，則是因爲它們亟須獲得關注。

所有的「問題」都具備了一個尚未受到適切重視的有趣特性，那就是**它們預測了未來**。在一個特定時期中出現的問題，其實就意味著某些可能被解除卻未被解除的危機已然存在；不論我們多麼在意危機是否被「解除」，實際上若沒有任何新的可能性，也就不足以構成所謂的危機——否則就只剩下絕望罷了。然而，危機即爲轉機，如同我們的心理謎團，正表達了我們的潛意識慾望。當我們面對自己身處的世界，驚覺這個世界於我竟是如此突兀，或反之，發現自己和這個世界極其不容時，難免驀地揪心，總覺得有什麼事不對勁，這就是發現問題的時候了。詩人葉慈(W. B. Yeats)一定對此有所領悟，才會吟道：

我們……嚐受
創口的痛楚，
刺刀般的銳利深陷入骨……

對未來發出警訊的問題

這部書的撰寫是根據我二十五年來密集的工作經驗。作為一個心理分析治療師，我工作的對象是那些試圖面對、並一步步解決自身衝突的人們。而大約從十年前開始至今，**我觀察到心理衝突發生的原因，大都是因為愛與意志的某些面向出了問題**。每一位治療者同時都在（或應該）毫不懈怠地從事**研究工作**(research)，因為就如研究這個詞的本義所陳述的，它的意義即為「探尋」(search)根源何在。

截至目前，有許多實驗心理學同事對我提出質疑，他們認為在治療中取得的資料無法轉化為數學公式，再加上接受治療的人，都是那些在心理上「無法適應」此文化環境的人，易言之，這些從治療中獲得的資料，不具有普遍代表性。同時，我也聽到哲學家朋友們堅決主張道：沒有任何一個解釋人類的模式，可以建立在主要取自精神官能症(neurosis)或性格違常(character disorder)患者的資料上。對於二者的謹慎態度，我深表贊同。

然而，不論是在實驗室裡鑽研的心理學家或是埋首在研究室中的哲學家，都不能忽略一個事實，此即，在被治療者身上，我們往往獲得極其豐富、重要，且往往是最獨特的資料——這些資料只有當人們除去習以為常的偽裝、虛偽和防禦，亦即不再躲藏在「正常」社交形式的背後時，才可能被揭示。也只有在情緒與心靈受苦的關鍵時刻——

正是這個關鍵讓人們走進心理治療室——人們才會願意忍受揭露自身問題的深層根源所可能引起的痛苦和焦慮。此外，更奇特的是，除非我們被引導去**協助**此人，他便不會、甚至**無法**說出有意義的資料。哈利・史達克・蘇利文(Harry Stack Sullivan)曾對治療研究發表過他的看法，這段話現在聽來和語出當時同樣地鏗鏘有力，他說：「除非晤談的設計目的是爲了要幫助此人，否則你得到的會是一堆假話，而非肺腑之言。」⑥

我們從病人那裡得到的訊息有時的確很難（甚至不可能）彙編成有系統的資料。然而這些訊息都是直接來自人們當下所遭遇的衝突和眞實的生命經驗，因而它本身意義的豐富性已經超越了詮釋困難度的問題。畢竟，在紙上討論暴力行爲是否源自挫折感的假設，絕對不同於親眼看見一個病人滿臉緊繃、眼中燃著憤怒或仇恨、全身僵硬到幾近癱瘓，或聽著他在回憶多年前，因不小心弄丟腳踏車而遭父親一頓毒打時，痛苦得快要窒息的喘息聲——這個事件使這個病人從彼時起，便對所有身具父親形象的人物（當然包括現在和他共處一室的我在內）懷恨在心。像這樣的資料，具有最深刻的實徵意義。

關於「人類理論的建構是否可以根據社會適應不良者的資料」這一提問，我倒想反問我的同事們：**難道個體所遭逢的獨特困境不都和所有的人類衝突一樣，皆反映了人類的普遍特性？**索福克里斯(Sophocles)之所以藉著伊底帕斯王的悲劇，向我們娓娓道來人在追尋「我是誰、我從何處來」的生命謎團時所面臨的痛苦掙扎，並非只在描寫單一個人的心理病徵。再者，心理治療的過程便是在探索特定個人生命中的特殊性質和獨特事件；任何忽略此要件的治療，都會落入乏味、不實、籠統的一般性談話中，而全然達不到效果。但是心理治療同時也試圖在個人的生命史中，尋找人類衝突的根本要素。這些要素對所有作爲人類的個人來說，都是歷久不衰的基本特質——而任何治療要是遺忘這件事，只會迫使病人的意識萎縮，令他的生活百般無聊。

心理治療所揭露的不僅是有關個人「病狀」的當前處境，它同時也昭示了人之所以爲人的原型性質(archetypal qualities)和特性。只有當人類原型特質的某些面向在個人身上出狀況時，才會引發表面上看似屬於個人層面的心理問題。**心理治療對病人的問題所做的分析，亦是人類欲就其自身歷史以進行自我分析的部分工作**，文學中處處可見此自我分析的原型形式。舉兩個不同的文學作品爲例，艾斯奇里斯的《奧瑞斯提斯》(*Orestes*)和歌德的《浮士德》(*Faust*)，不只在描繪兩個不同時代、不同地域的人物而已（前者是西元前五世紀的希臘人，後者爲十八世紀的德國人），二人的遭遇代表了所有人在成長過程中都會遇上的掙扎與艱辛，不管他屬於哪個時代、哪個族裔，每個作爲單獨存在的個人，都在試圖找尋他的身分認同，使盡渾身解數確認自身的存在，試著去愛並創造，全力以赴面對生活中所有的事，就連死亡，也包括在這個必須兢兢業業、奮鬥不懈的生命事業裡。生活於轉型時代——「治療的時代」(age of therapy)——的好處之一，便是我們有機會在試圖處理個人問題的同時，被迫去發掘人類代代相傳的新意涵，並且更深入地探究人所以爲人的特質。

心理疾病患者表達並活現了文化中的下意識與潛意識傾向。精神官能症患者（或現稱爲「性格失調症」患者）的共通點是，文化中既有的一般心理防禦機制並不適用於他們——而且他們都或多或少意識到這個痛苦處境。⑦所謂的「精神官能症」或「性格失調」患者所面對的問題，已經嚴重到無法藉由從事常態性的文化活動（諸如工作、教育和宗教）來弭平。因爲這些病人無法或不願意適應這個社會。下列兩個彼此相關的因素可能是造成此類不適應的原因。首先，患者在生活中可能曾經遭遇某種創傷或不幸事件，令他們比一般人更敏感、更無法忍受和處理他們的焦慮。其次，這些人原本擁有高出常人的創意和潛力亟待發揮，但是若這些創意和潛力的出路被堵死，便極易造成心理症狀的病發。

藝術家與精神官能症患者

藝術家與精神官能症之間的關係時常被沾染上神秘色彩，然而由前述觀點看來，這樣的牽連一點都不令人驚訝。**因爲二者的生活方式都直通文化社會的下意識與潛意識底層。不同的是，藝術家能找到正面的管道，將他的生命經驗傳達給他的同胞們；而精神官能症患者則以負面的方式表現同樣的經驗。**縱使二者同樣地感受到潛藏於文化中的意蘊和矛盾，精神官能症患者卻無法將他自身的豐富經驗轉換成可向自己和他人傳達的意義形式。

藝術和精神官能症皆有預示的作用。由於藝術是來自潛意識的傳達，它向我們揭示著一個迄今尚未出現的人的形象，此形象僅對那些具備敏銳覺察力的社會成員們顯現，這些人活在我們社會的最前線，宛如一隻腳的足尖已踏在未來之境。赫柏・瑞德爵士(Sir Herbert Read)便曾指出，藝術家爲人類未來的科學與知識經驗點明了前路。⑧新石器時代的古埃及瓦器上，繪有由蘆葦和朱鷺腳排列成的三角圖形，這恰好預言了日後幾何學和數學的發展，埃及人便是使用這項發明來觀測天象、度量尼羅河。沈浸在希臘帕特儂神殿(Parthenon)令人不可思議的均衡比例、羅馬建築中強而有力的圓頂拱蓋，以及中世紀教堂攝人魂魄的美感之中，瑞德爵士仔細推敲藝術如何能夠在某一特定時期表現出仍暗藏在潛意識中的意義和趨勢；而尚需相當時日，這些意義和趨勢才能被社會中的哲學家、宗教領袖和科學家們做有系統地闡述。藝術預示並預備著社會與科技的未來發展，它的影響範圍，近者將引導下個世代的細微變化，遠者甚而可達幾世紀後的根本變革。

同樣地，我們發現藝術家在衝突未全面浮上檯面之前，就已經向社會指出了這些衝突的存在。在藝術家——艾茲拉・龐德(Ezra Pound)稱之爲「人族的觸鬚」(antennae of the race)——與世界對抗、並試圖改造世界的過程當中，他們體驗到人類文化意識的最深處，再以其獨特的創造形式，將這深藏的瑰寶活現出來。

在此，我們驀地投入本書所欲闡述之中心議題。此即，正如當代畫家、劇作家及其他藝術家向我們展示的：我們所身處的世界是一個**分裂的**世界。他們呈現了這個世界的現實景況，而正是這個眞實情境使得愛與意志的任務變得益形艱鉅。在這個世界裡，我們的生活周遭充斥著所有最新發展出的溝通工具，然而，人與人之間的實際互動卻反而極度困難、稀罕。理察・吉爾曼(Richard Gilman)提醒我們，大多舉足輕重的當代劇作家，恰巧都是以現代人之間溝通的喪失作爲戲劇的主題——諸如伊歐內斯柯(Ionesco)、賈奈特(Genet)、貝克特(Beckett)和品特(Pinter)等，這些劇作家在劇中所呈現的當代人類命運，即生存在一個溝通已遭完全毀滅的世界中。如同貝克特在《克拉普的最後卡帶》(*Krapp's Last Tape*)中所描繪的，我們過著對錄音機講話的日子；隨著家中收音機、電視機和電話分機的數目日益增多，我們卻活得愈來愈孤單。在伊歐內斯柯的著名劇作《禿頭女高音》(*The Bald Soprano*)裡有此一幕，一個男人和一個女人在街頭巧遇，他們爲了禮貌而做作地交談著。聊著聊著，他們發現兩個人都是搭十點鐘的那班火車，從康乃狄克州的紐哈芬市(New Haven)回到紐約，接著，更不可思議的是，他們都住在第五大道上同一棟大樓裡頭，天哪！居然是同一間公寓，而且他們都有一個七歲大的女兒。最後，兩人嚇得目瞪口呆，因爲他們終於發現對方是自己的丈夫和妻子。

現代畫家也爲我們提供了相同的視野。舉世公認的現代藝術運動之父塞尙(Cézanne)，在現實生活中就像任何一個隸屬於中產階級的法國人一樣平淡無奇，然而，他卻在帆布上創造出一個空間、石頭、樹木與臉孔紛呈錯置的分裂世界。他教人們擺脫老舊的機械世界，逼著我們進駐到一個嶄新的世界中，在那兒，空間是可以自由流動的。梅洛‧龐蒂(Merleau-Ponty)在論塞尚時說道：「欲理解塞尚，就必須跳脫線性因果關係的思考限制，因爲此時因果並存，其欲成之物和其欲行之事，共同交織成一個永恆塞尚的形象。在塞尚的分裂性格和其作品之間有著密不可分的關係，因爲這些作品恰爲其病徵的抽象展現……在此意義下，成爲分裂的人和成爲塞尚其實是同一件事。」⑨只有分裂的人才能繪出分裂的世界；換句話說，**只有一個極其敏銳而能穿透世相、直視潛在心靈衝突的人，才可能以本眞的樣貌呈現這世界的本質**。

但除了掌握世界的深層眞實，藝術的另一個目的是在**保護我們免受**科技的非人化(dehumanizing)效應的威脅。我們的分裂性格來自兩方面，一是必須面對這個逐漸非人化的世界，其二是同時又要拒絕被非人化。因此，藝術家的工作便是在發掘意識較深層的面向，好讓我們可以穿越表象、投身於眞實的生命經驗，並與人的本性相連。我們可在梵谷的例子中，清楚地看到藝術的這項功能。梵谷的精神症狀，與他亟欲繪出內在世界的狂烈掙扎，有一定的關聯。再看畢卡索的畫作，即便絢爛的色彩引人注目，但是《格爾尼卡》(*Guernica*)畫中被肢解的鬥牛和身體被撕裂的村民，以及其他許多眼耳錯位的扭曲畫像（皆無題，僅有編號），都顯示了畫家對現代社會分裂性格的深刻洞見。無怪乎羅伯特‧馬勒威爾(Robert Motherwell)會評論說，這個時代的藝術家們不再形成社團相濡以沫，因爲他們現在就像所有的人一樣，都必須自立自強。

藝術家對我們呈現殘缺破敗的景象，然而，就在他們將之轉化爲藝術的同時，即超越了此現實的殘敗處境。因此，藝術家的工作爲虛無主義、異化(alienation)，及其他現代人處境中的不同質素，帶來了創造性的契機。再次引述梅洛・龐蒂對塞尚的分裂性格所做的說明：「如此，疾病不再是件荒謬的事，亦非逃不開的宿命，卻反而爲人類的存活提供了多重的可能性。」⑩

精神官能症患者和藝術家都活現出人類的潛意識，都向我們預示了日後將浮現的社會問題。精神官能症患者在與虛無主義和異化現象交手時，也感受到同樣強烈的衝突，然而他卻沒有能力爲這些經驗賦予意義的形式；於是，他陷入雙重困境，一方面，他無法將感受到的衝突形塑成藝術作品，另一方面，他又不能否認這些衝突的存在。奧圖・蘭克(Otto Rank)爲此下了一個註解，精神官能症患者其實是「錯失的藝術家」(artiste manqué)，一個無法將自身衝突轉化爲藝術的藝術家。

認清這個事實不僅賦予我們揮灑自身創造潛能的機會，更爲我們身而爲人所應擁有的自由奠下基礎。同樣地，若我們能直接面對並承認這個世界的分裂性質，或許即能以此爲據，爲這個時代尋獲愛與意志的出路。

精神官能症患者的預言

精神官能症患者**有意識地**活出潛藏在社會底層的問題，並藉此預示了文化的未來走向。而對大多數的人而言，這些問題暫時仍保留在**潛意識**層次。換句話說，精神官能症患者被指派扮演預言家卡珊卓的角色。在阿加曼農(Agamemnon)剛把卡珊卓從特洛伊擄回邁錫尼(Mycenae)時，她獨坐在皇宮的階梯上，徒然哀嘆：「啊，多羨慕夜鶯純淨的歌聲，和她無憂的命運！」⑪反觀她不幸的一生，她明瞭「這悲歌中瀰漫的痛苦只屬於（她）一人」，⑫而且她必須向世人宣告，她已看見毀滅性的厄運將降臨此地。邁錫尼人雖都視她爲瘋子，但是卻相信她吐露的是眞言，相信她的確擁有預知未來的特異能力。而今日，受心理問題困擾的人，生來就背負著時代衝突的重擔，注定要透過自身的行爲和奮鬥，預言日後將在社會的各個層面上引爆的議題。

關於此一主題，最先出現、且最淸晰的實例是在第一次世界大戰發生前的二十年間，弗洛依德在他那些受維多利亞式教育的病人們身上發現了性的問題。當時公認的社會標準完全否認和壓抑關於性的任何話題，與性有關的字眼連提都不能提。⑬然而，二次大戰發生二十年之後，性議題一躍而爲最熱門的話題。一九二〇年代，每個人的心思都盤旋在性和與之相關的功用上。無須太多想像力便可得知，弗洛依德對此現象的湧現

功不可沒。藉由分析病人們帶進他診療室的所有資料，他費了不少力氣思考、詮釋隱藏在此現象後的社會衝突，而他認為一般「正常」的社會成員與病患的差別在於：他們可以暫時成功地壓制這些衝突。如此看來，潛意識透過精神官能症在說話，好教問題浮現到社會覺識之中。

第二個例子的重要性較前者稍低。在一九三〇年代，某些病人表現出大量的敵意，包括卡倫・霍妮(Karen Horney)在內的許多心理學家都曾描述此現象。而十年後，這個問題始擴張為較大規模的社會現象，而引起熱烈討論。

第三個重要實例是關於焦慮(anxiety)的問題。一九三〇年代末到四〇年代初，我和幾位心理治療者對許多病人表現出的焦慮狀態留下深刻的印象。按照我們所接觸的病例看來，**焦慮不再只是壓抑所造成的病理症狀，而已成為普遍的性格狀態**。我、何巴特・莫勒(Hobart Mowrer)還有少數心理學家便從四〇年代早期開始，從事關於焦慮的研究。⑭在那個時期，美國學者對焦慮的看法，仍難以跳脫心理病理症狀以外的觀點。還記得四〇年代晚期，在我的博士論文口試當中，我努力地爭辯「正常焦慮」(normal anxiety)的概念，我的指導教授雖然有禮貌地沈默著，但是卻頻頻蹙眉。

藝術家們也宣告了相同的預言。詩人奧登(W. H. Auden)於一九四七年出版詩集《焦慮的年代》(*Age of Anxiety*)；隨後不久，伯恩斯坦(Bernstein)即以此為主題寫下一部交響曲。同年，卡繆亦著墨書寫此一「恐懼的世紀」；而在此之前，卡夫卡早就在多篇小說中，為即將來臨的焦慮時代創造出極具震撼力的描繪，但作品的大部分都未經翻譯。⑮一如既往，科學機構的思考腳步，遠遠落在心理病症患者所欲傳達的訊息之後。就這樣，當一九四九年我在美國心理病理學會的年會中宣讀以「焦慮」為主題的論文時，仍受到當時許多精神醫師和心理學家的排斥。

但是從一九五〇年代開始，發生了明顯而重大的改變；所有的人都在談論焦慮，人們舉辦數不清的研討會，討論它在社會各方面的影響。終於，「正常」焦慮的概念逐漸在精神醫學文獻中被接納。不論是身心健全的人或是精神官能症患者，似乎每一個人都察覺到自己是活在一個「焦慮的年代」。三〇年代末至四〇年代初，這個問題僅出現在藝術作品或心理病患的症狀中，而今則在這片土地上大肆流行。

第四個例子把我們帶入一個當代社會的中心議題——身分認同。在四〇年代末、五〇年代初，治療師開始觀察到他們的病人深受認同問題侵擾。實際的描述性資料可見於下列心理學研究文獻，艾瑞克森(Erikson)的《童年與社會》(*Childhood and Society*, 1950)、我自己的研究《自我追尋的現代人》(*Man's Search for Himself*, 1953)、艾倫・惠利斯(Allen Wheelis)的《身分的探索》(*The Quest for Identity*, 1958)，以及其他心理治療者和心理分析師的著作。而到了五〇年代末與六〇年代初之際，我們發現認同問題變成掛在每一個知識份子嘴邊的話題；當時的著名卡通節目《紐約客》(*New Yorker*)也以認同作為故事主軸，而且凡是和認同問題沾上邊的書，一律成為該領域的暢銷書。然而，曾經支持人們形成認同感的文化價值，則被一掃而空。⑯我們的病人依舊意識到舊社會的整體樣貌，卻沒有足夠的防禦力，以保護自己免於因認同的根基受到搖撼而導致的困擾和創傷。

當然，心理問題的出現多多少少都會受到時代潮流動力的牽引。但是，若我們僅視心理現象為風尚而不予理會，便無法正確地理解到心理問題與社會變動其實都是歷史的動態呈現。因此，凡登柏格(J. H. van den Berg)在一部發人深省、但語帶挑釁的書中爭論道，**所有的**心理病症皆為社會歷史變動的文化產物。他深信根本不存在所謂的「人性」(human nature)，而只存在一個會隨著社會演變而不斷變動的人性特質，由此說來，我們不該將病人所經歷的衝突稱為「精神官能症」(neurosis)，而應以「社會官能症」(sociosis)⑰命名之。我們當然無須完全同意凡登柏格的說法，就我個人而言，則認為心理問題是由三個相互辯證的作用所造成，它們分別是生物因素、個體因素與歷史／社會的因素。但重要的是凡登柏格為我們澄清了一點，即那些假定心理問題會無緣無故就出現、只是社會特意凸顯其為問題，或者以為問題會存在，只不過是因為我們又發明了一個新的診斷詞彙……等等，都是既荒謬、無意義又過分單純的想法。我們之所以找尋新的詞彙，是因為在潛意識層次有重要的事情在醞釀，它雖然未有清楚的形貌，但是正想盡辦法要現身；而我們的任務，便是盡力去理解和傳達這些不斷浮現和發展中的事物。

弗洛依德的病人大部分是歇斯底里症患者，很明顯地，她們的性心理能量受到壓抑，而心理治療師只要藉著說出塵封在潛意識中的往事，這些能量就能得到釋放。而今，接受治療的病人幾乎都是強迫型精神官能症患者(compulsive-obsessional neurotic)（同樣的病症有時會以較輕微的性格障礙的形式出現），我們卻發現治療中最大的障礙是在於病人缺乏感受的能力。這些病人可以口若懸河地談論自己的問題，而且往往都是幹練的知識份子，但問題是他們無法嚐到眞實的感受。威爾翰莫・瑞區(Wilhelm Reich)用「活機器」(living machine)來描寫強迫性格，另外，大衛・夏皮羅(David Shapiro)也談到強迫性患者「在生活和思考上極端拘謹而呆板」。瑞區在這方面領先了他的時代，因爲他已洞悉二十世紀的心理病患將面臨的問題。⑱

冷漠的出現

前文中我曾援引萊斯理・法柏所下的論斷，我們的時代是一個「意志失調的時代」。然而什麼是造成意志失調的原因呢？

我將冒險對此提出解答。我相信起因是一種毫無感覺的心理狀態，人沈浸在一切都已無關緊要的絕望中，這狀態很接近冷漠(apathy)。潘密拉・強生(Pamela H. Johnson)在報導完英格蘭荒原上的一樁謀殺案之後，發現自己始終無法擺脫這樣的信念：「我們的確有可能接近心理學家所說的全然無動於衷(affectlessness)的狀態。」⑲如果冷漠或無動於衷已成爲這個時代的情緒基調，或許我們便可深入理解爲何愛與意志變得如此困難。

五〇年代時，我們在病患身上所發現的預言式症狀令人們不知所措，而近幾年，這些症狀搖身而爲極度明顯的問題，對整個社會造成嚴重困擾。我想在此引述我寫於一九五二年、而在次年出版的《自我追尋的現代人》一書中的幾個段落：

> 也許我下面的說法會讓許多人驚訝，根據我自己和一些心理學家、精神科醫師同事們的臨床經驗，我認為二十世紀中期的人們所遭遇的最大問題便是**空茫感**(emptiness)。[20]
>
> 在十年、二十年之前，或許有人會嘲笑那些覺得生活無意義而大喊無聊的人，然而現在對許多人而言，這種空茫的感覺已經從單純的無聊轉變為徒勞、絕望的感受，而這很可能對人們造成威脅。[21]
>
> ……人類無法長久活在空茫的狀態中，當他不再**往**某個方向成長時，他不只是停滯不前而已，那些被壓抑的潛能將會往病態和絕望的方向流去，並且最終將注入毀滅性的行為中。[22]
>
> 空虛或茫然的**感受**……通常來自人們的**無力感**，他們覺得沒有力量做任何事以影響自己的生命和周遭世界。內在的空虛是人們長期確信自己無能所累積成的結果，他深信自己無法作為一個引導自己生命的存在者(entity)，無法改變他人對自己的態度，更無能有效地影響環繞他的世界。如此，就如同許多現代人一

> 般，他開始有了深刻的絶望感，覺得一切只是徒勞。很快地，既然他的想望和他的感受都絲毫不能改變這個世界，他便不再想望、亦放棄感受。㉓……冷漠和感受匱乏其實亦為抵抗焦慮的防禦武器。當一個人持續地處在無法克服的威脅中，那麼他最後的防線就是乾脆不讓自己感受到威脅的存在。㉔

一直要到六〇年代中期，在一連串社會事件爆發之後，人們才徹底明瞭事情的嚴重性。我們的「空茫感」已經轉變爲毀滅性的絕望、暴力和刺殺行爲；如今，人們不得不承認一切都與冷漠相生相連。一九六四年三月，《紐約時報》(*The New York Times*)有這樣的報導：「超過三十分鐘的時間內，三十八位正派守法的市民在皇后區的客優公園(Kew Gardens)裡，眼睜睜地看著殺手悄悄逼近、刺殺一名婦女，殺手的攻擊行爲前後達三次之多。」㉕同年四月，《紐約時報》另有一篇激昂憤慨的社論，作者抨擊的內容是關於一個心理狀態紊亂的青年企圖從飯店窗沿跳下的事件，當時圍觀的人群居然慫恿青年跳樓，還不斷喊他「懦夫」、「膽小鬼」，作者寫道：「這些人跟那些坐在羅馬競技場裡，一邊歡呼一邊張大熾紅的雙眼、觀賞人獸相互撕裂對方身體的古羅馬人，有何不同？……難道阿爾巴尼(Albany)（譯註：美國紐約州首府。）黑幫的慣有姿態，已經成爲一般美國人生活方式的典範了？……若果眞是如此，那麼喪鐘將爲我們所有的人敲響。」㉖同年五月，《時代雜誌》(*Times*)有篇文章的標題是「強暴案受害人尖叫聲引來四十人圍觀，但無一人行動」㉗隨後的幾個月又接二連三發生了多起類似事件，這才終於把人們從長久的冷漠中喚醒，使人們了解到自己竟已變得如此無動於衷，同時也看清現代都會的生活模式已教我們養成事不干己、冷漠疏離的習慣。

我很清楚把特定事件誇大爲普遍現象是易犯的毛病，因此我也不願意過分誇張這些例子。然而，我相信在今天的社會中，無動於衷的確逐漸變成人們基本的生活態度和普遍的性格狀態。過去，知識份子曾經推斷當社會道德淪喪、一切倫理規範失序時，將導致人們產生強烈的無序感(anomie)，而現在，這個推論似乎已在街頭、地下鐵中，以駭人的實相呈現在我們眼前。

該如何命名這個引起當代人熱烈談論的狀態呢？失和、裝酷、異化、情感退縮、漠不關心、疏離感，還是去人性化？前述的每一個名詞都表達了此狀態的一部分——而每個男人和女人都對此有所體驗，當他們察覺到那些曾經撩撥他們感情和意志的種種事物，突然變得模糊而遙遠時，便代表著自己已被捲進此狀態中。㉘至於造成此狀態的原因爲何，我想暫時爲讀者保留一點思考的空間。我之所以忽略意涵的限制而選擇「冷漠」這個詞，是因爲它在字義上最接近我欲描述的現象：「缺乏感受；喪失熱情、情感或興奮的情緒；漠不關心」。冷漠和世界的分裂，唇齒相依、互爲因果。

冷漠是個非常重要的現象，因爲它和愛與意志關係密切。**愛的反面不是恨，而是冷漠。意志的反面亦非優柔寡斷，而是不願涉入重大事件，對此漠不關心、保持距離。**因爲所謂的優柔寡斷，意味著主體此時如同威廉・詹姆斯(William James)〔譯註：William James (1842~1910)爲美國心理學家和哲學家，在實用主義(pragmatism)哲學的發展上居功厥偉。首部著作《心理學原理》(*Principles of Psychology*, 1890)，不僅爲心理學作爲一門可驗證的科學奠定基礎，更爲其個人確立了當代重要思想家的地位。〕向我們昭示的一樣，正在費力掙扎著做決定。因此，問題的重點根本不在意志力的缺乏。愛與意志的相互關係表現在下面的事實中：它們都在描述個人意欲朝外、和世界產生聯繫的努力，希望影響他人或是無生物世界，也開放自己接受外來的影響；他更企圖模塑、打造這個世界，藉此歸屬於它，也反過來要求這個世界屬於自己。這便是爲什麼在一個急速轉變的社會中，當所有熟悉的精神支柱都消失時，愛與意志會變得如此困難。愛與意志發生失調的主要症狀，便是我們和這個世界相互影響的通道被阻塞。剛開始，我們也許只是裝酷，是在深思熟慮後，故意裝作不在乎、不受影響的策略性抉擇；然而，久而久之，當冷漠或是無憐憫之心(a-pathos)成爲慣常的反應後，隨之而來的便是感情的萎縮。由此我們便可理解，爲何當客優公園事件那三十八位目擊者被質疑到怎麼不採取行動時，都異口同聲地回答：「我不想受到牽累。」冷漠的運作方式與弗洛依德提出的「死亡本能」(death instinct)雷同，假若人們不斷地錯過所有建立關係的機會，終有一天他們會發現自己連自己的生命都錯過。

以新奇眼光觀察社會的學生們，通常比老一輩的人更能清楚地察覺問題的所在——

雖然他們往往過分簡化問題，而認爲體制和機構應負起所有的責任。哥倫比亞《目擊報》(*Spectator*)的編輯說：「我們只是從來沒有被教導，該如何關心知識份子生活圈的動態。」㉙此外，《密西根日報》(*The Michigan Daily*)的一位學生專欄作家也寫道：「至少在大學教育的層級，機構在培養學生的知識鑑賞力上面，表現出全然的無能。」他談到機構的失敗造成了「比平庸更糟糕的結果——亦即全然的冷漠，這樣的冷漠甚至延伸到對待生命的方式。」㉚一位柏克萊的學生說：「我們的存在整個被分解成IBM電腦卡上的洞，雖然我們在一九六四年的學生暴動中做出反擊，但是一直要到我們決定燒掉電腦卡和兵役應徵卡時，**眞正**的革命才算正式開始。」㉛

冷漠與暴力之間存在相互辯證的關係。長期活在冷漠之中可能導致暴力行爲；反之，在上面引述的情形中，則是暴力助長了冷漠。當關係處於眞空狀態，暴力便成爲最終的毀滅性替代物，湧進那一大片空虛中。㉜暴力依不同程度可分爲下列幾種：從許多現代藝術形式所帶來的相對而言算是正常的衝擊、黃色雜誌和猥褻刊物（此種暴力是以扭曲我們的生命形式而達到所欲之效果），到極度病態的刺殺行爲，譬如前述荒原上的謀殺案。當內在生活枯竭、感受不再而冷漠益增，當人們無法影響、甚至根本**觸碰**不著他人時，暴力之火便驀地延燒成惡魔般的接觸渴望，逼得人要以最直接的方式瘋狂地貼近他人。㉝這就是衆所皆知的觸發性慾與暴力犯罪之間關係的因素之一。對他人施加痛苦和折磨，至少證明了一個人有力量影響別人。在大衆傳媒所造成的異化狀態中，一般市民至少都能認出一打以上的電視人物，因爲這些人物每天晚上都笑臉迎人地進到他們的客廳裡——**但是他們自己卻永遠沒有機會被認識**。在這令人難以忍受的異化和匿名的處境下，就連一般正常人都可能會有近乎眞正病態的幻想。匿名者的心情是：假如我影響不了、也碰不著任何人，起碼我可以嚇嚇你，或者用傷害的方式激怒你；這麼一來，至少我可以確定我們都有感覺，然後我要逼你看見我，讓你知道我也在這裡！很多兒童或青少年都曾利用破壞行爲，強迫團體對他進行審判，他明知自己會被責難，但是這麼做，起碼他的社群會注意到他的存在。被積極地厭惡幾乎和被積極地喜愛一樣有效，因爲它打破了難以忍受的匿名狀態以及絕對的孤獨感。

看過冷漠的嚴重面向，現在則須轉而論其存在的必要性，進一步審視它如何在「正常分裂性格」的形式下，轉變爲一具有建設性的功能。我們的當代歷史反映出一個悲劇性的矛盾，亦即，爲了自保，我們**必須**維持某種程度的冷漠。蘇利文評述道：「冷漠是一種奇特的心理狀態，我們用它來對抗挫敗感，以避免實質的傷害，然而若停留在此狀態中過久，傷害依然將隨時間的推移衍生。在我看來，冷漠是一張神奇的防禦網，在徹底失敗的恥辱後，還能保護個體的人格不受侵擾，好在稍做喘息之後，靜待下一次的出擊。」[34]但是如果時機苦候不至，處於冷漠心態的時間便愈長，這樣下去，遲早會成爲固定的性格狀態。無動於衷其實是無法應付一連串情感要求所造成的退縮行爲，是過度刺激下的凍結狀態，唯恐自己若對所有流向自己的感情脈衝做反應，則會被過多的情緒浪潮所淹沒，因此只好任其從身旁流過。凡是在尖峰時段擠過地下鐵、曾親身體驗被漫天喧囂和大批匿名群眾團團包圍的人，都不會對此感到陌生。

我們不難了解爲何生活在此分裂時代的人們，必須保護自己不受過度刺激的干擾——廣播與電視用大量的詞語和噪音對人們進行轟炸，集體化工業和超大型工廠式的聯合大學則要求人們用機械化的方式製造產品。在這個世界中，數字冷酷地取代了我們原有的身分認同，就像洶湧滾燙的熔漿威脅著要將所過之處的活物一一窒息、焚成焦炭；在這個世界中，所謂的「常規」是要隨時保持冷淡；在這個世界中，性是如此唾手可得，以至於人們必須學習在性交時不投入眞情，以穩固內在自我的中心——世界已經分裂到這個地步，而活在當中的年輕人要比老一輩的人更直接地體認到它的紛亂，因爲他們還未有足夠的時間建立防衛機制好讓自己的感官變駑鈍；在此情況下，愛與意志會變成時代的核心議題，甚至教許多人相信是根本不可能實現的任務，也就不足爲奇了。

但是，分裂的狀態有什麼建設性用途呢？我們已目睹塞尙如何把自己的分裂性格注入藝術的表達中，而對當代生活做出獨樹一格的描繪，並且藉由自身的藝術對抗此社會中令人衰頹的勢力。既然分裂的態度是必然的，現在該詢問的則是，如何運用它的正面力量，轉劣爲優。能發揮分裂性格建設性面向的人，才有能力抵抗由科技所帶來的侵蝕內在性靈的力量，保護自己的心靈不被掏空。他可以與機器共存、共事，但不讓自己變成機器。他心底明白爲求從經驗中汲取意義，就必須保持一定的疏離，然而他也清楚這麼做最終是爲了避免內心變得貧乏不堪。

二次大戰期間，布魯諾・貝多漢(Bruno Bettelheim)博士曾一度被關在集中營裡，這段生命經歷也讓他發現冷漠性格——即我欲指出的分裂性格——對人的生存具有極其重要的地位。

> 根據當前流行的心理分析觀點……待人冷漠和孤僻離群被視為性格上的弱點。然而，那群冷漠的人在集中營裡所表現出的行為真是令我萬分驚訝，教我不得不尊稱他們為「被敷油之人」(anointed person)（譯註：天主教和基督教信徒的受洗儀式中，須以祝聖之油敷抹於額上，以示為神之選民。），這些人幾乎完全切斷和潛意識的聯繫，但仍神奇地保留了原來的人格結構，即使在極端艱苦的折磨中仍然堅持原有的道德觀，而且他們的為人幾乎完全沒有受到集中營經驗的影響……就現有心理分析理論的角度看來，這些人的人格應該極度脆弱、不堪一擊、很容易就崩潰才對，但是事實卻證明了這些人反而成為英雄領袖，最主要的原因就是他們具有強韌的性格。㉟

的確已有研究顯示，最能有效地適應太空船內生活、最能忍受該環境中感官刺激遭到剝奪的人——亦即我們二十一世紀的同志們，正是那些有能力保持疏離、退避到內心世界中的人。亞瑟・柏德貝克(Arthur J. Brodbeck)在做完實驗數據的摘要報告後寫道：「我們有理由相信，具備分裂性格的人最能符合長期太空旅行的要求。」㊱在這個過分喧囂的時代中，我們的內心很容易就被過多的刺激所強佔，而這些人竟能保持他們的內在世界不受任何侵擾。不論是刺激過剩或是刺激匱乏，這些內向的人都有辦法不爲所動地繼續生存下去，那是因爲他們已經發展出**「建設性的」分裂態度來面對生活**。既然我們必須活在業已成形的現實處境中，爲建設性分裂性格做出區分即成爲解決當前問題的重要環節。

冷漠是愛與意志退縮的結果，是爲了表明愛與意志「一點都不重要」所做出的姿態，亦是有意懸置承諾的舉措。在壓迫、動亂的時代，冷漠是必要的存活之道；而現下刺激過剩的現象亦爲一種壓迫形式。然而，與「正常」分裂態度相互對立的冷漠狀態，則會引致空虛，使人更加無法防禦自己、更失去存活的能力。縱然我們很能夠理解爲什麼「冷漠」的狀態會出現，但是試圖爲愛和意志找尋新的基礎仍然是件極重要的事，因爲愛與意志都是冷漠的最大受害者。

註釋

①Carl Oglesby之語，收錄於傑克·紐非爾德(Jack Newfield)的《預示的弱勢族群》(*A Prophetic Minority*, New York, New American Library, 1966)一書中，p.19。

②萊斯理·法柏(Leslie Farber)，《意志之道》(*The Ways of the Will*, New York, Basic Books, 1965)，p.48。

③安東尼·司鐸爾(Anthony Storr)，《人的侵略》(*Human Aggression*, New York, Atheneum, 1968)，p.85。

④同上書。

⑤同上書，p.88。

⑥私下談話。

⑦肯尼斯·坎尼斯頓(Kenneth Keniston)亦觀察到類似的現象，他發現，易被現代社會問題所擊垮的，往往並非愚昧或平庸之人，而是聰明人。「對社會複雜度了解愈深的人——通常也就是愈有能力和智慧為這個社會規劃未來的人，對心理—社會箝制力的恐懼感就愈強烈。」《不受約束的人：美國社會的疏離青年》(*The Uncommitted: Alienated Youth in American Society*, New York, Harcourt, Brace & World, 1960)。

⑧赫柏·瑞德爵士(Sir Herbert Read)，《圖像與理念：人類意識發展中的藝術功能》(*Icon and Idea: The Function of Art in the Development of Human Consciousness*, Cambridge, Mass., Harvard University Press, 1955)。

⑨梅洛·龐蒂(Maurice Merleau-Ponty)，《理智與瘋狂》(*Sense and Non-Sense*, Evanston, Ill., Northwestern University Press, 1964)，p.21。

⑩同上書。

⑪艾斯奇里斯(Aeschyles)之劇作《阿加曼農》(*Agamemnon*)，收錄於《希臘悲劇全集》(*The Complete Greek Tragedies*)中。編者：David Grene 和 Richmond Lattimore, Chicago, University of Chicago Press, 1953, p.71。

⑫同上書，p.70。

⑬實際上，在維多利亞時期還是有黃色書刊和其他展露性慾的事物出現——如同馬庫斯(Steven Marcus)在《另類維多利亞人》(*The Other Victorians*, New York, Basic Books, 1964)中所指出的，但是這並不推翻我的論點。在多重區隔的社會中，當壓制發生時，它便會自動往暗處尋求出路，而且生命驅力受到的阻障愈大，流竄至地下的暗潮也就愈洶湧。

⑭研究成果出版在《焦慮的意義》(*Thr Meaning of Anxiety*, New York, Ronald Press, 1950)一書中。

⑮詳見羅洛・梅的《焦慮的意義》(T*hr Meaning of Anxiety*)，pp.6-7。

⑯工作與成功的價值曾是許多人賴以維繫自我認同和存在價值感的準繩，但亞瑟・米勒(Arthur Miller)於一九四九年出版的著名劇作《推銷員之死》(*Death of a Salesman*)，則正式宣告了此舊社會價值觀的死亡。套句米勒的說法，主人翁威利・羅曼(Willy Loman)的最大問題在於，「他從未知道自己是誰」。

⑰凡登柏格(J. H. van den Berg)，〈轉變中的人性〉(The Changing Nature of Man)，《史性心理學》(*A Historical Psychology*, New York, W. W. Norton & Co., 1961)之序。

⑱大衛・夏皮羅(David Shapiro)，《精神官能症的型態》(*Neurotic Styles*, New York, Basic Books, 1965)，p.23。

⑲ P. H. Johnson，《論罪惡：荒原謀殺案審判之省思》(*On Iniquity: Reflections Arising out of the Moors Murder Trial*, New York, Scribners)。

⑳羅洛・梅(Rollo May)，《自我追尋的現代人》(*Man's Search for Himself*, New York, W. W. Norton & Co., 1953)，p.14。起初我將此以嶄新、獨特的型態湧現的問題，稱爲病者的「空茫感」(emptiness)，但是這個詞彙的選擇並不恰當。我在此處欲表明的狀態其實比較接近「冷漠」(apathy)。

㉑同上書，p.24。

㉒同上書。

㉓同上書，pp.24-25。

㉔同上書，p.25。

㉕《紐約時報》，一九六四年三月二十七日。

㉖《紐約時報》，一九六四年四月十六日。

㉗《紐約時報》，一九六四年五月六日。

㉘坎尼斯頓(Kenneth Keniston)在《不受約束的人》(*The Uncommitted*)中談到此種因道德失序而產生的無序感(anomie)：「我們這個時代已喚不起人們的熱情。在西方工業國家，以及愈來愈多的其他自由國家中，熱忱已消失；反之，人們談論的是彼此的距離日漸遙遠、社會秩序日益淡薄、工作和活動索然無味、價值觀和英雄偶像的面貌愈來愈模糊，而後者在充滿浪漫想像的過往，似乎曾經扮演爲生命設定秩序、意義和一致性的角色。」

㉙James H. Billington，〈人道主義的心跳已停〉(The Humanistic Heartbeat Has Failed)於《生活雜誌》(*Life Magazine*)，p.32。

㉚同上。

㉛同上。

㉜ Karl Menninger 博士曾在醫學改善協會(Medical Correctional Association)的一次研討會中對暴力做這樣的剖析：「群衆的冷漠本身也是一種侵略行爲的展現。」一九六四年四月十二日的《紐約時報》有針對此次研討會的相關報導。

㉝存在現代社會中廣大的撫觸渴望和對該禁制的反叛，可在各式各樣的撫觸治療(touch therapy)的蓬勃發展上看出，譬如從艾沙倫(Esalen)按摩療法到各種型態的團體治療。此現象適切地反映了社會的需要，但是這些療法所表現出的反智傾向，以及錯把矯正技巧的發展視爲最終目標的作法，使他們無法了解此問題涉及社會整體層面，需要改變的不只是個人身體的觸碰界線而已，而是必須扭轉整個社會的價值觀，使個人整體在更深的層次上得到更新。

㉞蘇利文(Harry Stack Sullivan)，《精神科晤談》(*The Psychiatric Interview*, New York, W. W. Norton & Co., 1954)，p.184。

㉟布魯諾・貝多漢(Bruno Bettelheim)，《了然於心》(*The Informed Heart*, Glencoe, Ill., The Free Press, 1960)，pp. 20-21。

㊱亞瑟・柏德貝克(Arthur J. Brodbeck)，〈社會脈絡中的美學發展：價值分析計畫〉(Placing Aesthetic Developments in Social Context: A Program of Value Analysis)，《社會議題期刊》(*Journal of Social Issues*)一九六四年一月號，p.17。

I | Love and Will

愛

Love

2 性與愛的悖論
Paradoxes of Sex and Love

夫婦之道乃天地陰陽之道之精巧複製。

——中國古代房中術

一個病人做了如下的夢：「我和妻子躺在床上，夾在我們中間的是我的會計師。他將和我妻子性交。面對此情此景，我的感覺很奇特，不知怎地，我竟不覺得有何不妥。」

——約翰・施枚爾醫師的報告

在西方傳統中有四種愛的形式。第一種是**性**，我們也稱之爲肉慾(lust)或力比多(libido)。其次是**愛慾**(*eros*)，這種愛的驅力讓人有繁殖或創造的慾望。第三是**友愛**(*philia*)、友情，或手足之愛。第四種在希臘文中稱爲「**無私之愛**」(*agape*)，也就是拉丁文中的「同仁愛」(*caritas*)，這樣的愛，意在爲他人的福祉設想，神愛世人即爲此種愛的原型。

而所有人對眞實的愛的體驗，都以不同比例混合著前述四種愛的形式。

將性排在首位，不僅因爲它是人類社會得以創建的根源，更因爲它是每個個體的生物性能夠存在的起始之處。每個人的存在，都應感謝在歷史上的某個時刻裡，某個男人和某個女人，跨越了艾略特(T. S. Eliot)所說的「慾望與情慾迸發(spasm)之間」的裂隙。無論我們的現代社會已將性平庸化到何等地步，性所具有的繁衍力量仍舊絲毫未減，它不但是人類長久存續所需的驅力，也是教人類升向極樂或墜入無邊焦慮的同一泉源。性既如惡魔，可旋即推人入絕望深淵；然而當它與愛慾攜手，又能救人脫離苦海、使人躍升至狂喜之境。

古人把性或肉慾視爲理所當然，就如人終究難免一死。直到現代，人們才使「性」脫穎而出，成爲我們最重要的關懷，並且要求它肩負起凝匯四種愛的形式的重責大任。縱使我們完全不理會弗洛依德對性現象的過分強調，我們依然無法否認性行爲乃驅使人類延續的根本力量，況且，正如弗洛依德所指出，性慾的確具有無可取代的**重要性**，這不能算是**誇大之詞**。再者，弗洛依德不過是道出了現代人掙扎於性的正反論之間的實際困境罷了。我們盡可在小說和戲劇中把性化爲日常瑣事，或用譏諷、裝酷的態度對待性，好保衛自己不受其強力威脅，然而，隨時待命的狂熱性慾還是會冷不防地向我們襲來，證明它自己仍然是**可畏的奧秘**(*mysterium tremendum*)。

然而，一旦我們正視當前的性與愛之間的關係，便立刻發現自己被吸入一個矛盾的漩渦裡。因此，爲了進一步釐清現代社會中圍繞著性而起的奇特悖論，我們先對此悖論做簡短的現象學描述。

狂亂性事

維多利亞時代的社會，崇尚對性衝動、性感受和性驅力的否認，一般人不會在高雅的社交場合中提及任何與性有關的字眼，有一股神聖的嫌惡感籠罩著整個性議題。無論男女，彼此在應對進退上都似乎把對方當作是沒有性器官的人。威廉・詹姆斯這位令人敬畏的改革派鬥士，在許多議題上都遙遙領先於他的時代，但是，他看待性議題的方式，也難脫二十世紀之初所特有的那種文雅的反感。在他整整兩大册的劃時代鉅著《心理學原理》中，只有一頁談到性，在討論之末他加上：「這些細節的討論，眞不是件令人愉快的事……」①然而，威廉・布雷克(William Blake)〔譯註：William Blake(1757-1827)，英國浪漫派詩人、畫家、印刷師和雕刻家。創作多有神秘主義色彩，曾因煽動罪入獄，爲一具有革命精神的藝術家。著名詩作包括《純眞之歌》(*Songs of Innocence*)、《經驗之歌》(*Songs of Experience*)，以及詩文集《預言書》(*Prophetic Books*)。〕早在維多利亞時代前一個世紀，就曾提出警告說：「欲而不爲者，育後患也。」布雷克這個預警，廣泛地受到後世心理治療者的證實。弗洛依德，身爲一個維多利亞時代的人，卻不顧社會風尚，以嚴肅的眼光研究性事。他對精神官能症狀所下的斷言十分確切，他認爲，這些糾結難解的症狀，是來自病患從自己的身體和心理的自我，硬生生地割除了生命中極重要的部分——此即「性」也。

而在一九二〇年，幾乎在一夕之間發生了重大的改變。自由主義圈內出現了一種激進的教條，這教條並顯著地成爲所有啓蒙人士的唯一立場，他們深信所有與壓抑相反的作法（包括性教育，以及談論、感受和表達性慾的自由）才能引致健全的身心。在一次大戰後極其短暫的時間內，我們從假裝性根本不存在，猛地轉入一個全心全意爲性著迷的狀態。現代社會對性的重視，自古羅馬帝國以降，沒有任何一個社會文明可與之比擬。更有些學者認爲，現代人的心思被性盤據的程度，在人類歷史上堪稱史無前例。今天，談論性事已不再是禁忌，假設有一個來自火星的訪客現在降落在時報廣場上，他甚至會以爲除了性之外，地球人沒有別的談論話題。

這種對性的執迷並非爲美國所專有。舉例來說，在大西洋彼岸的英格蘭，「從主教到生物學家，無一不對此有所行動」。倫敦《時報藝文副刊》曾在頭版刊登一篇極具洞察力的文章，文中便大膽指陳：「這是後金賽實用主義與後夏特利(post-Chatterley)道德提升的集體狂潮。任意翻開哪天的報紙（尤以星期天爲勝），你極可能看到某個權威人士拿他對避孕、墮胎、通姦、黃色刊物或雙方認可的成人同性戀等事情的看法，硬塞給讀者，若都行不通，他還會祭出對現代青少年道德模式的評論，以教化衆人。」②

這個徹底轉變的部分結果是，對今天多數的治療者而言，如一次大戰前弗洛依德那些歇斯底里症患者一樣、表現出性壓抑症狀的病人，已經相當罕見。事實上，我們發現來求診的病人是完全相反的類型：他們大量地談性，有數不清的性活動，幾乎沒有任何人抱怨因受到文化禁令的約束、而不能隨心所欲地決定上床的頻率或性對象的數目。這些病人抱怨的反而是感受的匱乏和熱情的喪失。「在這個談論性事的騷動中，最奇特的現象是，似乎鮮少有人眞正地享受這樣的性解放。」③現代人的性生活如此旺盛，卻毫無意義、甚至毫無樂趣可言！

維多利亞時代的人羞赧於讓人知道他或她有性感受，而現代人則羞愧於讓人得知他或她沒有性慾。一九一〇年以前，若一位男士對一位小姐說她很「性感」，那位小姐會覺得這是天大的羞辱；而今，受此封號的小姐將會爲這個稱讚欣喜雀躍，並向那位男士施展她的魅力以示報答。現代病人常有的問題是性冷感或性無能，但有個不可思議而令人心酸的事實是，他們都絕望地掙扎著不讓任何人看出他們感受不到性的愉悅。維多利亞時期的紳士淑女們如果嚐到性的滋味，將會感到罪孽深重；而現代的我們要是**嚐不到**，反倒會無比愧疚。

因此，眼前的悖論是，啓蒙運動未能解決我們文化中種種關於性的難題。當然，新啓蒙運動確實爲我們帶來了不少正面的影響，其中最主要的結果是個人自由度的躍升。而且，大部分原本存在的外在問題都已經得到緩解，比方說任何書店都買得到談論性知識的書籍，而除了波士頓以外的其他地方都能取得避孕用品——因為那裡的人仍然相信「老百姓實在配不上性這麼美好的東西」，這是英國伯爵夫人在新婚之夜說出的肺腑之言。夫婦之間現在終於可以不帶罪惡感、且通常不至於過分拘謹地、討論他們的性關係，試圖讓彼此的性慾都獲得滿足，也使性愛變得更有意義。希望人們會珍視這得來不易的成果。外在的社會焦慮和罪惡感已經大大減輕，若我們不懂得為此感到喜悅，那麼只能怪自己太過愚昧。

但是現在，我們內在的焦慮和罪惡感反而增加了。在某些方面來說，這樣的心理焦慮和罪惡感，遠較從前對性的壓抑還要來得更病態、更難以處理，並且其加諸個人的負擔，比外在的焦慮和罪惡感來得更沈重。

從前，男人帶給女人的挑戰較單純而直接——「她會不會跟我上床？」事關這個女人要如何面對文化道德觀的壓力。但是男人現在問的問題不再是：「她會不會？」而是：「她行不行？」挑戰的焦點轉向女性個人的性表現水準——亦即，達到她自我吹噓的性高潮的能力——它看起來應該要像是一次**極為嚴重**的痙攣。雖然我們必須要承認，第二種問法把關於性決策的問題放在比較正確的位置，但不容忽略的事實是，對於被問的人來說，第一種問法其實要容易回答得多。在我的治療經驗中，曾遇到一位女士對上床心懷憂慮，她害怕那個男人會發覺「我做愛的技巧很遜」。另一位女士的恐懼是來自「我根本不知道怎麼做」，她擔心情人會以此為藉口而冷落她。還有位女士極度畏懼進入第二次婚姻，因爲她怕第一次婚姻中的悲劇會重演——她在前一次婚姻中從未達到性高潮。令女人遲疑的原因往往是：「他喜歡我的程度，將不足以讓他回頭來找我。」

過去數十年，我們大可責怪社會嚴苛的道德準則，然後告訴自己是爲社會價值所迫，才無法按照自由意志決策行事，如此一來，便保住了自我尊嚴。再者，這可以爭取一些時間，好思考哪些是自己眞正想做的事，或讓決定在心中慢慢成形。然而，當問題只剩下「你的表現如何」的時候，原本的自適感和自尊便立刻受到質疑，而整個衝突的重心也由外而內，直接挑戰個人面對試煉的能力。

有群大學生向學校當局爭取有幾小時讓女生進入男生宿舍的權利，我很好奇他們竟然不明白，規定其實是一種恩惠。規定讓學生有追尋自我的時間。如此，他便有餘裕在尚未做好承諾的準備之前，思考未來行事的方向，嘗試各種可能性，探索不同的暫時性關係——這是成長必經之路。規定使人有藉口盡量不要有直接、坦然的承諾，免得必須在壓力下進入性關係——這種只有身體關係而非心理上的承諾，只會對個人的情感造成強烈創傷。年輕人大可蔑視規定，但是不要忘記，這些規定起碼給了一個可供嘲弄的結構。無論他遵不遵守規定，這個論點都可成立。許多當代的學生們因擁有新的性自由而感到相當程度的焦慮，但他們卻壓抑這焦慮（爲著「人應該熱愛自由」），而以攻擊宿舍管理者未予學生充分自由的行動，來抵銷這僅有的壓制所帶來的剩餘焦慮。

短視的性自由主義所未見的是，把人拋擲到漫無邊際的自由選擇大海，並不意味著賜予人充分的自由，反而更容易因此引發內在的衝突。因爲我們努力追求的性自由，並不符應作爲完整之人的要求。

在不同藝術形式中亦可觀察到，篤信「單憑自由便可解決所有的問題」，不過是個幻象。就以戲劇爲例。在一篇名爲〈性過時了沒？〉(Is Sex Kaput?)的文章中，《紐約時報》前戲劇評論家霍爾・陀布曼(Howard Taubman)對一齣又一齣的戲劇裡所呈現的現實景象，做了下面的結論：「發生性關係，就像在一個窮極無聊的下午出門逛街一樣，全然與慾望無涉，就連好奇心也相當微弱。」[4]再看小說。里昂・艾朶(Leon Edel)在〈反叛維多利亞人〉(Revolt against the Victorians)一文中評論道：「極端主義者的黃金時代已過去。直至目前爲止，他們只把小說變得更加貧瘠，而未曾豐富它的內容。」[5]在此，艾朶敏銳地點出了純粹寫實派「啓蒙主義」小說中的核心問題，那就是這類小說有將性**非人化**(dehumanization)的趨勢。他強調：「在左拉(Zola)小說中所呈現的性衝突，要比勞倫斯(D. H. Lawrence)所描寫的任何片段都來得眞實，並且更具有人性。」[6]

對抗審查制度和爭取言論自由確實是場光榮的戰爭，然而這難道不會成爲另一種束縛嗎？包括小說家和劇作家在內的所有作者，「似乎寧可典當他們的打字機，也不願在尚未對主角的性行爲進行大量解剖學式書寫之前，將手稿交出……」[7]我們的「基本教義派啓蒙運動」其實是自亂陣腳，最終，是它自己一手毀滅了當初所欲保護的性熱情。在寫實派敘述所掀起的巨大浪潮中，不論在舞台上、小說裡或甚至是心理治療當中，我們都遺忘了，想像力才是情慾的命脈，寫實主義既欠缺性慾也喪失了愛慾。當然，再沒有比全然的裸露更**不**性感的了，只消到天體營去看看，就會立刻明白這點。若想把純粹的生理學和解剖學，轉變爲**人與人之間的關係**經驗，將其轉化爲藝術、熱情或千萬種不同風情的、教人心煩意亂卻又令人陶醉的愛慾，所需要的是想像力的澆灌。後文中我將稱此想像力爲**意向性**(intentionality)。

眞相會不會是：「啓蒙運動」把自己化約成純粹的寫實詳述主義，其實是爲了一種逃離，意在遠遠地避開由人類愛慾想像所引發的焦慮？

技巧的救贖

第二個悖論是關於**人們對於性技巧與做愛失敗經驗的過分強調**。我經常有下面的想法：人們所翻閱的、或市面上出版的說明如何做愛的書籍數量，和人們眞正經驗到的性的熱情或甚至是性的樂趣，恰好成反比。當然，技巧本身並沒有什麼不好，就像打高爾夫或演戲一樣，做愛也需要技巧。然而，一旦對性技巧的強調超過了某種程度，將導致人們用機械式的態度看待做愛這件事，此外，若過分強調技術性層面，隨之而來的會是極度的異化狀態、無止境的孤獨感，以及人格的解離。

異化現象的特徵之一是，那些擁有古老愛情技藝的情人，有被具備現代化效率的電子計算機所取代的趨勢。情侶們花費許多時間像記帳一樣詳細地記錄做愛次數，並且規劃做愛時間表——這個實踐的功夫已獲得金賽性學報告的證實和標準化檢驗。若是落後在時間表排定的行程之後，人們會變得非常焦慮，而且覺得非盡快上床不可，不管他們是不是眞的想做愛。我的同事約翰‧施枚爾(John Schimel)醫師曾報告說：「我有些病人堅毅地忍受（或是根本沒注意到）配偶對他們的百般虐待，然而他們卻深信，若是性時間表落後了，就代表著愛意已消失。」⑧就男人而言，他若無法達到這個時間表的要求，便莫名地覺得自己喪失了男子氣概；而對女人來說，如果經過一段相當長的時間，都沒有任何男人對她至少做做勾引的姿態的話，她會相信自己已經完全失去女性的魅力。女人用「周旋於男人之間」(between men)來形容自己的風流韻事，也同樣地暗示著時間的間斷或不連續，如同穿插在劇幕間的**間奏曲**(*entr'acte*)一般。如此煞費苦心地在性愛帳本上詳細記錄下每一個細節——我們這個星期做了幾次？他或她今晚對我的注意力夠不夠多？我們花在前戲的時間是否夠久？——不由得讓人懷疑，在這個本應最具自發性的行爲中，還殘存多少自發性在內。如今，電腦代替了弗洛依德口中的父母，當做愛場景上演時，便在舞台的兩側盤旋。

在這對技巧的狂熱迷戀下，無怪乎關於性愛行爲的典型問題從「性行爲中是否包含了熱情、意義或愉悅？」變成「我的表現有多好？」⑨類似的例子可在西瑞爾‧康諾立(Cyril Connolly)所提出的「性高潮的暴政」(the tyranny of the orgasm)概念，以及許多性伴侶對是否同時達到性高潮的在意程度看出。我不斷地自問：「為什麼人們要如此用心良苦？」而「人們極力追求性高潮的浮誇印象，到底是為了遮掩多麼深不可測的自卑情結？又為了填補內心何等的空虛孤獨？」

一般來說，性學家們對性行為總是抱持著「愈多性愈愜意」的態度，然而當他們眼見時下的人們，因過度強調性高潮而焦慮不已、又把「滿足」性伴侶視為最重要的事情時，也不禁要雙眉高聳、大感驚異。男人總要在事後問他的女伴：「妳到了沒？」「妳覺得舒服嗎？」或是用其他委婉的語詞，詢問這個顯然沒有任何委婉語詞可供表達的經驗。西蒙・德・波娃(Simone de Beauvoir)和其他試圖詮釋此情愛表達行為的女人們都提醒了男人，所有這些旁敲側擊的問話，是女人們在這個時刻裡最最不想被問到的問題。再者，對技巧的耽溺恰恰掠奪了女人此刻在生理上和情緒上最熱切渴望的東西，此即，男人在這慾望的頂峰，不由自主而表現出的放縱。放縱賦予了她在性經驗中，不斷向上攀升至極度興奮和狂喜狀態的能力。當我們停止追求囿於性角色扮演的無意義而繁瑣的程序，將會發現，在那些畢生難忘的性經驗中佔有絕對重要性的，竟是純然的親密關係——從相見起，兩人逐漸親近，帶著不知將被未來引至何方的興奮，彼此訴說自己心裡的話，然後彼此將自己的心交到對方手中。不正是這份親暱，讓我們在企求得到生命中最溫暖的慰藉時，一再地喚回這烙印在記憶深處最美好的情事嗎？

現代社會的奇特現象是，人們對於建立一段真正的情感關係——分享彼此的品味、幻想、夢想、對未來懷抱的希望，以及對往昔的恐懼等等——似乎表現得比跟某人上床還來得羞怯和脆弱。人們大方地在性行為中裸露自己的身軀，然而，對於伴隨著溫柔而來的心理層面和心靈層面的裸露，人們則顯得戒慎恐懼。

新清教主義

第三個悖論是，性自由受到高度誇大之後，結果造成一種新的清教主義(puritanism)。請注意此處的拼法，我特意用小寫的p，以避免和最初的清教嚴正主義(Puritanism)相互混淆。雖只有大小寫的差別，兩者卻大異其趣。在霍桑(Nathaniel Hawthorne)的小說《紅字》(*The Scarlet Letter*)中，存在兩位主人翁海斯特(Hester)與狄枚斯達爾(Dimmesdale)之間炙烈的熱情，便爲這個差異做了最好的說明。⑩我欲意指的新清教主義，是我們維多利亞時代的祖父們所傳下的遺產，再混合工業主義、情感與道德的分裂之後所形成的產物。

我對新清教主義的解釋包括下列三個層面。第一，**是一種與身體疏離的異化狀態**；第二，**情感與理智的分離**；第三，**將身體當作機器使用**。

在這個新清教主義時代，身體不健康就等同於罪惡。⑪罪，在過去指的是向自己的性慾讓步；而現在指的是未將自己的性慾發揮到淋漓盡致。現代清教徒堅持，不表達力比多是不道德的。顯然這個現象在大西洋兩岸皆如此。倫敦《時報藝文副刊》上刊載著：「已經很少有比下述景象更令人沮喪的事了：一個進步主義知識份子，因出自道德責任感而和某人上床……現在全世界最高尚的清教徒，是那些提倡『應透過適當地引導熱情，以獲得救贖』的人……」⑫從前的女人，會因爲跟男人上床而有罪惡感。現在，一個女人若是在幾次約會後仍然克制自己的慾望，便會感到一種模糊的罪惡感尾隨在身後；她的罪在於「病態的壓抑」，在於拒絕「獻身」。而她那永遠開明（或至少裝作開明）的情侶，則拒絕對她的猶豫勃然大怒以減輕她的罪惡感（如果她能夠和伴侶直接針對此事敞開來談，她反而比較容易面對這個衝突）。他寬宏大量地在一旁待命，隨時準備在每次約會結束前展開拯救行動，將他的女伴從黑暗之境中救出。當然，這使她的「不」愈說不出口，反倒憑添更多的罪惡感。

這不僅意味著人們必須學習如何在性行爲中表現得當，還要在性慾展演的同時，不讓自己受熱情的牽動，以防做出不合宜的承諾——因爲這可能被解釋爲：對性伴侶不健康的要求。**維多利亞時代的人追求無性之愛；現代人則追求無愛之性**。

曾經，爲了自娛，我爲這些開明的現代人對待性與愛的態度，做了一番印象派式的描述。在此，我想和大家分享這個我稱之爲「新飽經世故者」(new sophisticate)的圖像：

> 新一代飽經世故者並未遭到社會的閹割，而是如奧瑞岡〔譯註：奧瑞岡(Origen，約西元 185-253)乃亞歷山大時代初期基督教會的希臘教士和神學家。〕一般，自

己閹割了自己。對他而言，性和身體的本身並不是尚待發現、體驗的事物，而就像電視播報員的聲音一樣，是必須加以培訓的工具。新飽經世故者表達熱情的方式，是讓自己熱情地投入在新道德準則的實踐上，而此道德準則即為：驅散所有熱情，愛所有的人，直到所剩的愛不再有力量嚇倒任何人。他對自己的熱情懷著致命的恐懼，除非把它們用鍊條拴緊，而其實他那性慾完全宣洩理論的要旨，正繫於這道鎖鍊。他的自由教條即是壓抑；他努力維持性功能處於最佳狀態、以達到完全性滿足的原則，便是否認自己的愛慾。老一代的清教徒壓抑性慾卻熱情充沛；而我們的新生代清教徒壓抑熱情但性致勃勃。他的目的是在控制身體，馭自然為奴。然而，新飽經世故者對於追求完全自由的僵硬原則，使得他們不僅無法獲得自由，反而被新的束縛所箝制。他這麼做，是因為害怕自己的身體和心中的悲憫根性，害怕土地和他自身擁有的創生力量。他是現代培根哲學的傳人——致力於**征服**自然、獲取知識，以擁有更多的力量。而他則要征服性慾，方法正是全力宣洩，就像逼迫奴隸無休止地工作，直到榨乾他身上最後一絲反叛念頭為止。性變得有如原始人的弓箭、鐵橇或扁斧。性，是這個時代新發明的**終極機器**(*Machina Ultima*)。

這種新清教主義已悄悄地蔓延至現代的精神醫學和心理學。某些婚姻諮商書籍的作者曾提出這樣的論點，他們主張治療者在和諮商對象討論性交時，應該只用「幹」(fuck)這個字，並且堅持當事人也用這個字；理由在於，其他的字眼只會讓當事人掩飾眞正的感受。在此，重要的並不是名詞使用本身的問題；畢竟，把這純粹的肉慾、帶點自覺的野性和身體的狂歡縱慾稱作「幹」(fucking)並無不妥，而我們更不能把肉慾從人類經驗的系譜中排除。但有趣的是，此論點基於誠實的道德理由，賦予一個曾經被視爲禁忌的字眼以**必要性**。誠然，否認交配的生物面向的確是一種掩飾。但是，若光想用這個字眼來涵蓋性經驗，亦不啻爲另一種掩飾；因爲在性經驗中，我們眞正想找尋的是兩人之間的親密關係，而這份關係遠超過性緊張狀態的紓解，並將讓我們久久難以忘懷。前一種掩飾的用處是在抑制性慾；而後者的目的則是自我疏離，並協助自我抵禦對親密關係的焦慮。前者是弗洛依德時代的特殊問題，後者則專屬於我們這個時代。

此外，新清教主義必須爲這個時代中，在語言的整體層次上所發生的非人格化現象，負相當的責任。現在，我們用「性交」代替了「做愛」；相對於「交媾」，我們說「搞」；我們不「上床」，而是「上」某人，或「被上」——（願上天保佑英文和我們所有的人！）異化(alienation)已成爲日常生活的常態現象，以至於某些心理治療訓練機構，教導年輕的精神科醫師和心理學家：在療程中使用粗俗的性俚語是「具有治療意義」的；如果病人用「做愛」來談論他的性生活，很可能是藉此在遮蔽某種壓抑；因此，治療者有責任和義務（典型的新清教主義！）讓病人知道，他們只「幹」而不「做愛」。每個人似乎都急於擺脫維多利亞人過分拘謹的遺跡，而全然遺忘了這些不同的字眼，其實在指稱不同的生命經驗。或許大部分的人都經歷過性關係的不同形式，而能夠毫無困難地區分用以描述這些差異經驗的不同字眼。我並不是在對這些不同形式的性經驗做價值上的判斷，因爲每一種形式在它相對應的關係中都是適當的。舉個例子來說，每個女人在特定的時刻裡，都會希望有人將她一擁而起、抱她離開，而在她意興闌珊時，能有人說服她、喚起她的熱情。就像小說《飄》(*Gone With the Wind*)裡，郝思嘉和白瑞德的著名場景；然而，如果「被上」是一個女人整個性生活中的唯一經驗，那麼很快地，她便會體驗到身體的疏離感，以及對性的排斥。若治療者不能體認性經驗的多重形式，他的強力主導將造成病人意識的退卻和萎縮，接下來，他勢必會對病人的身體覺識力和建立關係的能力，做出過度狹隘的評斷。以下是我對新清教主義的主要批評：它大大限制了人的感受力、阻絕了性行爲無窮的多樣性和豐富性，並且導致了情感的貧瘠。

如此，我們便不難理解爲何新清教主義會在全體社會成員的心中釀成熊熊敵意，而且此敵意的迸發經常反過來指涉性行爲本身。我們把「滾開」(go fuck yourself)或「去你的」(fuck you)當作輕蔑的字眼，以示對方存在的唯一價值，不過是被人使用，再一腳踢開。生物性慾在此受到**歸謬論證**(*reductio ad absurdum*)的考驗。的確，Fuck 是當代英語中最常用來表達強烈敵意的咒罵語詞，但我想這並非偶然之事。

弗洛依德與新清教主義

弗洛依德的精神分析如何與新性解放主義和新清教主義之間發生糾葛，其中有個引人入勝的故事。坐在雞尾酒會席間的社會評論家們，可能會爲弗洛依德冠上新性自由運動主要推動者的封號，或至少是主要發言人。但他們沒有看出，弗洛依德和精神分析同時反映和表達了新清教主義的正負兩個層面。

精神分析清教主義的正面形式，表現在它對極度誠實和理性耿直的要求上，在這方面弗洛依德本人提供了最佳範例。而它的負面展現，則在於它爲身體和自我的觀看提供了一個新的系統，姑且不論其正確與否，這個觀看系統把個體視爲藉由「性對象」(sexual objects)以達到滿足目的的機制。精神分析傾向於把性當作一種「需求」、一種必須被解除的緊張狀態，正是這種看法促成了它的新清教主義。

我們必須進一步探究這個問題，察看現代社會的性價值觀如何在精神分析的理論化之下，更加扭曲變形。美國精神醫學協會前會長(1936-37)麥克菲・坎伯爾(C. Macfie Campbell)醫師，在討論精神分析的哲學面向時，曾刻薄的評述道：「精神分析學家不過是換上百慕達短褲的喀爾文教派份子。」這句名言只對了一半，但是這一半眞理的意味極爲深長。弗洛依德自身的剛毅性格、對熱情的掌控，以及近乎強迫的工作狂，都爲清教徒的正面形象做了絕佳展示。他非常欽佩舊清教徒領袖奧立佛・克倫威爾(Oliver Cromwell)，並以其名爲他的一個兒子命名。菲立普・里耶夫(Philip Rieff)在他的研究《弗洛依德：道德主義者的心靈》(*Freud：The Mind of the Moralist*)中指出，此種「對激進清教主義的喜愛，在世俗猶太知識份子的身上並不少見，這意味著一種性格型態的偏好，他們死命抓住獨立和正直的性格特色的程度，遠遠超過他們對特定信仰或教義的堅持。」⑬在他苦行僧式的工作習性中，弗洛依德顯露了新清教主義一個最重要的面向，亦即**把科學當成修道院**，在其中禁慾苦修。他強迫地勤奮工作著，把全部的時間都花在成就他的科學目標上，如此便超越了生命中的所有事物（我們還可以加上：超越了生命本身），更因此在實質上——而非象徵層次上——昇華了他的熱情。

弗洛依德自己的性生活相當有限。傳記作者恩尼斯特・瓊斯(Ernest Jones)告訴我們，他的性經驗開始得晚（約在三十歲），而結束得早（四十歲左右）。四十一歲的時候，弗洛依德寫信給他的朋友威爾漢默・菲利斯(Wilhelm Fliess)，信中向他抱怨自己低落的情緒，並嘆道：「就連性興奮，對我這樣的人來說，卻已是一無用處呵。」從其他的一些小事件看來，此時弗洛依德的性生活可謂已告終了。他在《夢的解析》中透露，在他四十多歲時，曾經一度被一位年輕女性的身軀吸引，竟不由自主地把手伸向她、觸摸她。他表示，發現自己體內竟然「仍舊」存留著被性吸引的可能性，著實令他十分驚訝。⑭

弗洛依德認爲必須控制並疏導性慾，而且深信這種作法不僅有助於文化發展，更能強化個人性格。一八八三年，在他和瑪莎・貝內斯(Martha Bernays)漫長的婚約期間，年輕的弗洛依德寫信給他未來的妻子：

> ……看著大衆以此自娛，既非樂事，亦無任何教化意味；幸虧我們不好此道……我想起在觀賞《卡門》的時候，突然有一個念頭：群衆任意發洩他們的慾望，而我們卻將自己的慾望剝除。免除慾望是為了維持我們的完整性，將精力節省在健康上、享受其他樂趣的能力上，和我們的情感上；我們為著某個未知的事物保留自己。而這樣對自然本能的持續抑制，可使我們擁有優雅的質性……而那些像我們一樣極端的人，那些追求生死相守、剝奪自身慾望並忍受經年悲苦、只為了能夠保持忠貞的人，倘若他們心愛的人被災難帶走性命，可能連一天都活不下去……[15]

弗洛依德昇華原理的基礎，就建立在這個定量性慾的信念上，他認爲每個個體身上都含有定量的力比多（libido，性能量），因此我們可以自己移除這些能量，並可節省某一方面情感表達的使用，以增加其他方面的樂趣。再者，若我們將這些能量一股腦地直接用在性慾的宣洩上，便沒有足夠的能量再從事其他活動——譬如藝術創作。保羅・田立克(Paul Tillich)縱然對弗洛依德的作品有相當正面的評價，卻評論道：「弗洛依德氏的昇華概念，是他最具新清教徒拘謹色彩的信仰。」⑯

我指出精神分析與新清較主義間的牽連，並不是想對精神分析做簡單而貶抑的價值批判。當**原初的**清教運動，尚未在十九世紀末，整體衰退爲維多利亞時期的拘謹道德主義之前，它的代表性特徵和令人欽佩的特質，是爲正義、眞理而獻身。現代科學之所以能夠突飛猛進，實應由衷感謝這原初的清教運動；若不是那些具備早期清教徒美德的俗世和尚，在他們的科學實驗室裡孜孜不倦地工作，便不可能有如此豐碩的成果。再者，類似精神分析這樣的文化發展，既是果又是因：它**反映**並**表現**了正在文化中浮現的趨勢，同時亦模塑、影響著這些趨勢。假如我們對文化中正在發生的事情有所覺察，那麼我們都有能力影響潮流的方向，不論這份影響多麼微不足道。如此，我們便有希望發展出新的價值觀，這對擺脫新的文化困境來說，意義重大。

然而，若我們試圖從精神分析中擷取價值觀的內容，不僅自身價值觀會陷入一團矛盾的迷霧，自我形象亦將混淆不清。我們不應期待精神分析承擔起提供價值基準的重任。的確，藉著揭開、顯露我們過去否認的動機和慾望，以及擴大我們的意識，精神分析能夠爲病人準備一條探索、建立價值觀的道路，進而使他獲得改變自身的方法。至於精神分析本身，則不可能擔負爲病人的價值觀做決策、而直接改變其生活的責任。弗洛依德最大的貢獻，在於他把蘇格拉底的訓諭——「認識你自己」(Know thyself)，帶入一個更深層的境界，確切地說，是開拓了一片新大陸，一片暗藏著被壓抑的潛意識動機的遼闊土地。除此之外，在與個案一對一的治療關係中，他也發展出以移情(transference)和抗拒(resistance)爲基礎概念的治療技術，目的在將潛意識的內容帶到意識層面中。無論精神分析的聲望是漲是落，弗洛依德的發現、和此領域中其他學者專家的創見，都具有不可抹滅的價值，他們的貢獻不只灌溉了心理學治療的領域，也清除了人性道德中虛僞和自欺的殘骸。

我想澄清一件事。在我們的社會中，許多人渴望臻至一種涅槃——在此狀態下，一個人的性格能夠快速地自動轉變，並且能夠從以科技取代心靈而本末倒置的重擔中解脫出來；然而，這群人所崇尚的「自由表達」和快樂主義，其實是他們**將精神分析的新內容、偷渡到新清教主義的舊有教條中**的產物。一九二〇年代期間，約在十年內，人們對性所持的態度和性道德觀改變如此之迅速，以至於出現了下面的說法：「我們更換衣服和角色的速度，比改變情緒的速度還快。」這樣的假想不無根據。我們眞正欠缺的是感官和想像力的開展，因爲那將會豐富性愛的歡愉和熱情，並且幫助我們找到愛情的意義；然而，我們寧可捨棄這些，而自我放逐在技巧的追求上。在這樣的「自由」愛情中，我們學不會愛人；而這樣的自由亦不能帶來解放，相反地，它將會是另一種新的桎梏。事情的結果正如我們現在所見，性的價值觀被拋擲到混亂和矛盾的狀態中，而性愛則成爲難解的悖論。

我並不想過分誇大現實處境，也不是要對現代性道德觀的流動性所能帶來的正面益處視而不見。事實上，在前面所描述的混亂狀況中，伴隨著可望使個人獲得眞正自由的可能性。譬如說，夫妻可以大方地承認，性事是他們歡樂和愉悅的泉源；如此才能擺脫把自然的性行爲視作罪惡的傳統誤解，並把注意力放在覺察伴侶關係中的眞正惡行上——比方說：夫妻間的彼此操縱。既然獲得了維多利亞人所不曾擁有的自由，他們便有機會一同探索使關係變得更豐富的方法。即便是日益攀升的離婚率引發了許多嚴重的問題，這個現象仍然具有其正面的心理效應，這使得夫妻們很難再用「命中注定一輩子在一起」的教條，合理化一段不幸的婚姻。再去尋找另一個愛人的可能性，讓人不得不重新思考婚姻關係，選擇一個眞正想和他（她）在一起的人。有一個可能獲得眞正自由的途徑，它需要一定的勇氣，以便在生物肉慾的追求，和有意義的情愛關係的渴望之間，取一涵納二者的中庸之道；其次，需要對彼此有更深刻的認識；最後，還需要所有我們稱之爲人的理解力(human understanding)的其他方面。勇氣可以單純地用來對抗社會道德習俗，亦可轉用於培養把自己完全交託給另一人的內在能力。

但是，我們非常清楚，這些性自由意識的正面益處並不會自然而然地發生，除非我們願意了解前述種種性愛的矛盾，並一步一步將它們化解。

問題背後的動機

我在兩家精神分析機構擔任督導分析師，督導的對象是六位正在接受分析師訓練的精神科醫師和心理學家，他們必須定期跟我討論手中正在處理的一個案例。下面，我將分別引述這些年輕分析師的六個病例，因爲到現在我對他們已有深厚的了解，再者，由於他們不是我自己的病人，我能以更客觀的角度對他們進行分析。他們之中的每一位在跟別人上床（通常都和不同的性伴侶）時，皆無外顯的羞恥或罪惡感。六位病人中有四位女性，她們都表示在性行爲中沒有什麼感覺。其中兩位女性上床的動機，似乎是爲了抓緊男人，也爲了符合一般的標準——亦即，在生命中的某個階段，性交本來就是「人人都做的事」。第三位女士有一個特殊的動機：慷慨，她把性看成是送給男人的好禮物，然後她會極力要求和她上床的男人用心照顧她，以作爲她的回報。第四位女性則似乎是唯一實際體驗到性慾的一位，除此之外，她的動機還同時夾雜著對男人的慷慨和憤怒——「我要**強迫**他讓我享受性愉悅！」至於另兩位男士，原本都有陽萎的問題，而現在，雖然可以勃起、性交，但還是斷斷續續有性能力的障礙。一個引人注目的地方是，他們從未提起這些性經驗爲他們帶來的快感。他們和人發生性關係的主要目的，似乎是在展現雄性威力。更明確地說，其中一位男士和女人發生性關係的特殊目的，並非在享受性愛本身，反而是在向他的分析師報告前晚的艷遇和性冒險，即便是這個經驗不太有趣甚至極度乏味，他都想要和他的男性分析師分享，就像是從性愛場景退到幕後時，男人們需要彼此交換心得，並為對方打氣。

現在，讓我們更進一步探問，到底這些行為模式的背後隱藏著什麼樣的動機？是什麼原因驅使人們從以往對性的強迫否認，走向現代對性事的強迫關切？

很顯然地，為了證明自己的身分認同而努力，是解釋現代人的心思被性佔據的重要原因；貝蒂・費里丹(Betty Friedan)在《女性的奧秘》(*The Feminine Mystique*)中有清楚的解釋，不管對女人或男人來說，獲得身分認同都是一個重要的生命目標。這個目標孕育了性別**平等主義**與性別角色**可互換性**的想法。可是，固守性別平等主義的代價，不只是否認了男女間的生物性差異（這起碼是最基本的），就連性愛歡愉的重要來源——男女在心理情緒上的差異——都遭到漠視。性別平等主義的弔詭在於，當我們強迫性地想要證明自己和伴侶一模一樣的時候，意味著我們抑制了自己的獨特感受——而這恰好損毀了身分認同感最重要的來源。這樣的矛盾導致了這個社會的機械化傾向——即使在床上，我們都變成了機器人。

另一個動機，是來自個人欲克服自身孤獨狀態的渴望。隨這個渴望而來的，是為了逃脫空虛感和冷漠威脅的絕望掙扎——伴侶們氣喘吁吁地顫抖著，希望在另一個人的身上發現同樣的顫抖回應，好證明自己的身體並未麻木；他們在對方身上搜尋一個回應、一種渴望，以證明自己的情感尙存。根據一句古老的諷諭詩句：這就叫做愛情。

被包圍在強調男性性本領的文化中，我們往往有這樣的印象，覺得男人好像在接受性運動員的訓練。但是贏得這場比賽的大獎是什麼呢？其實不光是男人，女人也亟於表現她的性能力——她們也一樣，必須趕上性時間表的進度，必須散發熱力，還要展現誇張的性高潮。現在的心理治療學圈內已形成一個共同的看法，從動力學的觀點來看，對性能力的過度關注通常是一種對性無能焦慮的補償。

對性能力的迷思——以性能力證明人在其他領域中的力量——導致人們過分強調性技巧的表現。此處，我們再度觀察到奇特的自我挫敗模式。此即，在性愛關係中性感受的降低，實際上和過度重視技巧的表現有很大的關聯。有些爲了達到高度性表現所發展出的技術，實在荒唐至極；其中一個例子是，性交前在陰莖上塗抹麻醉性藥膏。如此一來，可降低對刺激的感受，男人便可延後達到高潮的時間。我從同事那兒得知，醫師開這種麻醉「藥物」以「治療」病人過早射精的情形並不少見。施枚爾醫師曾記錄道：「有個男性病人對他的『早洩』感到極度苦惱，即便是他實際上的射精時間，從進入陰道後算起，都至少超過十分鐘。他的一個鄰居是泌尿科醫生，建議他在性交前塗些麻醉藥膏。他對這個辦法感到非常滿意，並且十分感激這位泌尿科醫生的即時協助。」[17]這位病人爲了證明自己的男性雄風，即使犧牲所有的性快感都在所不惜。

我的一位病人告訴我，他曾經因爲早洩的問題去看過醫生，醫生也開給他一種麻醉藥膏。如同施枚爾醫師，我最感到驚訝的是，這位病人對這樣的診療方式，內心竟沒有絲毫的疑惑和衝突。那麼，這個處方不是應該已經解決所有的問題嗎？它不是應該能夠幫助病人重振雄風嗎？然而，在這位年輕人找到我之前，他幾乎對所有能想像得到的情境都感到性無能。情況嚴重到，有一回他和妻子駕車去某地，他妻子頑皮地把一隻鞋脫下，朝他頭上打去；對妻子這樣一個非常不明顯的女性化動作，他竟然毫無招架之力。無論如何，教這個男人感到極度恐懼而引致性無能的，其實是這幅呈現出婚姻樣貌的諷刺圖像。而他的陰莖——在它還沒有被下藥而至於完全失去感覺以前——反倒是唯一有足夠的「感覺」，以做出適切反應的器官——那就是，逃得愈快愈好。

讓感覺愈少，才能表現得愈好！這是一個既駭人又鮮明的象徵，代表著我們的社會已深深陷入一個惡性循環。一個人愈是被迫展現他的性能力，他便愈將性交——這個人類最私密的行爲——視爲一個隨時受到外在標準所評價的演出，如是，他也就愈來愈把自己看成一部機器，可以被開啓、調整與操縱，而他對自己和伴侶的感覺也會逐漸降低；既然感覺遞減，他亦將失去更多性的慾望和能力。這個自我挫敗模式要是長期運作，最終的結果會是：**愈有效率的愛人，也將會是個性無能的愛人**。

我們的討論至此出現了一個關鍵點，此即，過度關切自己是否能「滿足」性伴侶的事實，向我們呈現了性行爲中一個聽來或許有些變態、卻是最基本的要素：人們藉著證明自己有能力**給予**，而能獲得快感和自我肯定的經驗。男人對於願意讓自己被他滿足——

套句常用的術語來說就是，願意讓男人給她性高潮——的女人，總是心懷感激。這是一個介於肉慾與溫情（性與愛）中間、並且兼具二者的重要位置。許多男人在證明自己能夠滿足女人之前，無法感覺到自己作爲一個男人或文化中人的身分。人類之間相互關係的結構，使得性行爲中的歡愉或意義，必須在男人和女人感到他們能夠滿足彼此的條件下才能達成。而強暴行爲中對性的剝削，以及唐璜型男人在習慣性勾引行爲中所表現出的強迫型性慾，往往都是因爲他們無法藉由滿足性伴侶而獲得快感。唐璜之所以要不斷地和不同的女性發生性關係，是因爲即便他擁有高超的性能力和性技巧，他永遠都處在不滿足的狀態。

現在的問題並不在於渴望滿足性伴侶的需求本身，而是這樣的需求往往在性行爲中被詮釋爲純粹技巧的展演——亦即，給予對方感官滿足的必要性。對於傳達情感、互訴幻想、分享內在心靈的豐富等經驗，我們甚至缺乏詞彙來描述（正是因爲如此，我的語句顯得相當「古板」），而這些經驗通常需要一段時間，好讓感官上的愉悅轉化爲心理上的感受，再從心理感受化爲情感，有時則轉變成愛。

今天，性行爲機械化的趨勢會衍生出性無能的問題，實在不足爲奇。機器的典型特徵，便是它可以精準地執行完一系列的**動作**，卻永遠不會有**感覺**。有一個優秀的醫學系學生來接受精神分析，原因之一是他患了陽萎。有一回，他做了一個頗具啓示意味的夢。夢中，他要求我幫他把一根管子插進他的大腦，以便讓這根管子穿過身體，然後自兩腿間穿出，當作他的陰莖。在夢裡面，他確信這根管子會有一次非常壯觀的勃起。這個年輕世故的小伙子忘記了一件重要的事，他並未意會到，這個**被自己當成是最佳解決途徑的措施，卻恰好是他問題的根本來源**——把自己看成一部「性交機器」。他夢裡的意象十分生動：大腦代表了智力，但也象徵著這個時代的疏離；有趣的是，他的裝置完全繞過和情感有關的部位，比方說腦視丘、心臟和肺，甚至連胃都避開了。這根管子從頭部直通陰莖——卻遺忘了心臟（愛情）！⑱

我手邊沒有將當前的性無能案例和過去做比較的統計數字（就我所知，可能沒有任何人有），然而我總覺得，即便（或是隨著）人們在各方面所擁有的自由度與日俱增，性無能的現象卻有擴大的趨勢。所有的治療師幾乎都同意，愈來愈多的人是因爲這個問題來求診——雖然我們並不清楚這顯示著實際病例的增加，或者只是因爲有更多的人意識到、且不諱言這個問題。很顯然地，針對類似的主題，我們幾乎不可能得到有意義的統計資料。但是，自從《人類的性反應》(*Human Sexual Response*)這本處理陽萎和性冷感的書上市之後，儘管賣價昂貴、內容誇大不實，還是一連數月直逼暢銷排行榜榜首；由此可看出人們尋求性無能解決之道的迫切。無論原因爲何，不管是年輕人或是年長者，都愈來愈難被說服自己的性反應是正常的。

若想了解新清教主義在現代社會中呈現自身的奇特方式，只消打開任何一期的《花花公子》——這份據說在大學生和神職人員間相當風靡的雜誌——便可看出端倪。翻開雜誌，你會發現在挺著矽膠塡充乳房的裸女旁邊，刊登著由頗具聲譽的作家所執筆的文章，從第一瞥印象你會推斷，這刊物一定是屬於新啓蒙運動那一派的。然而，如果再仔細瞧瞧，你會發現這些寫眞女郎的臉上都帶著一個共同的表情：疏離、呆板、有點討人厭、空茫——都是典型分裂性格的負面特質。你終於發現，她們一點都不性感，《花花公子》只不過把以前用來遮掩生殖器的無花果葉換成一號表情，移到這些女人的臉上罷了。然後你決定翻翻讀者投書，第一封信的標題是〈花花牧師〉，信中寫道：「有位牧師向一群年輕人和許多神職人員講授黑弗納(Hefner)（譯註：修•黑弗納(Hugh Hefner, 1926-)於一九五三年創辦《花花公子》雜誌，後將其擴張爲超大型色情工業集團而成爲億萬富翁。據稱黑弗納本人身體力行花花公子的生活哲學，提倡完全的性自由、性解放。）的生活哲學，他表示基督教眞正的倫理道德觀，是不會和黑弗納的態度相衝突的，並且——投書者筆觸充滿熱情地讚揚道——許多神職人員在他們時髦的牧師公館中，生活得更像花花公子，而非苦行僧。」[19]接著，你看到另一封標題爲〈耶穌乃是花花公子〉的信，他的理由是，耶穌曾經愛上抹大拉的馬麗亞、好美食、注重打扮，又譴責墨守傳統禮儀的法利賽人。最後你不得不感到納悶，爲什麼要借用宗教來正當化一份色情刊物？而如果人們眞的想要獲得「解放」的話，爲什麼不乾脆盡情地享受性自由呢？

不論是從批判的角度推論這些讀者來函都是編輯自己「設計」的，或是稍微寬容一點，把這些模範信件當成是編輯們苦心挑選的成果，都不能改變一個既定事實，那就是這些信件的內容，已堆造出一種美國男人的形象類型——一個溫文儒雅、予人距離感，且自信十足的單身漢，視女人如「花花公子配件」，就像是他所有時髦裝束中的一項物品。或許你已經注意到，《花花公子》裡面沒有任何關於疝氣、禿頭，或者任何有可能減損上述形象的廣告。此外，你也會發現許多好文章，更爲這個男性形象增加了權威性。[20]坦白地說，這些文章原本極可能被任何一份刊物的編輯買下，只要他能錄用一個有品味的助理，並願意支付合理的價格。哈維・寇克斯(Harvey Cox)認爲《花花公子》基本上是反性的，並且表示該刊物「是長久以來，人類抗拒成爲人類的最晚近、且最華而不實的一段插曲」。他相信：「整個花花公子現象只不過是冰山的一角，它清晰地揭示了一種新的暴政形式已然存在的恐怖事實。」[21]社會學家兼詩人喀爾文・赫頓(Calvin Herton)，則把花花公子現象放到時尚和娛樂事業的脈絡中討論，他稱此現象爲新的性法西斯主義。[22]

《花花公子》的確掌握到存在於美國社會中的某個重要面向：寇克斯認爲那是一種「對深入交往恐懼的壓抑」。[23]我要更進一步提出，這個現象其實是新清教主義的一個範例，而它的動力來源，是潛藏在美國男人的深度交往恐懼背後的焦慮；這個被壓抑的焦慮即爲性無能。所有在《花花公子》裡面編織出的美麗圖像，都是爲了支撐一個勇猛**性能力的幻象**；這些內容從未受到任何驗證或挑戰。這使得「不涉入」(noninvolvement)（比方說裝酷）被推崇爲花花公子型男人的理想模式。這個現象之所以可能發生，是因爲這個猛男幻象幾乎無懈可擊，並且爲那些心存陽萎恐懼的男人們提供了無比的勇氣；然而到最後，這個幻象卻又反過來加深他們的焦慮。這個幻象的虛僞性又可進一步從讀者分布的年齡層看出——在超過三十歲的年齡層中，《花花公子》的閱讀率顯著滑落，這是因爲這些男人大都無法再逃避和眞實女性相處的情境。再者，黑弗納本人的現實生活也昭示了這是個十足的幻象；他的父母是衛理教會的基督徒，他自己曾經擔任過主日學教師，而這輩子幾乎不曾離開過他在北芝加哥的產業集團。他在那裡舒適地安居，長年在兔女郎們的圍繞下工作，生活中充滿著用百事可樂慶祝的無酒精狂歡節。

反性革命

經過前面對性行爲動機的討論後，我們發現一個令人困惑的事實——在各式各樣的動機中唯獨欠缺做愛的慾望，無怪乎人們對性歡愉的感受愈來愈淡，而熱情也減低到幾乎消逝的地步。感受的降低在那些擁有絕佳性技巧的人身上，往往以一種麻木的形式出現（這回連麻醉藥膏都省了）。我們這些治療師已經很習慣病人躺在沙發上對我們抱怨：「我們做了愛，但是我什麼感覺都沒有！」再次地，詩人們在詩作中對我們訴說相同的故事。艾略特在《荒原》(*The Waste Land*)裡描寫，「美麗的女人墮落於蠢行」之後，那位在午茶時分勾引了她的、長著酒疔的公司職員準備離去：

她轉身凝視了一會兒鏡中的自己，
幾乎沒有意識到愛人已然離去；
腦中閃過一個模糊的念頭；
「既然事已至此，我很高興就這樣結束。」
當美麗的女人墮落於蠢行之後
再度在自己的房間裡踱著方步，獨自一人，
她舉起手無意識地順了順頭髮，
然後在留聲機上放了一張唱片。

(Ⅲ:249-256)

性是「最後的一片疆土」，這是大衛・理斯曼(David Riesman)在《寂寞的群衆》(*The Lonely Crowd*)一書裡的名言。傑哈德・賽克斯(Gerald Sykes)對此有相同的心境，他說道：「在這個已被市場報告、時間管理、稅務法規和路徑實驗室分析弄得陰沈慘澹的世界裡，叛逆的人們在性事中發現碩果僅存的一絲綠意。」[24]的確，所有的熱情、冒險、對自我力量極限的試探，和在自己內心以及與他人的關係中，探索既寬闊又刺激的新情感和體驗的領域，再加上隨這些而來的對自我的確認感，都確實稱得上是「拓疆經驗」。通常，這些經驗在性關係——作爲每個人社會心理發展過程中的重要環節——中會自然而然地出現。事實上，在一九二〇年代的後幾十年間，性關係在當時的社會中確實具有這樣的力量；在那個時期，似乎所有其他的活動都被認爲「缺乏自主性」、令人厭倦、毫無熱情和冒險性而乏人問津。然而，基於各種不同的理由——其中之一是性本身被要求用來作爲個人在所有其他領域中的人格特質的判準，使得這個新疆界愈來愈喪失它的朝氣、新奇感和挑戰性。

我們現在正活在後理斯曼時期，正實際體驗著當初理斯曼對「缺乏自主性」行爲後果的長期預測——一種雷達反射式的被動生活。這片最後的疆土已經變成人潮洶湧的拉斯維加斯，而不再是等待開拓的邊境。年輕一代不再能從性行爲的反叛中獲得非法的快感，以形塑自我獨特的身分認同，因爲對於性，已經沒有什麼好反叛的了。根據針對年輕人藥物上癮的研究報告看來，以往他們從性行爲中能獲得反叛父母、對抗社會的快感，而現在則非要依賴毒品才能有同樣的效果。其中一個報告更指出，現在的學生「普遍對性感到乏味，然而，毒品則象徵了刺激、好奇、禁忌冒險，和完全的放縱」。[25]

年輕人把以前我們稱爲做愛的事情，經驗成赫胥黎(Aldous Huxley)的預言語句：徒勞的「掌心握著掌心，氣喘吁吁」，已經不是什麼新鮮事。年輕人不斷告訴我們，他們不懂詩人們到底想說些什麼，而且，我們應該常常聽到他們老是失望地重複說著：「我們做過愛了，但是一點都不開心。」

我不是說過了嗎？已經沒有什麼好反叛了。那麼，顯然只剩下一件事可以造反，那就是性本身。新疆界的探尋、自我認同的建立和自我的確認，都可以是（對不少人而言已經是）徹底反叛性關係的直接目的。我當然不是在鼓吹這樣的風氣，而只是想指出，反性革命——身穿機器人服裝的現代麗希斯特拉塔(**Lysistrata**)〔譯註：希臘喜劇作家亞里斯朶方(**Aristophanes**)的同名劇中的女主角。由於厭倦了男人們一手主導的羅伯奔尼薩戰爭，麗希斯特拉塔便慫恿雅典城的女人們，以性爲要脅手段，逼迫他們的丈夫在議會中投票支持停止戰爭，以達到和平的目的。〕——就要在砲聲隆隆中邁進我們的城門——就算尚未進入，也已在城邊窺伺。性革命運動終於反過頭來革自己的命，但這回挾帶的可不是轟天巨響，而是嗚咽的啜泣。

因此，旣然眼見性已變成機械化的行爲，蘊含其中的熱情文不對題，歡愉亦失去蹤影，我們也就不致驚訝於性問題在繞了一大圈之後，又把箭頭轉回到自己頭上。**說來奇怪**，我們發現人們對性的態度已從**麻木**逐漸轉變爲**冷淡**。人們傾向於把性接觸當成是一本乏味的書，將它收回到書架上，甚至避之唯恐不及。這是新淸教主義另一個、且是最不具建設性的特徵：它最終還是回到了一種新的苦行主義。這在一首饒富趣味的打油詩裡有生動的描繪——據說這首打油詩是從一個素質不錯的大學校區內傳出：

教務長尊旨傳：
倘有教學機器輔
伊底帕斯王
無須觸母王
雲雨之歡即可嚐

馬歇爾・麥克魯漢(Marshall McLuhan)和許多人一起歡迎這場反性革命的到來，他和喬治・李歐納(George G. Leonard)共同寫道：「就如我們今天所想像的一樣，性或許很快就會死亡。然而性的概念、性的完美典型和性的實踐，早就轉變得超越我們的想像，而致無法辨認它的面貌……。《花花公子》雜誌插頁中的性玩伴——她們超大的胸部和臀部被鉅細靡遺地拍下來——代表著一個即將離去的時代在死亡前的痛苦掙扎。」㉖麥克魯漢和李歐納接著預測說，在這個無性的新時代中，情慾並不會消失，反之，它會更加地散佈、瀰漫在每一個角落，屆時，我們的整體生活將比現在所能想像的更加充滿情色。

這樣令人放心的擔保的確教人很想相信。然而，如往常般，麥克魯漢對當代現象所做的精闢洞見，都不幸地出自一種毫無實際基礎的歷史框架——一種「前部落文化意識」(pretribalism)，據說在此遠古意識中，男性和女性之間並無明顯區分。㉗再者，他沒有提供任何證據以支持他那樂觀的預言，因此無法說服我爲何新型態的情慾——而非冷漠——將繼承時下這個**差異萬歲**(*vive la difference*)的皇位。麥克魯漢和李歐納這篇對新電子時代發出最高禮讚的文章，確實是引起極大的困惑。他們把翠姬(Twiggy)〔譯註：Twiggy是一九六〇年代崛起於英國的超級名模，極度瘦削的身材、疏離的神情和雌雄同體的形象，使她在那個抹除性別差異旋風狂飆的時代，廣受男男女女的崇拜，成爲全球媒體的焦點。〕比作X光，而將蘇菲亞・羅蘭與魯本斯(Rubens)〔譯註：出生於荷蘭的魯本斯(Peter Paul Rubens, 1577-1640)乃巴洛克時期的重要畫家，他將法蘭德斯(Flemish)畫派的寫實風格，融入文藝復興的浪漫畫風與神話主題，而重振了當時北歐藝術創造的風氣。〕畫中的人物做對照，然後問道：「一個女人的X光片顯示了什麼？那並非一幅眞實的畫像，而是一個深沈的、耐人尋味的形象。並非一個具備女性特徵的女人，而是一個**人類**。」[28]這個嘛！一張X光片顯示的不是一個人類，而是一堆解離、破碎的骨頭和組織，只有受過高度專業訓練的人才能讀得懂，一般人就算看上幾萬年都無法辨認這張X光片屬於誰，遑論能從中認出我們心愛的人。在這種觀點下對未來所提出的擔保，不由得令人感到驚心動魄又沮喪不已。

如果我容許自己，選蘇菲亞・羅蘭而非翠姬當作性幻想的偶像，是不是會被逐出這個新的社會呢？

關於性的未來，在聖塔巴巴拉(Santa Barbara)民主制度研究中心所舉辦的研討會，反而以較爲嚴肅的態度來討論這個問題。會中談論的主題——「無性的社會」(The A-Sexual Society)，坦誠地面對了這個事實：「我們正奔向的不是一個雙性(bisexual)、或多性(multi-sexual)的社會，而是一個無（反）性的社會——男孩蓄長髮、女孩著長褲……戀愛中的浪漫情調將要（實際上是已經）消逝……女性既然已經有了固定的收入來源和避孕藥，還有誰會想要結婚？應該說，還有這個必要嗎？」㉙這篇報告的撰寫人和與會討論者依蓮娜・嘉爾斯(Eleanor Garth)女士，進一步提出，在此趨勢影響下，在生養小孩方面，也可能發生急遽改變。這是個什麼樣的時代，當受精卵可以被植入代理孕母的子宮中，而一個人的後代可以從精子銀行裡面挑選？如果有這麼多的選擇，女性們還會選擇生他先生的小孩嗎？……難道沒有後續的問題、沒有嫉妒，也沒有愛的轉移？……另外，用玻璃試管培育的嬰兒又怎麼說呢？……從前在親子關係中培養出的相互情感，在這種情形下會不會改變它的性質，進而影響小孩的人格特質呢？在此狀況下，女性會不會失去生存的勇氣，而像美國這一代的男人一樣出現自殺傾向？……」最後，她強調：「我並不是爲了鼓吹這些方法而提出這些疑問，相反地，對於這些可能性，我感到十分恐懼。」㉚

嘉爾斯女士和其他與會者淸楚地認識到，**存在這些改革背後的眞正議題**，並不是人們要如何對待性器官或性行爲功能的本身，而**是人類的人性將會走向何方**。「令我眞正憂心的，是在生命科學的急速發展中，我們的人性和生存特質遭受到被消滅的威脅，再者，似乎沒有人開始討論如何擇取此發展中的善或惡的面向。」㉛

本書中所有討論的主要目的，即在探討對於現代發展中的善或惡的選擇——易言之，即爲探詢這些發展中的哪些面向將毀滅人類「人性與生存的特質」，而哪些面向將可能提升它。

註釋

①威廉・詹姆斯(William James)，《心理學原理》(*Principles of Psychology*, New York, Dover Publications, 1950；最初的出版社是 Henry Holt, 1890)，Ⅱ，p.439。

② *Atlas*，一九六五年十一月，p.302。轉載自倫敦《時報藝文副刊》(*The Times Literary Supplement*, Lodon)。

③出處同上。

④霍爾・陀布曼(Howard Taubman)，〈性過時了沒?〉(Is Sex Kaput?)摘自《紐約時報》(*The New York Times*)一九六五年一月十七日第二版。

⑤里昂・艾朵(Leon Edel)，〈性與小說〉(Sex and the Novel)摘自《紐約時報》(*The New York Times*)一九六四年十一月一日第一分册第七版。

⑥出處同上。

⑦參見陀布曼。

⑧約翰・施枚爾(John L. Schimel)，〈意識型態與性實踐〉(Ideology and Sexual Practices)，《性行爲與法律》(*Sexual Behavior and the Law*, Ralph Slovenko 主編，Springfield, Ill., Charles C. Thomas, 1965)，pp.195,197。

⑨有些女性病人在療程中對我描述曾經有男人怎麼樣試圖勾引她們，這些男人把自己的性能力當作勾引台詞的一部分，並且向她們保證在性關係中，能讓她們百分之百地滿意（看信應記得，莫札特的歌劇《唐璜》裡面便有這樣的情節！），出於對基本人性的尊重我必須再稍做解釋，就我記憶所及，這些女性表示這種「高明的自我宣傳」並未增加勾引者成功的機會。

⑩我們可以在許多文獻中看到，原本在一六、十七世紀出現的眞正的清教徒主義，和我們在二十世紀裡所見到的、業已衰退的新清教徒主義，是屬於兩種全然不同的類型。羅蘭・班頓(Roland H. Bainton)在他的書《基督教義對性、愛情和婚姻的看法》(*What Christianity Says About Sex, Love and Marriage*, New York, Reflection Books, Association Press, 1957)中有一章在討論〈清教主義和現代社會〉(Puritanism and the Modern Period)，裡面談到：「清教徒認爲婚姻中理想的男女關係，可以用『溫柔的相互尊重』作爲總結。」他引述湯馬斯・胡克(Thomas Hooker)的想法：「當一個男人的心受到他所愛的女人珍惜，他會在夜晚夢見她，當他醒轉，他的眼中有她、一心牽掛著她，坐在桌旁工作時無法扼止對她的情意，出外旅行時想像和她一起攜手前行，不論走到哪裡，心中仍不斷地對她說著話。」羅蘭・木夏・法萊(Roland Mushat Frye)在〈古典清教主義對配偶之愛的教導〉〔The Teachings of Classical Puritanism on Conjugal Love, 收錄於《文藝復興研究》(*Studies from the Renaissance*, Ⅱ, 1955)〕這篇深思熟慮的論文中，提出確實的證據指出，古典清教主義諄諄教誨道，婚姻中的性生活乃「天賜的至福」，「是奠基在理智、忠心、公正與貞潔之上」(p.149)。法萊相信：「事實說明了，

在十六世紀和十七世紀初期，英國對於婚姻之愛之所以能採取較開放的教育態度，實在應該歸功於英國新教當中的一個教派，亦即清教。」(p.149)古典清教徒反對在婚姻之外的性慾和身體的誘惑行為，但是他們極重視婚姻中的性生活面向，並且深信每個人都有責任在生命中努力維持婚姻性生活的活躍。直至後世對清教徒產生誤解之後，才把他們和婚姻中的禁慾苦行相連。法萊表示：「在廣泛閱讀了十六世紀和十七世紀初期的清教徒、及其他新教徒作者的作品之後，我所發現的全部論述都和這種堅持苦修的『完美主義』截然相反。」(p.152)

一個人只要仔細觀察清教徒所建造的新英格蘭教堂和其他清教徒遺跡，便可在其形式所展現的精緻和莊嚴中，看見清教徒對生命所懷有的熱情。對比於現在這種揮霍、浪擲熱情的方式，他們那種經過控制的高貴熱情，反而使他們可以眞正熱情地生活著。清教主義衰退為現代世俗的僵硬態度，主要是受到三種潮流的共同影響：工業革命、維多利亞時期對實際心理情緒的區隔，以及所有宗教態度的世俗化。第一個潮流引進的是機械化模式；第二個潮流造成了不誠實對待自己心理情緒的後果，這方面弗洛依德做過精闢的分析；第三個潮流則拔除了宗教的深度面向，而使得我們對抽煙、酗酒或濫交等種種行為的注意焦點，放在過於膚淺的層次上，那正是我們在這裡想要抨擊的〔若讀者想閱讀此時期夫妻間愉悅的情書，可參考佩吉・史密斯(Page Smith)所撰之約翰・亞當斯(John Adams)二大冊傳記。亦可參見培利・米勒(Perry Miller)關於清教徒的著述〕。

⑪這個推斷是出自陸德維希・勒菲柏(Ludwig Lefebre)醫師的建議。

⑫*Atlas*，一九六五年十一月，p.302。

⑬菲立普・里耶夫(Philip Rieff)，《弗洛依德：道德主義者的心靈》(*Freud: The Mind of the Moralist*, New York,

Viking Press, 1959)。引述於詹姆斯・耐特(James A. Knight)之〈喀爾文教派與精神分析：一個比較研究〉(Calvinism and Psychoanalysis: A Comparative Study)一文，本篇文章收錄在《牧靈心理學》(*Pastoral Psychology*)雜誌中，一九六三年十二月，p.10。

⑭見上述耐特之文章，p.11。

⑮參照馬庫斯(Marcus)的《另類維多利亞人》(*The Other Victorians*)，pp. 146-147。弗洛依德在信中接著寫道：「我們整個的生活方式都預設著自己可以永遠免於悲慘的窮困，並且藉著愈來愈多開放自我的可能性，而脫離社會心理疾病的糾纏。反觀那些窮人們，那些群眾，若缺少他們手上的厚繭和樂天知命的態度，根本就無法生存。在其他快樂都不可能降臨時，他們爲何要排拒享樂的時刻？窮人太無助、太無保護，使得他們無法和我們一樣行規蹈矩。當我看見人們沈溺自己，漠視任何行爲應有的節度時，我總是這樣想：這是他們對眞實生活的補償，因爲他們是稅率、傳染病、病痛，還有社會制度種種惡行的攻擊目標。」

⑯摘自保羅・田立克(Paul Tillich)於一九六二年二月在「美國存在主義心理學與精神醫學協會」研討會中的演講，講題爲〈精神分析與存在主義〉(Psychoanalysis and Existentialism)。

⑰施枚爾，p.198。

⑱見李歐波爾德・卡力格(Leopold Caligor)與羅洛・梅(Rollo May)合著之《夢與象徵》(*Dreams and Symbols*, New York, Basic Books, 1968), p.108n。書中同樣提到，在今天病人的夢中似乎時常出現大腦和生殖器，而忽略心臟。

⑲《花花公子》，一九五七年四月號。

⑳這些名聲顯赫的人物所寫的文章，往往有誤導的可能，比方說《花花公子》訪問提摩西・李瑞(Timothy Leary)的著名文章，就被《花花公子》雜誌大量用作宣傳廣告，訪談稿中聲稱迷幻藥LSD具有使女人擁有「上百次高潮」的威力，並且，倘若在LSD發揮效用的過程中沒有達到一種終極的交合狀態的話，就表示藥效並未完全作用。事實上，LSD似乎有暫時「關閉」性功能的效果。這篇文章引起身兼LSD和性學專家資格的馬斯特(R. E. L. Masters)醫師的反駁，他寫道：「這種對LSD效用的誇大宣稱，不僅虛假不實，且有釀成危險的可能……我當然不懷疑，有極少數的偶發狀況可能支持他的說法，但他的口吻把這個作用描述爲定律，而非例外，則完全是信口雌黃。」（私下流傳的油印稿）

㉑見〈《花花公子》中的男人信條〉一文，刊載於《基督教義與危機》(*Christianity and Crisis*)，一九六一年四月十七日，未註明頁碼。

㉒一九六九年六月於密西根大學舉辦的性學研討會的會中討論。

㉓同上。

㉔傑哈德・賽克斯(Gerald Sykes)，《冷酷千禧年》(*The Cool Millennium*, New York, 1967)。

㉕艾賽克斯(Esssex)縣議會主席施維雅・赫茲(Sylvia Hertz)醫師在紐約和紐澤西區域內，針對三所大學校區做了藥物上癮的調查，結果發表在一九六七年十一月二十六日的《紐約時報》上，報告中指出：「藥物濫用的情形已經嚴重到使性問題的重要性降到第二位置。」

隨著性在爭取獨立的反叛舞台上逐漸失去威力，並且與藥物結合爲新的革命疆域，性和藥物到後來都轉而以暴力行爲的形式出現。到處可見以性作爲載具來反叛社會的努力，當一位加州大學的學生載我進入校區時，他在談話中告訴我，原本在大學裡有個叫做「無止境的性」的社團，創社的目的可由它的名稱看出。我說道，我不認爲在加州有任何人致力於限制性行爲，那麼這個社團到底做了什麼？他回答，前一週，所有社團團員（總共大概只有六、七個）都在月光下脫光衣服，然後裸著身子跳進校區中央的金魚池裡。後來市府警察聞風而至，把他們全都逮進警察局。我的想法是，如果一個人想要被警察抓，那倒是個好方法，但是我完全看不出來這整件事和性扯得上什麼關係。

㉖馬歇爾・麥克魯漢(Marshall McLuhan)和喬治・李歐納(George G. Leonard)在《Look》雜誌（一九六七年七月二十五日，p.58）發表的文章〈性的未來〉(The Future of Sex)。文中對於性生活的民意測驗有意味深長的見解：「當調查員用性交頻率未有顯著提升，來『證明』在現代年輕人當中並未出現性革命時，完全沒有掌握到問題的要點。的確，性交頻率在未來甚至有降低的趨勢，然而那是因爲目前正在發生的性革命，是對性的態度、感受和作法的全面轉變，特別是在男女性別角色的扮演上，改變最劇烈。」(p.57)

㉗由於我並非人類學家，此處論點乃是與艾詩禮・蒙塔格(Ashley Montague)商談時，他對我口述的評斷。

㉘麥克魯漢與李歐納，p.58。文中粗體爲原作者所加。

㉙依蓮娜・嘉爾斯(Eleanor Garth)的文章〈無性的社會〉(The A-Sexual Society)，收錄於民主制度研究中心(Center for the Study of Democratic Institutions)出版的《中心日誌》(*Center Diary*)，一九九六年十一／十二月號，第十五期，p.43。

㉚同上。

㉛同上。

3 愛慾與性之衝突

Eros in Conflict with Sex

愛洛斯(Eros)，愛之神，現身創天地。昔日，天下盡皆沈默、赤貧而靜滯；而今，舉世充滿生氣、歡騰而活躍。

——早期希臘神話

愛芙柔黛蒂（Aphrodite，即維納斯，司愛與美之女神）和愛瑞士（Ares，戰神）生了許多美麗的小孩。他們的幼兒愛洛斯被指名為愛神；儘管父母以無限溫柔，盡心養育這個排行第一的小孩，但跟其他小孩不同的是，他總是長不大，始終幼小、紅潤、渾圓如孩童，有著薄如紗翼的翅膀，和一張淘氣、長著酒窩的臉蛋。為孩子的健康憂心忡忡的愛芙柔黛蒂，忙去向澤米士(Themis)討教；他以暗藏玄機的口吻答道：「當愛缺乏熱情，欲使其成長，本就難上加難。」

——晚期希臘神話

在前一章中，我們看到在當代關於性與愛的各種悖論之間，存在著一個共同點，此即**性與愛的平庸化**。藉著麻痺感覺以達成最佳的性行爲表現、透過把性當成證明能力和身分認同的工具、並使用感官以藏匿感受，我們實際上閹割了性，使性變得走味而空洞。此外，大衆傳播媒體更助長、煽動了性的平庸化。指導如何經營性和愛的書籍大量湧入市場——但它們都過分簡化了愛與性，以網球教學或選購人壽保險的態度，對待這個涉及生命根本層次的問題。在此過程中，我們其實藉著規避愛慾，而剝奪了性的力量；如此，我們適得其反地抹除了性與愛慾原有的人性面向。

本章的論旨爲：對性的閹割，實乃將**性與愛慾分離**的結果。我們確實過度強調性，而**抵制**了愛慾；性行爲被用來迴避必須涉入關係、因而可能引發焦慮的愛慾。在許多表面上看來具啓發性的性討論——特別是那些針對擺脫檢審制度的論述——中，人們時常提出一種主張，認爲這個社會所需要的，是在愛慾表達上的完全自由。然而，潛藏在社會表象下的實際情形，卻顯現出全然相反的需求；我們在接受治療的病人身上、在文學、戲劇，甚至是在科學研究中，都可發現這項事實的端倪。實情是，以性爲車駕——我們正逃離愛慾而去。

爲了模糊我們對愛慾之焦慮面向的察覺，性乃是最近便的幻藥。而爲了達此藥效，我們必須對性做更狹隘的定義；如此一來，我們愈是沈湎於性，性所指涉的人類經驗便愈爲刪減、萎縮。我們**飛向感官的性，以躲避愛慾的熱情**。

重返被潛抑之愛慾

我之所以提出這樣的論點，實乃依據我在病人身上及社會上所觀察到的奇特現象而發——這個現象，是一種具有特殊爆發性質的心靈迸發。從任何時下慣常的角度看來，這些現象總是發生在最令人意想不到的地方。許多人活在這樣一種信念裡，認爲現代科技的發展，已教人們幾乎可以完全免於意外懷孕和染上性病的風險；再者，按此事實，性愛曾經帶給人們的焦慮，現在應該已經永遠地被驅逐到博物館中。而前幾個世紀的小說家們所描寫的人生浮沈——比方《紅字》中，女人獻身給男人，即意味著不合法的懷孕和社會的排擠；或像《安娜・卡列妮娜》(*Anna Karenina*)的女主角與其家庭的悲劇性決裂，而導致自殺的悲哀結局；或在社會眞實的市場裡不愼染上性病等——如今亦已成往事雲煙。而今，感謝上帝和科學，我們大聲告訴自己，我們業已擺脫了這些威脅！這想法的潛在意涵即爲，性是自由的，而愛是輕易的，如同極易取得的一包包「速食禪」(instant Zen)（這是流傳於學生之間的時髦詞彙）。因此，任何對往日與悲劇或原魔成分有關的深層衝突的談論，都似乎顯得過時而荒謬。

然而，我必須老實不客氣地問道：在這種想法底下，是否存在一個巨大而深廣的潛抑作用呢？這並非對性的潛抑，而是潛抑了某些潛藏在身體化學作用之下的、比單純的性更深廣的、更富含生命力的心靈需求。此潛抑作用當然是受到社會讚許的——正是爲了這個原因，它也就更難被辨識，而其影響亦更爲強大。我並非以此爲藉口，企圖對當代醫學和心理學的進展提出質疑，因爲任何意識清楚的人，都會對避孕器、雌性激素和性病治療藥物的發展，心存感激。再者，我認爲生於此一擁有各種可能性自由的時代，的確比生於充斥著嚴謹道德教條的維多利亞時期，要幸運得多。但是這條出路是靠不住的，並且轉移了問題的注意力。我們所面對的問題極爲深沈而眞實。

翻開早報，我們會讀到，在開明的美國，每年有一百萬起非法墮胎的案例，未婚懷孕的數目亦節節升高。根據統計，每六個現年十三歲的女孩當中，就有一個將在二十歲之前未婚懷孕——此數字是十年前的二點五倍。①這個統計數字的增加，主要發生在出身於無產階級的女孩們身上，然而，它在中、上層階級內增加的幅度亦不可小覷，這說明了未婚懷孕不單是弱勢群體中特有的問題。特別是，統計數字增高幅度最激烈的，並不是在波多黎各裔或非洲裔的女孩身上，而是在**白種**女孩之中——未婚生子數目佔總出生數的百分比，從十年前的一點七，在去年躍升至五點三。我們現在面臨的奇特處境是：**隨著生育控制技術的日新月異，未婚懷孕的比例也就與日俱增**。讀者也許會急切地大聲疾呼，針對此情此景，當前的首要之務是修改粗糙的人工流產法規、推廣性教育；對於這樣的呼籲，我無由反對，但是，我必須提出一個警告：建議更全面地推展性教育，有可能是一個自我安慰的舉措，以便讓我們無須捫心自問更加駭人的問題。因爲，眞正的問題難道根本不是發生在意識和理性意圖的層面，而是發生在一個更深層的——我將稱之爲意向性(intentionality)的——領域中？

舉個例子來說，肯尼斯・克拉克(Kenneth Clark)懷著對中下階層黑人女孩的尊敬，如此說道：「身處社會邊緣的黑人女性，以性作爲獲取個人肯定的來源。只要證明她是被慾望的，而這就幾乎令人心滿意足……。小孩乃是身爲女人的一個象徵，並且，藉此她可以得到一個屬於自己的東西。」②或許，證明自我身分與個人價值的掙扎，在中下階層女孩的身上極爲坦然地呈現著，然而，這現象其實也出現在中產階級的女孩們身上，只是後者具備較多的社會行爲技巧，以掩飾這個困難。

在此，我將討論一位出身自中上階層社會的女病人，以作爲說明範例。病人的父親是個小鎭的銀行家，母親則是一位時時以「基督徒」態度對待衆人的賢淑婦女；但是，從治療中顯現的資料看來，這位母親極爲刻板，並且，當這位病人誕生時，她的母親曾對這名女嬰的降臨感到十分憤慨。這位病人受過非常好的教育，才不過三十歲出頭，已經是一家大出版公司的重要編輯，並且，顯然不缺乏性或避孕方面的知識。但在她二十歲中期（也就是開始接受治療的數年前），還是曾經有過兩次未婚懷孕的紀錄。這兩次經驗，都帶給她痛苦的罪惡感和內心衝突，然而，這實際上是從一個極端走入另一個極端的過程。她在二十歲初曾結過婚，這段婚姻只維持了兩年。當時的丈夫也和她一樣，是個知識份子，在情感上十分疏離，而且兩個人都曾經試圖以各種攻擊方式——比方說，依賴式的嘮叨——逼迫對方爲這個空洞的婚姻，灌注些意義和生命力。在離婚之後，她擔任爲盲人閱讀的志工。在此期間，她和一位年輕盲人發生關係而懷孕。雖然她後來不得不墮胎，而令她十分懊喪，但是距離第一次墮胎沒有多久，她還是又懷孕了。

若我們想從「性需求」的角度去理解這個行爲，是極爲荒謬的。因爲，她當時並**沒有感受到**性的慾望，而此事實，反而恰是引導她進入性關係、以致懷孕的重要影響因素。倘若我們眞正想發現這懷孕事件背後的動力學，就必須先探詢她對自己建構的形象爲何，以及她如何在世界中尋找一個屬己的意義位置的方式。

以診斷學的術語來說，在這位病人身上所呈現的，即是當代典型的分裂性格：在工作上的表現極爲聰明、口齒伶俐、有效率，是成功的典範，但在人和人的相處上則十分疏離，並且對親密關係心存畏懼。她一直認爲自己是空虛的人，從未能自發地感受到什麼，或對任何事物有任何持續的體驗，就算是服用迷幻藥也沒有任何幫助——這樣的人總是無聲地向世界吶喊著，希望世界能給予他們一點熱情和活力。這位吸引人的女士有許多男性朋友，但是和他們的關係也總是「枯燥無味」，缺乏她衷心渴望的熱情。她敘述道有一回和當時最親密的那位男性朋友上床，兩人就如兩頭依偎在一起取暖的動物，她感到一股絕望浮盪在空氣中。治療初期，她曾做過一個夢，後來，這個夢又以各種不同的形式反覆出現。她夢到自己和父母分別在兩個緊鄰的房間中，兩個房間被一道尙不及天花板的牆壁隔開；夢中，不管她如何奮力擊牆或大聲呼喊，都無法讓她的父母聽見她。

有一天，她在前來診療之前，剛好去看了一場藝術展，她告訴我她找到了一個描繪她自身感受的完美象徵，那就是艾德華・霍普(Edward Hopper)畫中的孤獨身影。每幅畫的主題，都是形單影隻：一個孤獨的女引座員，佇立在一所炫亮、豪華，卻空無一人的劇院中；淡季裡、被遺棄的海灘，有位女人獨坐在一幢維多利亞式建築的上窗旁；或在一個寂寥的小鎮（恰似病人成長的環境），一棟家屋的陽台上，一個寂寞的人孤坐搖椅中。霍普的畫，的確極貼切地為人類寂靜的絕望、空虛的感受與渴望——亦即所有在「異化」這個陳詞中所欲表達的情緒——賦予了一種深刻的意境。

她第一次懷孕，是和一位盲人發生關係的結果，情節十分感人。在此令我們印象深刻的，是她希望能夠給予這位盲人一點什麼的單純慷慨，而藉此向自己證明自己擁有給予的能力；但是，大部分的人是對圍繞著整個懷孕事件的「盲目」光暈，感到震驚。然而，她只不過是這個充斥著科技力量的富裕社會中的一份子，茫然地在這個盲目的世界中行走，每個人都看不見彼此，而我們的撫摸，頂多是一陣瞎盲的摸索，手指在對方身上胡亂移動著，試圖認出彼此，然而，卻因身陷於自我封閉的黑暗中，而無能做到。

我們可以為她的懷孕下不同的結論：⑴藉著證明自己是被需要的，以建立自尊；⑵補償她在情緒上的匱乏感——若我們把子宮(hystera)視為情緒真空狀態的象徵，懷孕便是使子宮飽滿最直接的方法；⑶對父母和他們所代表的令人窒息而虛偽的中產階級背景，表達強烈抗議。當然，上述三種說法，都是不言而喻的。

這位女病人的行爲，及我們這個社會中所存在的自相矛盾，辜負了我們理性而善良的意圖；然而，到底在這個矛盾現象的底層，深藏著什麼我們必須面對的挑戰呢？這個女孩（或任一個像她一樣的女孩）絕非因爲無知而懷孕；因爲這些出身自中上層社會階級的女孩們，生長在一個性與避孕知識唾手可得的時代；再者，這個社會中，四處宣揚著性焦慮已然古老過時的訊息，並鼓勵她們擺脫任何因愛而起的衝突。那麼，**隨此新自由而來的焦慮**又該怎麼解釋？這份焦慮爲個人意識和個人選擇能力所帶來的重擔，即使不是無法解除，仍是極其沈重的；況且，在這個世故而開明的社會中，人們不再能像維多利亞時期的女性一樣，將這份焦慮以歇斯底里症的方式，做外顯的行爲表達（因爲現今，每個人都**應該是**自由而不受拘束的）；因此，焦慮感便由外而內，造成**感受**的壓抑、扼制**熱情**，以取代十九世紀的婦女們在行動上所受到的箝制。

簡而言之，我認爲陷於此困境的女孩或女人，實爲一種大規模潛抑作用——處於她們內在、亦存於此社會中——的間接受害者。此潛抑作用包括兩方面：一是對愛慾與熱情的壓抑，另一則是由於性行爲的過度供應，反而使性轉變爲一種壓抑工具。有一種推論是，時下的「教條式啓蒙主義」中所包含的某些成分，剝奪了現代人正視這個新的內在焦慮的方法。我們正面臨一種「潛抑的回歸」，一種愛慾的回歸，不論性如何從各方面想盡辦法收買它，我們都無法否認它的根本地位；如此，我們便循著原始的路徑，回歸到潛抑的情感上，這恰好嘲弄著當代人在情感上的退縮。

同樣的情形亦顯示在治療工作中。一位年輕的精神科醫生，在進行他的訓練分析時，十分擔憂自己可能是同性戀。目前的他正處於二十歲中期，從未和任何女人發生過性關係，也不曾有過眞正的同性戀性行爲，但由於有過不少次被男人追求的經驗，而使他相信自己散發著同性戀的「氣味」。在治療過程中，他認識了一位女孩，在一段時間的交往後，他們開始有性關係。但在大半的情況裡，他們都沒有使用保險套。有幾次，我提醒他這樣做很可能讓那個女孩懷孕——受過醫學訓練的他對此當然心知肚明，他對我的話表示同意，並感謝我的提醒。然而，一回，他又在沒有任何防護措施之下與女孩做愛，之後，女朋友的月事遲遲未來，令他心急如焚。我看著焦慮的他，發現自己也跟著擔心起來，而且有些被他愚蠢的行徑所激怒。但接下來，我逐漸明瞭在自己天眞的想法裡，我完全錯失了整件事的問題核心。接著，我開口說：「看起來你似乎是**想**讓這個女孩懷孕。」一起初，他強烈地反對這個說法，但後來他稍做停頓，開始仔細思考這個陳述的眞實性。

所有關於技術性或**應然的**討論皆是枉然，因爲在這個從未感受到自身陽剛力量的男性體內，存在著某種本能需求，不僅驅迫他藉著讓一個女人懷孕證明自己的男人本性——這比單純的性交能力更具關鍵性——更推動他掌握自然的奧秘，體驗一種根本的創造過程，將自己交到某種原始而強大的生物性過程中，以分享宇宙的深層脈動。除非我們能夠看清，這些人類經驗的深層根源，已從病人的身上被剝奪，否則我們不可能理解他的處境。③

從許多未婚懷孕（或類似）的案例中，我們觀察到一種對社會秩序系統的對抗——正是這個系統奪去了人類的情感，而將科技作爲感受的替代物；這個社會鼓勵人們以一種枯燥而無意義的方式生存，而使人們（特別是年輕的一代）經驗到一種較非法墮胎更爲痛苦的性格分裂(depersonalization)狀態。只要是和病人工作過相當時間的心理治療工作者，都不難發現，這樣的性格分裂狀態在病人的心理及精神上所引起的痛苦，要比生理上的痛苦更難以忍受。因而，他們的確經常依賴生理的苦痛（或是被社會放逐、暴力與犯罪等方式）作爲紓解的方便管道。現代人眞的已經變得太過「文明」，以至於忘卻了一個女孩可能眞的會**渴望**生小孩，這麼做不僅出自心理生理的需要，也是爲了打破枯燥而冷漠的存在狀態，摧毀（若非一勞永逸，至少是暫時地）一貫的爲了逃避絕望空虛而性交的模式（如同艾略特詩中那位高級妓女的呼喊：「我們明天該做什麼呢？究竟還能做些什麼呢？」）。或許，她渴望懷孕，是因爲人的心永遠都不可能完全變冷，而身處此「冷漠世紀」，她被迫用這樣的方式，來抵制社會對她的否認，同時也表達了長久以來爲她自身意識所否認的情感。因爲，至少懷孕是**眞實的**，它向女人和男人證明了**他們**眞正存在著。

疏離在實際行爲中的呈現，乃親密關係能力的喪失。當我聆聽人們談話時，總是聽到這樣的吶喊：我們渴望交談，但「我們乾澀的聲音」有如「老鼠腳踩在碎玻璃上」④微弱難辨。我們上床，是因爲聽不見彼此的聲音；我們上床，因爲我們赧於直視對方的眼睛，而在床上，我們可以把頭轉開。⑤

因此，爲了抵制造成疏離的道德觀，一項革命已經逐漸展開；人們開始挑戰現存的社會規範，這套生活準則提倡未經試煉的美德、毫無風險的性愛、不含掙扎的智慧，和無須努力的奢華——凡此種種，皆意味著接受沒有熱情的愛，甚至是沒有感覺的性。但是，否認原魔(daimonic)只代表了大地神靈將會以新的掩飾面貌，重新回來糾纏我們；大地女神蓋亞(Gaea)將重返人間，當黑夜來臨時，若善良的白聖母不在，那麼現身的就只有邪惡的黑聖母了。

我們目前陷入的謬誤，顯然不是科學的進步和啓蒙的堅持本身，而是把它們當作遮幕，企圖掩蓋所有由性與愛所引起的焦慮。馬庫色(Marcuse)認爲，在一個非潛抑(nonrepressive)社會裡，性的發展總是伴隨著和愛慾融合的傾向。顯然，我們的社會已走上與此全然相反的道路：我們先把性與愛慾分開，然後試圖潛抑愛慾。因此，作爲愛慾之重要成分的熱情，便從潛抑中反過身來，騷擾個人的整體存在。

愛慾爲何物？

今天，愛慾已成爲色情或性興奮的同義詞。有本提供性事秘訣的雜誌就叫做《愛慾》，內容包括「春藥配方」，以及篇幅冗長的問答集，常見的問題如下——問：「豪豬如何做愛？」答：「小心地做。」這不禁令人懷疑，是否大家都忘了，根據德高望重的聖奧古斯丁，愛慾是引領人到神那裡去的力量。對愛慾的誤解如此深厚，勢必會將愛慾逼上絕路；因爲，在此刺激過度充斥的時代，人們不再需要已然完全失去挑逗效果的性挑逗。正因爲如此，我們有必要澄清這個關鍵詞彙的意義。

早期希臘神話告訴我們，愛慾之神愛洛斯創造了大地的生命。當世界仍是一片荒蕪、死寂時，是愛洛斯「掄起賦予生命的弩箭，射穿大地女神冷冽的胸膛，貧瘠的土地旋即被一片繁茂蓊鬱覆蓋」。這幅動人的象徵圖像，說明了愛慾如何**包含**著性——刺穿大地的陽具弩箭——而把性當成創造生命的工具。接著，愛慾之神便朝泥土塑成的男女人形的鼻孔中吹氣，賜給他們「生命的魂靈」。自此之後，愛洛斯的特徵，便是他具有賦予生命魂靈的功能；這與性的功能——緊張狀態的紓解——完全相反。當時，愛洛斯乃四位初始神祇之一，其餘三位分別是混沌之神(Chaos)、大地女神(Gaea)和地獄之神（Tartarus，掌管地府冥王的黑暗墓穴）。喬瑟夫・坎伯(Joseph Campbell)說，無論愛洛斯以何種外觀現身，祂都是生命源初的創始者。⑥

我們當然可以用生理學相當適切地爲性做定義，包括身體的緊張狀態如何逐漸升高，然後獲得緩解的過程。相反地，愛慾則爲個人意圖和行爲意義的體驗。性乃一套刺激與反應的律動，而愛慾則是一種存在狀態。性的歡愉被弗洛依德等人描述爲緊張狀態的降低；但在愛慾中，我們並不尋求興奮狀態的減低，相反地，我們希望能夠維持此種狀態，沐浴在其中，甚至要提升它。性的目標指向滿足和放鬆，而愛慾的目的則在慾求、渴望、不斷地伸展及擴充。

上述觀點，皆與字典中的定義相符。《韋伯大學字典》(*Webster's*)對性的定義是（其拉丁字源爲 *sexus*，原意爲「分裂」）：「生理學上的區別……雄性與雌性的特徵，或……雄性與雌性在功能上的差異。」⑦相反地，定義愛慾的文字則如「熾烈的慾望」、「渴望」或「熱切追求得以實現自我的愛情，通常伴隨著感官特質」。⑧跟英文一樣，在拉丁文和希臘文中，都有兩個不同的字彙分別指涉性和愛；然而奇特的是，拉丁文中談論性的文字極其罕見，彷彿對他們而言，性根本不是爭議的所在，他們眞正關心的是**愛情**(*amor*)；相同地，所有的人都聽過愛慾(*eros*)這個希臘字，但鮮有人知道性的希臘字是 *φῦλον*，動物學中指稱族或種的字詞 **phylon** 即源於此；這和另一個意指友愛的希臘字 *philia*，有著全然不同的字源。

因此，性作爲一動物學名詞，可被使用在所有的動物身上——當然包括人類在內。

金賽(Kinsey)是一名動物學家，根據他的專業，他以動物學的角度研究人類的性行爲。而馬斯特(Masters)是一名婦產科醫師，他則從性器官，以及我們如何處理和操縱這些性器官的方式來探討此一主題，如此，性行爲則成爲一個神經生理功能的運作模式，而性的問題便轉變爲應如何對待性器官的策略式探究。

另一方面，愛慾則乘著想像力的翅膀，永遠凌駕在任何技巧的精研之上，它對所有討論技術性問題的書籍一笑置之，興高采烈地轉入超越機械規則的軌道中，享受做愛的歡悅，而非性器官的操弄。

換句話說，愛慾是**吸引**我們的力量。愛慾的根本要素乃在於，它是從前面牽引著我們，而性則是從後頭推促著我們。這樣的區別顯現在日常生活的語言中，比方說，我們說某個人「十分吸引」我，或某個工作機會「誘惑著」我。亦即，在我之內的某種東西對某人或某件事物產生反應，並牽引著我朝向此人或此事。我參與著形式、各種可能性和較高層次的意義，而這樣的參與不僅發生在神經生理層面，其中亦包括美學與倫理的向度。誠如希臘人所相信的，知識、甚至是道德上的良善，都摻揉在此牽引力量中。**愛慾乃是促使我們與自身所歸屬者結爲一體的驅力——與我們自身的可能性結合，與我們生命世界中的重要他人結合，而正是透過與他們的關係，我們才能發現自我實現的可能性**。愛慾即爲人內在的渴望，它推動著人去追尋**德性**(*arête*)，尋求一種高貴、至善的生活。

簡言之，性作爲一種建立關係的模式，其特徵爲性器官的腫脹（我們因此而尋求快感的紓解）和腺體的飽滿（我們因此而尋求滿足的釋放）。然而，在愛慾的關係模式中，我們尋求的並非紓解，相反地，是要去培養、創造，並形塑世界。**在愛慾中，我們追求的是增加興奮度**。性是種需求，而愛慾是種慾望；正是此慾望的混合物，使愛情變得複雜。關於美國人在性事談論中，所顯現出對性高潮的執迷，我們可以同意，在動物學和生理學的意義上，性行爲的目的確實是爲了達到性高潮。然而，愛慾的目的，卻是與另一人在歡悅和熱情中結合，並且創造新的經驗面向，以擴展、加深兩人的存在狀態。日常經驗告訴我們，當性紓解之後人們往往倒頭大睡，常民論述和弗洛依德等人的證詞，更支持了這樣的說法——或如人們在開玩笑時說的，我們穿上衣服、回家，**然後**倒頭大睡。然而在愛慾中，我們所想要的東西則完全相反，我們想要清醒地想著所愛的人，回憶、玩味共處的時光，發掘由此嶄新的經驗稜鏡中所發散出的各個面向，如中國人所說的「多采多姿」。

在與伴侶結合的渴念中，賦予了人們表達溫柔的機會。因爲愛慾（而非性本身）乃溫柔之根源。愛慾是建立合一狀態和全面聯繫的渴望；這渴望可能從與抽象形式的結合開始。當查爾斯•皮爾斯(Charles S. Peirce)坐在位於賓夕法尼亞州米爾福德鎮的家中，思考他的數學邏輯時，並不意味著他的愛慾經驗因此而受到阻礙；他寫道，「在科學的探究中」，一位思想家之所以能夠誕生，必然是「受到眞正愛慾力量的激發」。同樣的情形，也發生在與美學或哲學形式的結合、或與新倫理形式的結合中。當然，愛慾的吸引力量，在兩個個人的性結合裡，獲得最顯著的展現。如同所有的個人，相愛的兩人，渴望克服分離和孤立——作為個人，所有的人皆繼承了這樣的狀態——而在性的結合中，此二人暫時地參與了一次真摯的結合關係，而不是兩個分隔孤離的個人經驗的相加。在此，分享的發生，形成了一個新的**完型**(Gestalt)，一種新的存在狀態，一個新的磁場。

關於性的心理經濟能量與生物學理論，讓我們誤以為性愛行為的目標即是為了達到性高潮。法文中有句關於愛慾的諺語，反而道出更多真實：「慾望的目標不在於滿足，而在延長。」安德瑞・莫華(André Maurois)在談到他的做愛偏好時，則引述另一句法國諺語：「每一個開端都是美好的」，以表明性高潮並非做愛的目的，而是一個偶然的結果。

根據許多人對自身經驗的回憶，以及病人的夢境，我們發現做愛時最具意義的時刻，並非達到性高潮的當口，反而是當男人勃起的陰莖進入女人陰道的那一刻。這是個令我們震撼的時刻，裡面包含著教人驚嘆、顫抖的奇妙感受——即或這經驗教人失望、沮喪，仍是從反面表達了相同的震撼。在此刻，人們對做愛的反應最具有原創性和獨特性，這個經驗完完全全屬於他或她自己。人們便是在這個時刻（而非在高潮時），真實地體驗到何謂結合，而且明瞭自己終於贏得對方的心。

古人把愛慾塑造為「神祇」——或更確切地說，把愛慾視為一種魔。這是一種表達人類經驗之基本眞實的象徵手法，意在指陳**愛慾永遠驅使我們超越自身**。歌德的那句名言「女人使我們獲得提升」，正確的解讀應是：「藉著與女人的關係，愛慾使我們獲得提升。」此眞理中存在著兩個面向，一方面，它指涉了內在的、私人的**主觀**經驗，另一方面，則陳述著外顯的、社會的**客觀**現象——亦即，此眞理乃是從我們在外在世界裡、與人的實際交往中汲取而出。古代人由於把性視爲理所當然的自然身體功能，因此，他們不認爲有把性奉爲神明的必要。舉例來說，原本，安東尼(Antony)的性慾似乎已經被附隨於羅馬軍隊中的軍妓們打發，然而，直到他遇上克麗歐佩特拉(Cleopatra)，**愛慾**才眞正現身，而此時的安東尼則被載運到一個全新的世界中，裡面同時包含了狂喜和毀滅。

藝術家們總是本能地知道性與愛慾的區別。在莎士比亞的劇作裡，羅密歐的朋友墨庫邱(Mercutio)，以現代生理解剖的語詞描述自己的前任愛人，以挑逗他：

讓我為你召喚羅薩琳那明亮的雙眸，
高聳的額，鮮紅的唇，
細緻的足，筆直的腿，顫動的股，
及毗鄰的中間地帶。

（第二幕，第一景）

這讀起來像是當代寫實小說的內容，對女主角身體的描述，最後以預料中的顫動大腿和毗鄰部位的影射作結。顯然，墨庫邱並未墜入情網，從他只觀其外的眼光中，他只看到性的表象，而任何一個年輕威洛納(Veronese)人都可能用相同的詞彙來描述女性之美。

但，羅密歐是否會用相同的句子呢？這問題實在荒謬至極！對羅密歐而言，他和茱麗葉的相識是在**愛慾**之中：

喔，是她教導火炬如何照亮黑夜。
她彷彿高懸於夜之頰
宛如一個衣索匹亞人耳上的貴重寶石
這份美如此珍貴而不能輕慢，實為人間至寶！

（第一幕，第五景）

羅密歐和茱麗葉乃出身自兩個世代敵對的家庭，然而愛慾一躍而過仇視的藩籬。我時常揣想，「敵對」狀態不**正是**撩起、挑戰我們內在愛慾的最佳因素嗎？愛慾尤爲「外來者」所著迷，來自禁忌階層、外族或異色的人特別吸引我們的心。當莎士比亞把羅密歐和茱麗葉的愛情、與先前蒙塔丘(Montagues)及卡普雷(Capulets)間的爭鬥相連，並使他們的愛與威洛納全城的命運相繫時，他確已忠實地呈現了愛慾的眞諦。

柏拉圖的愛慾觀

我們在愛慾中所感受到的願與所愛之人合一、延長歡愉、加深其意義，並珍視這份愛情的驅力，可在古人的智慧中，找到極爲有力的基礎。並且，此種愛慾動力，不僅存在人與人之間，亦存在於人與事物的關係當中，譬如一部手中正在製造的機器、一幢正在建造的房屋，或是一份我們投入全副心血的志業。

爲了尋找愛慾的根源，我們重讀柏拉圖的《饗宴》(*The Symposium*)，因爲裡面所蘊含的對愛情的洞察，仍然教當代的讀者驚嘆不已。⑨柏拉圖描述此宴會——堪稱史上最著名的酒會——的對話，幾乎整個篇幅都讓位給關於愛慾的討論。場景是在阿賈同(Agathon)的家裡，座上客有蘇格拉底、亞里斯朵方和阿西比亞德等人，這宴會是爲了慶祝前一天阿賈同的劇作在悲劇大賽中獲獎。整場晚宴就在每個人輪流暢談自己對愛慾的觀感和經驗中度過。

當此話題進行到一個段落，蘇格拉底做了一個極具關鍵性的摘要，他問道：「何謂愛？」他引述著名的愛情導師狄歐緹瑪(Diotima)的話語，說道：「他既非必死之人，亦非不朽之神，而是介乎二者之間……。他乃一偉大精靈（魔），而就如所有精靈，他是神與人之間的中介者……。這名中介者跨越神與人之間的裂隙，因此在他之中，所有的事物皆相互融併……。」⑩

愛慾並不是位於人之上的神祇，而是將所有事物和所有人結合在一起的力量，亦即**賦形**(informing)於所有事物的力量。「賦形」(in-form)並不是我信手拈來的詞彙，在此，它指的是賦予一個內在形式，以全心的愛尋找至愛之人或所愛之物的獨特形式，並使自己與此形式融合。柏拉圖繼續說，愛慾是建構人類創造精神的神祇或造物。愛慾不僅驅策個人在性行爲或其他形式的愛中與另一人結合，它更誘發對知識的渴望，驅使人熱情地朝向眞理，尋求與其合一。透過愛慾，我們不僅成爲詩人、發明家，更臻至道德上的良善。以愛慾爲形式之愛，是一種源源不絕的創生力量，而這樣的創發意味著「一種永恆與不朽」——意即，這樣的創造，使得人類以最大的限度，接近不朽。

在生物學範疇之中，愛慾乃是結合與繁殖的驅力。狄歐緹瑪說，即便是在鳥類和其他動物身上，我們都看見「生殖的慾望」，且當牠們「染上相思病時，牠們也會陷入愁苦，而相思便是從結合的渴望開始……。」⑪然而，人類的變化從來未曾停止——

> 頭髮、肌肉、骨骼、血液，及身體的其他部分總是在改變中。然此改變不只發生在軀體上，人的靈魂也同樣不斷地變化著，每個人的習性、脾氣、想法、慾望、歡悅、痛苦與恐懼，從來不會停留在相同的狀態裡，而總是來了又去，去了又來；知識亦復如此，並且，最使人類驚訝的是，隨著整體科學知識的潮起

潮落，關於人本身的知識（人為何物）亦非始終如一……⑫

既存在這許多的變化，是什麼東西能將此多樣性融合爲一呢？這就是愛慾，它是存於人類內在對完整的渴望，它驅使人賦予多樣性以意義和型態，給予令人耗竭的無形性(formlessness)以形式，並帶來統整性、以抗衡我們崩解的傾向。在此，我們所描繪的經驗向度，同時包含了心理、情緒與生物層次。這就是愛慾。

亦是愛慾，驅使接受心理治療的人們逐漸好轉。這論點恰與現代的心理調適、均衡或緊張紓解的教條相反；愛慾中總是含有一股令自我向外延伸的力量，一種持續回充的衝動，驅使人奉獻自己，永無止境地尋找眞、善、美的更高形式。古希臘人相信，**持續不斷地重新創發自我，乃是愛慾的固有本質**。

古希臘人也十分明瞭，愛慾總有被化約爲單純性慾望的傾向——他們稱之爲**淫慾**(*epithymia*)。但是他們堅稱，在愛慾中，生物性層面並未遭到否認，而是**被融併**在內，並且**被提升**：

那些僅以身體為孕育之所的人，致力追求女人，生育子嗣——這便是他們所擁有的愛情的特性；如他們所願，子嗣將對他們永誌不忘，並且賦予他們渴望在未來得到的真福和永垂不朽。然而那些以靈魂懷胎的人——因為一定有些人在

> 靈魂上的創造力要勝過身體上的——認為靈魂乃是適合孕育、容納之處。而在此孕育者為何？常為智慧與美德。這樣的創造者，乃是詩人與所有配得上發明者這個稱名的藝術家們。⑬

我們不僅只在經驗到生理上的性慾需求與能量時，才處於愛慾之中；當我們有能力開放自己，藉由想像、情緒與性靈的敏銳度，在人際關係中或圍繞我們的自然世界裡，參與超越自我的形式與意義時，我們也在愛慾當中。

愛慾乃最佳的結合要素。它是現存狀態和將爲狀態之間的橋樑，亦連接了事實和價值。簡言之，愛慾即爲黑夕歐德(Hesiod)所言之原創力，而今則轉變爲同時存於個人「內在」、又從「外在」施予個人的力量。我們可看出，愛慾與本書所欲探討的意向性概念，有許多共通之處：二者皆預設著人試圖將自己推向與對象的結合，此對象不僅是愛的對象，亦包括知識在內。這個過程暗示著個人已經在某種程度上融入了他所欲尋求的知識，並與他所愛之人結合。

稍後，在聖奧古斯丁的行文裡，愛慾則成爲引導人朝向神的力量。在此，愛慾乃是對於神秘結合狀態的渴望，這個渴望來自與神合一的宗教經驗，或如弗洛依德所說的「浩瀚無垠的」(oceanic)經驗。⑭在個人的命運之愛——或如尼采所說的 *amor fati*（命運之愛）——中，愛慾亦爲一重要成分。在此，命運二字並非意指偶然降臨在我們身上的不幸厄運，而是對於人類生命有限性的接納與肯定，承認我們在智力及氣力上的限制，並永無止境地面對自身的弱點和死亡的威脅。薛西佛斯(Sisyphus)的神話，以想像力可及之最嚴峻形式展現了人的命運；然而，卡繆卻在如此嚴苛的命運中，爲勇於接納此意識之人，找到愛慾的源發處和愛的對象：

> 我將薛西佛斯留在山腳下！……這個沒有主宰的宇宙對他而言既不枯燥乏味亦非微不足道。石頭內的每一個原子、被無盡暗夜籠罩的山頭上所拋下的每一片礦物岩屑，皆自成一個世界。奮力往山頂攀升的掙扎，足以填滿人的心。我們不禁要認為薛西佛斯是快樂的。⑮

愛慾將人推向自我實現，但它絕非人類以自我爲中心，而將個人一時興起的主觀念頭和願望施予被動世界的任性作爲。主宰自然或現實世界的想法，非常可能嚇壞古希臘人，而且會立刻被冠上極端傲慢(*hubris*)的封號，因爲此舉無疑是對諸神的輕侮，並注定將引致人類的毀滅。對於既定的客體世界，古希臘人一向抱持高度尊敬。世界的一切皆令他們心曠神怡——它的美、它的形式，它對人類的好奇心所提出的無止境挑戰，以及它那尙待探索的神秘；世界對他們的吸引力永不止息。並不是因爲他們也擁有類似現代的多愁善感的信念，認爲生命本善或本惡；這其實取決於人們將心力投注在哪些事情上。實際上，古希臘人所具有的悲劇觀，使得他們有能力喜愛生命。因爲，既然無論人類如何「進步」，累積多少財富，都不可能智取死神，那麼，爲何不就接納自身的命運，選擇**本眞的**價値觀，且教自己在自己所是的存有者(being)裡怡然自得，也欣然接納自己身爲存有(Being)的一部分這個事實？

尤里披蒂斯(Euripides)唱道：「可愛之事物豈不永遠被愛？」這個問題問得理直氣壯，但答案可就不然了。可愛之事物之所以被愛，並非出自嬰兒式的需要，不因它代表著溫柔的胸膛，亦非因它是慾望對象受到抑制的性，或因它幫助我們調適、讓我們變得幸福——而只因爲它是可愛的。可愛之事物吸引著我們；而愛則把我們引向生命。

但是這些對心理治療有什麼意義呢？我認爲其中關係密切。蘇格拉底以令人迷惑的簡單口吻說道：「人之本性再也無法輕易找到比愛慾更好的幫手。」我們可將這句話運用在心理治療的過程中，亦可用作引導個人朝向心靈健康的內在驅動力。如同我們在《對話錄》中所讀到的，蘇格拉底可能是歷史上心理治療師的最佳典範。他在《費多篇》(*Phaedo*)的尾聲所唱誦的祈禱文，實在應該被銘刻在每個心理治療師辦公室的牆上：

> 親愛的牧羊神，及其他出沒此地的諸神，請賜予我內在靈魂的美；願人之肉體與精神相符。願我視智者為富人，並且，願我所擁有的黃金數量，僅有懂得節制的人才能夠運載。

然而，就如每一個社會（和幾乎每個個人）皆有的體驗，古希臘人深知，以個人整體的存在對生命的遭逢做回應，需要強大的意識力量，以及訓練有素的開放態度，而這樣的意識狀態極不容易持續。因此，一種使愛慾枯竭、將其化約成純粹性滿足或淫慾的傾向，便應運而生。比方如丹尼斯・德・胡日蒙(Denis de Rougement)等之理想主義者，便將愛慾等同爲性激情，表現出他們對愛慾所抱持的不信任、甚至棄絕的態度。因爲，對於任何一種純然的心靈或宗教範疇而言，愛慾永遠是一個令人困窘的概念。

另外，也有像弗洛依德一樣的自然主義者。他英勇地想盡辦法把愛化約爲力比多(libido)，以符合十九世紀黑姆霍茲式的物理學模型，致力於創造一個愛的量化概念。他否認愛慾的需要，強烈到根本不讓這個詞彙在《精神分析引論》(*General Introducion to Psychoanalysis*)中出現。而在恩尼斯特・瓊斯所著之《弗洛依德之生平與著作》(*Life and Work of Freud*)的前一卷裡，愛慾這個詞也未被列在索引中，但是，對於力比多的討論，光在第二卷裡至少就有三十幾處。在第三卷中，瓊斯寫道：「在弗洛依德早期（即在一九二〇年《超越快樂原則》(*Beyond the Pleasure Principle*)之前）的論著中，對於愛慾著墨有限，即或提及，亦僅間接指涉而已。」在此，瓊斯給了兩個不太重要的參考文獻，並且把愛慾當作性慾的同義詞。一直到最後一卷，弗洛依德才發現了愛慾本身的價値。他發現這個人類經驗面向，不僅必須與力比多區分開來，甚至在其本質上恰與力比多相對。接下來，這裡發生了一個關鍵事件：**弗洛依德認識到，力比多的完全滿足，通過死亡本能的作用，實際上將引致自我毀滅；然而，愛慾（生命精神）的出現，將拯救力比多在其自身的矛盾中走向厄運的終結。**

但是，這話說得太早了些。

我們必須從三個不同的層次，探討弗洛依德針對此主題所做的論述。首先，是他的理論對大衆所造成深遠的影響。由於一般大衆對他的「驅力」與「力比多」等概念的理解，往往只停留在字面意義上，因此，被大衆化了的弗洛依德主義，便成爲直接造成性與愛平庸化的罪魁禍首；雖然這已和作者的原意相去甚遠。⑯

事實上，弗洛依德不斷地藉由吸納許多不同生命面向，以豐富並擴展關於性的概念；譬如從愛撫、餵哺，一直到創作性與宗教等等。「我們使用『性』(sexuality)這個詞時，它所包含的廣泛意義，就如同德語中對『愛』(*lieben*)這個詞的用法。」⑰性這個名詞用法的擴大，主要是指涉維多利亞時期的維也納文化，因爲在該時期中，包括性在內的任何重要人類功能都受到壓抑，這意味著性已滲透到所有的人類活動中。

其次，涉及弗洛依德自己對於性本能、驅力和力比多等詞彙的使用。正如所有賦有豐富心靈的思想家，我們發現弗洛依德在使用這些詞彙時具備大膽雄心，在他思想發展的不同階段裡，他欣然地更動著它們的意義。在他的的力比多及性驅力概念中，蘊含著能使性行爲超越生理意義的原魔成分；這點我們將留待後文中詳談。在他學術生涯早期，便有友人敦勸弗洛依德使用「愛慾」這個詞以取代「性」，不僅因爲前者較爲高雅，更可避免後者所可能引發的強烈斥責；然而，他一本初衷——就他自己看來，十分正確地——拒絕順應這些善意的建言。在這段時期，他似乎認爲性和愛慾具有相同的意涵。他在此提出一個性愛（力比多）模式，認爲每個人身上都具有固定的性心理經濟量，並將任何一種形式的愛情，視爲慾望對象受到**抑制**的性表達，而不以性結合作爲探討愛情的重點。

弗洛依德對於固定的愛情量的信念，導致他提出，當我們愛上另一人時，我們對自己的愛便會耗損。

我們在……自我力比多(ego-libido)和對象力比多(object-libido)之間，發現一個對立關係。當其中一個能量被使用得愈多時，便會發生消耗另一種能量的傾向。對象力比多被使用得最多的時期，即是人處於戀愛狀態；此時，主體似乎完全放棄自己的性格，而將全副精神集中在對象的身上。⑱

這點極類似於我稱之爲，戀愛中唯恐喪失自身存在的現象。但是，根據我自己的臨床經驗，我認爲，以水力學模式解釋性行爲，適足以摧毀已陷於危急中的重要價值觀。在戀愛中喪失自我存在的威脅感，乃來自於當自我被投擲到一大片新大陸時，所產生的暈眩和震驚經驗。世界突然變得天寬地闊，我們所面臨的是連做夢都不曾想像過的領域。我們究竟有沒有能力在爲所愛奉獻的同時，仍然保有自我的自主中心呢？這個經驗嚇壞了我們，這是很可以理解的；然而，新大陸的無限寬廣和暗藏的危機所引起的焦慮——當然也同時伴隨著歡欣雀躍——不應與自尊的喪失相互混淆。

實際上，任何人對一般日常經驗的觀察，都顯示了和弗洛依德的觀點相反的結果。當我們戀愛時，我們感到自己**更有**價值，而且對自己的關照反而比從前**更多**。我們都曾經看見過，原本對自己沒有自信的青澀少男少女，一旦談戀愛，便驀地深懷信心地昂首闊步起來，那副神采彷彿在說：「你正在看著一個**有頭有臉的人**。」我們無法將此歸納爲對所愛之人所「投注之力比多的回歸」；因爲，隨著戀愛而產生的自我內在價值感，似乎並非完全取決於所付出的愛是否得到回饋。目前，對於這個問題的觀點已經形成一個廣爲接受的方程式，其中最大功臣要屬蘇利文，他提出大量證據，說明**我們愛別人的程度，實賴於我們能夠愛自己到何種程度**，並且，若我們不能尊敬自己，就不可能尊敬或愛他人。

在弗洛依德前三分之二的生涯和論著中，鮮少提及愛慾的事實，並不意味著他會贊成這個時代所宣揚的「自由表達」福音。我們的社會以盧梭小說中那位居住在南海小島上的快樂原始人作爲理想原型，而四處提倡應「隨性而致」的言論，對此，弗洛依德極可能感到十分不以爲然。一九一二年，他寫道：

……我們不難看出，當滿足變得隨手可得時，心靈的愛慾（性慾）需求價值，便會隨之降低。為了提高力比多，便需要有障礙的存在；而當自然對於滿足的抵制無法提供足夠的屏障時，每個時代中的人便樹立文化習俗作為抵制，以便享受愛情。這點無論在個人或國家的情形中皆為真。在那些極易獲得性滿足的時代中，比方說正值古文明衰頹之時，愛情變得毫無價值，生命亦變得極度空虛，強大的反向作用便成為重建這不可或缺的情感價值的必要過程……基督教義中的禁慾傾向創造了愛情的心靈價值，這是非基督信仰的古代所無能賦予的。⑲

弗洛依德是在第一次世界大戰爆發的前一年，寫下這段話。而就在第一次大戰後，他才意會到這個問題對於單獨個人所具有的意涵。當他親眼見到受戰爭精神官能症折磨的病人們，並不依循快樂原則而行事時，某種根本的省思湧入他的思維中。他發現，這些病人並不尋求擺脫痛苦的創傷——實際上，他們所顯現的行爲反應完全反其道而行；他們在夢中和現實生活中，不斷地重演痛苦的創傷經驗。藉由反覆地回憶創傷，他們似乎掙扎著想做些什麼；彷彿透過重新經驗焦慮，可以讓某種東西得到減緩；或者試圖改造他們和世界的關係，好教創傷經驗獲得意義。不論我們如何描述這些行為，在這些行為表現下所發生的事情，絕對比單純的降低緊張和增加快感，要來得複雜。這個經驗日後導致弗洛依德特別將心思，放在受虐狂和重複性強迫症等臨床問題的研究上。他認識到愛永遠與作為其對立端的恨一起存在，亦即，關於愛的理論，遠比他之前所構思的要複雜得多。據此，他逐漸開始形成生命與死亡對立並存的理論。

接下來，我們將進入關於弗洛依德對於性與愛慾所抱持觀點的第三層次討論。在他中、晚期的著作中，出現了對我們目前的討論而言、最有趣且重要的論述。在此，他開始發現性驅力的滿足本身——即力比多獲得完全的滿足，而使緊張狀態降低——具有一種根本上的自我毀滅性格，而且有引致死亡的趨勢。

在大戰甫結束的那段時期，年值六十四歲的弗洛依德著手寫下《超越快樂原則》，這部書在當時、甚至直到現在（即使在心理分析運動之內），仍持續地引發熱烈爭論。本書篇頭，他從摘述先前的信念開始，談到「心理事件的發展進程，乃是由快樂原則自動調節……而此內在調節作用的啓動，則是由不舒服的緊張狀態所引發，其調節的方向，是以達成緊張狀態的降低為目的。」⑳性慾本能（他用古怪的字眼指出，此種本能十分難以「教育」），是藉由降低緊張狀態而獲得快感的最重要範例。弗洛依德強調說，作為本能，其目標便是在重新回復到先前的狀態。他在此借用熱力學第二定律，該定律說明宇宙能量乃處於持續的耗竭中。由於「……**本能，乃是有機生命內在所具有的驅動力，其驅動方向爲恢復原先的狀態**」，並且是「**回到在活著的有機生物存在之前的無生命狀態**」，㉑因此，我們的本能將會把我們推回到無生命的狀態。本能朝向涅槃而去，亦即朝向沒有任何生命活動的狀態。意即：「所有生命的目的乃是死亡。」㉒這裡，我們遇上了弗洛依德理論中最具爭議性的部分，他稱之爲死亡本能，或自我毀滅本能(Thanatos)。原本似乎是推促著我們往前走的本能，現在竟是在一個超大的循環裡，將我們推向一個注定回歸死亡的命運中。人類，這個賦有「高貴能力」的被造物，正一步步邁上一個朝聖之旅，而這段旅程注定將把他帶回到石頭般的無生命狀態。塵歸塵，土歸土，這便是我們最後的歸鄉。㉓

然後發生了一件奇妙的事，我相信這事的重要性，並未受到弗洛依德衆門生的重視。在弗洛依德的論著中，愛慾首度成爲核心而必要的概念。這名原本就讀於準備進入高等學校的維也納高級中學、而且慣用希臘文寫日記的年輕男孩，在遇上難解的困境時，會向古人的智慧求助，以尋找解惑之道，是很可以理解的。**愛慾的現身，解救了性與力比多免於陷入慘遭毀滅的厄運**。

至此，愛慾進場，作爲塔納托斯（Thanatos，死亡之神）——死亡本能——的對立面。愛慾爲生命奮鬥，並與死亡傾向對抗；它是「合一和連結、建造與混凝，提高我們內在的緊張狀態」。㉔弗洛依德寫道，愛慾將「新鮮的緊張狀態」引入。㉕如是，愛慾被賦予的性質不僅超越了力比多，並得以與後者完全區分開來。愛慾，作為「城市的建造者」——借奧登之詞句——與降低緊張狀態的快樂原則相對抗，使得人有能力創建文明。「愛慾從生命之初便開始運作，並以『生之本能』出現，與『死亡本能』相抗衡。」如此，人的生存狀態成為兩個巨人——愛洛斯與塔納托斯——之間的戰鬥。

在思考誕生的過程中，依德自己必然強烈地經驗到這個自我矛盾，因此才會寫下下面的段落：「……死亡本能的特性即為默然，且……生命中大半的喧鬧，乃出自愛慾。同時亦出自對抗愛慾的爭鬥！」㉖這裡正顯示了天才自我牴觸的膽量！而弗洛依德理論中最嚴重的不一致，是在於他竟致力於將愛慾等同於性慾本能。他談到「愛慾的力比多」、「本我的力比多」、「自我的力比多」，又提及「去性慾化的力比多」和「非去性慾化的力比多」等——其詳盡之程度，讓讀者覺得弗洛依德好像非得把他在愛慾這個概念上所發現的全新洞察，全都硬塞進他舊有的能量系統上為止。

為了避免發生混淆，我們必須將下列事實謹記在心：弗洛依德一直要到認清依循快樂原則運作的性本能、實具有自我毀滅的性質時，他才終於不得不把愛慾帶進他的理論中。如此，愛慾**的確**意味著某種嶄新的成分。弗洛依德在一篇文章的最後，語帶感情地喚著「愛慾，這個搗蛋鬼」，這不禁讓我們覺得，愛洛斯似乎不會善罷甘休地任死亡本能在受快樂原則驅使的本我之中高枕無憂，更不會輕易被冷漠收買。弗洛依德寫道：「當滿足勝利時，愛慾即被消滅，而死亡本能則可輕易地達成它的目的。」㉗

我們在現前社會中所面臨的困境，非常類似弗洛依德在他那個時代裡所面對的問題——以性驅力滿足為終極存在目標的假設，已經將性逼進乏味、平庸的死胡同。**引領我們向前走的愛慾，指涉的是一個充滿可能性的領域；它是人類想像力與意向性的伸展。**某些權威人士，㉘在反駁一般對死亡本能所做的字面解釋時，指出以熱力學第二定律作為類比的推理依據，實為一謬誤，因為行星和動物，皆能自其所處之環境中，獲得再生的力量。因此，愛慾乃是我們與環境之間持續不斷地進行對話的能力；這環境指的不僅是自然世界，亦包括人際關係的世界。

弗洛依德本人相當自豪於他的愛慾理論能與古希臘的愛慾概念發生關聯。他寫道：「……任何以優越目光蔑視精神分析的人，都應記住在精神分析中得到擴展的性觀念，如何切近地符應著神聖的柏拉圖思想中的愛慾概念。」㉙當弗洛依德的追隨者在論文中，爭論他的愛慾理論十分接近柏拉圖的想法時，大師熱切地證實他們的觀點，說道：「誠如納賀曼頌(Nachmansohn, 1915)和普費斯特(Pfister, 1921)在文中所詳盡闡述的，無論是就其起源、功能，及其與性愛間關係等各方面看來，哲學家柏拉圖思想中的愛慾，與精神分析中的愛慾、力比多的概念，全然相符。」㉚然而，在對柏拉圖與弗洛依德二人的愛情理論，做過長年而深入的研究之後，道格拉斯·摩根(Douglas Morgan)教授指出，弗洛依德和柏拉圖的愛慾概念之間，實有天壤之別：

實際上，弗洛依德的愛情觀，堪稱為柏拉圖愛情觀的對立面。不論是在形上學基礎，或是動力方向上，二人的理論不但不同，且在根本上相互牴觸。然而，正因為此二解釋彼此相去甚遠（並非如弗洛依德所想），倘若其中之一比另一個更有意義，則二者無一為真。㉛

菲立普・里耶夫亦表贊同：「……精神分析中的愛慾，基本上不同於柏拉圖的概念。」㉜弗洛依德和柏拉圖相同之處，乃在於二人皆相信愛在人類經驗中具有根本的重要性，愛包含在所有的人類活動中，爲一深層、廣闊的推動力量。「在二者的愛慾意涵中，皆涵蓋了生殖的性愛、同胞手足之愛，以及對於科學、藝術和完美的愛。」㉝然而，當我們問到此愛何謂時，我們找到的是全然不同的答案。即便在引入愛慾概念之後，弗洛依德仍然把它定義爲由後向前推的力量，此力量來自「混沌、未分化、屬於本能的能量根源，它依循著可預測的、可描述的途徑，推動人走向成人的生活，而只有部分來自歷經艱苦的文明化過程的愛」。㉞相反地，對柏拉圖而言，愛慾則完全與在前面吸引著我們的各種可能性有關；它是結合的渴望，是與人類新經驗形式相連的能力。它「完全是有目的、有目標導向地，朝向超越自然的方向移動」。㉟弗洛依德在其中研究、思考與工作的文化環境，乃是一個疏離的文化，並且，在他對性與愛的定義中，正顯現了這個異化現象——在間隔半個世紀後的今日，異化的情形比起當年更加嚴重。這點可能為弗洛依德將他自己與柏拉圖愛慾概念的混淆，提供了部分的解釋。㊱

但是就我自己而言，我認為弗洛依德的直覺極具價值，或者我「希望」（請容我這麼說）在他的愛慾概念中，含有某些柏拉圖的想法在內。這是弗洛依德理論中經常出現的模糊性的又一範例——這也是為何他大量引用神話的原因——亦即，他的理論概念的精神和意涵，往往遠超出他的方法論，亦超越嚴格的概念應用邏輯。對於摩根教授上述有關弗洛依德和柏拉圖的愛慾概念之間毫不相容的說法，我不太贊同。根據我的臨床工作經驗，我反而認為二者之概念不僅相容，並且分別代表了人類心理發展中兩個必要的部分。

愛慾的結合：一個個案研究

在我撰寫本章的過程中，恰好有一次精神分析療程，不僅可作為例子，說明弗洛依德與柏拉圖之愛慾觀點間的對比，並且同時也呈現了二者的相關性。

有位年近三十的女士，因為有情感表達困難、自發障礙——二者都已造成她和丈夫之間的性關係困擾——和有時嚴重到令整個人癱瘓的害羞情結，而前來就診。她出身自一個擁有相當社會地位的美國舊貴族家庭，有一個有受虐傾向的母親、頗有名望的父親，以及三名兄長，她便被迫在這個由父母兄長所共同組成的嚴苛結構中，艱難地成長。在治療過程中——藉著她理性的性格——她學會自我探問「爲什麼」在某些情境中，自己在情緒上會變得完全麻痺？當她完全感受不到性需求時，到底發生了什麼事？此外，她也變得較能自由地感受和表達自己的憤怒、性熱情及其他情緒。這些進展得以發生，實有賴於對其童年經驗、及她在那個過分結構化的家庭中所承受的艱苦創傷，做深入而有效的探詢；此外，這些內在的改變，也對她的實際生活造成正面的影響。

然而，在治療的某個階段，我們陷入了僵局。她仍舊不斷地詢問「爲什麼」，但是對她自身已經無法造成任何改變；她的情緒，似乎變得是爲了情緒的存在而存在。我接下來將提到的是次療程，是發生在她正努力尋找與丈夫建立眞誠之愛的可能性的時候。

她報告說，前一天晚上，她感覺到丈夫和她調情，在此情緒的慫恿下，她請丈夫把手伸進她洋裝背部，把一隻小蟲或鑽進衣服裡的什麼東西取出。同一天稍晚，當她正俯在案頭簽寫一些支票的時候，她丈夫出其不意地從她身後用手臂一把抱住她。被打斷的她，在盛怒之下拿起手中的筆，在丈夫臉上刮下一道痕跡。在告訴我這件事的時候，對自己憤怒的原因，她隨意地丟出一些準備好的解釋，辯稱這是因爲在她年幼時，不管她正在做什麼，她的兄長總是愛佔她的便宜。當我質問她，爲了什麼緣故在這次事件中使用她的感受時，她勃然大怒地指稱我剝奪了她「自由的自發性」。難道我不明白，她必須要「信任她自己的直覺」嗎？難道我們耗費這麼許多時間，不正是爲了幫助她感受自己的感受嗎？那麼，我倒底是什麼意思？竟然問她，她究竟想用她的感受來做什麼？而更過分的是，這個質問的口吻，十足是從小家裡便不斷告訴她必須負責任的煩人要求的翻版。最後，她用一句告誡結束這次的口語攻擊：「感受就是感受！」

我們很容易便可看出這位病人所深陷的矛盾處境。實際上，是她自己毀了這個原本可和丈夫恩愛共處的晚上。表面上，她是在尋找二人眞誠相愛的可能性，然而她的實際舉措，卻恰恰與此目的相反。她用一隻手把丈夫拉近自己，同時卻用另一隻手迅速地將他推開。她用一個時下非常普遍的假設，爲自己的矛盾行爲做辯護，此即，感受乃是一種存於內在的主觀推動力，而情緒（emotion，其字源爲*e-movere*，意思是「向外移動」）則是促使人行動的力量，亦即，在任何時刻，人都應按照他當下感受到的任何情緒「表現感情」(emote)。這大概是時下社會對於情緒所具有的最普遍卻未經省思的假想。這個模式乃是根據某種腺體水力學而來——由於我們身體內部分泌了腎腺上素，因此必須讓怒氣釋放出來；或者，因爲生殖腺受到刺激而興奮，所以必須找性對象發洩（無論弗洛依德眞正的意思究竟爲何，他的名字都已被用來當作榮耀這個假想的光環）。這樣的假說不僅符合廣受好評的身體機械模式，亦得到最精深複雜的決定論模式的支持；這些模式，都是我們在心理學和生理學的基礎課程中必然會接觸到的。

而我們並沒有被教導的是——因爲幾乎無人看見這個事實——這個假說在根本上是一個唯我論的分裂系統。它將每個人像單細胞生物一樣分開，使個人處在疏離的狀態裡，與周遭的人之間不存在任何聯繫。我們可以從現在開始一直到世界末日，不停地「表現情感」，或和人發生性關係，然而卻從未體認到與他人眞正的關係爲何物。在現在這個社會裡，有許多人（即使不是大部分的人）都是在這種孤寂狀態裡經驗自身的感受；明瞭這件事並不會降低這個處境令人恐懼的程度。而去感受，實際上更增添孤寂感所帶來的痛苦，因此，人們放棄了尋求降低痛苦的方法，寧可乾脆停止感受。

我的這位病人（以及我們這個社會）所忽略的一點是，情緒不僅是一個從後面推動人的力量，它更**指向前方**，是使某物成形的驅策力，是一個形塑處境的召喚。情緒並非僅爲當下的偶發狀態，而是一個指向未來的、**希望**事情成爲某種樣子的驅動力量。除非在最嚴重的病理狀態，**感受**總是發生在私人領域，是一種經驗到自己乃是作爲個人而存在的個體，而此經驗中**亦包含著對他人的想像，即使他人並不眞正在場**。感受當然是我們與世界中重要他人溝通的方式，一個形塑與他人關係的嘗試；它們是一種語言，我們對於人際世界的建造和構築，即仰賴著這些情緒語言。意即，感受是具有**意向性**的。

情緒的第一個面向——即作爲「推力」——必然涉及個人過去經驗的因果關係和決定論，其中，當然包括了個人嬰兒時期和遠古潛意識記憶的影響。這便是弗洛依德不斷對我們強調的情緒的**回歸**(regressive)面。由此看來，針對病人童年經驗的調查及重新體驗，對於心理治療效果能否持久，具有根本的重要性。

相反地，情緒的第二面向，卻是從現在開始，並指向未來，此即情緒之**進展**(progressive)面。我們的感受，就如藝術家的顏料和筆刷一樣，是我們將有意義的事物向世界傳達、分享的方式。我們的感受非僅與他人有關，甚至在真實的意義上來說，部分是**由在場他人的感受所形塑而成**。我們感到自己處於一個情緒磁場中。一個敏感的人懂得如何掌握周遭人的情緒狀態（雖然通常並未意識到自己正在這麼做）；就如當一根小提琴琴弦被撥動時，便能引起同一室內其他所有弦樂器的共振，即便此振動微弱到肉耳根本無法察覺。每個成功的愛人都「本能地」明白這個道理。而對於一個好的心理治療者而言，這更是個十分重要——甚至是最重要——的能力。

在處理情緒的第一個面向時，探詢「爲什麼」(reason why)是全然合理、正確的作法。但對於其第二面向，則必須詢問「目的何在」(purpose for)。弗洛依德的取徑與前者大致相關，無疑地，他應該會否決我在此處提出「目的」的說法。而柏拉圖和古希臘的愛慾概念，則與情緒的第二面向有關，此處，情緒乃是一種吸引、一種在前牽引的力量；我的感受乃是由吸引著我的未來目標、理想和可能性所引發。在現代邏輯中亦存在這樣的區分：**理由**，是考慮過去的因素，而對自身行爲提出解釋；相反地，**目的**，則是某個行爲所預期得到的結果。第一種概念與決定論有關；第二種概念則意指對任何新經驗的可能性開放自己，因此便與自由有關。**藉著我們察覺新可能性，及對其做反應的能力，我們可將這些可能性從想像中喚出，並在現實情境中嘗試實現它們，由此，我們便參與了塑造自身未來的事工**。此即爲積極之愛的過程，亦即，我們內在的愛慾與他人內在，或自然世界中的愛慾相互呼應的過程。

回到前述病人的例子裡：在上述療程中，她所感到的無助，實是來自她隱約察覺到自己正置身陷阱中，動彈不得。在又經過二次療程之後，她說：「我一直在尋找喬治讓我產生各種感受的理由，原本，我以爲那是最重要的事——我以爲這過程將引導我進入涅槃。而今，我已經用光所有的理由了。或許，現在任何理由都不存在了。」有趣的是，她最後這句話，比她自己所知道的更聰慧得多。因爲，不管在治療或生活中，當我們大部分的需求都被滿足時，亦即我們已不受需求所驅動時，「任何理由都不存在了」，意思是，在這個階段中，這些理由皆已失去其適切性。[37]這是因爲，一方面，原本的衝突陷入僵持狀態、變得平淡乏味，而另一方面，自我開始對全新可能性的開放、意識的深化，以及自我對於新生活型態的重新選擇和承諾。

「理由」和「目的」的區分，有如打通這位病人的任督二脈，讓她獲得許多重要的洞察。令她十分驚訝的是，其洞察之一，徹底地改變了她對於責任感的定義。現在，責任感對她而言，不再是外來的、須被動接受的、家庭對她的期待，而是她應主動對**自己**負責任，尤其是在她明瞭自己實際上擁有的力量之後（比方說那天晚上她在丈夫身上施展的權力）。責任感，現在意味著她必須選擇想和丈夫擁有什麼樣的生活，並選擇生命中其他方面的生活模式。

我們當然可以說——除非在嚴重的病理情況裡——**所有**的情緒（不論它們在表面上

看起來如何彼此牴觸）在構成自我的**完型**之中，皆具有某種一致性。然而，我們在臨床上遇到的問題是——如在我們舉出的個案裡，小孩被強迫在行爲上表現出對父母的愛意，即使這對父母實際上以充滿敵意和毀滅性的態度，對待這個小孩——病人無法（或不願意）讓自己察覺自己的感受，或拒絕感受自己正在做的事情。當這位病人能夠分析那天晚上自己對待丈夫的矛盾行爲時，結果她發現，前後兩個矛盾的行爲，都出自對她丈夫與一般男人的憤怒，意即，她所安排的情境恰好證明了男人都是壞蛋。兩個行爲都預設了男人作爲權威人物的角色（這也是她在前面所提到的「涅槃」過程中，爲我安排的角色）。並且，同時她仍舊扮演著那個充滿奇想、任性小孩的角色。她能夠在對待小孩的基礎模式中應付男人，然而——如存接下來的幾次療程中，所呈現出的明顯焦慮看來——她有能力應付作爲成人的男人嗎？

乘著愛慾的翅膀，我們現在遇上了一個新的因果概念（若我可以如此說的話）。意即，我們不再被迫以撞球般的因果關係模式理解人類——這樣的因果關係僅以「爲什麼」作爲解釋的基礎，並且傾向於接受嚴格的預測。事實上，在亞里斯多德的想法中，愛慾的行動方式與基於過去的因果決定論之間相去甚遠，他甚至壓根不會考慮用因果關係來稱呼愛慾的動力。如田立克所言：「在亞里斯多德的教義中，我們將發現一種具有普遍性的愛慾，它驅策著每件事物臻至更高的形式、更純眞的眞實，它並非作爲一因(*kinoumenon*)、而是作爲一愛的對象(*eromenon*)，以推動世界運行。再者，他所描述的運

動，乃是一從潛能朝向現實、從**潛能**(*dynamis*)邁向**實現**(*energeia*)的運動……」㊳

在此，我所欲提出的是一種對於人類的新描述，將人類視爲由新的可能性、目標和理想而引發行動的存在者，這些可能性、目標和理想，引導著人類朝未來而邁進。然而，這不意味著我們要忽略人類亦部分地受到過去推動和決定的事實，而是意在使這個力量與它的另一半結合。愛慾賦予我們一個將「理由」與「目的」相連的因果關係。前者乃是人類經驗中的一部分，因爲我們都隸屬於有限的、自然世界；以此觀之，當我們在做任何重要決定時，必須竭盡全力找出與該情況有關的所有客觀事實。這個面向與精神官能症的關係尤爲密切，因爲對精神官能症患者而言，過去的事件的確對個人的行爲，施加強迫、重複而可預測的鎖鍊效應。弗洛依德概念中那嚴格的、決定論式的因果關係，的確說明了精神官能症等心理疾病的心理運作方式。

然而，弗洛依德的問題在於，他試圖把這概念應用到**所有的**人類經驗上面。當個人開始意識到自己的所作所爲時，便進入到目的面向，此面向使個人對新的、不同的未來可能性開放，同時也帶進個人責任感與自由的成分。

愛慾生病了

至今我們所談的愛洛斯（愛慾之神），一直是屬於古典時期的那位擁有創造力的神祇，是人和神之間的橋樑。但是，這位「健康的」愛洛斯後來卻衰頹了。柏拉圖對愛洛斯的理解，乃是取此概念的中間形式，即介於黑夕歐德觀念中那位強壯的、賦有原創力的神祇，和病懨懨而長不大的幼童之間。愛洛斯的這三個面向，恰好適切地反映出人類經驗中的心理原型：每個人都在不同時期經驗到以不同面貌出現的愛洛斯，他有時是創造者，有時是中介者，有時只是個平凡的頑童。我們這個時代絕非第一個體認到性的平庸化的時代，亦非有史以來第一群發現缺乏熱情、愛便會生病的人類。

在本章篇頭所摘引的那則吸引人的故事裡，我們看見古希臘人如何藉由神話的精深言語，呈現出自人類心靈原型中湧現而出的精闢洞察。愛瑞士和愛芙柔黛蒂的小孩愛洛斯，「跟其他小孩不同的是，他總是長不大，始終幼小、紅潤、渾圓如孩童，有著薄如紗翼的翅膀，和一張淘氣、長著酒窩的臉蛋」。當神話告訴我們，憂心忡忡的母親得到「當愛缺乏熱情，欲使其成長，本就難上加難」的答案後，接下來的故事是這樣的：

> 女神對這答案中暗藏的玄機百思不得其解。直到安泰洛斯(Anteros)——熱情之神——出生之後，她才恍然大悟。當愛洛斯有這位弟弟相伴時，他開始成長、茁壯，逐漸長成一位玉樹臨風的美男子；然而每當他與安泰洛斯分開，他總又恢復其童稚的形體和調皮搗蛋的習性。[39]

古希臘人總是慣於用這些解人疑慮的天眞言詞，來包裹最深層的智慧，在這些言語之中，蘊藏著能夠破解我們目前所欲探究之問題的關鍵點。關鍵之一在於，愛洛斯是愛瑞士（戰神）和愛芙柔黛蒂（愛與美之神）所生的小孩；這意味著愛與攻擊性之間存在著不可分離的關聯。

另一點是，在黑夕歐德時代貴爲強壯創造者的愛洛斯，那位曾經促使貧瘠大地茂生盎然綠意、並將生命魂靈吹送到人體內的神祇，如今退化成稚齡孩童，轉身爲一個紅潤、渾圓的、愛搗蛋的小傢伙，有時甚至只是一個成天玩弄弓箭的肥胖小孩。在許多十七、十八世紀或更古老的繪畫中，我們經常看見愛洛斯被呈現爲無能的丘比特(Cupid)。「在古代的藝術作品中，愛洛斯原本是以長著翅膀的俊美青年的身分出現，後來卻有愈變愈年幼的傾向，直到西元前四至一世紀的古希臘時期，甚至完全變成一個嬰孩。」在亞歷山大格式詩之詩句中，他則墮落成頑皮的孩童。㊵而這墮落的因素，必然根植在愛洛斯的本性中，因爲遠早在希臘文明開始衰退前的神話版本中（雖然出現在黑夕歐德版本之後），愛洛斯的形象便已含有墮落的影子。

由此，我們便進入時下問題的核心：今天的愛慾已失去了它的熱情，變得無趣、孩子氣，且平庸乏味。

神話經常向我們揭示人類經驗中重要衝突的根源，不論是對古希臘人或現代人，神話從來都不吝於提供啓示。我們逃離了身爲生命創造根源的強壯愛慾，奔向已墮落爲調皮玩物的性。愛洛斯降級為在吧台供應葡萄和美酒的俊美調酒師，一名調戲的煽動者，站在柔軟的雲河岸，專事無盡感官享樂生命的延續。他所代表的不再是創造力——包括性或生殖等生命力量——的運作，而是即時的感官滿足。說也奇怪，我們發現，神話早已預示了今天社會中正在發生的情況：繼感官享樂的追尋之後，愛慾竟已對性完全失去興趣。在某一神話版本中，愛芙柔黛蒂四處尋找愛洛斯，要他帶著弓箭，執行他散播愛的任務。而當她終於找到兒子的時候，發現變成遊手好閒的青年的愛洛斯，正在和嘉尼米德（Ganymede，為眾神酌酒的美少年）賭牌、閒聊。

賦予生命之箭已逝，將魂靈之氣吹進男女身軀的創造者不再，撼動人心的酒神祭典已是前塵往事，比機械時代生產的迷幻藥更能鼓舞入會成員的瘋狂舞蹈和神秘儀式，竟成過往雲煙，就連縱情牧野的悠然神醉亦早已消逝無蹤。如今，愛洛斯已轉身變成十足的花花公子，變成愛用百事可樂狂歡作樂的人。

是否文明社會總是慣於如此：為了自身的永久存續，便強要馴服愛洛斯、強制他服膺社會的需求？硬要改造、削弱他創造新生命、理想和熱情的力量，直到他原本擁有的粉碎舊典型、創建新形式的創造力，消逝殆盡為止？又企圖馴服他，逼迫他一反初衷，轉為擁護恆久的安逸、閒適、豐盈的目標，最終支持全然的冷漠？㊶

由此觀之，我們西方社會面臨了一個新穎而特殊的問題——**愛慾與科技間的戰爭**。這樣的戰爭在性與科技之間並不存在，因為，正如避孕藥和所有教導如何從事性行為的書籍所展示的，在科技發明的協助下，一種安全、易得而有效率的性行爲得以建立。性與科技攜手並進，輕而易舉便達成「調適」的工作；由於緊張狀態在周末獲得了完全的釋放，星期一在西裝筆挺的世界裡，我們便又可以生龍活虎地勤奮工作。感官需求和滿足並不會與科技掀起大戰，至少在任何立即感官享樂的狀態裡，不太可能發生戰役（至於長期會造成什麼影響，就是另外的問題了）。

然而，科技和**愛慾**是否相合，或甚至是否能夠相安無事地和平共處，都是個極難預料的問題。愛人就如同詩人一樣，將危及生產線式的生活模式。既然愛慾的特徵即在打破既有的模式、創造新形式，那麼它自然會對科技形成威脅。因爲科技所需要的是常規、可預測性，和按時運轉。然而，未被馴服的愛慾則會奮力反抗所有與時間有關的概念和囿限。

愛慾乃是建造文明的推動力。但是，文明社會卻要反過來攻擊它的先祖，規訓愛慾的驅力。這個過程仍舊將帶來意識的提升和擴展。愛慾衝動的確需要某種程度的規訓：所謂自由表達的福音，提倡放任所有的衝動四處流竄，有如無岸江流，河水將向四面八方任意奔流。對愛慾的規訓，提供了我們可據以發展的**形式**，並保護我們免於遭受過度焦慮的折磨。弗洛依德認爲，對一個文化來說，愛慾的規訓乃是必要的，並且，建構文明的力量即來自對愛慾衝動的潛抑和昇華。難得同意弗洛依德見解的德・胡日蒙，在這一點上，終於與前者看法一致；他並沒有忘記：

若是歐洲建立之初便存在清教徒傾向，不曾將性的誡律強加在我們身上，我們的文明發展可能會比那些被稱作落後國家的情況還來得惡劣，當然，毫無疑問的是，將不會有任何的建設或有組織的努力，遑論建造當今世界的科技王國。甚至，就連性愛傾向的爭論都不會存在！當那些性愛小說的作者，沈醉在詩意或說教的熱情中時，卻天真地遺忘了這項重要事實，往往使他們遠離了「生命實相」的真正性質，並切斷了他們自身與經濟、社會和文化之間複雜的關聯。㊷

然而，科技崇拜卻走過了頭（這正是現代西方科技人所面對的挑戰），以至於毀滅了感受、顛覆了熱情，抹除了個人的身分認同。在科技層面上有效率的愛人——正因為此種缺乏愛慾的交配行為中，含有嚴重的矛盾，必然令人深感挫敗——終歸成為無能的情人。他喪失了被感受席捲的能力；正因為對於自己的一切舉動，知道得太清楚。在這一點上，科技縮減了人的意識，並毀壞了愛慾。這些工具所帶來的，不是意識的擴展，而是意識的替代物，同時更有壓抑、斬斷意識的趨勢。

難道文明非得馴服愛慾，才能使社會免於遭受崩解的命運嗎？黑夕歐德生在動盪不安而古老的西元六世紀，那個時代比我們更接近文化的根源，更靠近文明孕育、誕生的時刻；當時，人的創造力正旺盛，人們被迫在混亂中生存，並試圖從中創造新形式。然而後來，為了不斷增長的穩定需求，原魔和悲劇成分便逐漸被掩埋。至此，即預告了文明的衰沒。我們彷彿看見頹廢的雅典城，如何為較原始的馬其頓人樹立榜樣，羅馬人又繼而追隨後者的腳蹤，跟在羅馬人之後的則是匈奴人。而我們，難道要成為黃種人和黑人的負面榜樣嗎？

愛慾乃處於一個文化生機之核心——是文化的心臟和靈魂。而當一個文明社會以緊張狀態的釋放取代愛慾創造力的根本位置時，此文明的敗亡亦不遠矣。

註釋

①美國健康統計部《世界醫學新聞》(*Medical World News*)一九六七年三月號，pp.64-68。這報告也告訴我們，青少年罹患性病的比例，每年增加百分之四。這個數字或許和未婚生子數字的增加有著不同的原因，但它還是支持了我的主要論點。而第二個統字數字——十年前的情況是每十五名之有一名——的資料來源，是《紐約時報》一九六八年七月一日，對第十六屆卡車駕駛聯合地方議會之報導。

②肯尼斯・克拉克(Kenneth Clark)，《黑暗貧民窟：一個無權力效應的研究》(*Dark Ghetto: A Study in the Effect of Powerlessness,* New York, Harper and Row, 1965)。這段摘錄文字乃取材自《當今心理學》(*Psychology Today*)中之片段節選，一九六七年九月號，I/5，p. 38。

③在南美印地安人的狀況裡也是如此，由於對這裡的男人而言，生孩子乃是證明其雄性能力的重要象徵，因此，無論多少開化的護理人員和醫生們，耗費多大的努力倡導生育控制計畫，都成效不彰。某些女人清楚地坦承道，她們已經不想再生小孩，然而她們的「丈夫」（各種習慣法變異之通稱）認為，若他們不能每年讓太太生一個小孩的話，將有損他們的男子氣概，所以，若男人無法在某個女人身上證明他的能力，他將會棄她而去，另覓情人。

④艾略特(T. S. Eliot)，〈空洞的人〉(The Hollow Men)，收錄於《詩集》(*Collected Poems*, New York, Harcourt, Brace & Company, 1934)，p.101。

⑤在《甜美人生》(*La Dolce Vita*)這部電影中，最吸引人的並非它的性場景，而是雖然每個人都感到性慾蠢蠢欲動、四處散放情慾，但每個人卻都聽不見彼此。從影片一開場，直升機的噪音掩蓋了男人對女人的叫嚷，一直到最後一段場景，英雄雖竭力聆聽溪流對岸的女孩的呼喚，然而女孩的聲音卻被漫天襲來的海濤聲淹沒；沒有人聽得見別人。另外，在城堡中，當一對男女想要藉著迴音宣告彼此的真摯情感時，由於聽不見在另一個房間裡的他，她便立刻任自己和一個偶然出現的過路人發生性關係，以麻醉自己。所謂的去人性化，便是失去關係的離散情緒；而為了掩飾此去人性化行徑中的焦慮，性乃是最易取得的藥物。

⑥喬瑟夫・坎伯(Joseph Campbell)，《上帝之面具》(*The Masks of God*)系列之第三卷《西方神話學》(*Occidental Mythology*, New York, Viking Press, 1964)，p. 235。

⑦《韋伯大學字典》，第三版(Springfield, Mass., G. & C. Merriam Company)。

⑧《韋伯第三新國際字典》(Springfield, Mass., G. & C. Merriam Company, 1961)。

⑨有種說法，認爲柏拉圖在此處實際上是在談雞姦，談男人對男孩的愛情，又提出古希臘人其實對同性戀的評價要高於異性戀；對此評斷，我必須回答，不論在哪一種形式的愛情中，愛慾都具有相同的特質。我不認爲這樣的觀點貶抑了柏拉圖對愛情的洞見。再者，摩根教授寫道：「有證據顯示，蘇格拉底從未實踐過同性性行爲，亦無可信的證據指出柏拉圖從事過這樣的實踐。對我而言，這個論題似乎只會引起雅典文化歷史學者們的興趣。柏拉圖的愛情哲學詮釋，完全超乎同性戀與異性戀的問題之上……要是柏拉圖在世，或許他所使用的語言將顯示出兩個不同社會習俗間的差異，然而，他的看法基本上無須做任何修改……無論在任一文化環境中，凡是沈迷於肉慾，且只藉由肉慾滿足需求的人，都會同樣地、適切地被譴責爲有如牲畜、愚昧、幼稚和不堪爲人；而柏拉圖對愛情的呈現，不論在今天或任何一個時代，都將屹立不搖。」引自道格拉斯・摩根(Douglas N. Morgan)所著之《愛：柏拉圖、聖經與弗洛依德》(*Love: Plato, the Bible and Freud*, Englewood Cliffs, N.J., Prentice-Hall, 1964)，pp. 44-45。

⑩請見奧登(W. H. Auden)所編之《可攜式希臘讀本》(*The Portable Greek Reader*, New York, Viking Press, 1948)，p. 487。

⑪出處同上，p.493。

⑫出處同上，p.493-494。

⑬出處同上，p.495。

⑭這恰好與愛慾的結合功能相合：宗教(religion, *re-ligio*)這個詞的源出，即爲結合在一起。

⑮亞伯特・卡繆(Albert Camus)，《薛西佛斯神話》(*The Myth of Sisyphus*, New York, Alfred A. Knopf, 1955)，p.

123。

⑯當然，弗洛依德本人絕無使性和愛變得平庸化的想法；若是他地下有知，看見今天社會如何以近乎報復的方式、追隨他對性作爲生命基本要件的強調，甚至於把他的論點當作歸謬反證法的依據，相信他必定會大感困惑。而金賽和馬斯特對性的定義，一定會令他心驚膽戰，因爲他們完全忽略了性愛中的意向性，以及它在人類經驗之心理情意叢中所具有的廣泛意涵——而這些正是弗洛依德意欲保留的。不論弗洛依德如何大量使用諸如「精囊的充滿和排空」等生理學詞彙來描述性行爲，在他的性觀點中，始終保有一種巨大的神秘感，一種近似叔本華的宣告：「性熱情乃生命意志之核心。」

⑰摩根，p.136。

⑱出處同上，p.139。

⑲弗洛依德，〈論愛情地位降低之普遍傾向〉(On the Universal Tendency to Debasement in the Sphere of Love, 1912)，收錄於《弗洛依德心理學著作全集標準版》(*Standard Edition of The Complete Psychological Works of Sigmund Freud*，編譯：詹姆斯・史崔奇(James Strachey)，London, Hogarth Press, 1961)，XI，pp. 187-188。

⑳弗洛依德，《超越快樂原則》(*Beyond the Pleasure Principle*, 1920, *Standard Edition*, London, Hogarth Press, 1955)，XVIII，p. 7。

㉑出處同上，p.35。黑體爲弗洛依德所加。

㉒出處同上，p.38。

㉓死亡本能理論遭到弗洛依德學派本身、霍妮和其他文化論學派學者的猛烈攻擊與排拒，討論此理論的價值，

並不是本文的目的，在此僅簡單重申我已在他文中論述的重點。雖然此理論在生物學上而言並不合理，且不符合「本能」這個詞彙字面上的定義，然而，它作爲一個神話，深刻地表達了人類生活之悲劇性格。弗洛依德的聲音乃呼應著《聖經・傳道書》、尼采、叔本華及其他思想家的偉大傳統，這些生於不同時代的思想家皆有一共同特質，亦即，他們都對大自然**必然性**(*Ananke*)的無情性格，懷著深厚的尊敬。

㉔摩根，p. 144。

㉕弗洛依德，《自我與本我》(*The Ego and the Id*, 1923, *Standard Edition*, London, Hogarth Press, 1961)，XIX，p. 47。(New York, W. W. Norton & Co., Norton Library, 1962, p. 37)。

㉖出處同上，p.46 (Norton Library, p. 36)。

㉗出處同上，p.47 (Norton Library, p. 37)（即在此處，弗洛依德附帶地提到雄蜂和雄合掌螳螂在交配後即死亡的事實，以作爲生物在達到性滿足後死亡的範例）。

㉘比方說恩尼斯特・瓊斯(Ernest Jones)，參見其著作《弗洛依德之生平與著作》(*The Life and Work of Sigmund Freud*, New York, Basic Books, 1957)，III，p. 276。「其目標乃在費雪納穩定性原理與熱力學第二定律之間建立關係，因爲弗洛依德將自己的涅槃原理，亦即死亡本能理論，比作費雪納原理。然而，這道不幸的定律有個教所有樂觀主義者功敗垂成的地方，那就是，嚴格說來，它只能用數學語言來表達，比方說以某一特定溫度來區分熱量；熱熵值定律指出，在一個**密閉系統**中，熵值將會隨時間升高。但是，此定律僅在假設的密閉系統才爲眞，而此系統在大自然中卻永不可能存在，遑論存在活生物體中，誠如傑出物理學家荀丁格(Schrodinger)所強調的，實際上當一個生物體吸收能量時，並不會獲得負的熵值。」

㉙摩根，p.173。

㉚出處同上。

㉛出處同上，p.165。

㉜出處同上。

㉝出處同上，p.164。

㉞出處同上，p.165。

㉟出處同上。

㊱摩根教授(p. 174)驚訝地指出，對古典文學十分熟稔的弗洛依德，竟會犯這樣不尋常的錯誤。顯而易見的是：任何一個社會，都有透過其偏好之鏡片觀看事實的強大壓力，以充滿時代偏見的詞彙重新詮釋過去；在弗洛依德十九世紀的文化背景中，這個偏好恰是黑姆霍茲的物理學。「在他的《性學三論》中，弗洛依德還犯了另一個顯著的錯誤，洩露了他對於古代雅典人愛情觀的誤解，幾乎到令人不可思議的程度：『古人的愛慾生活和現代人最顯著差異，無疑地是在於，古人特別注重本能自身，而我們則強調性對象。古人讚美本能，甚至隨時準備爲它去尊榮一個次等對象；而現代人則鄙視本能行爲本身，不惜爲了保有對象而找藉口解釋它。』（標準版，VII，p. 149，註1）若我們將這裡的『古人』解讀爲柏拉圖，的確很難以這個傑出的誤讀責難弗洛依德。在柏拉圖的愛情動力學中，愛情的價值，皆源生於其終極對象；『次等對象』之所以得到尊崇，並非出於愛，毋寧是它們以其有限的狀態，彰顯了終極的、眞正被愛的對象。在此，弗洛依德對精神分析的誤解，恰如他對柏拉圖的誤解一樣！」

㊲對於這點，馬斯洛(Abraham Maslow)在許多文章中有深刻的剖析。

㊳保羅・田立克(Paul Tillich)，《愛、權力與正義》(*Love, Power and Justice*, New York, Oxford University Press, 1954)，p. 22。

㊴艾蓮・闊柏(Helene A. Guerber)，《希臘羅馬神話》(*Myths of Greece and Rome*, London, British Book Centre, 1907)，p.86。

㊵《不列塔尼卡百科全書》(*Encyclopaedia Britannica*, vol. VIII, 1947, p. 695)中對「愛洛斯」(Eros)之詮述。

㊶參見羅洛・梅對凡斯・派克德(Vance Packard)所著《性狂野：當代男女關係之劇變》(*The Sexual Wildness: The Contemporary Upheaval in Male-Female Relationships*, New York, David McKay Company, 1968)之書評，刊載於一九六八年十月十三日之《紐約時報書評》。「派克德在此引述昂溫(J. D. Unwin)那部幾乎被遺忘的鉅著《性與文化》(*Sex and Culture*, 1934)，該書對八十個原始社會，和某些就歷史角度而言較爲發達之文明社會，進行比較研究。昂溫企圖找出不同社會在性方面放任的程度，與它們投注於文明發展的精力之間，是否存在關聯。他最後下結論道：『一個原始社會在文化上提升的程度，與該社會對婚外性行爲所強加的限制之間，具有十分密切的平行關係。』幾乎所有昂溫檢視的文明社會——巴比倫、雅典、羅馬、盎格魯撒克遜，和英國等都從『絕對的一夫一妻制』開始它們歷史文明發展的進程。唯一的例外是摩爾人，在該社會的宗教信仰中，存在一種對於一夫多妻制的特殊認可。昂溫寫道：『所有人類社會都擁有選擇的自由，它可以選擇展現大量的精力，或選擇享受性行爲的自由；證據顯示，沒有任何一個社會可同時執行兩者超過一個世代。』派克德接著指出，這點受到其他歷史學家和人類學家的認同，譬如卡爾・辛其曼(Carl C. Zimmerman)、湯恩比(Arnold

J. Toynbee)，查爾斯・維尼克(Charles Winick)與皮堤凌・索羅金(Pitirim A. Sorokin)等學者，皆從不同角度提出支持此論點。」

㊷取自一九六五年十一月號之《地圖集》(*Atlas*)雜誌，p.306，對丹尼斯・德・胡日蒙(Denis de Rougement)著書《愛情神話》(*The Myths of Love*, New York Pantheon Books, 1963)之摘錄。

4 愛與死
Love and Death

與死亡對抗——又暫時從中逃離——使所有的事物看起來如此寶貴、神聖而美麗，不禁令我比往常更強烈地熱愛死亡，衝動地想要擁抱它、任自己被它淹沒。在我眼中，這條河流從未如此美麗……死亡，和它始終將現身的可能性，使得愛、熱情的愛，成為可能。倘若我們知道自己將永遠不死，我懷疑我們是否還能如此熱情地相愛、是否還能經驗到這等狂喜。

——馬斯洛(Abraham Maslow)之信件
寫於一次心臟病發作後之復原期

我們現在要面對的是最深遠、也最富含意蘊的愛的悖論。此即，**對死亡的覺識將使我們對愛有更廣闊的開放性；而同時，愛也提高了對死亡的意識感**。大家應該還記得，就連愛神愛洛斯所造的箭頭——愛洛斯將它們射進冰冷的地球內部，好教荒涼的地面冒出遍地青蔥——都是**有毒的**。這便是爲何人類之愛會出現焦慮的來源。因爲愛洛斯的弓箭「刺穿殘暴的心，也刺穿溫柔的心；可引致死亡，亦可治癒創傷、帶來喜悅」。①死亡和喜悅，苦痛與歡樂、生之焦慮和美好——這些都是編織人類之愛的經、緯線。

黑夕歐德在他的《神譜》(*Theogony*)中如此書寫著，是愛洛斯「擊碎了四肢的氣力」，「在衆神與全人類之中，唯有他能擊敗聰慧的思考和所有精明的計畫」。②他書中描述了那段創造力旺盛的古老時代（約爲西元前七百五十年）：當時希臘動亂四起，城邦的形式正在孕生之中，希臘人的自我意識和尊嚴也在這股動盪中迸發。而那制服理性作用的力量，便在這樣的脈絡裡與愛神的創造力緊緊扣連。「**在眾神與全人類之中……是愛洛斯擊碎了四肢的氣力**」——還有什麼比此更具說服力的說法能讓人明白，若想從混沌中創造形式與生命、並賜予人類生命力，所需要的是超越智慧或精密計畫的熱情。因爲愛洛斯既毀滅又創造。③

預告死亡的愛情

相愛，意味著自我對正負兩面的開放——我們接納悲傷、痛苦與失望，也迎接歡欣、滿足，以及曾經以爲不可能發生的強烈意識狀態。我將借用作爲理想形式的典範，對此做現象學的描述。

當我們「墜入」情網，正如這個意味深長的動詞所表達的，我們的周遭世界整個地受到搖撼而改變，它不只是看起來不一樣，而是我們在世界中的所作所爲都帶來全然不同的經驗和感受。一般而言，這樣的震撼在意識層面上被理解爲正面感受——那是愛所擁有的神秘而奇蹟般的力量，它爲我們創造了新天地。因此我們歌詠：愛是所有問題的答案。然而，我們的西方文化除了稱頌這種庸俗的保證之外，更進行著一種——孤注一擲的——浪漫陰謀，欲強行擁護一種幻覺，讓自己相信這個美麗的圖像便是愛慾的**全部**。實則，支持此幻象的所有努力，正洩露了被潛抑的對立面的存在。

此對立面即爲對死亡的覺知。因爲死亡永遠藏匿在愛情喜悅的陰影中。一個揮之不去而令人驚懼的問題在愛的陰影中若隱若現：這個新的感情會不會毀了我們？當我們相愛時，我們拋棄了自我內在的中心。我們從先前的存在狀態被拋擲到一個眞空中；縱使我們希望能就此獲得一個新的世界、新的存在形式，但是我們永遠都無法確定那會不會發生。所有的事都變了，而且永遠不會再回頭。世界已被毀滅，而我們怎麼能夠確定這個原有的世界可以被重建？我們給出了自己，也給掉了自己的中心，怎知能否將它取回？從睡夢中驚醒，我們看見全世界都在震動，卻不知道何時何地這個世界才會恢復正常？

這令人苦惱的歡樂伴隨著迫在眉睫的死亡——而無論是歡樂或死亡都同樣地強烈。並且二者關係之親密，如若唇齒。

與愛相連的毀滅經驗是一種精神上的強烈感受，而就如神話所揭示，此即**愛慾**(eros)

之作爲。全心全意的愛，本身即挾帶著所有的一切都可能被毀滅的威脅。而愛與死的強烈意識狀態，與人神合一的神秘狂喜境界有著異曲同工之妙：正如人永遠不能**確信**神是否存在，愛也把我們引領至如此強烈的清醒意識狀態，使我們不再有任何安全感的保障。

這般地行走在剃刀邊緣、在焦慮和喜悅之間昏眩的平衡，與愛的激情特質有非常大的關係。愛的憂傷歡樂並不是取決於所愛之人會不會回到自己身邊。其實，**愛的眞正辯證是發生在自己心內**，因爲焦慮並不會因爲心愛的人對自己的感情**有所回應**而得到平息。弔詭地，有時候若對方回心轉意，愛人反而會變得**更加**焦慮。因爲，倘若一個人愛而不求回報（在某些文學作品中甚至推崇這樣的愛情），或者選擇在遠處默默地愛著（比方但丁和義大利文學中的文體批判運動者），至少他還可以繼續每天的例行工作，寫寫《**神聖的喜劇**》、十四行詩或小說。一直要到愛情**被實現了**之後，愛慾才會眞正地「擊碎四肢氣力」，如同安東尼和克麗歐佩特拉、巴黎士(Paris)與海倫(Helen)，以及愛洛伊思(Héloise)和亞柏拉(Abelard)的故事。因此，人們是畏懼愛情的。即使所有言情小說中的描述都與此相反。但實際上，人們的確有畏懼的必要。

一般人的經驗中，當孩子出生後，他們對於愛與死之間的關係會有更深切的體認。許多男人在做父親之前極少思考關於死亡的事，甚至還會對自己的「勇氣」感到自豪。但是，他將在對孩子的愛裡面發現自己在面對死亡時的脆弱：因爲冷酷無情的騙子隨時可能擄走他的孩子——他所愛的對象。在此意義下，愛其實是一種極度脆弱的經驗。

與此同時，愛也提醒了自身的必死性。當朋友或家中親人過世時，我們清楚而深刻地體認到生命的孱弱與無可挽回的事實。但是，在這樣的無力感之中，還會出現一種更深層的渴望，亦即欲探索生命意義的可能性，並推動自己放膽嘗試、不再畏縮。有些人——也許是大部分的人——直到身旁有親朋去世，才終於體驗到友誼、奉獻、忠心的珍貴，才明白原來深刻的愛眞正存在。因此，馬斯洛的懷疑絕對有道理：倘若我們知道自己將永遠不死，是否還能如此熱情地相愛？

如此我們便可了解，爲何希臘神話中奧林帕斯山上那群不朽衆神間的愛情，爲何竟然這般單調乏味。要不是後來有一個人類走進他們的愛情故事，否則天神宙斯(Zeus)和天后朱諾(Juno)之間的戀情簡直是無趣至極。直到宙斯降落凡塵愛上了知道自己終將一死、而極度渴望生一個自己的小孩的凡女麗妲(Leda)，愛情才湧現它改變歷史的力量。**必死感不僅豐富了我們的愛情，它更是組構愛情的一部分**。愛是死亡與不朽的混合孕生之物。這便是爲何融慈善與邪惡爲一體的愛洛斯被描述爲半人半神，並且涵攝了二者的性質。

到目前爲止，我對愛情的論調似乎太過理想化。我很清楚這種程度的涉入關係，很可能被我的許多同事們命名爲神經質。因爲這是一個建立「冷靜」關係的時代——也就是說，一個人絕對不可捲入關係太深，以免想走的時候走不了！但我必須堅持，深入的親密關係唯有在過度「僵化」或固著，亦即伴侶間相互要求生活的每個層面都必須如此轟轟烈烈的時候，才是所謂的神經質。然而，沒有任何人是時時刻刻生活在如此強烈的感受中，深層的愛會成爲生活的背景，那是一種必然存在關係中的理想狀態，它會爲單調貧乏的日常生活增添豐富的意蘊。④

文學作品中的愛與死的關係有一段令人印象深刻的歷史。關於**愛**(*amore*)與**死**(*morte*)的字句在義大利文學裡經常出現。二者的關聯其實有其生物學上擬似的本質。譬如雄蜂在蜂后體內射精之後便死去。而合掌螳螂的例子更加鮮明：雌螳螂在交配時會把雄螳螂的頭咬下，而他死亡的劇痛又與性痙攣相融，使穿刺動作更爲猛烈。受精後，雌螳螂接著把雄螳螂的屍體吃下，以儲備培育新生代的食糧。

弗洛依德將死亡的威脅與愛慾的消退相連，他說：

> 這說明了為何達到完全的性滿足之後的狀態與死亡相當接近，也解釋了一些低等動物的交尾行為始終伴隨著死亡的事實。這些生物在執行過繁殖行為後死去，因為在愛慾隨著性滿足的達成而逐漸消退之後，死亡本能遂取得自由決定權以完成它的任務。⑤

我的觀點則爲，在人類的情形裡，並不光是愛慾的消退導致了死亡的恐懼——或如上述的必死感之體驗，而是在人類發展的所有階段中，愛與死的經驗本來就是相互交織的。

在性行爲中，愛與死的關係獲得最明晰的呈現。各個民族的神話皆把性行爲和死亡相互繫聯，而每一位治療師都在他們的病人身上親眼見證二者的關係。一位有性冷感問題的病人，從未在性交中得到高潮經驗；她對我說了一個夢，此夢戲劇化地展現了性與死的主題。在這個夢中，她第一次體驗到她作爲女性的身分認同。夢裡，她爲強烈的確信感所催促，覺得非得躍入河中把自己溺死不可。最後，這個夢在極度的焦慮中結束。那天晚上，她第一次在性交中嚐到性高潮。在做愛裡，性高潮的自然發生，勢必與某種屈服、把自己整個交出的能力有關。

在這位女士的夢中，出現了一件極爲根本的東西——此即面對死亡的能力，這是成長的先決條件，亦是提升自我意識的前提。在此，我把性高潮視爲一個生理心理的象徵，它意味著拋棄自我的能力，亦即，爲了跨入一個更深層的經驗而放棄現前安全感的能力。如此看來，性高潮以死亡與再生的象徵意象出現，並非偶然。沒入水中、被淹溺，然後重生的意象，在不同的宗教與文化中，以**浸禮**(baptism)神話的方式經由歷史流傳下來——信徒被浸溺入河水中，象徵著藉由死亡而獲得重生。像這樣抱著重獲新生的盼望而墮入非存在狀態，需要極大的勇氣。

由此可知，爲何眞誠的愛情經驗都包含了**純潔**(virginal)的特質。彷彿每一次的相戀都是嶄新的經驗；我們都覺得這樣深切的愛情一定從未在別人身上發生過；縱使在浪漫的奇想中，我們深知這段感情將永遠銘刻在自己的記憶中。當我在某大學教授以此為主題的課程時，兩位男學生不約而同地私下來找我，表示他們對我所說的有極深刻的感受，因為他們正在戀愛，但是他們真的很擔心其他同學是否能理解真正的愛情。然而我相信，恐怕在這個課堂上，在許多學生的心裡，都有著同樣的預設——「沒有人曾經如此深愛過，就連自己以前也未曾擁有過如此強烈的愛情。」

神話這個寶庫，收納了人類對自身內在經驗和各個歷史時期置身處境的自我詮釋，它清晰而雄辯地道出了愛與焦慮、死亡之間的關係。雖說我們無須借助於崔斯坦(Tristan)與伊索爾特(Iseult)的故事，但不得不承認這個愛情神話最清楚地表達了這層關係。喬瑟夫・坎伯基於希臘愛琴文明的整體史前神話，指出女神愛芙柔黛蒂和其子愛洛斯，是「名副其實的偉大天神之母，而他的兒子則是永生永亡之神」。所有屬於愛洛斯家系的神話都指向這個生死共存的背景。坎伯說：

他從夜之卵中誕生。忽而為蓋亞（Gaea，大地女神）與優拉納斯（Uranus，希臘諸神始祖）之子，忽而為亞特密絲（Artemis，司純潔和狩獵之女神）與漢密斯（Hermes，衆神使者）之子，有時又以伊麗絲（Iris，彩虹女神）與齊飛如思（Zephyrus，風神）之子的身分出現。然而不論在哪一個變體中，都具備了相同的神話背景，且毫無例外地指向我們現已熟悉的永恆主題——犧牲者心甘情願之死乃我等之生，爾等之肉體即為我等所食之糧，爾等之鮮血則為我等所飲之泉；在原始部落的愛／死儀式中所呈獻的犧牲者，是一對熱情相擁的年輕情侶，他們在狂喜的狀態下被殺，在莊嚴的聖禮中被燒烤，然後被分食；犧牲者被扮成被野豕所殺之阿提斯（Attis，或稱阿多尼斯(Adonis)，為愛芙柔黛蒂所愛之美少年）、為塞特（Seth，亞當第三子）所弒之歐西里斯（Osiris，地府之神），或是被泰坦神族（Titans，為優拉納斯與蓋亞所生之十二巨人族）撕裂身軀、炙烤之後分食而盡的戴奧尼索斯（Dionysus，酒神）。在較晚期的關於愛洛斯（或丘比特）與他的犧牲者的迷人寓言中，我們看見**神扮演邪惡仇敵的角色**——衝刺的野豕、邪惡的兄弟塞特，或泰坦那一幫人——而**愛人則是垂死之神的化身**。⑥

坎伯敘述道，在古埃及神話中，愛者與被愛者以殺人者和犧牲者的關係出現，然而，即便他們在舞台上相互廝殺、衝突不斷，在幕後的他倆依然是同心同意，這便是「同時吞噬生命、救贖生命、創造生命又為生命辯護的愛情的黑暗之謎」。⑦

從此觀點出發所看到的愛情問題，和那些把愛當作所有需求的答案、當成快速自我實現、立即獲得滿足的途徑、甚至是郵購技巧等伶牙俐齒的長篇大論，是多麼的不同呀！無怪乎我們試圖把愛慾簡化為純粹生理的性，企圖用裝酷，或把性當成毒品來麻醉自己、抵抗愛慾所帶來的焦慮，以便完全逃避愛情的困境。

然而，要享受完全沒有焦慮感的性交是不可能的。況且，在偶然相遇的情況裡隨意發生性行爲，恰好是把愛慾擋在門外的作法——亦即，我們爲了純粹的感官享受而棄絕了熱情，甚至否決了親身參與一場極富想像力，和個人重要性的行動的機會。人們以爲，倘若我們能夠不帶感情地性交，那麼我們就可以逃脫那自開天闢地以來，就不曾與愛情或離的惡魔般焦慮。人們甚而利用性行爲本身來逃離愛慾所要求的承諾，妄想如此便可建造起抵禦焦慮的堅實堡壘。這麼一來，性行爲背後的動機不再是熱情，甚至不再是感官上的享樂，取而代之的是爲了獲得身分認同和安全感的虛假目的；在此情況下，性行爲被化約爲平息焦慮的策略。就這樣，我們替自己爲往後的性無能和無動於衷的可能發展，架設了舞台。

死亡與性執念

愛與死之間的關係仍有另一個面向：對性的執念幫助現代人遮掩了對死亡的恐懼。身處二十世紀的我們，已經失去了許多對抗這個普世恐懼的武器，譬如說：那曾經護衛我們祖先的永生信仰；並且，我們對生命的目的和意義也缺乏普遍的共識。後果是，現今的人們便盡量潛抑對死亡的覺識。然而，沒有任何人會渾然不覺於現代人對性的強烈關注：在我們的笑話、戲劇、經濟生活裡，甚至是電視廣告中，皆處處可見人們對性的迷戀。這樣的執念是爲了排除在另一個領域中湧現的焦慮，以避免直接面對某種令人不快的東西。假若我們切開這個對性的強迫性迷戀，將會看見什麼呢？那就是我們終究避不開死亡的命運。**性的喧囂環繞在我們四周，企圖淹沒永遠在身旁等待的死神的腳步聲。**

當一個人爲了掩飾和壓抑自己內在的無能感、而愈加努力證明自己的能力時，意味著他正在使用一個和人類歷史一樣古老的行爲模式。死亡象徵著最根本的無能和有限性，而由此無可逃脫的經驗所升起的焦慮感，驅迫人們努力掙扎著利用性，以使自己成爲無限。性活動是壓制內在死亡憂懼最現成的方法，並且，人們可以藉著性的生殖象徵，在某種程度上戰勝死亡

在此我們會注意到，現代人對死亡及其象徵意義的潛抑，與維多利亞人對性的壓抑，實有異曲同工之妙。⑧死亡是可憎的、說不出口的、是淫穢的；如果性是齷齪的，那麼死亡則是一個齷齪的錯誤。在孩童面前我們絕口不提死亡，若是可能，在任何場合最好都不要提起。我們用怪誕而鮮艷的棺木包裝死亡，就如同維多利亞時代的婦女用寬鬆的裝束掩飾自己的軀體一般。我們把花拋到棺木上，以便讓死亡好聞一些。在虛幻的喪禮、葬殮儀式和華美墓碑的協助下，不知怎地，我們裝得好像亡者並未逝去；然後牧師宣讀一篇富含心理意味的宗教福音，大意是告訴大家少一點悲傷是件好事。⑨就連經

濟層面都加入了這場為肉體提供慰藉保證的事業，所有的事情都安排得像亡者還活著一般。⑩以保護孩童之名，人們用香味和華服裝飾成一個虛假的喪禮，最終的後果是形成了一種內在的偽裝——這所有的一切都和維多利亞時期的性壓抑有著驚人的雷同。

然而，人類只要阻擋了任何一個重要經驗的生物或心理面向，就無法避免發展出等量的內在焦慮。**只要是有執念存在的地方，我們即可假設同時存在著一種與此相當的潛抑**。那麼，因潛抑死亡及其象徵所造成的焦慮，最後到哪去了呢？它轉變為對性事的強迫性專注。對死亡的潛抑表現為對性事的纏念。因為性事是最容易證明生命力的管道，以展現自己的身軀猶仍「青春」、強健而有吸引力，以證實自己還好好地活著。但此執念的影響是，人們被迫用征服自然的終極形式來維護自己的力量。這樣的盼望其實有其生物上的基礎，因為性能力和生殖繁衍**的確是**保障姓氏和基因得以藉著後世子孫代代流傳的唯一方法。

但是現代人對性的憂慮遠遠超出這個已知的生物層面。對性事的強迫關注為個人施打了麻藥，使他無須承認**他**必將死亡的事實，另外，更確切地說，是讓他暫時遺忘死亡這個無可變更的命運隨時都可能發生——實際上，我們愈是與自然疏離，死亡也就愈迫近。眼前最大的疏離象徵即為原子彈和輻射。透過核子分裂的方式戕害自然的作法，其實和人類的死亡恐懼、罪惡感（它總是會更加深人的恐懼），以及接續而來的潛抑死亡意識的加倍需求，有很大的關聯。⑪至此，母親的象徵進入了這段人與自然疏離的故事；我們用自然之母(mother Nature)來稱呼人自然。不久之前，我們還在爲了達成核子分裂的成就而歡欣鼓舞，並將其視爲征服「永恆女性」(eternal feminine)——大自然——的壯舉。原子彈的發明使我們有能力與這位象徵之母處於衝突的狀態。這便是爲什麼幾乎對每個人來說，建造核子彈爲個人帶來了高度的象徵力量。無怪乎西方人彷彿在內心的最深處，承擔了大量的罪惡感。

西方人由於極度依賴「個人力量神話」(myth of potency)，因而潛抑死亡覺識的驅力對他們的影響便更加強烈〔我在「神話」(myth)這個詞的使用上，並非取其已逐漸衰退爲「虛幻之言」(falsehood)的流行意義，而是據其歷史上的準確意涵，即爲生命經驗提供意義與指導的心理生物模式。〕自文藝復興以降，個人力量神話在西方人爭取身分認同的努力中，一直扮演著最重要的角色，尤其在形成他的心理與精神的性格上，更具有決定性的地位。西方人全神貫注於操縱自然，這使得他在自然科學上獲得驚人的成果；到了十九、二十世紀，西方人把這樣的操縱擴張到人類自己身上。亦即，藉由操縱自己的身體以提升個人的力量。然而，即便我們成功地操縱了自己的身體，卻不表示我們擁有眞正的力量；實際上，我們反而會陷入無法解決的難題中。也就是說，這個「我」原本是一大塊活生生的內在物質，而它卻屈服於操縱。自我操縱就像操縱他人一樣，從來不會增加個人力量，相反地，那只會帶來損毀自身力量的後果。我們總是預設了在自己身後，站立著一個擁有強大力量的人或是規範，亦即，存在一個操縱者。但是，當自己的身體意象不斷擴大，這位「幕後」主使者或規範者的身分，也就落入一個無限回歸，而愈來愈模糊。關於操縱者的控制，的確是個龐雜但重要的議題；並且這樣的控制最終會不斷地轉移回到操縱者自己身上，直到它長成一個具備強大毀滅力量的惡魔。

對於在一片眞實的疆土（不論是在經濟上、社會層面上或是實際地理空間）上成長的美國人而言，個人力量的神話特別受到重視。舉個例子來說，要是想在美國西部拓荒，男人就必須要有赤手空拳保衛自己的能力，必須訓練強健勇猛的體魄，並且絕對不可以受到溫柔或感性情緒的影響而讓拔槍的速度變慢。槍作爲陽具的象徵，要在堅硬、挺直時使用，這是弗洛依德最先注意到的，然而，二者間的關聯性在美國要比在維也納顯著多了；這算是極少數在社會變動中仍保留下來的特殊文化象徵之一。海明威(Ernest Hemingway)一生的傳奇，爲這個源自拓荒時期的男性力量美德，提供了最鮮明的圖像——強健的體魄、打獵、高超的性本領（部分是爲了補償他與性無能恐懼的實際交戰），以及他作品中積極、活躍的主題和風格。但是到了六十多歲，當他的性能力已經全然消失的時候，對死亡的恐懼、因活在隨時都可能降臨的死亡中而生的極度焦慮，都已變成無法忍受的壓迫與威脅，於是，他執行了一個作爲人類所能藉以證明自己力量的最終行動——結束自己的生命。這背後的思路是，只要一個人能夠堅守個人力量的美德，他就能毫無畏懼地面對死神。然而一旦失去了這樣的優勢，他就只能接受死亡，和死神一步步的、不光榮的勝利，或是跟隨海明威的腳步，倉皇地衝向死神。

性與死的共通點，在於二者乃是**可畏的奧秘**的兩個生物面向。「神秘」——在此之定義為一無法經由所知而使問題明晰的處境——一詞在此二種生命經驗中，具有其終極意義。二者皆與創造和毀滅有關；因此，它們在人類生命經驗中以極其複雜的方式相織相融，就不足為奇了。在二者之中，我們都被某種狀態佔據；並且我們絕對不可能站在愛或死亡之外，而任何這樣的嘗試，只會毀滅生命經驗所有的價值。

愛之悲劇感

我曾經和一位德高望重的心理治療師朋友討論羅密歐與茱麗葉的悲劇有何意涵。這位朋友說，羅密歐和茱麗葉的問題在於，他們當時沒有得到適當的諮商，假使他倆有機會接受心理輔導，就不會走上雙雙殉情的命運。他的說法令我措手不及，我反駁說，我不認為那是莎士比亞想在這齣悲劇中表達的重點，如同其他創造、形塑了永垂不朽的文學作品的古典作家，他在此劇中欲描繪的是，性愛如何能擄獲男人與女人的心，驅使他們上窮碧落下黃泉——也正是這兩者的同時出現，才造就了悲劇。

但是我的朋友堅稱，悲劇是一個負面消極的狀態，且藉由科學上的啓蒙，我們已經廢棄了悲劇——或者至少應該盡早擺脫它。就像我在本書中一樣，我爭論道，僅用負面的眼光來看待悲劇，是對悲劇的全然誤解。悲劇性遠非對生命或愛情的否定，相反地，它是性愛經驗中高貴而深沈的面向。學會欣賞悲劇性質，不僅在生活上能幫助我們避免過分簡化生命中的事物，在心理治療中更可提醒我們把性與愛庸俗化的危險。

當然，在此悲劇(tragedy)這個詞的使用，並非取其在一般流行用法裡的「大災難」(catastrophe)的意義，而是指對愛情同時帶來歡愉和毀滅的性質，有一種自覺的、個人的領悟。我在這裡欲意指的，其實是自人類有歷史以來便廣爲人知的一件事——而我們這個時代所創下的非凡功績之一便是將此遺忘——那就是性愛所具有的力量，足以把人驅策到一個境地，讓他同時毀滅自身，也毀滅其他無數的人。只消回想海倫和巴黎士，或是崔斯坦和伊索爾特的故事（無論歷史上是否眞有其人），便可看見性愛的神秘力量如何將男人、女人捲入猛烈的旋風中，任其蔑視並毀滅理性的控制。這些神話之所以會在西方古典文學中一再出現而代代相傳，實非偶然。那是因爲，倘若我們忽略這些在人類性愛經驗的神秘深處所湧現的故事，代價將會是使性與愛的言談和文學創作變得極度貧瘠。

悲劇是人類意識中某一向度的表達，它爲人類生命增添了豐富性、價值和尊嚴。悲劇不僅讓人類感情得到最高程度的表達（一如古希臘語中的「憐憫」(pity)，訴說悲天憫人、善解人意的情懷），而是若少了它，愛情將變得甜膩無味，而愛慾也會萎縮成永遠成不大的幼苗。

但是，讀者也許會提出反對的意見：不管悲劇的古典意涵爲何，我們在當代藝術

（無論是戲劇或小說）中所見的悲劇性呈現，不正是在描繪一幅無意義性(meaninglessness)的景觀嗎？歐尼爾(O'Neill)（譯註：尤金．歐尼爾(O'Neill, 1888-1953)，美國重要劇作家，於一九三六年獲諾貝爾文學獎。歐尼爾在《冰人》(*The Iceman Cometh*, 1939)中所欲陳述的主要論點是，人類往往難以正視生命的眞實面；而佈道家的熱誠其實正透露了個人內在的惶惑不安。）的劇作《冰人》訴說的難道不是人類的渺小和毫無尊嚴？而《等待果陀》(*Waiting for Godot*)一劇不是在呈現生命的空無嗎？

針對這樣的疑問，我想提出一個具雙重面向的答案。首先，藉著在**表象**上呈現人類自身及其行動的缺乏偉大，或毫無意義，這些作品所欲表達的遠不止於此。事實上，它們直接挑戰了**這個時代最重要的悲劇性，亦即全然的困惑、庸俗、模擬兩可、道德準則的眞空狀態，以及隨之而來的行動無能**，或像是《誰怕維吉尼亞．伍爾夫？》(*Who's Afraid of Virginia Woolf?*)裡所描繪的，被自身的溫柔情感驚嚇得全身癱瘓。沒錯，我們在《冰人》裡面看到偉大從人的身上消逝了，然而這恰好預設了生命中的確存在著一種偉大、尊嚴和意義。沒有人會想要去告訴古希臘觀眾，奧瑞斯提斯將自己的母親殺害意味著什麼。但《推銷員之死》(*Death of a Salesman*)一劇中，主人翁威利．羅曼(Willy Loman)之妻的懇求「關懷是必要的」(Attention must be paid)，此話藏有眞理。當一個人被毀掉的時候**當然**意味著什麼，即便那個人只是一個四處旅行的推銷員。（今天，我們很可能必須向觀眾解釋，爲什麼奧瑞斯提斯殺害母親這件事具有如此深遠的意義。因爲這一代的人們所學得的是，這個弒母行爲根本不涉及與復仇女神之間的狂亂對抗，也與後來對罪惡、責任歸屬和寬恕所做的審判無關，而只是心理上的反伊底帕斯情結(counter-Oedipal mechanism)暫時失去控制，而被付諸實現罷了！」在我的想法裡頭，當代最傑出的小說、戲劇和畫作，是那些向我們呈現此無意義性中竟然蘊含著豐富意義的作品。長遠來看，最大的不幸事件，是對任何事都保持「無所謂」的態度。冷漠、固執、僵硬冷酷是終極的悲慘景象，這態度教人們拒絕承認生命中眞正的悲劇性質。

我必須反問，難道前面引述的這些作品不正深刻地反映出現代社會中愛與意志的問題嗎？《等待果陀》一劇就鮮明地刻劃了現代人行動的矛盾。狄迪(Didi)說：「我們走吧。」接著劇中的舞台指導說：「他們不動。」這個生動的片段淸楚地凸顯出現代人的意志問題、以及有效行動能力的缺乏。他們在等待果陀：但這個等待中包含了**期待**，而期待的本身便暗示了希望與信念。於是他們一起等。此外，在《誰怕維吉尼亞・伍爾夫？》劇中那對野蠻互鬥的夫妻身上，我們看見了現代人對愛情的激烈否認。劇作透露出人們對彼此的愛和溫情極度欠缺表達的能力，這樣的描繪的確比大量的研究報告更生動、且更具說服力地呈現了現代人的愛情問題。

愛情的悲劇面向還有另一個根源。那就是人類被創造爲雌雄兩種性別，因而引致對彼此永遠的渴望、一種追求圓滿的渴念——只不過這樣的圓滿注定是短暫的。這便是歡樂／失意、狂喜／絕望的另一根源。

在此，我必須引借一個頗爲困難的概念——存有論(ontology)。這個哲學專有名詞的字面意義是「存有的科學」。可惜這個定義對我們毫無幫助，特別是我們這些後十九世紀的美國人，不太適應於存有論的思考方式。有一回，保羅•田立克在課堂上描述他學生時代的震撼經驗，我對此留下極深刻的印象。他說當時自己驀地被一個疑惑難倒了：「爲何是有，而不是無？」當這樣的疑問出現時，便把人帶入存有論層次。我們可以把問題改成：「爲何有性這樣的東西，而不是無性(no-sex)？」爲什麼我們不像草履蟲和蚯蚓那樣用無性生殖的方式，只要分出自己身上的一小部分就可以繁衍後代？在這裡，我們不能用抄捷徑的方法回答說：「那就是演化發展的結果嘛！」而「神聖目的」這樣的答案跟「演化」差不多一樣簡單：「我們是爲了一個神學上的目的而被如此創造。」兩種完全相反的答案，卻都輕易地打發了這個問題。不，我們必須要直接地面對存有論的問題，仔細檢視手邊之物——眼前的主題是「性」——的**存有**狀態(being)，尋找一個具有說服力的答案。如果說「夫婦之道乃是天地陰陽之道的精巧複製」（中國古諺），那麼顯然我們無法根據現下年輕男女的蓄髮方式來推斷問題的結論。存有論追求的是發掘存在的基本結構——此基本結構會出現在任何時刻、任何人身上。

從存有論的角度來看，雄性和雌性的共存彰顯了存在於所有實在(reality)中的兩極性基礎。就連極小的分子粒子，它的運動亦需仰賴粒子內所包含的正負價離子間的張力，作爲其動力來源。借用這個分子粒子質量和能量的類比，懷德海(Alfred North Whitehead)和田立克認爲，所有的實在都具備了正負兩極的存有論特性。懷德海及許多發揚懷氏哲學的當代思想家，並不把實在視爲包含固定狀態物質的東西，而是在兩極之間不斷進行動力運作的過程。這便是懷德海發展**歷程**哲學(process philosophy)的基礎。的確，所有的實在都具有雌／雄的特質——我們也可以就此觀點看待黑格爾(Hegel)的正、反、合三段論證。田立克指出：「所有黑格爾的學生都知道，在他早年未完成的作品中，黑格爾是以愛情哲學家的身分出現，並且，若說黑格爾的辯證基模是從他對愛情分分合合本質的具體直覺中所得出的抽象概念結果，實在一點也不爲過。」⑫

在性交中，我們直接而詳盡地體驗了這樣的極化韻律。性行爲是所有能想得到的行爲中，對關係(relatedness)最強而有力的演式，如同一齣戲，它上演著關係的全部過程：靠近、進入、完全合一，然後是短暫的分離（彷彿情人們不願相信這樣的幸福會是眞的，從而退一步，渴望把對方看個清楚），最後是再一次完滿的結合。這絕對不是大自然的巧合，才使得我們在性行爲中搬演這個親密／撤回、結合／疏遠，又在重聚中給出／收回自己的聖禮。因爲這不斷重複分享彼此的行爲，這觸碰又收回的舉措，在相識之初的躊躇中便出現了，並且這也是鳥類和包括人類在內的其他動物（雌／雄，男／女）之間的求偶（求愛）過程。人類存在本身的兩個必要對立端在性交中得到最完滿的展現，那裡面包含了一種在「參與達到雙重存在狀態的結合」與「最終分開爲自主個體」之間擺盪的韻律。

關於透過性而與自身另一半結合的性神話，不約而同地在許多文化中出現，而構成這些神話的基礎很可能就是差異。最著名的例子是柏拉圖在《饗宴》（《對話錄》之一）中，透過亞里斯朵方之口所提出的雌雄同體(androgyne)神話。然而《奧義書》（印度《吠陀經》之最後一部）卻爲此神話的要義做了最清楚的闡釋，書中敘述當男人被創造之後，「卻一點都不覺得快樂」。當一個男人孤寂時他一點都不快樂，於是「女人被造，以塡補這個空虛」。⑬

但是，其實不需要非得求助於神話，才能體會對立極性的重要性。我曾經在希臘北方的一個小鄉村亞索斯山(Mt. Athos)中度過一星期，在這片一直延伸至愛琴海的十二英里幅員上，只居住著一群僧侶，他們分住在十五到二十個修道院裡。據稱，自十二世紀以來，沒有一個女人曾在亞索斯下過船。但這些僧侶的手勢、說話方式和走路等姿態，已經帶有女人的氣味。每當我看著一位僧侶自我身旁走開、步下村莊的街道時，我總發現自己在想：剛剛那位是個**女人**。在另一個純男性團體中也有類似的情形——駐外軍團，士兵會和隊友們一起，在航行於地中海的法國軍艦的甲板上跳舞狂歡。我在這裡談的並不是同性戀的情形，再者，即使是用同性戀觀點也無法說明這個現象。我想提出的是，當沒有女性在場時，男性行爲便不會被強調，反之亦然；易言之，當有女人出現時，男人會表現得更陽剛，而女人則會變得更爲陰柔。**兩種不同的性別具有強化對立性別表現特徵的作用**。

幾乎每個人都有這樣的經驗：只要把一群男人放在一起——不論是軍隊、兄弟會或是僧侶修道院，便可輕易地教他們專心致力於手邊的工作。但與此同時，他們在其他領域的活力便奇妙地顯著降低。他們的反應一致而死板，對上級的命令和權威絕對服從，而無絲毫反叛的念頭。然而，若在他們的環境中加進一個女人——重演伊甸園的情景，他們的意識便開始變得敏銳，道德感升起，就連反叛心都開始萌芽。在眞實的意義下，性別差異似乎點燃了雙方，爲彼此帶來生命活力和力量——甚至是更棒的主意。

拜兩種性別之賜，我們才可能藉著繁育行爲帶來更豐富的差異性。雌雄的分極、基因的交配結合，增加了無窮的變異，也提升了獨創性和結合各種不同可能性的機會。只有像草履蟲這樣的低等生物，才會以自有機體自身分出衍生物的方式來進行繁殖。（然而蕭伯納(George Bernard Shaw)對人類提出尖刻的預警：若人類不停止將效率奉爲無限上綱，那麼必將屈服於這樣的命運！）在一項針對美洲地區的研究中指出，此地區人種的身高比其他地區都要來得高，專家認爲這是因爲曾有另一群人種移民到此地、與當地人通婚，而造成了血統混合的結果。另一個廣爲人知的事實是，即便亂倫在**生物學**上並不會導致傷害，然而兄弟姊妹或近親通婚在大多數社會中被視爲禁忌的原因，是爲了防止社會的貧瘠，因爲差異性的消失將阻滯物種的發展。

荷蘭心理學家布依坦迪克(Buytendijk)提出，人類之所以適合此二極性時合時離的韻律，乃是因爲男女兩性具有不同的肌肉組織。他解釋道，男性的肌肉和骨骼基本上是以直線和幾近直角的形式構造而成——特別適合衝刺、撞擊等動作，及展現其他男性角色中的獨斷面向；而女性的身體構造則是以曲線和圓滑的角度爲主——適合開放自己、懷孕、哺育子女，以及給予和接受獨特的女性歡愉。陰莖的衝刺機制很早就出現，男孩在還很小的時候就會做出陰莖插入的動作；另一方面，女生的對應行爲則是一種和諧、保護的慾望，她們在說明事情時不會希望壓制對手、給對方迎頭痛擊，而會以較委婉的方式表達自己。我們這個社會往往把男性美德和積極行動相連，而將女性美德與被動性做聯繫——但若深入解析這樣的觀點，會發現它不僅是錯的、更有誤導的危險。把女性視爲和平藝術的守護者，和把男人看成戰爭藝術的繼承人一樣荒謬（而這也正是所有過度概化論述的通病）。實際上，不論男性或女性，都以他／她們自身的方式展現主動**和**被動性（譯註：我很清楚部分女性會極力反對布依坦迪克的觀點。的確，我們也應該把相關的文化行爲表現作爲**實例**而納入性別差異的論述，而不是把它們全都視爲受到硬性文化制約的行爲模式。然而，如同某些婦女解放運動的成員，只因爲某些特定的行爲模式確實是受到文化制約的結果，便堅決排斥性別差異，也是一種錯誤的作法。）

男女的性別特徵確實在我們的社會中受到廣泛而不公的誇大，然而這並不是全然忘卻眞正差異的好理由。的確，在十九世紀時非常強調所謂的男性美德，使得一個男人爲了證明他的男子氣慨，必須征服自然、他自己，還有所有進入他生命旅程中的女人。反之，一個典型的女人就必須要極度溫柔、聞起來香香的、無法照顧自己、一聽到褻瀆的話就要昏倒，而且只消一個漫不經心的道歉，就隨時準備滿心喜悅地原諒她的男人。爲了推翻這樣的刻板印象，社會上興起了一陣抹除差異的運動；集會中人們高喊，不要再頌揚「**差異萬歲**」，因爲「每個人都有相同的感受」；並且兩性必須對同樣的事情做同樣的反應。然而我們卻驚恐地發現，隨著這不公平的鎮壓，我們拋棄了本應帶來欣喜的差異。

在這場捍衛平等的拯救行動中，我們忽略了一個海蓮娜・朶伊區(Helena Deutsch)博士曾指出的事實，那就是女性在性行爲中的陰道「引入」(drawing in)反應，實際上可能爲女人帶來比性高潮更強烈的快感。這樣的差異也映照在語言中：英語裡恰好有一個形容引入動作的詞——「收入鞘中」(invaginate)，但是卻不存在一個對應的、與男性生殖器相關的動詞。最接近的相似詞，要算是同樣是指稱「陰莖」(phallic)的各種不同的變異詞，這些詞彙基本上都用來陳述衝刺、獨斷和征服行爲，有些帶有敵對的意涵，有些則否。

男性不只經驗到自己的獨斷行爲，同時也有被引入的感受；此外，女性的性高潮是多重而擴散的，而男性先天的神經生理機制限制了高潮的時間，一旦性快感超過了某個閾限，就完全無法抑制。

我們在性行爲中所觀察到的最後一個存有論事實，非常單純而基本。此即，性交的繁殖面；它可以創造一個新生命，一個嬰孩。這件事徹底地改變了女性的身體和生命（至少維持九個月的時間），無論男性留下或是離開；並且，除非是在發生病變的情況下，生育對女性的激烈改變通常遠遠超過這段懷孕期。一位衣索比匹貴族婦女的純眞話語，精彩地刻劃了此情此景：

> ……當一個女人第一次亨受性愛的那一天，她整個人被切割成兩半……男人在第一次性愛之後還是原來的那個人；而女人在第一次性愛之後便完全變成另一人，並且終身如斯。男人在一個女人身旁度過一宿，然後離開，他的生命和身體始終不變；但是女人會懷孕，作為一個母親，她再也不是原來那個沒有孩子的女人了。九個月之久，她的身體裡面懷著那天夜裡的果實。某種東西在她的體內長大，某種東西在她的生命中滋長而和她永不分離。她是一個母親。她是、且永遠會是一位母親，就算是她的小孩過世，就算是她所有的小孩都離開人世，也永遠都不會改變她作為母親的身分。為著她曾經把小孩摟抱在她的身

旁，從那時候開始，這小孩就永遠地留在她心中，再也不會離開。即便是小孩去世了也一樣。這所有的一切，男人都不會懂……他不會明白愛發生之前與愛過之後的差別，也不會嚐到沒有當過母親和當了母親後的滋味。只有一個女人能夠了解、能夠說出這些感受……她必須是永遠的處女，也是永遠的母親。在每一次愛情來臨前，她是處女；而每一次愛過之後，她便是母親……⑭

有些人（包括卡倫‧霍妮在內）曾經提出這樣的論點，認爲女性可以生小孩的事實造成男性的嫉妒，而使男人們努力地掙扎著在文化活動和文明的建立中，證明他們自己的創造性。在心理分析療程中，這樣的嫉妒心理往往會以個人的羞辱感和絕望感的形式爆發出來。曾有一位原籍南美的男性病人在躺椅上不停地痛哭，哽咽著說他永遠不能原諒他的母親生下他，害他必須吸吮她的乳房——而且他深信在每個男人心裡，都懷著相同的憤怒和嫉妒。這一個古老原型衝突的根基，比任何一個現代或「西方」的問題，更深地蟄伏在人類歷史和存在本身的根源裡。

但是，對性繁殖力的反面情緒也造成同樣迫切的問題。我在第二章裡曾經談到新一代飽經世故者對自己的生殖力感到恐懼，這意味著他們對於自身擁有創造另一個生命的力量，抱持著極深的矛盾感，因而引致強烈的焦慮。我有一個病人，每每在他妻子每個月的生殖期來臨時，便出現間歇性性無能的症狀，儘管在意識層面上他和妻子兩人都想要有小孩。然而，他的幻想卻透露了他眞實的慾望，亦即他根本不想要當父親，因爲唯恐孩子出世後，會成爲與他爭奪妻子的愛的情敵，而他想永遠保住同時作爲妻子的丈夫和孩子的位置。

弗洛依德用「閹割」（castration）情結來陳述這樣的矛盾心理，他相信這個原初的恐懼，乃是所有焦慮的起源。但是，閹割所意指的並非如弗洛依德和大多數人所想的那樣，是「切除雄性器官」——因爲針對此舉，正確的說法應該是「截斷」（mutilation）。其實，閹割指的是睪丸割除，而變成閹人（eunuch）；它代表的是**失去繁殖能力**。在土耳其蘇丹王宮廷中的閹人們，可以勃起和性交；但是他們不可能成爲孩子的父親。如此一來，即便他們和後宮妻妾們怎麼胡鬧，都至少可以保證王室血統的純淨。我想，弗洛依德應該比他自己想像的還要聰明，因爲對於生殖力的焦慮——儘管有再多的生育控制技術——確實是非常重要的心理現象。

避孕器與悲劇性

幾年前，在一段短暫的時間裡，我曾爲一位三十歲的年輕女性做過諮商。她畢業自一所新英格蘭最好的女子學院、在富裕的郊區長大、十分聰穎、外表也非常吸引人，不管從哪方面來說，看起來都像是典型的好女孩。在大學時代，她吸收了當時（一九四〇年代）一般的社會信仰，推崇團結、家庭的重要性，因此，她立志要在畢業當天結婚，然後立刻組一個大家庭。後來，她果眞實現了這個計畫，在畢業典禮那天，和她在附近大學就讀的男友結了婚，接著生了五個小孩，每隔二年生一個，完全符合她的原訂計畫。

然而，在她三十歲來找我的時候，向我透露她「愛上」了一個修車技工，並且已經和他發生關係，因爲這是她有生以來第一次體驗到強烈的熱情。她說，她現在才發現，原來她從未愛過她丈夫，甚至輕視他。當她（在朋友的敦促下）考慮接受心理治療之前，她已經帶著五個孩子回到郊區和父母同住——就一個曾經看來如此勇敢十足的計畫來說，這眞是個奇特又可悲的結局。

我們未曾有機會做足夠有效的治療，因爲她覺得這份對修車技工的愛實在太過神聖，使得她不想要走進這場戀情，以免破壞了它的神聖性。數年之後，我碰巧遇見她，她看起來像是個憔悴的中年婦女，鎭日盡責地工作著，好養活自己的兒女。這個出身自郊區中上層階級的女孩，把自己逼進一個難解的處境，那比起舊時未婚生子的典型「迷途少女」的情況，實在好不到哪裡去。但是她問題的原因絕非出自缺乏資訊，或是沒有計畫和責任感。身爲一位現代的聰明女性，這位病人和她的五個小孩深深地陷入了一個困境，而這困境在許多方面看來，都和她那些未經歷婦女解放運動、也沒有看過避孕藥是何模樣的維多利亞祖先們所受到的桎梏，非常類似。

我引述這個例子的目的是爲了指出，光是擁有爲家庭做計畫的能力，還是不能杜絕悲劇的發生。原本，避孕的心理學意義是在擴張個人所需承擔的責任和承諾的範圍。但是實際上，這並沒有使問題變得更容易，因爲如此一來個人的親密關係本身就必須承擔更多的重量，也因此反而讓情況更加困難。

由於避孕減緩了每次性行爲後的懷孕焦慮，它彷彿已經成爲一個文化象徵，代表著我們業已一勞永逸地擺脫了性愛的悲劇面向。現在，我當然支持避孕和家庭生育計畫——這原本是理所當然到不需要特別強調的；然而，即便生育控制已經是個廣爲接受的原則，我們仍舊不應忽略一個事實，那就是避孕這個解除性行爲焦慮的偉大恩賜，一點也沒有改變性愛的悲劇性格。縱使它使人們從立即的生物束縛（懷孕）中解脫出來，卻非常可能加深人們心理的矛盾。

即使有了避孕技術，性與愛悲劇面向的廣泛影響依舊一如往昔，只是它將原本屬於生物範圍的憂慮導向心理層面。當然，這恰是悲劇性的所在；引發悲劇面向的主因本來就不是生命本身的生物性事實（如死亡或生殖），而是**取決於**人們如何看待這些無法逃脫的人類命運的方式。**悲劇性永遠是心理和性靈的問題**。

避孕技術所導致的另一個個人責任難題，是來自人們擁有了選擇是否要生小孩的自由。過去四十年來，人們開始能夠有計畫地懷孕生子，但是，雖然我們行使著這樣的權力，卻並未接受隨之而來所必須承擔的心理及個人責任。我們似乎輕鬆地規避了這個難題，然而卻沒料到問題未曾消失，它只是進而轉化爲整個社會對孩童的罪惡感。我們爲孩子做所有的事，我們供給他們發展的需求，也滿足他們一時興起的念頭，我們把任何在道德議題上的退讓（現在的爭論是大麻）視爲開明父母的美德表徵，以至於這些可憐的孩子再也找不出任何反叛父母的方法。當他們出門時，我們說：「好好玩哪！」很擔心他們玩得不愉快，但也擔心他們玩得太過火。可是，其實我們總是偷偷地羨慕他們和他們的年輕，有時還不免覺得憤憤不平，因爲和幸福的他們相較起來，自己的年輕時代過得多辛苦。在這般對待孩子如小皇族、如繼承人的瘋狂行爲裡，父母變成了隨侍在旁的僕人、宮女、司機、廚子、保姆、無底錢筒、家庭教師、夏令營領隊——難怪孩子最後忍不住要嘶喊：「天哪，你們離我遠一點！」而那正是對我們最大的威脅，因爲我們深深地被一種莫名的、四處瀰漫的罪惡感籠罩，就是放不了手。但是我們不斷試圖補償的罪過，並不是來自在養育孩子的過程中，實際做了什麼或沒做什麼；而是這個罪惡感從一開始決定要生小孩的當下，就已經緊緊尾隨著我們。因爲現在，生小孩這件事再也不是神的旨意，而是我們自己的決定。但是到現在爲止，有誰曾經了解到這個重大的事實有何等深切的意義？

換一個角度，試想那些只計畫生一個孩子的父母，他們是處在什麼樣的情境裡——基於人口控制的需求，這樣的父母勢必有很多，而那些可憐的獨生嬰孩，又要被迫承受多大的重擔？如我們在治療場域中的觀察，只有一個孩子的父母，特別是那些專業人士們，往往有過分保護孩子的傾向。只要孩子一呼喚，父母便飛奔到他（她）的身邊；當孩子啜泣，**父母**便感到羞愧不安；萬一孩子生病，父母更是覺得自己罪孽深重；而要是孩子睡不著覺，父母看起來就像是快要崩潰一般。這些孩子出生的處境，使他們無可抗拒地變成了一群小獨裁者。另外，在此情形下還產生了一個複雜而矛盾的後果，此即，過度的關注和照顧反而**剝奪**了孩子的自由，迫使這些獨生子、獨生女就像是眞正出身在皇室的王子、公主一樣，必須承受不屬於孩子的壓力。

避孕技術，如同所有的裝置和機器，可以提升人們自由選擇的權力。然而在我們被施予新的自由和權力的當口，我們的矛盾感和焦慮也同時增加了；現在，這個由避孕技術所引發的矛盾心理，即以將性與愛庸俗化的形式在社會中現身。就像威斯康辛大學學生健康中心的精神科主任賽穆爾・哈列克(Seymour Halleck)醫師向我們呈現的那樣，在這個避孕藥隨手可得的時代，有亂交習慣的女孩會告訴你：「說不，實在是太麻煩了。」⑮使事情變得庸俗、平常，把它的意義降到最低，然後說「這完全無所謂」，的確是最輕易就能逃避焦慮的方法。而這不正是將避孕技術誤用為替疏離、無所謂、即時行樂的性態度背書的結果嗎？一個像性行爲這般擁有強大力量的行爲，一個對姓氏傳續和物種遞嬗這樣重要的領域有著關鍵影響力的行爲，當然不能被庸俗化，當然不會不具有深層的意義，除非人們甘願對自己的自然天性施暴，倘使這樣的暴力對象不是「自然」本身的話。

避孕技術的出現，使得性行爲，至少在某些情況下，成爲一個純然的個人親密關係。而這個事實爲我們帶來的挑戰，絕不下於試圖在親密關係中探尋意義的艱鉅課題。

註釋

①坎伯(Campbell)，Ⅲ，p.67。

②黑夕歐德(Hesiod)，《神譜》〔*Theogony*，譯者：李奇蒙．拉提摩(Richmond Lattimore), Ann Arbor, University of Michigan Press, 1961〕120-122行。引述自喬瑟夫．坎伯(Campbell)，Ⅲ，p.234。

③出處同上。

④愛情的效果確可與ＬＳＤ迷幻藥相提並論。因爲兩者皆打破傳統價值的束縛，摧毀我們的心理防禦，讓我們變得全身赤裸而容易受傷。服用ＬＳＤ，可能會有神聖的敬畏體驗或全新的發現，但也可能經驗到偏執的妄想和瘋狂的解離狀態。而愛情也具有相同的威力。嫉妒、羨慕、懷疑、憤怒，甚至是仇恨的情緒也會在愛情中變得更爲深刻。教許多伴侶誓死相守的動機，出自仇恨的成分反而比愛情來得多。正如艾德華．阿爾畢(Edward Albee)在《誰怕維吉尼亞．伍爾夫?》(*Who's Afraid of Virginia Wolf ?*)劇中所呈現的那樣，我們有時很難區分到底是仇恨遮掩了愛情，還是愛情掩飾了仇恨。

⑤弗洛依德(Sigmund Freud)，〈兩種本能〉(The Two Classes of Instincts)，收錄於《自我與本我》(*The Ego and the Id*, Hogarth, p.47, Norton Library, p.37)。

⑥坎伯(Campbell)，Ⅲ，p.235。亦可參見丹尼斯・德・胡日蒙(Denis de Rougement)在《西方世界中之愛情》〔*Love in the Western World*，譯者：蒙哥馬利・貝爾吉翁(Montgomery Belgion), New York, Pantheon Books, 1956〕中，對崔斯坦與伊索爾特的描繪。

⑦出處同上。

⑧可參閱羅伯特・利夫頓(Robert Lifton)，〈論死亡與死亡象徵〉(On Death and Death Symbolism)一文，收錄於《精神醫學》(*Psychiatry*, The William Alison White Foundation 出版，Washington, D. C., 27, 1964)，pp. 191-210。或見吉歐非・哥勒(Geoffrey Gorer)的文章〈死亡的淫穢〉(The Pornography of Death)，收錄於《現代寫作之柏克萊書》(*The Berkley Book of Modern Writings*，主編：W. Phillips 與 P. Rauh，第三版，New York, Berkley Publishing Corp., 1956)，pp.56-62。

⑨在佛洛姆(Erich Fromm)的後期作品中，處處可見此種對死亡眞實的逃避。他寫道，「悲哀是一種罪」，可謂替死亡的壓抑提供了心理上理性化的說詞。他進而敦促人們盡量避免思考死亡。我看不出這樣的規避如何能避免對人格造成斲傷。可參照《人之心》(*The Heart of Man*, New York, Harper & Row, 1964)。

⑩赫胥黎(Aldous Huxley)所著之《天鵝死在無數夏日後》(*After Many a Summer Dies the Swan*)中，對此有諷刺性的描寫。

⑪對死亡的壓抑傾向亦有其歷史。在十八、十九世紀中，人們失去了永生的信仰，自此，人們便以不斷進步的信仰作爲壓抑死亡的手段；人們以爲，倘若我們能夠征服自然、戰勝疾病，爲什麼不能推斷在一望無盡的未

來，總有一天我們也能征服死亡？

⑫田立克(Tillich)，p.23。

⑬詳見弗洛依德之《超越快樂原則》(*Beyond the Pleasure Principle*)，p.58

⑭佛蘿貝妮鄂斯(Frobenius)之話語，原收錄在《*Der Kopf als Schicksal*》（命運之腦）(Munich, 1924)，引述自榮格-可蘭尼(Jung-Kerenyi)所著之《神話科學引論》(*Introduction to a Science of Mythology*)。

⑮賽穆爾・哈列克(Seymour L. Halleck)，〈學生絕望的根源〉(The Roots of Student Despair)，錄於《思想》(*Think*)期刊，IBM 出版，XXX III / 2，三／四月號，1967，p.22。

5 愛與原魔
Love and the Daimonic

若我的魔鬼要離開，我擔心，我的天使也將振翅飛去。

——里爾克(Rilke)

一九〇七至一九一四年間，第七十四封信簡

當時他因了解心理治療的目的，而放棄了心理治療。

柏拉圖在《饗宴》裡，簡單明瞭地對我們和他的賓客們說道：「愛洛斯（愛慾之神）乃是個魔(daimon)。〔譯註：在此必須提醒讀者，在中文中，「魔」字總易引起邪惡、陰暗的聯想，然而，在古希臘概念中，「魔」(daimon)的原義含有多種面貌與曖昧之性格，可橫跨天地兩界，亦神亦鬼。〕」對希臘人而言，愛慾與魔的關聯是天經地義的事，但是這樣的關聯卻幾乎成爲所有現代愛情理論的絆腳石。當然，現代人會想試圖超越——若不是徹底地否認或壓抑——這個由魔所統治的領域，絕不令人驚訝。然而此舉的後果卻是「閹割」了愛洛斯，且從自身奪去了愛情的豐饒根源。因爲原魔(daimonic)

〔譯註：關於 Daimonic 這個字的譯法，劉崎先生其所譯的尼釆的《悲劇的誕生》（志文版）中，曾經譯成「魔性」，目的乃在呈現 daimonic 善惡兼容的特點，因爲此魔同時具有創造和毀滅的潛力，而非如一般所想，僅含陰暗面向。在此譯爲「原魔」，是爲了強調其作爲一根本原型力量的特性。詳見下文中，本書作者對此名詞的闡述。〕的對立端並不是理性的安全感和平靜的幸福，而是「回歸到無生命的狀態」——用弗洛依德的話來說，也就是死亡本能。易言之，反魔(antidaimon)的結果即爲冷漠。

何謂原魔

任何有能力佔據個人整體心智的自然作用，即爲原魔(daimonic)。①性與愛慾、怨氣與憤怒，以及對權力的貪念，都是原魔的實際呈現。原魔可能具有創造性力量，也可能帶來毀滅，但通常是二者兼具。當此力量過度擴張，以至於單一成分篡奪、並取代了個人全部的性格面向時，即出現所謂「惡魔附身」(daimon possession)的現象——這是歷史上對精神疾病的傳統命名。這裡意指的原魔，顯然不是某種實在的存在，而是人類經驗中一種基本的原型作用——就我們所知，無論對現代人或歷史上任何時代的人類來說，這個原型作用都是一個共通的眞實存在。

原魔是在任何存有體內，一種亟於確認自身、肯定自身、延續和提升自身的渴望。

當原魔罔顧個體的統整性而僭越整體自我的主控權、或無視於他人的獨特存在形式和追求統整的慾望時，其邪惡性始展露無遺。它會用無止境的攻擊、敵意和殘暴等方式外顯；此負面力量是我們對自身最感到恐懼的部分，亦是我們盡己所能試圖壓抑、或投射到他人身上的恐怖形象。但事實上，這負面力量和那賦予創造性的力量有著同樣的來源，二者只是一體的兩面。所有的生命都在此原魔的二面向之間流動。我們可以潛抑原魔，但卻無法避開因此而陷入冷漠的代價，並且，一旦受潛抑的力量醒轉，更可能引爆毀滅性的後果。

古希臘對於魔之概念——即現代魔鬼概念的起源——包含了屬於詩人、藝術家，和倫理與宗教領袖的創造性在內，同時亦具有愛情的感染力量。柏拉圖曾提出，狂喜乃是一種「神聖的瘋狂」，它擄獲了所有具備創造力的人。這便是對於天才與瘋狂之間有何鄰近關係的最早提問，它至今仍是一個令人困惑又難解的謎題。

在《自辯篇》(*The Apologia*)中，當蘇格拉底因被指控教授青年學子謬誤的「魔鬼學」而受到審判時，他如此描述自身的「魔」：「這個徵兆在我尚年幼時，便以一種聲音向我顯現。」接著，蘇格拉底被判有罪，審理法庭宣布休庭，好讓他選擇接受流放或死刑的判決。最後，他回到庭上對法官表示他選擇受死。他對此選擇的解釋是：

喔我的法官——你們的確配得上這個稱名——我必須向您們陳述一個神奇的境

況。迄今為止，那以內在神諭為根源的神聖能力，一直習於在我將要犯錯的當口與我作對，即便是在極其瑣碎的事物上亦復如此。然而當我早晨離開家門、或開口說話時，神諭卻未嘗發出反對意見……那表示我的所作所為是善的，而那些認為死亡代表了惡行的人們實犯了大錯。因為倘若我所行為惡而非善，那習慣性出現的徵兆早該會向我提出抗議才是。②

因此，對蘇格拉底來說，這人人皆有的魔，其行事方式如同某種監護者。

但原魔並非良心，因爲後者大體而言是一種社會化產物，涉及文化道德常規；用心理分析術語來說，良心即爲超我(superego)的作用。然而，原魔較接近自然的力量，而非來自後天的規訓；並且，原魔是超越善惡的。此外，原魔亦非如海德格(Martin Heidegger)或後來的佛洛姆(Erich Fromm)所陳述的那樣，是人「對自我的召喚」，因爲在此一觀點下，自我乃根植於一超越自我的自然力量領域，並且這力量如同無可逃脫的命運般掌握著自我。但是，原魔所從出之存有之境，並非如此；它通常是以創造性的方式出現。我們絕對無法用良心來命名葉慈對原魔的定義——那「另一意志」，「那腳下長著翅膀的、炫目而無從預料的漫遊者…… 雖屬於自身之存有，卻如水火並存……」；③亦無法將歌德對原魔的描述說成是良心的表現，他在談到擁有原魔之人身上所散發出的「超人力量」時，表示：「就算是所有的道德力量加起來，都無法戰勝這些擁有神魔般力量的人……唯有他們所欲攻克的宇宙本身，才可能具備制服他們的力量。」④

大概只有亞里斯多德的「幸福倫理學」(eudaimonistic ethics)概念差可「馴服」此惡魔。在希臘語文中，幸福(happiness 或 eudaimonism)是「被賜予優秀天賦」⑤的結果。欲獲致幸福，必須與自身的魔和平共處。今天，我們可將「幸福」視爲個人潛能、其他存在之各個面向，與個人行爲之間的整合狀態。

原魔會在特殊的生命處境中予人引導。在拉丁文中「原魔」(daimonic)這個字應翻譯成 *genii*（或 *jinni*）。此概念源自古羅馬宗教，而現今所使用的「天才」(genius)這個字的意義亦源於此；它原本的意義是「守護神」，是掌管人類一生命運的神靈，後來則轉而意指心智上的才能或天賦。此外，既然「天才」(*genius*)——由拉丁文的 genere 演變而來——指的是創造和生產，那麼原魔就是爲個人內在創生過程提供指引的聲音。原魔是一種獨特的感受與力量模式，它幫助人形成自我，以和世界發生關係。原魔會藉夢發聲，對更敏銳的人，它甚至可在清醒狀態的冥想和自我質問中出現。亞里斯多德認爲，夢可被稱作原魔，並且，當他說「人自然擁有原魔之力量」時，恰好與我們的觀點相呼應。弗洛依德引述亞里斯多德的看法，並且添上「若能正確解釋（夢境／原魔），便可發現它涵納深層意義。」⑥

相信自己會被頭上長角、到處亂飛的小魔鬼侵佔身體，實是魔之概念的頹化形式，那是把自身內在經驗向外投射、而將其具體化爲客觀存在實在的結果。因此，理性時代啓蒙運動在它成功地大舉破除迷信的浪潮中，全然拋棄了這樣的信仰，並視其爲惡質且無效的心理疾病療法，並非全無道理。然而，直到近一、二十年我們才了解到，在摒除此謬誤的「魔鬼學」(demonology)的同時，我們也違背了自己的直覺，而在心理疾病的研究取徑上，全面接受了一種平庸而淺薄的觀點。魔之概念的平庸化，對愛與意志的經驗造成了最嚴重的斲傷。因爲原魔的毀滅性活動，只不過是它建設性動機的反面表現而已。正如里爾克所說的，倘若我們拋棄了自身的魔鬼，最好也要準備和我們的天使道別。此魔之中藏有我們的生命泉源，以及對愛慾力量開放自身的能力。我們必須尋至適合自身處境的原魔的新形式，好讓我們的一生過得更加豐盈。這不僅將使我們重新尋回原魔的意義，更幫助我們得以重新創造原魔的實在(reality)。

原魔需要被引導、疏通。這便是爲什麼人類意識如此重要。起初，我們只感到原魔作爲一種盲目的推促，使我們成爲自然的傀儡，此即其**非人格**(impersonal)特性的展現。它推迫我們盲目地堅持己見（如憤怒時），或促使男人們藉著讓女性懷孕以獲得物種延續的勝利（如在性行爲中）。在憤怒時，我們一點都不在乎自己或對方是誰，重要的是要把對方擊倒、毀掉。在極度性興奮的狀態下，一個男人只會想要和女人交媾，或「上」女人（此動詞的強迫性顯而易見），而不管眼前這個女人是誰。但是意識則可整合原魔，使它變得**有人性**(personal)。這便是心理治療的目的。

原魔總有其生物性基礎。長久以來一直爲原魔概念深深著迷的歌德，在《浮士德》

中滔滔不絕地講述他對現代人受到原魔力量驅迫的透徹了解，他亦曾呼應亞里斯多德的看法，說道：「原魔乃自然之力量。」然而，問題的關鍵時刻是發生在當統合性遭到破壞的時候，亦即性格中的某一面向篡奪了整體主控權，並逼迫人們做出瘋狂行為。譬如說，性慾驅力促使人們和性伴侶的身體結合；然而當此驅力掌控了整體自我時，它將驅迫人朝向各個不同的方向，尋找各種關係，而無視於個人自身的統整性、伴侶的自我，或者其行為對整體社群的影響。一個夜晚，卡拉馬助夫兄弟們的父親和一群喝醉酒的朋友回家，路上看見一個痴愚女人，竟大膽地拉她到水溝裡性交；但他這個舉措卻為自己栽下了未來遭到謀殺的種子。擁有神魔般藝術本能的杜斯妥也夫斯基(Dostoevsky)，在小說情節中安排了此次交媾所產下之子，日後親手殺了自己的生父。

柏拉圖賓客中的愛情權威狄歐緹瑪說：「愛洛斯乃是個魔。」實際上，原魔與**愛慾**相關，而非與力比多或單純的性慾有關。就像安東尼原本以為自己的性慾已經由眾妻妾代為解決（馬斯特與瓊生將此不適當地描述為：「性壓力的規律釋放」）；然而，當他遇上克麗歐佩特拉時，那將他猛地攫住的原魔，則完全是另一回事，絕非僅是純粹的性慾而已。當弗洛依德提出愛慾作為力比多的對立面和敵手時，他所說的愛慾便包含著原魔的特質，亦即愛慾乃是對抗死亡本能的求生力量。原魔努力地對抗死亡，為彰顯自身的生命力而奮鬥，拒絕接受人類只有「七十歲」壽命、或其他任何生命時間表的限制。當我們懇請病危的人不要放棄希望，或當我們惋惜於某位友人因放棄生命意志而將要逝去時，我們所意指的便是這個原魔。原魔絕不會接受任何一個理性的「否定」答案。在這樣的意義下，原魔是科技的敵人，因為它拒絕接受時間表的限制，拒絕朝九晚五的生活，亦拒絕進入硬把人們變成機器人的生產線。

若原魔傾向於以創造性顯現自身，那麼我們將可在詩人或藝術家身上找到原魔存在的最佳證明。詩人總是清楚地意識到他們永遠都在與原魔對抗，他們的生命課題是試圖自深淵中破繭而出，如此，那深淵將會把自我推向一個新的境界。詩人威廉・布雷克說道：「每一個詩人都是魔鬼舞宴中的一份子。」⑦易卜生(Henrik Ibsen)將他的劇作《皮爾・金》(*Peer Gynt*)送給一位友人時，在扉頁上寫著：

> 生活，是在心靈上與巨人戰鬥。
> 寫作，則是對自己進行審判。⑧

葉慈在下面句子中，道出了所有詩人的心聲：

> 而我心中的群魔衆神
> 進行著一場永無止境的戰爭……⑨

葉慈在他的散文中，更進一步將原魔定義爲「另一意志」，他相信那不僅是一種外來的力量，同時亦爲他自身的存在所指引。關於葉慈的原魔概念，前面曾約略述及，底下是較爲完整的引文：

> 只有當我們看見並預見令我們擔憂的事物，我們才能有幸享見那腳下長著翅膀的、炫目而無從預料的漫遊者。但若他不屬於我們自身存在的一部分，我們絕對遍尋不找他的蹤跡，然而他雖屬於自身之存有，卻如水火之並存，如寂靜中之喧鬧。他是萬事萬物中最難獲得的東西，因為所有易得之物，皆不可能屬於自身存在的一部分。⑩

原魔是和所有藝術形式創作者朝夕相處的同伴——更正確地說，是他們創作靈感的泉源。這在繪畫和雕塑藝術中有最明晰的呈現。我們這個科技社會似乎容許藝術家們邀請原魔進駐藝術的世界，卻對其他領域中做此嘗試的人相當不以爲然。藝術是現代人允許讓藏納於自身深處、那拒絕逢迎、殘酷無情和醜惡之面向獲得闡明的唯一途徑，而這些面向都是原魔的一部分。的確，就某個角度來看，藝術可被視爲與深不可測的原魔達成協議的特殊方式。畢卡索活在原魔下，也在原魔中作畫，並且因此而得到極豐盛的回饋；他在畫作《格爾尼卡》中，描繪一個毫無防禦力的西班牙村莊，在遭德軍空襲後，遍地散落著被肢解的男人、女人、孩童和公牛的殘破軀體；這幅畫作以令人無法釋懷的鮮血淋漓呈現了原魔的面貌，同時也藉著賦予其意義形式而超越了它。保羅・克利(Paul Klee)非常清楚自己的畫作即是童稚嬉戲與原魔間的辯證，在他的日記裡便曾留下對此原魔的書寫。在現代藝術運動的浪潮中，原魔的確佔有重要而顯著的地位。我們只要看看在一九一○及二○年代興起的超現實主義，如何頻繁地以女巫、魔鬼等怪誕形象作為作品的主題與內容，便可獲得十分清晰的印象。然而，一直要到當代抽象藝術的發展中，對於原魔才有更細緻、更具震撼力的呈現，這些作品經常在刺目的色彩張力中予人強烈的虛無主義印象，並且試圖藉著全心的奉獻或高超的技藝，死命地攫住新的溝通形式。

此外，我們會發現二十世紀的西方世界，對於原始藝術有著強烈的喜好，不論它來自非洲、亞洲或中歐的農莊。諸如喜朗倪木斯・鮑許(Hieronymus Bosch)或馬席雅斯・葛雲瓦爾德(Matthias Grunewald)一般，曾經在往昔直接與原魔交鋒的畫家們，特別受到現代人的喜愛。雖然他們的畫作距今有四世紀之遙，卻以罕見而驚人的洞悉力直指現代人的需要，並為現代人的自我解析提供了一面明鏡。我們應可理解，在急遽轉型的時代中，當所有慣用的心理防禦措施遭到削弱或全然失靈時，原魔便從深淵中被釋放出來，成為最引人注目的焦點。如同當代的藝術家，鮑許和葛雲瓦爾德都曾經活在一個人類的心理與心靈層面都掀起軒然大波的動盪時代，當時，中世紀時期已然垂危，而新的時代卻仍未誕生。在那個時代，人們對巫術、巫師以及任何宣稱有能力與惡魔交往的人，懷抱著眞實的恐懼。

反對原魔

在進一步探討原魔概念的意義之前，我們最好先就當代對此詞彙的反對稍做說明。人們無法接受原魔的概念，並非出於反對此概念的本質，而是爲了抗拒它所代表的意義。承認自身的惡魔本質，不啻爲對人類自戀習性的強烈打擊。就像蘇格拉底時代那些有教養的人們一樣，我們是「好」人，而且我們不喜歡在公開場合中被提醒，即使是像愛情這樣偉大的人類行爲中，都包含著對權力的慾求、憤怒和報仇的動機——無論我們在私下願不願意承認這些存於自身的負面力量。儘管原魔的本身並無邪惡與否可言，但是它仍然逼迫著我們必須面對一個艱難的抉擇困境：以有意識的、負責的、考慮生命意義的態度運用這個力量；或者盲目而輕率地發洩這個衝動。當原魔受到壓抑時，它將會以另一種形式爆發出來——其終極表現形式爲刺殺（如在英國荒原上發生的心理病態折磨和謀殺），以及其他爲我們所熟知、發生在本世紀的各式駭人事件。安東尼・司鐸爾寫道：「縱使我們在報紙上或史書中讀到人類對人類做出何等殘暴的行爲時，都會感到極度驚恐，但我們內心卻深知，在每個人的心中都藏匿著相同的野蠻衝動，可能迫使我們做出謀殺、折磨人的事，甚或發動戰爭。」⑪在一個壓抑的社會中，實際做出殘暴行爲的個別成員，作爲該時代原魔的代言人，爲整體社會表達出深藏在他們心中的殘暴面向。

我們確實十分盡力地想要忘掉原魔。一九六八年一月，詹森總統在就職演說中談到他的重要執政目標之一，是掃除充斥街頭的犯罪和暴力，聽衆對他的這番話報以熱烈的掌聲。在這場長達一小時的演講中，就以這次的掌聲最爲漫長。而當他提及類似提升住屋品質、或改善族群關係等目標時，整個國會中連一個掌聲都聽不到。由此可知，原魔的毀滅面向是受到人們譴責的；我們故意視而不見一個重要的事實，那就是**唯有將原魔的毀滅性力量轉化爲建設性的活動，我們才可能眞正地與之對抗**。

然而，在此番將幫派自街頭剷除的熱情中，人們到底想把幫派份子趕到哪裡去呢？他們的家何在？原魔在我們的城市中無所不在——當我們走在紐約街頭時，它會以零星的暴力事件驚嚇我們；或者像在紐渥克(Newark)或底特律(Detroit)等城市中，形成激烈的族群暴力衝突，令我們惶恐震驚。無論市民或是國會議員如何唾棄在黑人權力運動中所發生的暴力行爲，我們可以確定的是，受到打壓、抑制的力量若不能獲得建設性的宣洩，絕對會以更激烈的暴力形式迸發出來。

當原魔誤入歧途時，便會出現暴力；這是「惡魔附身」最極端的形式。我們所處的轉型時代中，原魔現身的正常管道遭到封鎖；而正是在這樣的年代裡，原魔會傾向以最具毀滅性的方式呈現自己。

希特勒的興起，恰好爲這個因遺忘原魔而產生的自我挫敗效應，提供了最鮮明的範例。由於美國及其他西歐國家忽視了原魔的力量，而使得我們對希特勒與納粹運動的意義，無法做出眞實的評價。我對一九三〇年代、希特勒開始攬權的那幾個年頭，記憶猶新。當時我剛從大學畢業，赴歐任教。在那個年代，我在美國的自由主義者同胞和我自己，對於世界和平與四海一家的理想有著極深的信仰，相較起來，歐洲人雖然並未抱持如此樂觀的態度，但是大家幾乎都被這樣的信仰蒙蔽了視線，以至於無法看清希特勒，以及他代表著原魔毀滅性質的事實。我們以爲在文明的二十世紀裡，人類不可能如此殘酷，以至於懷疑新聞報導的眞實性。我們的錯誤是出在，任憑自己的信念限制了自己的知覺。我們沒有多餘的空間好容得下原魔；我們深信這個世界應該和我們的信念相符；並且，關於原魔的所有面向，都被排除在我們的知覺範圍之外。**拒絕承認原魔這件事的本身，反倒使原魔出現，且讓我們都成爲原魔毀滅性侵佔的共謀者。**

事實上，否認原魔，等於是自己閹割了愛情，也放棄了自我意志。並且，否認的結果是導致現代社會中常見的病態攻擊行爲，因爲，受壓迫的力量終究將反過來糾纏我們。

原始部落心理治療中的原魔

原始部落的素樸心理治療(Native Psychotherapy)在對待由原魔所引發的病症上，俯拾可見極其有趣、且具啓發性的治療方法。雷蒙德・普林斯(Raymond Prince)是位精神科醫師，他曾住在非洲優魯巴族部落(Yorubaland)數年，研究當地的原住民。期間，他拍攝到一次動人的儀式。在此，我將以這段紀錄片的內容，作爲說明素樸心理治療中原魔觀的範例。⑫

當部落中的精神醫治者爲患有（我們稱之爲）心理疾病的部落成員進行治療時，整個部落的成員都共同參與這場治療儀式。首先，儀式從投擲骨頭的慣例程序開始，接著進行的儀式是把部落成員的問題——不論是性無能、憂鬱症或是其他疾病——轉移到一隻羊身上，然後這隻所謂的「代罪羔羊」，在特殊的儀式中被屠殺。最後，所有的部落成員都加入一場持續數小時的瘋狂舞蹈。這場舞蹈是整個醫療儀式的主要部分，其關鍵點是在，**欲獲得醫治的成員必須在這場舞蹈中，認同那位魔附在自己身上的人物**。

普林斯醫師的影片中，有位男人因性無能的問題要求接受治療。在舞蹈中，他穿上母親的衣物，細膩地跳著舞，**彷彿他就是自己的母親**。這段畫面向我們顯示了，優魯巴原住民具備相當的洞見，理解到這個男人的性障礙與他和母親之間的關係有重要關聯——

雖然在他自身的意識中，否認了自己對母親的過度依賴。因此，使治療發生效果的最重要關鍵在於：這個男人能夠直接面對他內在的原魔，並與之妥協。對母親的需求和依靠是每個人生命經驗中的一部分，尤其在嬰兒時期，更是生存的必要條件；再者，這個經驗亦是日後人格特質發展中，溫柔面向和感受性的泉源。假使個人感到這樣的依賴過於強烈，或因某種原因必須要壓抑這個感受時，他將會把這個情感**向外投射**而形成下列想法：**和他上床的這個女人是邪惡的，而這個魔鬼想要把他閹割**。就這樣，他自己閹割了自己，而出現性無能的症狀。

像這樣的男人大概會一直把心思放在女人身上——被女人「附身」，並且覺得無論怎麼努力都無法拋開這個執念。雖然我不清楚這個男人是否眞的把他的母親視爲妖魔——通常我們會在類似的情況中聽到關於「妖魔」(demon)的象徵性描述，但正確地說，這裡的原魔即爲他內心與母親的病態關聯。於是，在舞蹈中，他「邀魔共舞」，歡迎它的到來。藉此，他不僅直接面對了自身的魔，並且接納它、歡迎它，與之認同、同化，並期待將之內化，而成爲建構自身統整性的一部分。如此，他便有希望成爲一個兼具溫柔、敏銳特質，同時又能在性方面勇於表現的男人。

在普林斯醫師記錄這場醫療舞蹈儀式的影片中，另外有一位年約十六、七歲的女孩，她對男性權威懷有強烈的恐懼，並且覺得自己被附身。儀式中，她身上穿戴著英國派駐當地的人口調查員的帽子及外套，很顯然地這些衣飾象徵著她體內所附著的男性權威的原魔。相信在經過這場儀式之後，她應該更可以爲自己的權力發言，不再膽小如鼠，更有勇氣面對權威，而當她與男人進入性愛關係時，可能造成的心理衝突較小。

前述的男士和年輕女孩都在身體上與他們所畏懼的對象認同，試圖融入他們先前極力否認的形象。這個原則暗示著，**與糾纏我們的形象認同，並非爲了要擊垮它，而是爲了要將它納入、成爲我們自身的一部分；因爲它必定代表著我們自身不願接納的成分。**那位男士認同自身的女性成分，並不意味著他會變成同性戀，反而能讓他在異性的性關係中有正常表現。當我們看見這位男士穿戴如女人，而那位年輕女孩身著男性官員的衣帽，可能會以爲這是一部關於原住民化妝舞會的影片。然而，從全體村民不帶一絲笑容的嚴肅表情看來，便會明白全然不是那麼回事；他們是爲了社群內的成員而參與這場重要儀式，並且他們都在舞蹈中，部分分享了折磨著生病成員的恍惚特質。在全體社群的支持下，男士和女孩才有足夠的勇氣，請出體內的魔。

特別值得注意的是，當個人面對他體內的「妖魔」時，他的鄰居、親友與整體社群所提供的協助是非常重要的。若缺少社群的參與和他們默默的支持，我們很難想像前述的男士和女孩如何能鼓起勇氣面對自身的魔。社群爲個人營造了一個溫暖而值得信賴的人際關係網絡，使得個人能夠放心地對抗負面的力量。

我們可以注意到上述的兩個例子恰好都試圖認同與自身相對的性別。這不禁讓我們想起榮格(C. G. Jung)的自我陰影概念，這裡的陰影指的就是受到自我否認的、與自身性別相對的性別特質；在男人來說，這個陰影被稱作阿尼瑪(*anima*)，而女性的陰影則是阿尼姆斯(*animus*)。有趣的是，阿尼姆斯這個詞其實包括了兩種意涵；一方面，它意味著敵意、暴力和惡意的企圖〔亦即「憎恨」(animosity)〕；但另一方面，它又代表著賦予活力(*animate*)、朝氣與煥發的精神。這些字詞都源自拉丁文的阿尼瑪(*anima*)，這個字的意思是靈魂或精神。因此，話語的智慧在歷經人類歷史的提煉後告訴我們，我們所亟欲否認的部分，恰爲敵意和攻擊性的來源；但若我們能透過意識作用將其整合爲自我體系的一部分，那麼它將會轉變爲活化生命的能量和精力的泉源。

我們必須學習接納原魔，否則它將會反過來侵佔、控制自我。易言之，克服惡魔掌控的最好辦法是學會掌握它，與其坦承相對、協商，進而將它統合到自我體系之中。這個過程將帶來許多好處。首先，自我可藉由統合原本忽略的部分而得到強化。其次，這個統合過程將會醫治自我內在的「分裂」，並紓解造成自我癱瘓的心理衝突。此外，從前我們因否認原魔而必須常用自以爲是或冷漠疏離等防衛機制以自保，而今這些防衛機制都隨著納入原魔的過程而瓦解了，終於，我們因此而變得更有「人性」。

在部落的治療儀式中，我們發現病人從過去的病態束縛中被**釋放**了出來，這在那位脫離母親心理束縛的男士的例子裡尤其明顯。正如許多神話、傳奇和心理治療向我們彰顯的，這個現象和妖魔時常被認爲是**女性的**(female)這個事實有很大的關係。古希臘的復仇三姊妹(Furies)是女的；蛇髮女妖戈爾根(Gorgon)也是女的。喬瑟夫・坎伯對全世界的神話做過非常廣泛而詳盡的研究，他將所有文明的神話中，凡是被視為惡魔的女神或女性人物，列出一長串名單。坎伯相信這些女性神祇或人物代表著大地女神，和土地的豐碩肥沃有關；亦即她們皆為「地母」(mother earth)的象徵。從另一個觀點出發，我認為女性之所以被視為擁有魔之力量，是因為無論男人或女人，每個人的生命起源都是從與母親的聯繫開始。只為著曾經被一個女人深深地懷在腹腔內，只為著曾經依附著臍帶的一端而出生，每個人都必須和這個由「生物性嵌藏」(biological imbeddedness)所形成的依附情結(attachment)進行角力，以便爭取自我意識和自主行動的發展——亦即，爭取掌控自己的權力。但是，在反抗依附、並宣布了自主權之後，個人必須在意識層面歡迎原魔的復歸。因為對於成熟的人而言，這是一種健康的依賴。

最後，我們可以察覺到前述兩位病人的經驗和本書的主題有著極大的關聯。那位男士的問題本起於性愛關係——他無法勃起；但後來在意志的協助下，他克服了對母親的被動依賴，並且得以恢復性能力。反觀那位年輕女孩，她的問題則顯然與意志有關——在面對權威時無法坦而直言；然而在治療過後，她更能夠放任自己、讓自己愛上一個男人。因此，愛與意志是相互依存的，提升其中一方，便有助於強化另一方。

現在，我們必須更深入地探查魔的意義。在古希臘文中，「魔」(*daimon*)這個字詞往往與「神祇」(*theos*)交互使用，並且其字義相當接近「命運」(fate)。此外，就如「命運」一詞的詞性爲單數，荷馬(Homer)以及柏拉圖之前的作者便從未使用過魔的複數形式。⑬人只有一個「命運」，正如每個人都只有一個「魔」——這反映了我們每個人所繼承的生命處境。關鍵的問題是，到底這個生命處境在多大程度上是**施加在我們身上的外在力量**（這是古代作家們所希望相信的）？而又有多大程度是屬於**個人內在的心理力量**（這是晚期希臘理性主義者的觀點）？比方說，赫拉克利圖(Heraclitus)就向後者靠攏，他聲稱：「人之性格即爲其魔。」⑭

遠古神話和宗教的最佳重新詮釋人艾斯奇里斯，將古老的智慧轉變爲自我意識正在成形中的希臘人所能理解的戲劇，毅然決然地迎向這個棘手的難題。他爲每一個希臘市民建立起原魔的概念，使得他們能夠在文明和自身的發展進程上達到令人欽佩的高峰。

在劇作《波斯人》(*The Persians*)〔譯註：此劇乃根據西元前四八〇年之史實改編，當時的波斯王瑟克賽斯(Xerxes)亟欲擴張其帝國領土，野心勃勃地率領其精銳海軍艦隊西征希臘，不料卻慘敗於希臘聯軍之手，而導致波斯王國面臨被毀滅的危機。劇中主要人物爲甫登基的新王瑟克賽斯、皇后母親雅朵莎(Attossa)，以及已逝父王達立吾斯(Darius)的鬼魂。艾斯奇里斯在劇中探討帝國與人類野心的意義，並企望藉此諷喻當時的希臘社會。本劇首演於西元前四七二年，曾獲酒神祭首獎，乃現存最早之希臘劇本。）中，艾斯奇里斯安排了一場戲，讓皇后描述瑟克賽斯的妄想如何導致波斯王國的毀滅，她並將此妄想歸咎於「惡魔」作怪的結果。這個例子說明了人如何被動地成爲惡魔的受害者。然而，當達立吾斯的鬼魂聽說瑟克賽斯竟然蠻橫傲慢到，試圖封鎖神聖的博斯普魯斯海峽時，慨嘆地表示：「是強大的惡魔**奪去了他的判斷力**。」這就改變了魔的面貌。在此情況下，魔的力量不僅直接控制個人的行爲、使其受害，更藉由影響人的**心理狀態**來發揮它的力量；它遮蔽人的判斷力，讓人不易看清眞實，但是卻要處於混亂心理狀態的個人擔負起行爲的責任。這是亙古以來人們就面臨的個人責任難題，即便**個人**深知自己同時亦受到命運的推動。這清楚地闡明了爲何我們不能純粹用個人心理學作爲說明、推論眞相和事實的唯一基礎。艾斯奇里斯並非從非個人的(impersonal)觀點出發來說明人與命運的關係，而是出自一種**超越個人**的(transpersonal)的角度，相信人不僅受制於命運，同時亦須擔負道德上的責任。

艾斯奇里斯劇中的主人翁由於忽視世事的本質、一味地極力表達其獨斷的自主性，而引來自身的毀滅。死亡、疾病與有限的時間，原本就是無時無刻圍繞著我們的自然事實；當約定的時刻一旦降臨，我們只能接納這卑微的命運。

在艾斯奇里斯的作品中，我們看到原魔同時具備著**主觀**及**客觀**的力量，此即爲本書所欲表達的魔的意涵。我想要強調的重點是，我們必須同時考慮原魔的兩個面向，並且在觀看個人內在經驗的現象時，避免使用純粹心理學的解釋，而貶低了人與自然、命運以及存在基礎之間的關係。倘若我們將原魔視為絕對客觀的存在，則可能會落入一種迷信，認為人類即是一輩子都無法逃脫外力控制的受害者。但另一方面，若把原魔看作全然主觀意念的作祟，那麼我們將會過度心理化原魔，亦即把所有的事物都看成是心理投射的結果，並且看待事物的眼光會變得愈來愈淺薄；最終，我們可能會失去自身的自然力量，甚至忽視任何客觀的生存處境，比方說遺忘疾病或死亡的自然事實。後一種觀點——原魔乃純然主觀之存在——將導致一種過分簡化的唯我論(solipsism)，假使陷入這樣的唯我論，我們終將失去生命最終的盼望。艾斯奇里斯偉大的地方在於，他清晰地看見並保留了原魔的兩個面向。在另一齣戲《奧瑞斯提亞》(*Oresteia*)的尾聲，他安排雅典娜囑咐希臘全體人民：

教吾人民免陷入無政府狀態之混亂
亦不令其受奴役支配……之苦！
勿將所有最高權柄
皆束諸高閣；為著無懼之處
駭人之事續存，屆時何人將獲得正義？⑮

然而，在那輝煌的西元前第五世紀末，原魔搖身變爲個人理性自主權之庇佑者。它成爲個人朝向自我實現的助力；在個人即將喪失自主權時提供警訊。蘇格拉底即爲此觀點之最佳例證，他絕不是個簡單的理性主義者，然而他之所以能維護自身理性自主權，是因爲他明白並接受此自主權實乃基於一超越理性之領域。這正是爲何蘇格拉底能夠勝過普羅塔哥拉斯(Protagoras)〔譯註：普羅塔哥拉斯(Protagoras，西元前 480～411)乃古希臘第一個詭辯家(sophist)，亦是詭辯哲學的創始者與傳授人。其最著名之兩部著作爲《眞理》(*Truth*)與《神論》(*On the Gods*)，據稱後者開宗明義便質疑神的存在，普氏因此曾遭受被放逐之懲處。普氏之名言爲：「人爲萬物之量尺。」意指每個單獨的個人皆爲其自身眞理的判準，此言可謂其所倡導之「不可知論」(agnosticism)之精華。〕的原因。蘇格拉底相信原魔；他認眞看待夢境和德爾菲(Delphi)神諭〔譯註：Delphi 乃希臘古都。阿波羅曾在古都神殿中下過意義曖昧不明的神諭〕。因此，在目睹西元前四三一年雅典遭瘟疫襲擊，以及後來與斯巴達血戰等惡魔現象時，蘇格拉底並未矇起眼睛，亦未嘗畏縮於惡魔力量的展現。蘇格拉底哲學由於擁有這樣的動力泉源，而使得它免於落入理性主義的枯燥；反之，普羅塔哥拉斯的信仰中則呈現出一種缺乏，因爲他忽略了人類本性中的動態與非理性力量。普氏哲學的根本概念爲「人爲萬物之量尺」(Man is the measure of all things)；陶茲(E. R. Dodds)認爲這概念最終導致一種「樂觀得可悲」的觀點，他更推斷當普氏在雅典與斯巴達戰爭初期去世時，一定非常地不快樂。⑯

啓蒙時代的人們必定爲蘇格拉底的魔之論述所困擾。在此引述兩個有趣的例子。當神采奕奕地懷抱著理性時代信念的湯瑪斯・傑佛遜(Thomas Jefferson)〔譯註：Thomas Jefferson爲第三任美國總統(1801～1809)。〕，讀著蘇格拉底受到「一個護衛魔的照料和訓誡」的事實時，不禁陷入深思，他惋惜地寫道：「我們當中有多少智者誠心地相信這些空想的眞實性，卻同時在其他的事物上保有完全的理智（！）」⑰當然，從我們現在這個有利的時空位置看來，這樣的評斷純屬無稽。此外，約翰・昆西・亞當斯(John Quincy Adams)〔譯註：John Quincy Adams爲第六任美國總統(1825～1829)。〕亦曾道出他發自內心的困惑：「的確很難分辨這（蘇格拉底的魔鬼）是純粹迷信的結果，還是蘇格拉底所借用的一個比喻……然而，當我們讀到蘇格拉底引用他所聽到的聲音作爲說明此魔的實例時，實在很難相信他所欲意指的只是審慎的態度或良心而已。」⑱

蘇格拉底的確不是想用魔來意指審慎或良心；再說，傑佛遜和亞當斯絕對不能忽略一個事實——蘇格拉底是所有我們認識的智者當中最不迷信的。然而，雖說他並不是把魔當作隱喩來指稱一個抽象的概念，卻是以象徵的語言來談論魔。因爲若想談論一個對個人整體發生影響的基本原型經驗，象徵和神話的話語是唯一的選擇。對於像原魔這樣的經驗領域來說，所有推論和理性的話語只不過能說出此經驗全貌的一小部分；如果我們只停留在推論性的語詞上，只會使我們自身變得貧瘠無味。如此，由於深深體悟唯有象徵和神話的話語，才能道出這個領域的眞實意義，柏拉圖才能寫下「神賜給了每個人一個魔鬼」的語句，並且指出此魔鬼實則爲人通往神聖性的聯繫。而對於後啓蒙、後弗洛依德時代的我們來說，因爲探索過本我(id)爲何物，並且了解到不光是靈感和創造性、而是所有人類活動中都包含著黑暗和非理性的根源，經過此番洗禮，我們才有能力理解蘇格拉底的論述。

現在，我們了解到希臘人在魔之概念中達成了**善與惡的合一**，它既是人神之間的橋樑，亦爲人神共享的特質。欲達成與自身之魔和諧共處的境界〈亦即「幸福」(endaimonism)之境〉並非易事，然而一旦臻至此境界，將獲得無可比擬之報償。原魔是種純粹自然的驅力形式，但是倘若我們意識到它的影響力，便可在某種程度上同化、引導這個力量。原魔會摧毀純然理性的籌劃，並且爲個人打開原爲自己所有、卻不爲自己所知的創造可能性。柏拉圖以強壯而憤怒的野馬作爲原魔之隱喻，而人要費盡全身的力氣才可能控制牠。雖然人從未能夠擺脫這個衝突，但是這個奮鬥的過程卻爲人們提供了一個永不衰退的潛力泉源，既使人們敬畏，又帶給人們幸福。

從西元前四世紀到西元初期，將惡魔之善惡二面向做二元分裂的情形愈形明確。天國的住民現已被截然區分爲兩個群體——魔鬼與天使；前者的領袖是撒旦，後者則與上帝同盟。即便這樣的發展從未得到完全合理化的解釋，然而我們可猜想得知，當分裂開始形成的時候，人們一定懷抱著一種期待，希望藉著這樣的區分，使得人們面對、征服魔鬼的任務變得較爲容易一些。

然而，若古希臘人或早期基督徒能夠從道德動力論(moral dynamism)——此理論將善惡之掙扎喻為天使與魔鬼二股分裂的互鬥勢力——中有所收穫的話，他們勢必失落了更重要的東西。此失落之物即為關於**存有**(being)的古典有機結構概念——此即，存有乃所有善惡可能性之混合體。在此，我們窺見了里爾克困境的端倪——若他的魔鬼要離開，他的天使亦將振翅飛去。

撒旦(Satan)——或魔鬼(devil)——源自希臘字*diabolos*，譯成現代英文即為「魔鬼的」(diabolic)。有趣的是，*Diabolos*的字面意思其實是「撕裂」(*dia-bollein*; to tear apart)。⑲更令人驚奇的是，這麼一來，「魔鬼的」這個字便成為「象徵的」(symbolic)的反義字；後者的字根是*sym-bollein*，意味著「拼湊」(to throw together)和結合。在這些字詞當中，蘊含著豐富的善惡本體論。「象徵的」意味著拉近、連結，使個人與自身達到統整狀態，並幫助個人融入他的所屬群體；相反地，「魔鬼的」則代表了瓦解和分裂。前後二者皆包含在原魔之中。

撒旦原為天使長，受封為「人之大敵」(adversary)。他便是分別在伊甸園和山頂上試探夏娃與耶穌的魔鬼。但是，若我們更詳細地觀察他，便會發現撒旦並不只是人的敵人；從他在伊甸園中謀求蛇的協助一事看來，他清楚展現了原魔本性的一個面向。在伊甸園中，撒旦乃是原魔中肉慾與權力慾的化身，驅迫人藉由知識而得到「如神」一般的不朽。上帝譴責亞當與夏娃偷食能教人「分辨善惡的知識之樹」上的果子，唯恐他們接下來會試著偷吃能夠獲得永生的樹果。伊甸園偷食禁果，和耶穌在山頂遭遇試探這二齣戲劇，都象徵性地呈現了原魔中肉慾與權力慾的驅迫性格，而撒旦則是原魔的具象化身。

撒旦、魔王(Lucifer)，及其他曾經是天使長的惡魔形象的存在，有其心理上的必要性。他們**必須**被虛構、**必須**被創造，以便使人的行動與自由成爲可能。否則，人的意識就無法出現。因爲每一個意念在創造的同時皆造成毀滅：爲了思考某事，我們必須切斷其他事情的思路；當我們接納某個事物，即表示拒絕了其他事物，然而這樣的拒絕實則爲接納某物所產生的矛盾後果。因爲意識的運作方式是「非此即彼」，它兼具了毀滅和建設的性質。沒有反叛，就沒有意識。

因此，希望藉著逐漸臻至完善而擺脫撒旦或其他「人之大敵」的作法，就算是可行的，也不會是一個具建設性的辦法，遑論這辦法顯然不可行。當聖人們自稱爲天底下最大的罪人時，絕非無稽之談。事實上，可完善性(perfectibility)的目標是現代科技悄悄偷渡進道德意識中的概念，原因是它混淆了道德與可完善性。

在處理關於魔鬼與天使的宇宙主題時，我們面臨一個大難題，此即，天使實在是一種乏味而無趣的物種。就定義上而言，他們是無性別之分的；他們的長相通常是以丘比特爲模子——也就是極端退化的愛神形式。天使的主要工作大致上看來就是到處飛來飛去、傳遞天國的宣告和訊息——這情景就像是存在著某種天上的西方聯盟。除了像米迦勒(Michael)等幾個天使長之外，大部分的天使相對而言都不是什麼具有力量的人物。就拿我自己來說，天使除了在聖誕節歷史劇中扮演裝飾性的配角之外，實在無法勾起我的興趣。

難道天使眞的如此無趣嗎？是的，除非他們墮落！屆時，他們才變得迷人而有趣。被逐出天堂的魔王，後來在米爾頓(John Milton)的《失樂園》(*Paradise Lost*)裡成爲極富活力的英雄人物。當一名天使奪得自我主張的獨立權柄時——不論我們稱之爲驕傲、拒絕屈從或其他稱名，他才眞正擁有引人目光，甚至是令人欽羨的能力。他肯定了自身的存在、選擇和慾望。若我們將魔王等象徵形象視爲人類心靈重要驅力的表徵——亦即一種朝向成長的驅力，一種從個人內在所生成的、嶄新的觀看周遭世界的方式——那麼直言自身的獨立選擇權對於成長過程而言，必然有其正面意義。因此，我們更應擔心那些長久在行爲舉止上保持著「小天使」形象的小孩；而在某些時刻裡，我們反而在那些看似「小魔鬼」的年輕一代身上，看到未來發展的希望。

墮落天使擁有部分的原魔力量，這個力量隨著遠古異教世界的神話論述遭到善惡二元論瓦解，而逐漸被人們棄絕。因此，里爾克想要同時留住天使和魔鬼的慾望是有道理的，因爲我們需要兩者。**天使和魔鬼皆爲構成原魔的一部分，缺一不可**。再說，誰能斷言里爾克的魔鬼並未如他的天使般，成爲他詩作的靈感泉源呢？

魔鬼與天使的二分一直延續到中世紀，此時已經確定使用「妖魔」(demon)一字來形容與原魔有關的事物。中世紀的人們深深爲這些妖魔著迷，就連在譴責牠們的時候，都抱著極大的熱情；否則爲什麼這個時期的藝匠們要用石頭鑿出許多臉上帶著陰森笑容的、奇形怪狀的各式怪獸，讓牠們在教堂的四周圍蹦跳攀爬？而這些藝匠們想必都曾有過與原魔接觸的第一手經驗。在這個熱情充沛的時代，人們榮耀他們的原魔特質。然而，這並未阻止人們在宗教戰爭中使用將敵人譴責爲魔鬼的方便法門，最明顯的例子是對清潔教教徒(Albigensian)〔譯註：清潔教之教義(Albigensianism)包括了推崇善惡二神論。〕起義事件的打壓。人們似乎總是傾向於將外人、陌生人或與自己相異之人視爲邪惡的，而認爲自己是屬於天使的那一邊。

渥夫岡·蔟克(Wolfgang Zucker)教授指出，一直到等到「十八世紀末期掀起一股天才的反理性熱潮」。⑳人們才重新尋回那無法以善惡二分法簡單度量的原魔。這股反理性浪潮所透露的是一種對啓蒙運動的反抗，拒絕接受中產階級實用主義的秩序概念，並抗議普遍流行的、以道德與知性掛帥的神學。蔟克教授相當中肯地寫道：

> 如此的思想表露需要社會先決條件的配合，這包括了舊社會秩序的瓦解，以及一種有別於傳統藝匠的新邊緣階級的出現：即藝術家。直到這個時期，「藝術家」〔artiste（法）；Kuenstler（德）〕的稱名才開始被使用，這個稱名所指稱的不僅是一種特定職業，更是一種自外於社會經濟價值階層的生活方式……根

> 據此觀點，藝術家不再僅是透過勤奮學習與精鍊而知道如何使用畫筆、鑿刀或是能夠演奏不同樂器的人，而是擁有某種超自然力量的人：他擁有天才，甚或他自身就是天才……他的行為舉止不符合一般所接受的行為規範，此外，他的作品更具有一種超人特質，而使得其他的工作內容完全無法與之相提並論……因此，一般所使用的善惡標準，有用或無用的分類，都不適用於天才。他的所作所為，和他所受的折磨，皆為天才的命運。他並不是因為身懷藝術家的絕技而成為天才；相反地，他是因為被天才附身，始成為藝術家。㉑

歌德晚年仍受到原魔的強烈吸引，他在書裡長篇大論地談論原魔概念。他深信，原魔不僅屬於自然，亦是命運；它引人進入重要的會晤——如同歌德自己與席勒(Schiller)的會面——並促成偉人的誕生。我們只要回想幾個「時勢造英雄」的例子，便可以找到此種觀點的實際例證；歷史上偉人的出現，都是天時、地利、人和的結果。歷史局勢緊緊抓住了擁有天賦的人，而把他們推向偉大（請參見托爾斯泰在《戰爭與和平》(*War and Peace*)中所論述的主題）。因此，偉人實則爲歷史所用；在此意義下，歷史和自然有著相同的運作方式。歌德描述自己在生涯的最初期便發現了原魔，而且指出，是原魔造成了他的特殊命運。他對原魔的描述如下：

……它在自然之中被尋得，存在生物與無生物之中——有靈魂的與沒有靈魂的，它僅在矛盾的事物中現身，因此無法用單一概念掌握之，遑論單一詞彙……它只能在極其艱困的事物中獲得快樂，而彷彿對所有輕而易舉的事物嗤之以鼻。

這個原理，似乎嵌進所有其他的原理當中，將它們分開，又使它們相連；效仿先人及所有對此有所覺識的人，我將此原理命名為原魔(Daemonic)。㉒

在完成他們的任務之後，偉人便逐漸墜向毀滅。對歌德而言，「詩與音樂，宗教與解放戰爭中的愛國情操，拿破崙和詩人拜倫(Lord Byron)，全都是原魔」。他在自傳的尾聲中寫道：

縱然原魔甚至可在野獸身上以最驚人的方式呈現它自身，但基本上它是與人相連的。即使原魔所代表的力量不和這個世界的道德秩序相對抗，至少它與後者有著全然相反的目的；我們甚至可以一經一緯來說明二者的關係……當原魔在某些人類身上現身時，我們即可窺見它令人極度驚懼的樣貌。在我的一生中，曾經有過好幾次機會得以或遠或近地觀察到這樣的人。他們並非全都是擁有過人智慧或天份的人，而且他們之中極少有人以具備善良的心靈來介紹自己。然而，他們身上卻散發出強大的力量，他們所擁有的驚人力量震攝住所有的人、甚至是自然元素；沒有人能說得出他們影響力所及的範圍為何。㉓

在對原魔的著迷中，歌德並未如浪漫主義者一般景仰它，亦未曾像理性主義者那樣譴責它。他發展出一種原魔特權階級的概念，亦即：有些被揀選的人擁有大量的原魔，但另一些人則沒有。原魔的無理性展現在它賦有尼采筆下的「酒神氣息」，亦具備了柏格森口中的生命衝力(élan vital)能量。擁有原魔特徵的偉人原本是所向無敵的，直到他們受到自身無可避免的**傲慢性格**的驅使，轉而開始攻擊自然本身，這便是導致他們步入毀滅的原因。把拿破崙逼到窮途末路的並不是俄國人，而是俄國人與俄國的冬天聯手的結果。在此我們看見了一個**符應原魔的意志**被實現的例子，亦即：原本俄國人依靠自身力量所無法達成的事，他們藉著使自己的意志順應自然、配合土地而達成了；在這個人與自然合作、人與命運交融的荒蕪之境中，俄國人的意志終得實現。後來，這人與自然二元素的奇妙結合，被擬人化爲「冬將軍」這個有趣的稱呼。

保羅・田立克是提倡原魔概念的現代思想家。這說明了他爲何受到眾多精神科醫師和心理學家的歡迎，每當他演講，便有爲數眾多的精神科醫師和心理學家到場聆聽。但是，他們並不是爲了去聽一個博學智者的話語，而是去聆聽一位「邀請」原魔進入生命的人，因爲那也是他們的必要工作之一。我曾經一度爲一位患有精神分裂症的女士做心理諮商，她在一年前發病。當時，她曾與田立克見面，並向他解釋她的魔鬼經驗。田立克聽完她的說明，非常平靜地答道：「每天早上七點到十點，是我和魔鬼相處的時間。」這番話對這位病人帶來了極大的幫助，我相信這是她之所以能存活下來的主要原因。田立克的話對她表明了，她的經驗並沒有使她成爲異於常人的「怪人」，因爲她的問題和其他人的問題相較，只有程度上的差異而已。這位病人後來恢復參加某宗教團體的聚會，重新與她的世界和周遭的人溝通、聯繫。

然而，事情並非總是如此順利。在希特勒控制德國之後，田立克遭到放逐，並於一九三三年來到美國。他時常提起當時的德國被一種僞浪漫主義浪潮席捲，以及他班上的學生如何覺得他「太崇尚理性主義、太講究邏輯」。田立克於一九三六年夏天回德國探訪，當他回到美國時，曾對紐約一個團體敘述是次遊訪的經驗。在逗留期間，他被一股強烈的不祥感籠罩，對德國的未來憂心忡忡，爲了紓解此情緒，他前往柏林近郊的森林中散心，但是，當他漫步在林中時，他感到原魔的威脅即將降臨。（「我看見四處盡是斷垣殘壁，毀滅的景象充斥眼前。羊群被放牧在波僧達莫廣場(Potzendammer Platz)（譯註：位於德國柏林近郊。）上。」）此時爲三〇年代中期，正值美國自由解放運動風起雲湧之時，然而，在場的觀衆裡幾乎沒有人對田立克的描述有所回應。有一位來自芝加哥的神學家在走出演講廳時說道：「我們好不容易才驅除了魔鬼，這下子田立克又把它們從柏林的每一棵樹後面帶回來！」但是，事實證明了田立克的悲慘預言，相較於後來希特勒實際上在德國施行的野蠻暴行，其實是再溫和不過了。事實上，興起於第一次世界大戰後的所謂「科技理性」時代，不僅未曾實現它所承諾的美好景象，反而在後代的歷史回顧中，被稱作惡魔的時代。

弗洛依德引領我們進入那由惡魔力量統御的但丁煉獄，他並用各式各樣的實徵案例向我們呈現原魔的嚴重性，以及一旦原魔力量誤入歧途，將會釀成何等的病態行爲、精神官能症、精神病和瘋狂。他寫道：「任何一個想和我一樣，去召喚那棲息在人類心中、半馴服的(half-tamed)惡魔的人，都必須有這樣的心理準備：絕不可能在此趟探險中保持毫髮無傷。」㉔「半馴服」看似是個信手拈來的詞彙，但用它來形容存在於人類內心的原魔的形式，可謂恰到好處；完全被馴服的是天使，全未被馴服的是魔鬼，而人類則是前後二者兼而有之。在心理治療中我們可清楚地發現，若只因原魔過於危險而甘願臣服於逃避的誘惑，很顯然是不具建設性的作法；選擇這條路，意味著心理問題的治療過程將走向一種較爲溫和的「調整法」，亦即協助病人邁上枯燥乏味的「康莊大道」。無怪乎許多病人寧可停留在精神官能症或精神症的處境裡，而不願變得「正常」，因爲至少在脫軌的生命存在裡，他們可擁有更旺盛的活力與力量。

弗洛依德了解生命的殘酷無情，他傲於自身的才能，卻在面對命運時表現出無比的謙卑，此外，他亦拒絕迎合人們渴望保持自我信心的需求——所有的這一切性格特徵，往往被人誤解爲出自悲觀的結果，然而事實上，這是因爲他深深明瞭人類存在本身所具有的令人畏懼的特質，並明確地意識到死亡的終極必然性。這些性格特徵在在說明了弗洛依德對於原魔有深切的感知。

仔細閱讀弗洛依德的著作，我們可從他對「命運」與「宿命」(destiny)的強調，以及他所提出的力比多、死亡本能和驅力(*Trieb*)的概念中，發現隱含著原魔的論述。前述的每一個概念都隱微地說明著：那駐留在我們之內的力量，有可能會攫住我們，令我們成爲「自然之具」(nature's tool)，並且將我們捲入超越人類層次的運作之中。力比多（或是慾望）是在人類想像力之中運作的自然驅力，它隨時都可能設下各式各樣的陷阱，就在人好不容易確定自己通過一次誘惑試煉、才剛剛放下心來準備休息的時候，它又不知從哪兒猛然冒出，把人攫住，讓他失去判斷力，把他當作執行非個人種族使命的器具。而要是拒絕與此無可避免的心理生物現象妥協的話，其後果便是導致心理病症的出現。這便是弗洛依德亟欲強調的重要問題，而此論點在維多利亞時期思想背景——將人與自然硬生生割離——的襯托之下，顯得更爲眞實、清晰而具建設性。關於弗洛依德的概念中如何暗藏原魔論述，我必須稍做說明。以力比多爲例，它在發揮過影響力之後便死去；而接下來，在弗洛依德的概念中，能夠持續爲我們提供生命力量以對抗死亡本能的，則是愛慾，然而愛慾必須以原魔的形式出現，才能拯救我們。依此看來，弗洛依德以魔鬼之名呼喚愛慾的意圖，昭然若揭。

摩根教授將弗洛依德嚴峻而實際的愛情觀，與那些向現代人販售虛幻承諾的樂觀思想家的觀點做了對照。他寫道：「（就弗洛依德的觀點來說）沒有任何一種「愛情藝術」、讓心態變得健康的柔軟體操，或是解放愛情的實用主義技術……能為世界帶來和平，或者教人類彼此心懷善意。原因非常簡單：人類本身即懷有引致自身毀滅的種子，並且更不斷地灌溉這種子。我們必須懷恨，正如我們必須去愛。我們意欲毀滅自己和自己的同胞，但也意欲創造、保護他們。」[25]

愛與原魔

任何一個體驗到自身存在的孤單和寂寥的人，都渴望能與另一人相連。他會嚮往進入一種比自身更偉大的關係當中。通常，他會盡可能藉由某種愛的形式，以克服孤獨的狀態。

心理治療學家奧圖・蘭克有一回談到，所有前來向他尋求幫助的婦女，問題都出在她們的丈夫在性事不夠積極主動。儘管這樣的說法聽起來有過度簡化事實之嫌，但是它指出了一個重要的問題：我們對於性事的培養是如此貧瘠，不僅讓我們變得反覆無常、疏離無情，更使得性原本具有的單純力量全然消逝，並且令女人們失去了一種強烈而重要的歡愉經驗——被擁有的心醉神迷。「愛痕」(love bite)，這通常伴隨性高潮而來的敵意和攻擊的姿態，極可能是做愛過程中的必要行爲；實際上，愛痕具有建設性的心理生理作用，它爲女人帶來歡愉，而對男人來說，則饒富表達意味；我們甚至可以說前者的意義要大於後者。

爲了讓自己有足夠的力量進入關係，一個人必須要具備自我主張、獨立自主和自我肯定的能力。他必須擁有可供給予的東西，並且願意將它給出。當然，如此一來個人將冒著過分堅持自我主張的危險；當我們說自己如同被惡魔附身，而不由自主地做出不該做的行爲時，便是來自此種過分伸張自我的經驗。然而，這並不意味著我們必須放棄自我主張，以避開這黑暗面向，因爲若是一個人無法表達自我，他便無法參與一段眞誠的關係。動態的辯證關係（我很想用天平作爲比喻，但這個意象並不能完全形容這樣的關係）是一種持續不斷地給予和接納的過程。在此關係中，個人表達自我、在對方那裡尋得答案；然後，他可能會逾越界線，感受到對方的拒絕，因此，他向後退一步，這並非放棄，而是爲了把參與關係的形式帶往另一個層次，更爲了找到能保有彼此完整性的相處方式。像這樣在與他人的關係中，表達出自我的個體性，便是原魔的建設性運用。這個動力辯證關係永遠遊移在剝削伴侶的邊緣，然而缺少了它，關係便會失去生命力。

當比例調配得當時，原魔將會敦促人與他人接近、藉由性關係豐富生活，並驅迫人從事創造、走向文明；在這樣的關係當中，最重要的是隨之而來的歡欣、喜樂，以及因爲了解到自己是重要的，知道自己有能力影響他人、塑造他人和行使自身的力量，所獲得的單純安全感。這是我們確認自己價值的重要來源。

然而，當原魔完全奪去主控權時，個體的統整性和關係便分崩離析；個體事後將會坦承道：「我無法控制自己的行為，所發生的一切都像在夢中一般，我自己都認不出那個人是我。」原魔是一種根本的力量，它一方面使人免於遭受不能成為自己的恐懼，而另一方面，則讓人免於感到與他人毫無聯繫、對他人毫無需求的驚惶失措。

上一章中所提到的那位愛上修車技工的年輕婦女，曾經向我描述她的先生總是「在每天晚上，屋前屋後地跟著她，臉上帶著阿諛奉承的表情，等著她上床」。雖然我們很可以了解為何她的先生會淪落至如此卑微的處境，但是我們也同樣理解到，其實技工是因為沒有像她先生一樣的矛盾心理，所以才抑制住了他的情慾攻擊性，而這不僅為那位太太帶來解放，對她自身的拋棄需求而言亦不啻為一大恩賜。

就生物層次而言，陰莖的勃起是原魔在男性身上的鮮明呈現——此現象本身對於察覺它正在發生的女人而言，充滿迷人的情慾誘惑力；當然，前提是這個女人已經對此感到興趣才行，否則，這現象反而會造成她的嫌惡感。但即使是負面的反應，仍然從反面證明了陽具勃起具有引發情緒的力量。正因為勃起現象本身即為原魔的豐富象徵，古希臘人才會在他們的瓦罐上，圖繪一群森林之神，個個驕傲地挺著他們高聳的陰莖，進行祭拜酒神的宗教慶典。欲理解此象徵的力量，男士們只要回想當他們還是小男生的時候，自己逐漸勃起的陰莖——即便毫無明顯的意識動機——曾經如何帶給他們奇異的感受和美妙的感官沈醉。而在女性方面，亦存在著類似的原魔的表達，只是在外顯的生理變化上不如男性來得明顯；它使得女性有能力率直地展現她對男人的慾念和渴望，並巧妙地讓她的男人感受到她對他的慾求。男人和女人都需要表達自我，以在分離的兩人之間築起一座橋樑，達成彼此的連結。

我並非在此倡導回歸原始的性關係；亦不是在安慰那些把主動出擊(aggression)單純地解釋爲，硬是將自身需求強加在性伴侶身上的天眞男女。我在此使用出擊這個字眼，乃欲意指其健康的意涵，亦即，它是一種出自堅強而非懦弱的自我主張的直陳，並與敏銳的感受力和溫柔待人的能力有不可或離的關係。但我仍然必須指出的是，在我們過度地開發性愛的同時，我們也截斷了性關係的許多重要面向，而且，我們亦將冒著失去原本所欲追求事物的風險。

在心理治療過程中，有一件奇特的事情總是令被治療者十分驚訝。就在他們承認了對伴侶心懷憤怒、憎惡和恨意，並且花了一整個鐘頭的時間嚴厲斥責他（她）之後，他們最終都感到自己對伴侶其實懷著深深愛意。當病人開始鬱積對伴侶的負面情緒時，他可能會半無意識地決定把這些情緒藏在心裡，就像一個有風度的紳士那樣；然而，最後他會發現，就在他壓抑了攻擊性的同時，他也壓抑了對伴侶的愛意。這個清楚的事實幾乎已經成爲治療的成規。陸德維希・勒菲柏(Ludwig Lefebre)醫師稱之爲「負面涵納」(inclusion of the negative)；爲了使正面的情緒得以浮現，這是一個必要的過程。

這個過程不僅指出人類意識是以兩極並行的方式運作——亦即須待負面被涵納，正面才得以顯現（心理分析中之所以必須分析陰暗的面向，便是希望能藉此促使樂觀面出現；這個希望在最後往往被證明是對的，因而更強化了這個規則）；它更彰顯了面對與承認自身原魔所具有的建設性價值。我們當還記得「愛慾即魔」；愛慾不只包含愛情，亦與仇恨有關；它爲我們的日常存在提供能量，亦帶來驚駭，它就像隻擾人清幽的牛虻，要人隨時隨地保持清醒；愛慾是解脫涅槃的敵人，是令人喘不過氣的寧靜。換句話說，恨與愛並非對立的兩極端，它們是並生的，而在我們這個轉型的時代尤爲如此。

近幾年來在百老匯及全美最常被談論的舞台劇，是一齣長達三小時的、夫婦間彼此情緒角力的戲作，劇名爲《誰怕維吉尼亞・伍爾夫？》一連三小時，觀看在舞台上進行的夫妻戰爭，觀衆們的不安掩藏在他們緊張的笑聲、甚或不知該不該笑的猶豫中；但更顯而易見的是，他們都深深地受到了感染（就像許多人經常指出的一樣，我必須說此劇的電影版大大地緩和了舞台劇中原本極度強烈的衝突氣氛。由於電影版的開場極力強調喬治(George)與瑪莎(Martha)在衝突與暴力發生之前的愛情場景，因而削減了原魔的威脅，並且令廣大的電影觀衆得以安心）。

這齣劇爲何具有如此吸引人的力量？我相信，這是**因爲它揭發了存在於所有婚姻中的惡魔願望、想法和感受，然而這些陰暗面向都爲我們這個中產階級社會所否認**。牢牢緊抓我們注意力的，是我們自身內在的惡魔傾向，被大剌剌地、清晰地呈現在舞台上——

正如劇中一位演員會將全身縮成一團，做出眼鏡蛇般的攻擊姿態。本劇之主角喬治和瑪莎夫婦，在他們情緒化的野蠻行爲底下，的確藏有對彼此的些許愛意，但是他們對此懷著恐懼，膽怯於自己的溫柔。在這一點上，這齣劇可謂敏銳地刻劃出現代西方人的眞實圖像。因爲我們的確畏懼自身的惡魔傾向，亦害怕溫柔的感覺；而前後兩者，其實是一體的兩面。倘若我們想要體驗並活出溫柔之愛，就必須具有直接面對原魔的能力。雖然二者表面上是全然相反的事物，但是當我們否認其中一方時，亦將失落另一方。

當然，就如任何偉大的藝術作品一樣，這齣戲劇透過賦予原魔一個意義**形式**，而得以**提升**它、**超越**它。這便是我們允許自己在藝術作品的呈現中接納原魔的原因。此外，這齣戲也在最後幾句對白裡，超越了夫妻戰爭的內容（雖說在藝術的超越上，戲劇的題材不如藝術形式本身來得重要）。劇末，喬治和瑪莎終於能夠共同**意欲**某事——正因爲如此，此劇被其導演稱爲「存在主義式」戲劇。表面上看來，他們之所以能再度意欲某事，是因爲在他們彼此爭鬥的過程中，已經消滅了他們所幻想出的兒子的幻影。然而，我們無從得知他倆是否會實踐他們的意願。但我們可以確定的是，將這對夫妻的血腥爭鬥搬上舞台，在那些出身中產階級、彬彬有禮的觀眾群心中，勢必留下極大的震撼。

我們只需回憶古希臘戲劇中那些駭人的事件——米蒂亞(Medea)手刃親兒、伊底帕斯把自己的眼睛挖出、克麗婷妮特拉(Clytemnestra)謀殺自己的丈夫之後又被親生兒子殺害——便會了解偉大的古典劇作之所以能夠「以悲憫和驚恐洗滌人心」（亞里斯多德之言），正是因爲其核心意旨即在直截了當地凸顯原魔。然而，在古希臘悲劇中，眞正令人毛骨悚然的事件總是在台下發生，而僅用驚呼或是適當的配樂來表達。這樣的處理方式有許多優點：首先，此種呈現方式相當正確，因爲當原魔在日常生活中發生時，的確通常是以幕後的方式出現，亦即，往往在潛意識或無意識中發生。比方說，我們不會因爲和同事在開會時起爭執，就眞的把他殺掉；雖然我們可能會想像他突然心臟病發作而垂下頭的模樣。再者，古希臘人並非對野蠻行徑或駭人聽聞的事件特別感到興趣，他們深知如此將會毀掉戲劇作品的藝術性；劇作家們淸楚自己必須從探問謀殺事件的**意義**中出發，來從事戲劇的創作，而不是一味追求煽情的戲劇效果。

至於古希臘人如何能將他們的文明提升到此無可倫比的境界，我大膽地提出，主因之一是他們能夠無畏而開放地面對原魔。他們崇尚熱情、愛慾，亦讚揚原魔，因爲後者與前者無可避免地相連。不論哭泣、做愛或是殺人，他們永遠充滿熱忱。而今天，接受心理治療的病人時常會提出，他們在古希臘劇中注意到一個奇特的景象：在劇中哭泣的人，往往是像優里西斯(Odysseus)或普洛米修斯(Prometheus)一樣**堅強的**男人。正因爲他們有能力直接面對原魔，而非像現代人一般，企圖用自我閹割的防衛機制否認、壓抑它，古希臘人才能夠實踐他們的信仰：亦即，**人類美德的精髓(*arête*)，是在於負責任地選擇他們的熱情，而非被熱情擇取**。

然而，直接面對原魔是什麼意思呢？說來十分奇特，威廉・詹姆斯在四分之三世紀前，便曾直覺地掌握到原魔，並提出了面對它的辦法：

恰是行為中的惡，包含著它令人暈眩的魅力。一旦禁令被取消，行為也就失去了它原有的吸引力。在我的大學時代，有一個學生從校園中一棟建築物高處的落地窗口一躍而下，險些喪命。另有一位學生（我的好友），每天都必須來回經過這個窗口數次，每當他經過這裡，都感到一股強烈的誘惑，想要模仿那位同學的行徑。身為一個天主教徒，他把這件事告訴了主任，沒想到主任聽了他的話之後說：「好吧！如果你真的必須這麼做。」最後他加上一句：「你就儘管去吧！」就在這一瞬間，他的慾望完全被澆熄。這位主任還真知道該怎麼伺候病態心理。㉖

我將提出另一個心理治療的病例，在此病例中，病人的心理被一種通常不被視爲原魔的狀態所侵佔，此即：孤獨。對這位病人而言，被強烈的孤獨感襲擊，接著又擴大爲極度的驚慌失措，並非罕事。在驚惶中，他會完全失去方向感和時間感，而且只要孤獨感的發作持續下去，他對周遭世界的反應能力便完全停留在麻木狀態。他的孤獨感具有幽靈般的性格，只要電話鈴聲響起，或門外走廊傳來腳步聲，便立刻消逝得無影無蹤。他絕望地試著與孤獨感一次又一次的襲擊對抗——就像我們所有的人一樣；這並不令人感到意外，因爲劇烈的孤獨感要算是人類所遭受的苦痛中，最折磨人的焦慮了。病人們時常會告訴我們，這疼痛就像胸口有什麼在啃噬一樣，或者他們會感到自己的心臟正被剃刀割著，而他們的心理狀態就如同一個剛出生的嬰孩，被拋棄在空無一人的世界裡。

當孤獨感襲來時，這位病人會試圖用思考別的事情、埋頭工作或出門看場電影，來轉移焦點——然而，不論他如何嘗試逃離這個狀態，那縈繞不去的邪惡威脅卻始終盤旋在身後，如同一令人憎惡的鬼怪，手持一柄細長的劍，隨時準備刺進他的肺葉。㉗如果他試著工作，他幾乎可以聽到魔鬼在他身後放聲大笑，嘲笑他所做的一切努力，並提醒他：不論他使用什麼策略都是徒勞無功，因爲遲早他都得停下來休息，並且比從前更加感到疲憊。就在這一瞬間，細劍猛地插進他的體內。而若他決定去看電影，每當場景轉換間，他便無法扼抑對孤獨的覺識感，尤其是一旦踏出電影院，獨自站在街頭，那錐心刺痛的感覺卻又更清晰地湧現，幾乎將他吞噬。

然而有一天，他告訴我他有了一個重大而驚奇的發現。一回，當強烈的孤寂感開始向他漫來時，他突然決定乾脆完全放棄抵抗的念頭——畢竟，持續的逃避從未發生任何效用。那麼爲什麼不接受它，和它一起生活、一同呼吸，試著轉向它而不是離開它？奇妙地，當他直接面對孤獨感時，他卻不再被孤獨籠罩。甚至，孤寂的感覺竟開始一點點地消失。放大膽子，他開始想像過去曾經被劇烈的孤寂感啃噬時的所有情境，邀請孤獨現身。直至目前爲止，這些痛苦的記憶本來絕對會引發他的驚恐；但奇怪的是，現在，孤獨感已經失去它原有的力量。縱使他嘗試回到驚慌的情境中，那些情境卻再也不會教他惶恐了。他愈是轉向它、迎接它，便愈來愈無法理解，為何從前自己會陷入如此苦不堪言的孤寂狀態。

這位病人發現——也在那天教導了我——人愈是想遠遠逃離，孤寂感便愈是強烈；而當我們轉身面對「魔鬼」（若用隱喻的語詞來說），它便開始消失。但是，我在這裡所欲指出的：逃避的行動正是確保原魔得以持續施展其強迫力量的反應，卻不是一種隱喻式的說法。無論我們是否同意詹姆斯-蘭芝(James-Lange)情緒理論，㉘但其理論中可確定為眞的一個論點是：只要我們繼續逃避，焦慮（或是孤寂感）勢必永遠佔上風。

焦慮（其最痛苦的形式為孤寂感，或「被拋棄焦慮」）所挾帶的征服力量，足以令人在客觀存在的世界中，完全失去方向感。失去世界，即意味著失去自我，反之亦然；自我和世界是相互關聯的。焦慮的作用即在粉碎自我—世界的聯繫，亦即，讓受害者失去時空感；只要這樣的迷失持續下去，個人便永遠停留在焦慮狀態中。焦慮之所以能將人擊垮，恰是基於此迷失感的延續。倘若個人能夠重新尋至方向——誠如我們希望在心理治療中所發生的——並且在實際經驗裡找到他與世界的直接聯繫，讓他所有的感官活躍起來，他便能克服焦慮。我在此之所以使用略微擬人化的語詞，乃是出自作為心理治療師的實際工作經驗，我想並無不當之處。因為即便我和這位病人都相當清楚這個詞彙的象徵意味（因為焦慮就像力比多或性驅力一樣，它們並不會實際「做」出什麼事），但是對於病人來說，想像自己正與一個「敵手」對抗，可以幫助他們釐清、處理所面對的難題。如此一來，他便無須長久地等待著心理治療來分析掉他的焦慮，而能夠採取實際的措施，協助推動自己的治療進展；比方說，當焦慮襲來時，他可以停下來自問：到底在引致焦慮的迷失感出現之前，在現實處境或他的幻想中發生了什麼事情？這麼做，不僅意味著把幽靈藏身的衣櫃的門打開，更能幫助他擴展新的人際關係、找到自己眞正感興趣的工作，以重新尋獲生命的方向。

看著眼前這位曾經被孤寂感糾纏的病人，我不禁想問道：這個先前被認爲走偏了的原魔，到底有何建設性意義呢？這位病人是個心思敏銳、極有天賦的人，他幾乎在所有人類經驗領域中，都獲得顯著的成功，唯獨在親密關係裡頭，始終一敗塗地。他的天賦包括了在人際關係中理解他人的能力，並且對人懷有無盡的溫柔——這幾乎早已成爲他最爲全神貫注的事情。然而，他卻無法將這樣的能力帶進實際關係中；他無法對他人開放自己、和他人發生聯繫，無法分享自己的感受及個人經驗中的其他面向，亦無法認同、確認他人，以建立持久的關係。簡而言之，目前他所缺乏的——亦即他迫切需要的——是將他原本就具有的愛的能力，積極而外顯地實踐在對他人福祉的關心上，在「我」與「你」的關係中分享歡欣和喜悅，並和他的同伴們彼此進行意念的交流。在此病例中，「魔鬼」的建設性意義——我們用最簡單的話語來說——便是積極愛人的潛力。

註釋

①這個字其實有好幾種拼法。較普遍的拼法是 demonic；中古世紀時則拼成 daemonic，此拼法後來經常受到詩人們的青睞，比方說葉慈；此外，daimonic是衍生自古希臘的daimon 一字。由於後者是魔之概念的起源，而且同時清楚地包含了正反、聖邪兩個面向，因此在這裡我採用最後一種拼法。

②柏拉圖(Plato)，《自辯篇》(*The Apologia*)。參見《柏拉圖全集》(*The Works of Plato*, Irwin Edman 編，Jowett 譯，New York, Tudor Publishing Co., 1928)，pp. 74, 82-83。

③葉慈(William Butler Yeats)，《神話》(*Mythologies*, New York, Macmillan, Co., 1959)，p. 332。

④歌德(Johann Wolfgang von Goethe)，《自傳：我生命中的詩與眞理》(*Autobiography: Poetry and Truth from My Own Life,* R. O. Moon 譯，Washington, D. C., Public Affairs Press, 1949)，pp. 683-684。

⑤《韋伯大學辭典》(*Webser's Collegiate Dictionary*)。

⑥陶玆(E. R. Dodds)，《希臘人與非理性》(*The Greeks and the Irrational*, Berkeley, University of California Press, 1968)，p. 120。

⑦亨利・墨瑞(Henry Murray)，〈撒旦的性格與事業生涯〉(The Personality and Career of Satan)，刊載於《社會議題雜誌》(*The Journal of Social Issues*), X VIII / 4，p. 51。

⑧易卜生(Henrik Ibsen)，《皮爾・金》(*Peer Gynt*, Michael Meyer 譯，New York, Doubleday Anchor, 1963)，p. 28。

⑨葉慈(William Butler Yeats)，《詩選》(*Selected Poems*, M. L. Rosenthal 編，New York, Macmillan, Co., 1962)，p.

20。

⑩葉慈，《神話》，p. 332。

⑪司鐸爾(Storr)，p.1。

⑫發表於一九六七年美國精神醫學協會於亞特蘭大城舉行之年會；亦曾部分發表於《美國精神醫學雜誌》(*The American Journal of Psychiatry*)，一九六八年三月號，124/9，pp. 58-64。對於那些傾向於以負面眼光觀看原始治療與儀式的人們，我們必須附加說明，普林斯醫生相當尊崇部落心理醫治者的技巧。當醫院中的精神醫學設施無法幫助部落成員時，普林斯醫生會把他們送到他所信任的部落心理醫治者那裡。這些醫治者似乎對於我們統稱爲精神分裂的各式病症有徹底的了解，並且知道哪些病症可被治癒，而哪些無法醫治。我認爲，我們不應用西方的現代醫療技術來評斷原始部落的治療技術，或只把它們視爲「未開化」的醫療方法，而應視其爲處理人類問題的原型表達方式，因爲就某種程度來說，這樣的方式對部落的處境而言是適當的，正如我們的方法相對而言是適合我們的。此外，這些所謂的原初醫療形式，可以對現代人的問題提供新的、有意義的觀點。

⑬在此，我必須感謝渥夫岡・蔟克(Wolfgang Zucker)醫生在他未出版的論文中所提出的想法，此篇論文名爲〈從艾斯奇里斯到田立克的原魔〉(The Demonic from Aeschylus to Tillich)，收錄於《今日神學》(*Theology Today*)，一九六九年四月號，XXV / 1。

⑭"ηθος　αγθρώπῳ　δαιμων" 見陶茲(Dodds)，p. 182。這句話往往被誤譯爲「人之性格即其命運」。陶茲在此譯爲「惡魔」，是取其「命定」的意涵。雖然不同的譯法給出了不同的惡魔面向，但是，須謹記在心的是，

希臘原文中用的字眼是δαιμων。

⑮艾斯奇里斯(Aeschylus)，《復仇三女神》(*The Eumenides*, John Stuart Blackie 譯，London, Everyman's Library, 1906)，p. 163。

⑯陶茲，p. 183。「在此議題（人類行為之動機）上，第一代詭辯家，特別是普羅塔哥拉斯，似乎抱持一種樂觀主義的觀點，在歷史的回顧中，這樣的樂觀主義顯得相當悲哀——即便我們能了解此觀點形成的歷史因素。他們深信：『美德與效能(*arête*)是可被教導的』：透過批判傳統、現代化先祖所創發的規範(*Nomos*)，並從中消除殘餘的最後一點『野蠻的愚蠢』，人們便可獲致嶄新的生活藝術，且人類的生活將可被提升至迄今從未夢想過的層次。我們很可以了解，這些詭辯家由於曾經在波斯戰爭後、親眼目睹雅典物質繁榮的急速成長，與隨之而來無與倫比的心靈萌發——這物質與精神的發展在培里克力斯（Pericles，約西元前495～429，乃希臘雅典大將軍與政治家）時代的雅典達到最高峰——才能懷有這樣的夢想。對那個世代而言，他們所處的黃金時代並非如黑夕歐德(Hesiod)所想的那樣，是在幽暗的過往中所失落的樂園；對他們來說，這樂園並非處於過去，而是置於未來，並且這個未來已不遠矣。因此，普羅塔哥拉斯大膽直言道：在一個開化的文明社會中，即使是最壞的市民，都要比所謂高貴的野蠻人來得好；而歐洲五十年間的發展更是遠遠超過中國在一個朝代當中的成就。然而，歷史並不特別善待樂觀主義者。若是丁尼生（Tennyson, 1809～1892，英國桂冠詩人）能夠見到近五十年間在歐洲的發展，我猜想，他極可能會重新考慮他對文明的偏愛；此外，在普羅塔哥拉斯過世前，他絕對有足夠的理由改變原先的想法。畢竟，對於無可避免的進步發展的信仰，在雅典風行的時間要比在英國短得多。」

⑰赫伯・史匹格爾伯格(Herbert Spiegelberg)所編《蘇格拉底之謎》(*The Socratic Enigma*, Indianapolis, Bobbs-Merrill Co., 1964)，p. 127。

⑱同上書，pp. 127-128。

⑲《新英文詞典》(*New English Dictionary*, James A. H. Murray 編，Oxford, 1897)。

⑳蔟克。

㉑同上。

㉒歌德，p. 682。

㉓此譯文爲渥夫岡・蔟克所譯。與本段引文相對應的文章請見歌德之《自傳》，pp. 683-684。

㉔弗洛依德(Sigmund Freud)，〈一歇斯底里病例之分析〉(Analysis of a Case of Hysteria)，《論文集》(*Collected Papers*, New York, Basic Books, 1959)，Ⅲ，pp. 131-132。

㉕摩根，p. 158。眞希望那些幾十年前想用一句簡單的「悲觀主義」便輕鬆繞過弗洛依德的艱澀概念的心理學家和社會科學家們，在今天能夠重新思考自從弗洛依德指出生命的悲劇性質之後，這個世界上發生了哪些眞實的悲劇性事件：希特勒(Hitler)與瓦斯毒氣室(Dachau)、原子彈和廣島，以及現在正上演的寫實劇——世界超級強國（美國）陷入了越南的毀滅苦戰中，並且根本找不出建設性的解決之道。

對於原魔如何從個人性格的部分面向，擴張爲篡奪整體主控權的宰制力，並進而造成整體自我的解離，弗洛依德曾經提出一個具體實例：「在虐待狂的情形裡，死亡本能扭曲了愛慾的目的，但卻同時完全滿足了愛慾驅力，然而恰是在虐待狂中，我們始能清楚地洞悉死亡本能的性質，以及它與愛慾之間的關係。但是，即使當虐待行爲不包含任何性目的在內，而僅呈現其盲目的毀滅性憤怒時，我們仍舊能夠看出，死亡本能的滿足中伴隨著極高程度的自戀愉悅，因爲此時的自我(ego)，是處在一個早先的全能慾望被實現的狀態中。」摘錄自《文明及其不滿》標準版(*Civilization and Its Discontents*, 1927～1931, London, The Hogarth Press, 1961)，XXI，p. 121。(New York, W. W. Norton & Co., Norton Library, 1961, p. 68)。

㉖詹姆斯，Ⅱ，pp. 553-554。

㉗我在這裡提到肺葉，是因爲孤獨焦慮似乎往往會影響呼吸器官的正常運作，而且它所造成的痛苦像是肺部受到激烈壓縮的刺痛，而不像是我們在悲傷時所感到的「心痛」。然而，這個詞彙的使用其實有比疼痛部位更好的理由：焦慮感通常讓人聯想到嬰兒出生時必須穿過的狹窄通道，而呼吸困難也往往和狹隘的隧道、「狹門」產生關聯（至於焦慮感是不是「因此而起」，並非這裡討論的重點）。焦慮(anxiety)的法文字源*angoisse*（恐慌），和英文字「anguish」（苦惱），字面上的意義即與通過狹道有關（拉丁文 *angustia*，意謂狹窄、苦惱；法文 *angoisse*，意謂擠在一塊）。參照羅洛‧梅之《焦慮的意義》(*The Meaning of Anxiety*)。

㉘我們之所以害怕是因爲我們逃跑，而不是我們因爲害怕而逃跑。詹姆斯認爲，我們的情緒經驗是來自我們對身體內在化學與肌肉變化的覺察，而這些生理變化是由動作所造成的，比方說：逃跑。

6 對話中之原魔
The Daimonic in Dialogue

只要他（酒精上癮者）一旦能在所有可能的認知方式中選擇了這一種：承認自己是個不折不扣的酒鬼，並且能夠持之以恆，那麼他身為酒鬼的日子就不會太久了。而他在心中維持此一命名的努力，最終將成為其拯救自身的道德性徑。

——威廉・詹姆斯，《心理學原理》

現在，我們不能再迴避這個極具挑戰性的問題：在團團將我們包圍的喧囂中，我們怎麼能夠確定自己聽到的是自身之魔所發出的呼聲呢？所謂內在的「聲音」——不論是實際的或是隱喻的經驗——一直享有不值得信賴的惡名；它們可能代表任何事物。畢竟，在眾多聽見呼聲的人們當中，只有極少數的聖女貞德(Joans of Arc)〔譯註：聖女貞德(Jeanne d'Arc, 1412~1431)，據傳十三歲起便聽到神的呼召。她十七歲時，正值英法百年戰爭之關鍵點，其時由於亨利五世（Henri V，當時英皇，亦爲法國皇室王儲）與查理六世（Charles Ⅵ，當時之法皇）相繼過世，而法定繼承人亨利六世（亨利五世之子）尚在襁褓中；而貞德再次聽見神召，她向全法國宣告按神之意旨，應由當時的奧爾良公爵查理七世繼承王位，並率領法國軍隊神蹟般地擊退英軍。然而，二國戰事稍微平息之後，貞德卻被誣指爲女巫，以十九歲之齡，被活活燒死於柴堆上。」況且，我們又怎麼解釋那些因爲聽從了內在聲音、而想把整個紐約市炸掉的精神分裂病人呢？

如何能使原魔理論免於走向一種無政府主義呢？又如何挽救個人於自以爲是的狂妄行爲中呢？是什麼使得非洲優魯巴族的瘋狂舞蹈成爲一種**統整**經驗，而不單單是惡魔附身的現象呢？

對於蘇格拉底而言，大膽直言是其自身之魔要他做一隻攪擾城邦的牛虻、並要他蔑視法庭，全無不妥，反而是一種正直、誠實的作爲。然而，許多雅典的善良百姓必定用全然不同的角度看待這件事，他們可能認爲：蘇格拉底之所以打探所有人的事，只是出自純粹的傲慢罷了！雅典的「好」市民將蘇格拉底視爲寧靜生活的破壞者，其實恰好表達了他們自身的原魔傾向，一如蘇格拉底用挑戰其他人的方式展現自身之魔。表現上看來，這樣的行徑將導致一種無政府的混亂狀態，毫無一致性可言。原魔打破了意識的和諧，它給予蘇格拉底一個立場，同時亦要求雅典「良」民採取另一種立場。當和諧遭到破壞，群衆的憤怒便激昂地湧向破壞者，不管他是雅典的蘇格拉底，或是當代的心理分析家。黑格爾曾經寫道：「如同所有開創新世界的英雄，皆不可避免地造成舊世界的崩解，蘇格拉底也同樣地被視爲一名破壞者；然而他所倡導的是一種新形式，此一形式瓦解並損毀了既存的世界。」①

請注意，在黑格爾的想法中，蘇格拉底所提出的是一種**新形式**，因此，他留給我們的並非一種單純的虛無主義。而對於雅典人民殺害蘇格拉底一事，黑格爾帶著尊重的口吻說：「他們的懲罰行爲是來自一股內在的強大力量。」雖然，我們很難消解對峙的敵意，但這使得我們負有更迫切的責任，去建立一套判斷原魔的準則。

對話與統整

使原魔避免落入混亂的無政府狀態的最重要準則即是**對話**(dialogue)。在希臘的蘇格拉底使得人際間的對話成爲一門興盛的方法，而在二十四世紀之後，這方法被當代的心理治療師們所繼承，並以各種形式使用著；現在，人際間的對話已益形重要，而不僅是一種純粹的治療技術而已。因爲，**對話意味著人處在關係當中**。其實，對話成爲可能——意即，在適合的情況下，我們能夠了解彼此，爲對方的立場著想——本身即是值得注意的焦點。溝通預設著某種社群的存在，而後者又意味著社群中每位成員的意識間，已經形成某種連結。而這個有意義的相互交換，並非基於某個個人的偶然意念，而是內存於人際對話結構中的基本面向。

布伯(Buber)〔譯註：馬丁・布伯(Martin Buber, 1878-1965)乃當代重要宗教哲學家，亦爲開創存在主義思潮之先驅之一。其著作《我與你》(*I and Thou*)即在探討關係與對話的「相遇」(encounter)哲學（中譯本已由久大文化與桂冠圖書有限公司聯合出版，當代思潮系列24，1993）。〕曾經提出：人類乃在對話中生活；即便他在理論中把此想法推到極端——認爲人**只有**在對話中才能認識自己——但是他終究指出了眞理中重要的部分面向。此外，蘇利文〔譯註：哈利・史達克・蘇利文(Harry Stack Sullivan, 1892-1949)爲美國精神一學家，以發展「人際關係」理論著名，認爲個人的自我概念的形成與性格發展，皆是在與他人的互動中，所逐漸涵化(acculturation)而成。〕對於共識確認(consensual validation)中人際互動的強調，亦呈現了對話的核心重要性；並且，其理論的優點在於，它更彰顯了對話中的經驗層面，而不僅是話語(discourse)而已。「道」(logos)——意指實在(reality)的意義結構——這個字，乃對話(*dia-logos*)的字根。若我們能以有意義的形式談論原魔，那麼我們便已進入將它整合至自身生命結構的過程當中。

蘇格拉底深信，我們可以在對話中找到經驗結構，並且，沒有任何人是被拋擲在一個漫無目的的隔絕狀態中。有一回，他爲了向聚在街角的一群雅典人證明這一點，便喚來梅諾(Meno)手下一名完全沒有受過教育的男奴，透過對男奴提問題，蘇格拉底讓男奴自己證明出畢達哥拉斯定理〔柏拉圖《對話錄》中之《梅諾》(*Meno*)〕。蘇格拉底（更正確地說，應該是他的詮釋人柏拉圖）認爲，關於此定理的眞義，早已存在男奴的心智當中——與「理型」(ideas)論和回憶說相符，而我們只須將它「喚醒」、引出。即便我們爭論說：蘇格拉底在提問的同時，已經把定理逐步放進他賦有暗示性的問題當中，也只不過是從不同的角度印證出相同的眞理。意即，對於這個沒有受過教育的男奴來說，聽懂蘇格拉底的問題、並用有意義的方式組合這些問題是可能的。因此，理解是可能的，特別是經由**語言結構**，而更廣泛地來說，是透過**人際關係結構**。

眞理存在於個人及宇宙的結構裡，因爲我們自身也參與在這些結構當中。「道」所訴說的不僅是客觀的定律，它亦透過個別的主體做主觀的呈現。因此，蘇格拉底並不是一個相對論者。他在《自辯篇》中宣稱：「我的確相信神，而且就某種程度而言，我對神的信仰甚至比那些控訴我的人們還要來得深。」

這便是爲什麼在優魯巴族的舞蹈儀式中，全體社群的支持是如此重要。這場舞蹈幫助個人與他的鄰人和朋友們進入更深度的連結關係；然而另一方面，惡魔附身卻使個人與他的社群日漸疏離。前者使得原魔變得人性化、意識化；而後者不僅任原魔繼續埋藏於無意識狀態，更促成一系列新的壓抑活動。經過整合後的原魔會將個人推向某種普遍性的意義結構，一如在對話中所顯示的那樣；相反地，惡魔附身卻使得原魔持續地處在非人性的狀態裡。前者是超越理性的；後者（惡魔附身）是非理性的，並且由於理性的運作受到阻障，這個狀態會一直持續下去。前者使原魔旺盛的生命力得以爲自我所用；而後者則將自身的原魔向外**投射**至他人或他物身上。

另一個使原魔免於落入混亂狀態的重要準則，是它的自我批判作用。**要能夠讓自身**

的原魔引導自己，需要的是一種根本的謙卑。自身所確信的事物當中，必定含有某種盲目和自我扭曲的成分在內；最根本的幻覺，便是在自身的自負中，認爲自己完全不受幻覺左右。某些學者甚至認爲「認識你自己」這句古希臘名言的原始意義是：「認識到自己只是一個人類。」這意味著我們必須降服的，或者用心理分析的話語來說，必須在心靈層次上「轉化」(work through)的，是人類想扮演神的幼稚傾向，以及人們不斷要求他人像神一般看待自己的幼稚念頭。②

弗洛依德的阻抗、潛抑概念，在在說明了「認識你自己」的任務何等艱鉅。此外，沙特的「欺瞞」(bad faith)與「眞誠」(good faith)的概念也提供了另一例證——它顯示了「對自己誠實」的困難在於，我們的行爲和信念中，始終存在某種自我扭曲的成分。當人們以爲自己很「眞誠」的時候，恰恰處於自我「欺瞞」的狀態中；而表達眞誠的唯一途徑，便是認識到自己其實是在欺瞞當中，亦即，在自己的知覺中永遠存在著某種扭曲和幻覺的成分。因此，道德難題不僅是在於堅持自己的信念，然後據以行事，因爲人的信念很可能成爲操縱和破壞的工具，而不僅是一個實踐的出發點而已。眞正的道德難題是在於，**人們需要勤奮不懈地找尋自身的信念，然而同時卻必須承認在這些信念中，永遠存在著自我誇大和扭曲的成分**。這便是爲何對於心理治療者和任何講求道德的公民來說，蘇格拉底的謙卑原則具有根本的實質意義。

接受原魔引導的最後確認判準，隱藏在一開始我們對原魔的定義當中：到底它所建議的行爲方式，能否帶來使個人成爲完整個體的**統整過程**？它是否——至少就可能性而言——能擴張個人生命中的**人際意義**？並且亦擴張其重要他人生命中的人際意義？另一個與此相關的判準，對任何一種價值判斷來說都是必要的普遍準則，此即爲：若其他人（基本上來說是全人類）也採用這個行爲方式的話，是否將會造成人際關係的提升？

或許，對不在對話中所進行的原魔作用做些觀察，會幫助我們了解其間的差異。我們可以在所有戰爭中的國家看見這樣的例子。由於原魔並未受到個人和群體正視，它便**被投射**到敵人身上。對方不再被視爲一個擁有必要安全防禦武力的國家，而被看作「壞人」、魔鬼的化身；**自身的**惡魔傾向全被灌注在這個投射的形象上（在美國，這個現象可見於我們傾向把自己定位成：一個離開充滿不公、貧窮、罪惡和殘酷的歐洲，以便在大西洋此岸，建立一個體現正義、良善、富裕和同胞愛精神的國家）。如是，我們傾向於把每一個共產黨員視爲魔鬼，並將自己與神認同，因此我們發動的不是一般戰爭，而是負有拯救使命的聖戰。在這個國家裡，我們愈來愈把俄國人、日本人，現在還加上越共，看成魔鬼的化身；在每一個岩石後藏著的不是共產黨就是日本鬼子。敵人成爲我們所潛抑的成分的承載者。當我們在與敵手奮戰時，並不明白（或是否認）其實我們是在和自己交戰。這樣的投射必然主張「自己人」的這一方是正直的，因而幾乎全然消滅了協商的可能性：因爲，與魔鬼協商意味著承認它的對等地位；一般而言，這已經代表著某種程度的讓步。

戰爭心理狀態的下一階段便是**想像力和洞察力的阻滯**。我們聽到從各交戰國的首都，接二連三傳出一個比一個空洞的陳腔濫調，人們拒絕相信這一種言論，但又共謀地支持另一種說法。人們在惡魔附身的狀態中變得極端僵硬。他們甚至完全沒有能力**想出**任何解決辦法。至此，意圖(intention)與意向性(intentionality)之間已相隔千壑。

這個過程使得原魔再度回復到**非人性**的狀態。它全然撤出曾爲我們所掌控的地域，而回歸到它原始的狀態——未被整合進意識的、盲目的無意識衝動。如此一來，我們不僅是爲自然所使用的工具，更是**盲目的**工具。這情形在惡性循環機制的運作下愈形惡化；在許多國族或精神官能症患者的身上，我們都可觀察到這個現象。我們未從經驗中學習；我們公然做出違反自身利益的決定，而即便這些決定都行不通，我們仍然一而再再而三地重複這自我毀滅的行爲。在視野和感受性都極度萎縮的情況下，我們移動龐大的身軀，繼續前行，活像遠古時代的恐龍，失去學習能力，甚至無視於自己的恐龍行徑。

原魔的發展階段

最初，我們所經驗到的原魔如同一股盲目的驅迫力，推促我們表達自己，諸如在憤怒或性行爲中所揭示的那般。這股盲目驅力的初始性顯現在兩個層面上：一方面，這是我們在嬰兒時期與原魔初次遭逢的**原始**經驗；另一方面，這也是原魔對任何一個人驀地發動攻擊的方式，不論是在何種年紀。事實上，嬰兒所發出的第一聲哭喊，具有極豐富的象徵意義：這是它對生命中所遭逢的第一件事——爲它接生的醫師按標準程序給它一記巴掌——所做出的反應。我們不僅以哭喊開始我們的生命，並且，在生命的頭幾個星期裡，我們對刺激所做出的反應毫無區辨性可言。我們可能憤怒地攻擊，猛力揮舞我們的手臂，渴望、要求被餵養——套句奧登的話：活像個「小獨裁者」。然而不久，我們便會發現到不是所有的要求方法都有用。因此，隨著時間過去，我們逐漸學會篩選自己盲目的驅力，了解到在哪些脈絡下才可能得到所欲求的東西；至此，我們便踏上了使原魔適應文化社會的學習過程。我們出生在一個社群中，若離開這個社群，大概無法獨自生存超過短短數個鐘頭——總之絕不會比被拋棄在山腳邊的伊底帕斯撐得更久，後來多虧了一位牧羊人發現了他——雖然很可能還要等待數月、甚至數年後，我們才會明白這個事實。無論在生命的初始我們曾經如何高聲抗議，都無法否認我們的確需要這個媽媽，以及其他圍繞在身邊的人們。然而，原魔也就在這個社群的脈絡中升起；到底這個原魔有多少會被用在反抗他人、攻擊他人，或是強迫他人滿足我們的需求和慾望？而又有多少會被用在合群的表現上呢？

即便在成人身上也會保留將原魔經驗爲盲目驅力和純粹自我表達的傾向。在行私刑的暴民和各種形式的群眾暴力當中，皆須先挑起群眾的暴力精神，才能夠展開行動。我們在群衆中感到安全，那是一種完全被保護的舒適感受。此時，我們的個人意識已然讓位給「群體意識」；我們感到如同進入一種出神或類似催眠的狂喜狀態。不管一個人如何自豪於身爲高度文明化的人，亦無論他對他人之暴力如何深惡痛絕，他都必須承認一件事：他自己也可能做出一模一樣的事；再者，即便他沒有能力付諸實際的暴力行爲，然而這很可能代表著他性格中有某個重要的部分受到扼制。把自己交給群體掌控的吸引力，來自一種抛開個人意識的興奮感——此時，個人不再有疏離感、孤立感，更沒有責任感的累人包袱。所有的這一切都被「群體意識」——這個虛構的詞語儼然已成爲人類據以行動的根本依靠——所接管。這正是使得戰爭和群衆暴力如此吸引人（有時甚至帶來駭人的狂喜）的原因。群衆僭取了個人對於原魔所應負的責任；在這個句子裡，「群衆」二字意味著我們必須把行動的責任歸屬於衆多**匿名的**形象。在一個像我們這樣潛抑原魔的社會裡，這個句子對需要原始安全感的我們來說，特別受用。

原魔與匿名性

前面的論述將我們帶入原魔與現代西方人所面臨之特殊處境的關聯中，亦即，一種被吞沒在人群裡，消失於**眾人**(das Mann)之中的傾向。保羅・呂格爾(Paul Ricoeur)曾說過：「原魔即爲匿名性。」③非人的原魔使我們皆成爲匿名者。大自然並未在我和一個目不識丁的農夫之間做任何區分，他亦是大自然之具，亦被無情的驅力推促著，不斷朝向自我提升的目標邁進，他交媾、牛育後代，以確保種族的繁衍，並且也對必須讓自己活得夠久、以作為伺候大自然的生產者一事，感到十分憤慨。就心理分析層次上而言，這便是以本我(id)形式展現的原魔。

在我們這個工業化的中產階級社會裡，人們要想逃避原魔，最有效方法，便是讓自己在人群中消失。這是欲**驅散**原魔時的特有反應。我們和幾百萬個美國人同時在電視上觀看有關謀殺與暴力的報導節目；或者，我們從軍殺人，不是為了我們自己，而是為了我們的國家和「自由」的使命。這樣的一致性和匿名性，使我們得以從必須對自身原魔負責的重擔中跳脫出來，同時卻保證了此驅力能夠獲得滿足。然而，如此一來，也確保了**原魔將永遠停留在非人性的狀態**。意即，這使得原魔無法被個人整合；人們必須付出的代價是，喪失以獨特的方式發展其個人能力的機會。

以非人格的方法驅散原魔，將導致嚴重的毀滅性後果。在紐約市，人們對於隱居在一間間個人住所中的匿名者，經常涉及暴力犯罪或毒品上癮的事實，不會特別感到大驚小怪。然而這並不表示紐約市的匿名個人是**孤單的**：因為他每天都可以見到好幾千人，而且他認識所有透過電視機走進他們家中的著名人物，他知道他們的姓名、笑容，以及他們的習性；他們在螢幕上彼此交換一種「我們都是相知好友」的氣氛，邀他一同加入，並且微妙地假設他的確是他們的一份子。他認識他們所有的人。**但是，他自己則永**

遠都不會被人認識。他的笑容別人看不見；他的習性對任何人都不重要；他的姓名沒有人知道。他仍然是在地下鐵中，被成千上萬匿名的異鄉人推來撞去的異鄉人。這當中涉及一種極深層的去人格化悲劇。耶和華（上帝）所能施予其子民最嚴厲的懲罰，便是抹除他的姓名。耶和華如是宣告：「他們的名，將從生命之書上抹去。」④

這永遠的匿名性、這份孤單，將轉化為寂寞，進而可能造成惡魔附身的狀態。因為個人的自我懷疑——「既然我無法影響任何人，就代表了我根本不存在」——將啃噬掉他的內在；他在隱微的、潛伏的寂寞中生活、呼吸、行走。因此，萬一有一天，他掄起一把槍，瞄準對他而言亦是匿名者的行人，並不會令人感到驚訝。這也就難怪在街頭遊蕩的年輕人——他們也只不過是一堆匿名的數字——要用聚眾行暴的方式來表達他們的存在了。

寂寞與他的養子——疏離——可能轉變為惡魔附身的形式出現。向非人格化的原魔投降，意味著把人推向屬於非人格化的匿名狀態。於是，我們處在最低階的（時常涉及暴力的）人性共同點上，默默地服膺大自然加諸我等的粗俗目的。

原魔的非人格化呈現還有另外一種形式，它以正常的社會表達方式出現，而至少部分地滿足了此需求。此即為「化裝舞會」這個有趣的社會現象。它**培育**了存於匿名性中之原魔的魅惑力——我們不知道在舞蹈中攫住我們的這雙眼睛的主人是誰，也不知道誰是這個被自己雙眼所擄獲而翩翩共舞的人。我們暫時地從永不止息的責任，和個人行為的控制中得到了解放——雖然往往帶著憂慮。社會爲我們提供了化裝舞會、嘉年華會和狂歡節等場合，使我們得以暫時地在匿名性中，重回原魔的自由狀態。我回憶起自己當年在地中海岸生活的經驗，當地在四旬期之前接連著舉辦嘉年華會，對人們來說是個發洩情緒、放鬆心情的愉快時刻；此時人們所表現出的宣洩，必定非常接近於古雅典人在酒神祭中的狂歡景象。並且，此原魔的文化形式，似乎褪去了驅力中的暴力衝動。然而，在這狂放的興奮歡樂中，其核心是在於它是暫時的、是爲社群所認可的，而且所有的人都參與其中。作爲自由放縱於原魔領域中之綠洲，化裝舞會必須在一個廣大的集體宣洩與社會認可的脈絡中才可能存在。

無論在嬰兒的成長發展或成人的每一個當下經驗中，非人格化原魔的下個階段便是使它人格化。**成爲人，意味著生存在介於匿名與稱名的界線上**。倘若我們能夠疏導原魔，我們將會愈來愈具有個人特色，但如果我們任其四處流竄，我們自己的面貌便會愈來愈模糊。藉著深化、擴展意識，人一生的任務即在將原魔統整到自我當中。而若欲賦予匿名面孔以人形，則需要勇敢地對抗原魔把人逼入匿名性的傾向。這意味著我們必須增強自己打破「刺激—反應」這個自動鎖鍊的能力；如此，我們便能——在某種程度上——選擇是否對某個刺激做反應。在家教過嚴，或是曾經發生創傷經驗的情況下，原魔極可能整個地被封鎖；個體**不**被允許有任何性的感受，甚至在某些家庭中，連生氣都是被**禁止**的；這正好爲日後惡魔附身的發展奠定基礎，而終將釀成災禍。因爲這些驅力並不會就此沈睡不醒；再者，若它們一直無法以積極的方式被表達，極可能爆發，或是被投射到個人或團體的敵人身上。因此竅門在於，我們要**學會讓自己的意志不要「受到思想的蒼白面容影響而日漸憔悴、敗下陣來」**，我們應該要整合原魔的力量，同時維持自己的自發性。這些在我所欲說明的意識狀態的新向度中，都是可能的。

如此，原魔即成爲賦有人性的魔(daimon)，一種組構自身核心的特殊存有型態，在此意義下，亦爲推動個體化(individualize)的力量。現在我們便可以理解，爲什麼對於蘇格拉底這樣高度發展的個體來說，魔會被視爲一種內在的引導：它是個別存有（being，在此即爲蘇格拉底）和他所參與的整體存有(Being)發生關聯時所發出的聲音。

然而，在認識到**確實存在**一套理性的準則，可供做判別原魔之後，我們必須記住一件根本且令人困惑的事實，那就是我們絕對不可能完全理性化原魔。原魔永遠會保持它自我矛盾的特性——亦即，它同時具備創造與毀滅的潛力。對於現代心理治療來說，這是最重大的議題——因爲它是心理治療是否能夠成功地延續、並且存活下去的致命關鍵。若我們試圖避開原魔的兩難困境（這是許多心理治療者有意或無意的作法），僅僅是幫助病人適應社會、建議他們養成某些——心理治療者認爲對他們會比較好的——「習性」，或是轉變他們以符合文化的要求，我們將無可避免地成爲病人的操縱者。因此，里爾克是對的：若他降服了他的魔鬼，他也將失去他的天使。

原魔乃愛慾的一部分，亦爲愛與意志背後的促動力量，它是不斷擾亂我們意識的牛虻，不斷地把我們拋進兩難的處境中。試圖深化並擴張意識的心理治療，並不在尋求一勞永逸地解決兩難困境的辦法（何況這是不可能的），而是藉著提升個人與人際間的統整狀態，使我們能夠有足夠的力量面對它。

原魔與知識

知識是原魔的另一種表達。在許多人的心目中，圍繞在物理學家、精神科醫師和心理學家身上的神秘光環，同時混合著尊敬與懷疑。這其實不過是一個古老現象的現代形式，這個現象不僅為原始人類所信奉，而是歷史上每一個時期的人類都懷有的想法；此即為，知識的獲得，將使人擁有超越他人的強悍武器。假使我對你和你的世界擁有某種你所不具備的知識，那就表示我擁有掌控你的力量。這看起來可能就像「我知道事情如何運作，而你不知道」一樣簡單；但是事實上，這個現象要比表面上看來複雜得多，它一直遊走在一種原始信仰的邊緣，此即：知識賦予我們一種特殊的神秘力量。其實，我們所常見的對於精神科醫師、心理學家，尤其是對於心理分析學家（如弗洛依德所說，他們必須面對面地挑戰惡魔，而在這項任務的實踐中，沒有人能期待毫髮無傷）的敵意，部分即源自此深層的恐懼。對於許多人而言，在這些行業中的人們擁有關於生與死的知識，而這樣的知識是其他人所沒有的。於是便出現了一種傾向，人們可能在某一天把他們當成神一樣地依靠，翌日又視他們爲可恨的魔鬼，亟欲將他們打倒。

知識亦爲自由與安全感之來源。「眞理將使你得自由。」⑤然而，在我們強調知識的重要性時，我們假設了知識的獲得如同一條單向的道路——愈多知識愈好；然而，卻遺忘了知識所具有的矛盾、雙重特性：知識亦是危險的。今天，我們聽到太多關於知識將帶來力量、安全、財富等等的言論，但卻忽略了「**領會**」(apprehend)**這個表達獲取知識的字眼本身，也同時意味著憂懼與擔慮**(apprehension)。翻開《韋伯大學字典》，我們會發現apprehend的定義是「察覺、知曉、掌握、理解事物的意義」；緊接著的解釋是「以焦慮、恐懼、擔憂的心情預期某事的發生」。同樣地，其名詞形式 apprehesion 的第一個意義是「明瞭」，接下來的意義則是「對未來災難的擔憂及恐懼」。⑥

知識與原魔的關係如此被交織在我們的語言網絡中，必定不是件偶然的事。我們可以和伊底帕斯同聲地說：「知道是件多麼危險的事，但我仍然必須知道全部的眞相。」知道的確是危險的，但更危險的卻是無知。

心理分析學家是最不能遺忘此矛盾性的一群人。進入診療室的病人，表面上總是隨時準備張開雙臂迎接對於自身秘密的揭露。然而，要是治療者相信了此行爲的表面意義，會是多麼悲哀的事啊！治療過程中所發生的阻抗與潛抑作用的整體意義，在在說明了對於自身知識的揭露，實則伴隨著相當的焦慮和痛苦。這便是支持病人必須爲自己的治療付費的理由之一；因爲，在必須付費的情況下，病人都已經不太願意了解自己，遑論在治療完全免費的情況下，病人更不會對關於自己的眞相感到興趣！這一點爲我們對阻抗和潛抑作用的了解，打開了另一個取徑——此二現象揭示了**個人內在有一種不可避免的傾向：逃避關於自身的眞相。「人類到底能承受多少關於自身的知識？」**這個問題永遠無法獲得解答。

人在獲得關於自身的知識之後，必須爲此付出終極代價。伊底帕斯的故事可謂此一人類命運的原型。他完全明白知識所具有的威脅性質，因而呼喊道：「喔，我多麼憂懼將聽見的事，然而我仍舊必須聽見。」狄瑞西阿斯(Tiresias)〔譯註：索福克里斯的《伊底帕斯》(*Oedipus the King*)一劇中，底比斯的盲老先知。〕企圖說服他不要探尋：「倘若所得知的只有噩耗，該是多麼恐怖的事。」《伊底帕斯》整齣劇的要旨即在：到底伊底帕斯該不該知道他做了什麼事？到底他該不該知道自己是誰？出身爲何？我們無須等待像弗洛依德這樣的心理分析學家來向我們指出：所有的人都在想像或現實中犯下和伊底帕斯一樣的罪行——而在現實中，戰爭和任何有組織的暴力行爲的發動，則是由國家作爲行動決定的代理者，賦予了個人行使該行爲的權力。事實上，伊底帕斯與其他所有人類的不同之處，在於他不顧所有試圖說服他的反對意見，堅決地面對並承認了自己的所作所爲。就連他的妻子約卡絲妲(Jocasta)〔後來證明即爲伊底帕斯的生母〕都支持大部分人的意見，希望他的眞實身分最好保持隱密；爲了彰顯此乃生命的普遍原則，約卡絲妲抨擊所有的占卜者、神話學家，以及所有認眞看待原魔的人；並苦苦哀求她的丈夫：

「請勿參與此道。」她表示夢境是不足採信的，人最好「盡他所能，無思慮地過生活」。當她終於明白事情的眞相時（必須謹記的是，當她在懇勸伊底帕斯不要探尋他的根源時，尙不知自己即爲他的生母），她絕望地對她的丈夫哭嚎著說：「是神不讓你知道自己的身分哪！」

但是，伊底帕斯之所以是個英雄，正因爲他完全不爲狄瑞西阿斯、自己的妻子、神祇或任何人的阻撓所動，堅持要挖掘自己的身分。他之所以是個英雄，是因爲他面對了關於自己的眞相。這不意味著伊底帕斯未因此而痛苦、悲泣——實際上，他不斷地被這個眞相折磨。然而他重複地說：「在獲知全情之前，我絕不放棄。」他並深知英雄行徑並非虛枉：「我詛咒那趁我睏睡荒野時，取下我雙足殘酷鐐銬之人。」縱然他詛咒爲他帶來厄運的童年，他仍舊直接地面對了他的命運，並在探尋眞相的過程中，毀滅了他自己：原本幸福、成功的國王，最後被放逐到柯隆納斯(Colonus)，變成一個失明、暴躁的糟老頭。**但是，他知道眞相**。值得注意的是，這份包含了毀滅可能性的求知勇氣，也同樣地存在那解開斯芬克斯謎團的人（即伊底帕斯）的身上，**唯斯人知曉人爲何物**。

一代復一代，人們不斷地試圖藉著神話訴說著知識與原魔之間的關係。在歌德的《浮士德》裡，主人翁在渴望擁有知識的強烈驅迫下，竟將自己的靈魂出賣給墨菲斯托菲里斯(Mephistopheles，德國傳說中的魔鬼），甚而覺得這個代價幾乎是微不足道——藉此，歌德，以及神話意欲告訴我們的是，當我們屈服於無止境地追求知識的熱情時，已經是屬於魔鬼世界的一份子。同樣地，亞當和夏娃之所以被逐出伊甸園，便是因爲他們偷食了能分辨善惡的禁果，因而獲得了**知識**；這使得他們變成如神一般，永垂不朽。這個神話描繪了人類意識的誕生，並且指出此意識中包含著原魔在內。普洛米修斯的神話與此有異曲同工之妙：此神祇向人揭示了各種文化技藝（其中最重要的是語言），因而釀成日後人與其他神祇的對立，亦導致永不休止的苦惱。

在此，我想指出的是，我們愈是承認原魔的存在，我們便愈能將所獲得的知識，用在追求自身與全人類的福祉上。

直呼原魔名諱

現在，我們要談的是包含著原魔的知識，如何扮演其正面的、治療的角色。「太初有道」(In the beginning was the Word)，「道」（或語詞）和原魔之間，一直存在著令人著迷而複雜的關係。威廉・詹姆斯曾經談及，酒精上癮者往往傾向於以拒絕任何與酒鬼有關的稱名，來逃避自身的問題；在本篇開頭所引述的精闢語句裡，詹姆斯所欲指出的是，當病人勇於用正確的字眼指稱自己的問題時，光是語詞的道出即能產生治療的效果。「他在心中維持此一**命名**的努力，最終將成爲其拯救自身的道德性徑。」⑦

根據傳統，人們便是以直呼原魔名諱的方式來制服它的。如此一來，人們便能將原本具有威脅性的、**非人性的混沌狀態**，轉化爲具有**人性意義**的形式。爲了了解**稱名**的根本重要性，我們只須回想史書中曾經記載著：若欲驅逐惡魔，首要之務即爲知曉該惡魔之名諱。在《聖經新約》中載有，耶穌呼喊道：「畢爾澤巴伯！」(Beelzebub)或「雷吉翁！」(Legion)（或其他想必是正確的名字）然後，魔鬼（一個或多個）即立刻從被其附身的可憐人的身上離開。中世紀時，那些曾經成功地逐出魔鬼的神父們，便具備了預測惡魔稱名的能力，而僅僅是說出此稱名，便足以召喚出惡靈，並將之驅逐。

稱名是神聖的。命名賦予一個人對他人或他物的權力。在《創世記》中，神將爲動物命名的責任交託給人。而在古時的以色列，猶太人不被允許直呼上帝之名，因此，「耶和華」（Yahweh 或 Jehovah）便成爲婉稱上帝的代替詞彙，其意義即爲「無名」。

從我的臨床工作經驗中，我愈來愈相信，作家所遇上的瓶頸即與詞語的特殊力量有很大的關係；前述的稱名禁忌，亦涉及此神秘力量。在所有的文化中，都存在一個基本的矛盾：雖說擁有詞語，使得人類得以與其他動物區分開來，然而，若是有人膽敢搬弄詞語，它又可能帶來危險。接受心理治療的作家有時會喊道：「如果我把它寫出來，我一定會被殺掉！」如《塔木德經》（*Talmud*，猶太教法典）研究所指出，在猶太教傳統中，十分強調詞語作爲特殊意義承載者的重要性。因此，在猶太教傳統中長大的作家，可能更傾向於發生寫作瓶頸的困擾。

關於與原魔和命名重要性作抗爭的最早紀錄，最吸引人的例子要算是《創世記》第三十二章中所敘述的，雅各(Jacob)與「天使」的角力。事發之因起於雅各與其長兄以掃(Esau)的失和——雅各聽說他的長兄以掃帶了四百人來找他報仇。在此，我們可看到兄弟間愛恨交織的矛盾衝突。此外，此事件亦涉及意志的問題——當他確知自己將在翌日被擊敗時，雅各非常想就此屈降，停止抗鬥。而此意志難題又在罪惡感的啃噬下益形艱困——因爲他曾在多年前施詭計騙取了以掃身爲長子的權利。這個故事說明了罪惡與焦慮（雅各「非常懼怕和愁煩」）如何引發與原魔的衝突。此衝突亦可視爲光明與黑暗的互鬥——以掃「黝黑」而多毛，他是個門外漢、獵人和異鄉人；相反地，雅各則是農人，是播種者。

因此，當夜雅各將他的妻子們和子女們留在河的此岸，獨自前往河的彼岸思考，試圖讓自己振作起來，以面對翌日等待著他的關鍵考驗。《創世記》中描述，雅各在這裡「和一個人角力了一整夜」。然而，就如同所有類似情節中的典型特性，該敵手的身分是不明確的。究竟和雅各徹夜角力的是不是某種**主觀的**偏見、幻想，或恐懼？又或者——爲了盡量顯得**客觀些**——其實它是命運的一個面向，是迫在眉睫的死亡事件；換句話說，是生命強加在雅各身上、逼迫他妥協的東西，而並非他自己造成的？顯然地，事實是二者兼而有之。

在此故事的發展中，與雅各角力的敵手的曖昧身分十分引人遐思：雖然故事的一開始以「一人」描述之，有些評註者卻認爲此人即爲天使長米迦勒。另外，在《聖經·何西阿書》(*Book of Hosea*)（譯註：《何西阿書》第十二章，第三至四節。）書末亦曾論及此一事件，章節中先後用「瑪拉克」(Malak)和「伊羅新姆」(Elohim)二詞，指稱與雅各角力之人。⑧前者的原始意義爲傳遞信使者，而後者則爲上帝（或神祇）。在希伯來文中，早期的「惡魔」（請容我使用自己的替代詞彙）皆用以指稱某種不確定的存有狀態，至於他們的身分爲何，必須取決於他們在哪一個特定的事件中出現。這是必然的，因爲當一個人類處在一個具有重大意義的情境中時，人和情境間的關係即構成了原魔的現身方式。

但有件事是無庸置疑的：在閱讀雅各所遭逢的事件時，我們會發現與其角力之「人」的身分，愈來愈含有神的意味，而直到角力接近尾聲時，此敵手則直接被稱作上帝本身。這位人神(man-god)非常類似於位於中界狀態的希臘神愛洛斯，他身跨人神兩界，同時具備死亡與不朽的特性。

當魔鬼發現自己無法在角力中壓制雅各，便攻擊雅各的大腿，使他殘廢，但雅各仍舊奮戰不懈。最後，魔鬼哀求道：「放我走吧，因爲黎明將至。」雅各回答：「除非你祝福我，我才放你走。」——雅各，這位堅持者、民族之父，並不請求上帝**紆尊降貴**來祝福他，更不**哀求**上帝的降福；相反地，他是**命令**祂。接下來，我們看到命名如何扮演著極爲重要角色！魔鬼問道：「你叫什麼名字？」在他得知雅各的名字之後，宣告道：「從今以後，你的名將不再是雅各，而要改稱以色列(Israel)，因爲你已和神、人都戰鬥過，並且得勝。」在這個關鍵性時刻，雅各已無暇顧及任何禮節，他對魔鬼命令道：「告訴我你的名字。」從此敵手對問題避而不答，反而把問題丟回到雅各身上的事實裡，我們瞥見了其原魔特性，他說：「何必問我的名？」說完，他便祝福了雅各。至此，雅各在與原魔爭鬥中所形成的新性格，即被他獲得的新封號「以色列」所確認，此詞的字面意義爲：與上帝較勁之人。⑨

在雅各離開該地之前，他再次向我們呈現了命名與原魔的重要性。他重新**命名**了這個與魔鬼／上帝遭逢的地點：「他把此地命名爲毘努伊勒(Peniel)，意思是我曾面對面看見了上帝，而我的性命仍得保全。」（《創世記》第三十二章，第三十節）這段經文再次顯現了原魔施加於個人身上的自我維護力量。古代的希伯來人相信，當我們見著上帝容顏的那日，即爲我們的死期。然而，雅各打破了這個慣例——藉著他的堅毅，他不僅見著上帝、與之角力，並且存活下來。

若我們將原魔視爲個人與自我潛意識力量的爭鬥，並且認識到此力量同時亦有其基於客觀世界的根源，那麼我們便不難理解，爲何在雅各即將與兄長以掃對抗之前，這樣的衝突會突然浮上檯面，變得如此可求、緊迫。當我們爲自己內心的問題所困擾時，原魔便極容易顯現，這樣的內在衝突會令原本暗藏於潛意識大海的面向浮現到意識層面中，在那裡，這些面向才有被處理的可能。衝突的發生，預設了個人的內心渴望在整體層次上（Gestalt，完型）有所轉變，並也努力掙扎著探索新的生命。如此便打開了新的創造性管道。

雅各是在宗教層次上發揮創造力的原型；但藝術家和作家的創造力與這個原型是相通的。安德瑞・莫華告訴我們：「一個人之所以會渴望藉由寫作表達自己，是源自對生命的不適應，或是來自一種內在的衝突……而這個衝突與不適應感，是無法藉行動來解決的。」⑩沒有任何一個作家是爲了已經找到了答案而寫作；相反地，他寫，是因爲自己內心藏有難解的問題，而亟欲找到答案。然而，這個答案並非意在解決問題，而是**作家藉著與問題的角力過程，他能將自己帶領到一個更深邃、更寬闊的意識向度**。我們的創造性從問題出發；作家與藝術家並非向我們呈現問題的解答，創造對他們而言是一種不斷試圖尋找出路的內在經驗——「**要去探索、尋找，而永不屈服。**」繪畫或書籍爲這個世界所帶來的貢獻，是一個個尋求的過程。

然而，雅各的故事仍舊留下一個令人迷惑的結局——他的一隻腳殘廢了。按照經文中的敘述，他後來一瘸一拐地離開了那個地方，成了跛子。這個場景和性交有極明顯的類比關係——雅各被魔鬼攻擊的地方是大腿。在性高潮中，痛苦和狂喜同時發生；人在給出自己時，往往會經驗到腰腹部中間似乎有某種東西被撕扯而出。這樣的感受通常被廣泛地用來形容所有的創作經驗。而在那創作經驗發生的當下——不論是在藝術、思想、倫理或（如雅各的例子）宗教中——都存在一奇特而棘手的面向：創作要求個人傾全力付出所有，喚醒他原本不知道自己擁有的能力和意識層次，甚至最終讓他變成了殘廢。在完成創作之後，創作者大大地鬆了一口氣，比以前更像個人——但同時也**受了重傷**。我們時常會聽見創作者在完成一件歷時數年、嘔心瀝血的作品後，意味深長地嘆道：「我再也不是原來的那個人了。」這是掙扎過後的傷痛，是瀕臨精神官能症或精神分裂症發作的邊緣狀態；雖然在經過這番角力之後，創作者同時會感到自己比昔日更像一個完整的人。梵谷受過傷，尼采受過傷，齊克果也受過傷。這是生活在高度意識狀態這剃刀邊緣的創作者必然要面臨的危險。沒有人可以在見到上帝之後還活著，然而雅各的確見到了上帝——這是必須的——並且存活下來，但是卻受了重傷。這便是意識的矛盾之處。一個人到底能夠承受多少自我覺識？難道不正是人的創造性將人引領到意識的邊境，並且推動他**超越界線**嗎？難道超越人類的極限不需要極大的努力與勇氣嗎？然而另一方面，不正是當開拓者重新回到意識界線之內，其追隨者才能在那裡建立城市和生活（如同早期美國的西部拓荒史）？這其中藏著許多奧秘。最清晰的解釋似乎是，在創作活動當中，個人遠離了孩童的純真，或是遠離了亞當和夏娃的童眞狀態。換句話說，此時，在「本質」與「存在」之間的鴻溝愈來愈深。湯瑪斯・吳爾夫(Thomas Wolfe)的書名《無法復返的家園》(*You Can't Go Home Again*)，深深地道出了創作者的無奈，而這個智慧在他自身（一個極富創造力之人）的存有狀態中，有更深遠的呈現。

在創作活動所需要的高度意識狀態中，精神分裂和創作性永遠攜手並進——我們在布雷克、尼采(Friedrick Nietzsche)、齊克果(Søren Kierkegaard)、易卜生、田立克，及其他膽敢挑戰上帝位置的人們身上，清楚地看到這點；而且創作者會不斷地徘徊在這兩種狀態之間。我們可從「和神、人都戰鬥過，並且得勝」的人們的眼神中，明白這個道理。光是走向邊界，便需要自我主張的精神和奉獻的熱忱；然而，在達到眞正自我實現的同時，個人亦在此奮鬥過程中受到嚴重的斲傷。

在心理治療中命名原魔

對於原魔的命名所具有的力量，我們在當代醫學和心理治療中，可以明顯看出兩種極爲有趣的相似例證。相信每個人都曾有過這樣的經驗：當我們爲一種棘手的病去看醫生的時候，只要醫生一說出疾病的**名稱**，我們就放心了。我們得到一種病毒或細菌的名字、某個疾病過程的名稱，然後，醫師會根據這個疾病的名稱，再做一些解釋。

即使在尚未得知醫師是否能有效治療自己的疾病——甚至在未曾得知是否存在任何療法——之前，我們便已鬆了口氣；然而，在這個放心的現象背後，卻仍藏著某種更深層的東西。許多年前我得了一種病，好幾個星期過去了，醫師卻仍不能確知是何疾病。後來，一名專科醫師告訴我，這是結核病。我記得，當時心裡的沈重負擔驀地減輕了，**雖然我清楚地知道這種病在當年仍然無藥可治**。也許讀者心中立刻便浮現幾個可能的解釋。有些人大概會指責我，樂得無須負擔任何責任；另一個可能的原因是，任何病人在獲得醫師的許可、被允許正式放棄與病魔的對抗時，都會深感快慰；又或者，對疾病的命名本身，即取消了疾病的神秘色彩。然而，這些解釋顯然都過於簡單。即便是最後一種說法——命名會減低神秘感——若讀者再經深思，便會了解這亦是一種錯誤的想法，因爲對我來說，桿菌、病毒或細菌，仍然是充滿神秘的玩意，遑論對當時的醫師而言，結核桿菌也還是一個謎。

事實上，心理的慰藉是來自於**藉者命名的方法，我們得以和疾病所在的惡魔世界做正面的對抗**。而且，就因爲醫師對此病魔煉獄內的名字知之甚詳，自然而然地，他便成爲我勇闖煉獄的技術性嚮導；如此，我和醫師即共同攜手對抗惡魔。從某個角度來看，

「診斷」(diagnosis)（字源爲 *dia-gignɔskein*，字面意義爲「徹悟」）可以被視爲現代醫學對於各種惹是生非的惡魔的命名方法。然而這並不意味著關於疾病的理性知識本身沒有其重要性；只是，當理性的資料傳達給我時，這些資料所給出的整體意義要遠超過訊息本身。對我來說，訊息成爲進入一種新生活方式的表徵。所有的這些稱名，象徵著我在面對病魔的處境時所必須採取的態度；疾病的失調狀態訴說著一個神話（一種生命的整體型態），告訴我必須按照它的方式重新適應、安排我的生活。不論是二星期的感冒，或是十二年的肺結核病，都不改變這個神話的本質；因爲時間的長短（量）並不重要，重要的是生活的質改變了。簡言之，我所認同的自我形象，在與神話接觸的過程中，逐漸改變了它的樣貌；正是這個神話，描繪出在自然疾病的過程裡現身的原魔。而若我能克

服此疾病，我會（至少是部分地）成為一個新的人，而且將自然而然地被接納到一個新的社群中，被賦予一個新的稱名。⑪

同樣的命名現象在心理治療中更為明顯。許多心理治療者，比方說艾倫・惠利斯，把他們的工作稱為「為潛意識**命名**」。心理學詞語（譬如「情結」或「心理類型」等）對病人所帶來的奇特力量，想必經常令每一位治療者留下深刻的印象。當心理治療者對病人說，他真正害怕的其實是對出生時「原初場景」(primal scene)的記憶；或告訴病人他有「倒錯的伊底帕斯情結」(inverted Oedipus)；或他是屬於「內向」(introvert)或「外向」(extrovert)的人；或他有「自卑情結」(inferiority complex)；又，他之所以生老闆的氣，是因為「移情作用」(transference)；而他今天早上說不出話來的原因是「阻抗作用」(resistance)……等等。治療者會驚訝地發現，**似乎**說出這些心理學暗語本身，就已經對病人有所幫助。病人開始放鬆，行止之間流露出的神態，彷彿他們已經獲得了某種極具價值的東西。當然，人們大可諷刺地嘲弄心理分析或任何形式的心理治療，聲稱病人付錢只是為了聽到某些神秘兮兮的語彙，而且只有在病人聽到這些秘傳的專有名詞時，似乎才覺得付出的金錢值回票價。我們不能否認的是，病人心理所獲得的紓解，**的確**和詞語的「神奇」特性有關。但是，此種對心理治療的諷刺模仿——這是反對心理分析的人任意紮出的稻草人——根本不是真正的心理治療。

曾經有人提出，病人的心理狀態能夠得到緩解的原因，是因為「命名」幫助病人擺脫了他的困境；亦即，當病人把責難的對象指向一種技術性過程時，他自己便無須再背負眼前困境的所有責任；因爲，不是他自己造成這些困難，而是他的「潛意識」。在這樣的說法中確實存在些許客觀的眞理。大部分的病人往往過多地承擔事情發生問題的部分，然而，對於他們實際上能做的、能加以改善的部分，所負的責任卻不夠多。再者，命名的正面意義，是幫助病人感到自己和整個「科學」運動相連，並且，由於知道還有許多各式各樣的人都有著相同的困擾，病人將不再覺得自己被孤立。命名讓病人安心，那是因爲這代表了治療者會關心他的病情，並願意引領他走過這道煉獄。當治療者對問題命名時，等於在告訴病人：「你的問題是可以被了解的，是有其原因的；你可以走出你的問題之外，並且觀看它。」

然而，這恰好是治療過程中最容易發生危險的地方，因爲命名可能會被病人用來當作問題的代替品，而不是協助改變發生的起點。診斷、標籤、對症狀的談論，可能讓病人避開自身的問題，獲得暫時的安全感，但同時卻也消解了在生命裡用意志去行動、去愛的必要性。這便是現代人最重要的防禦機制——理知化(intellectualization)，意即，把詞語當作感受和經驗的代替物。然而，詞語總是遊走在掩藏或**揭露**原魔的危險邊緣。

包括腦葉切斷手術(lobotomy)在內的其他治療形式，在治療症狀的同時，也可能「切除」了原魔。詹•法蘭克(Jan Frank)醫師曾經針對三百位接受腦葉切斷手術的病人在手術前後的狀態，做過精闢的比較研究。他寫道：「一位患有精神分裂的病人在手術前抱怨，夜裡時常被一個反覆出現的噩夢所攪擾，夢裡，他身在一競技場中，四周被一群野獸包圍。在做過腦葉切斷手術之後，他夢裡的獅子不再怒吼，也不再令人驚恐，而逕自靜默地走開。」⑫讀到此處，我有一種模糊的不適感，不久之後我了解到，這不舒服的感受是來自一種體會：原本，靜默地走開，是這位病人在他眞實生活中的寶貴可能性；然而，他接受了手術，從此之後，他竟成爲弱者。

當治療者決定對原魔下藥、強迫它安靜，而不是迎面對抗它時，這是治療的失敗，而遠非成功。艾斯奇里斯在劇作《奧瑞斯提亞》中，把復仇三姊妹或惡魔稱作「睡眠攪擾者」。劇中，當奧瑞斯提斯弑母之後，她們來到他夢中，把他逼進暫時的瘋狂狀態。然而，若我們對此稍做深思便會明白，要是奧瑞斯提斯在手刃親母之後一個月內，還能照常安睡無礙，想必他的心理狀態一定是出了更嚴重的問題。正如三部劇《復仇三女神》(*The Eumenides*)劇末所呈現的，人只有在穿越了「命運—罪惡感—個人責任」這一連串曲折的情感道路之後，才可能得到好眠。

當陪審團宣判無罪開釋奧瑞斯提斯時，阿波羅要求消滅復仇三姊妹——這三個惡魔是象徵憤怒、復仇、償債的鬼靈。阿波羅是備受尊崇的理性的代表，他按照邏輯協調、既定慣例和文明控制等原則而行事。他辯稱，原始而古老的復仇三姊妹——非理性本我（id，假設它存在的話）的代言人——不斷在夜裡折磨人，使人們不得安睡，應勒令她們永遠從世上消失。

然而，阿波羅所不了解、多虧雅典娜點醒他的是，他理智的疏離批判，其實和復仇三姊妹的原始憤怒，同樣地殘酷、毫不寬容。在自己身上協調著兩種極端的雅典娜（她的「不為母親……所生」，正象徵著這個性格特性），⑬以她的偉大智慧向阿波羅爭論道：

> 然而她們（復仇三姊妹）也背負著任務。我們不能把她們一腳踢開，況且一旦如是執行，而她們無法戰勝，她們頑強的怨恨毒液必將回過頭來污染這片土地，使大地得病而死。這是個兩難的處境。無論我們讓她們留下，或將她們驅逐，都是必將帶來痛苦的艱難過程。⑭

在此，雅典娜道盡了弗洛依德在維多利亞時期從心理治療的臨床觀察中所獲的洞見（可惜的是，這道教訓尚未為我們這個時代所了解）：若我們潛抑原魔，我們將發現這些力量會回過頭來使我們「得病」；然而，若我們讓它們留下，我們必須奮力邁向一個新的意識層次，以便整合這些非人的力量，而不是被它們制服。而且，**無論選擇哪一條路，都必將帶來痛苦**（這是多麼令人振奮而誠懇的格言，很適合貼在心理治療者的辦公室裡）！

在這齣劇中，接納原魔的行為，為人類的理解力與同情心的發展打開了一條新的道路，甚至提升了倫理道德的感受性。雅典娜接著說服復仇三姊妹留在雅典城中，並接受爲人尊敬的守城護衛的角色。透過接納復仇三姊妹這三個惡魔，歡迎它們進駐雅典城，這個社群反而變得更爲豐富。

接下來，我們那備受尊崇的古老象徵又出現了，正如每回新的存有型態誕生時都會出現的情景——復仇三姊妹更改了她們的名稱。自此之後，她們易名爲攸曼妮德斯（Eumenides，復仇三女神），其字面意義爲恩典的工作者。這是個多麼意味深長的宣言，原本受人憎惡的惡魔，竟可以成爲守護者和恩典的傳遞人！

現在，我們終於窺見對話中的原魔所具有的根本意義。究竟當古人說，「詞語」(Word)擁有制服惡魔的力量時，意味著什麼呢?他們所欲意指的是道(logos)，即現實的意義結構；道，是人類建構形式的能力，並是人類擁有語言能力和對話能力的基礎。「太初有道」是經驗上的眞實，也是神學上的眞實。因爲人之所以成爲人——有別於人猿和未有自我意識的嬰兒，便是從擁有語言的潛力開始的。我們發現，心理治療的某些重要功能，便是奠基於語言結構的基礎面向；「詞語」揭露了原魔，逼迫它現身，好教我們能夠面對面地挑戰它。「詞語」賦予了人控制原魔的能力。

遠古時期，「詞語」是以強而有力的象徵和神話的形式傳達給人的。我們必須謹記在心的是，任何的治療過程——甚至包括「該如何處理一般感冒病毒」這樣單純的提問，都是一個神話，是一種看待、評價這個置身於世的自我和身體的方式。除非我的疾病改變了自我的形象，和屬於自我的**神話**，否則我便未曾從疾病的創傷中提煉出新的自我洞察的機會，亦並未尋得在生命中實現自我的新的可能性。此即表示我並未達到任何有資格被稱爲「痊癒」的狀態。

我們觀察到，在一開始原魔是**非**人性的。此時，我們是被喋喋不休的生殖腺和情緒所推動。第二個階段，則包含了一個較爲深遠、寬廣的意識狀態，它幫助我們的原魔變得**人性化**。至此，性驅力被轉化爲想和我們所愛、所選的人做愛，並爲其所愛的動機。然而我們並不就此打住。在第三個階段中，我們進入了一種更敏銳的理解層次，明白身體作爲軀體（運用生理上的類推），而眞正了解人類生命中愛的意義（運用心理學與倫理學的類推）。如此，原魔便逐漸把我們推向「道」。我們愈是和自己的原魔傾向協商，我們便愈是能夠察覺到一個普遍存在的眞實結構，並可據此生活。這個朝向「道」的運動是**超越**人性的。因此，我們的意識向度從非人的、走向人性的，最後則臻至超越人性的境界。

註釋

①史匹格爾伯格(Spiegelberg)，p.236。對此，黑格爾亦抱持正面的見解。蘇格拉底所帶來的威脅並不僅是災難

性的毀滅；黑格爾補充道：「（蘇格拉底）所倡導的原則中，同時包含了災難和治癒的可能。」

②蘇格拉底謙卑地自封為「媒婆」，因為他的工作並非在告訴人們終極的眞理，而是藉著提問，幫助人們找到自己內在的眞理。蘇格拉底的謙卑後面藏著多少嘲諷，我們不得而知。但無論如何，若他今天在世，相信他很可能也會把媒婆這個封號，加在心理治療者的身上。

③與保羅‧呂格爾(Paul Ricoeur)教授的私下談話。

④《出埃及記》第三十二章三十二節；《詩篇》第六十九篇二十八節；《啓示錄》第三章第五節。

⑤《約翰福音》第八章三十二節。

⑥《韋伯氏大學字典》。

⑦詹姆斯(James)，第一卷，p.565。黑體為原作者所加。

⑧這個發現要歸功於哥倫比亞大學的湯瑪斯‧勞斯(Thomas Laws)。

⑨《聖經》標準修訂版(New York, Thomas Nelson, 1952)，《創世記》第三十二章三十節。

⑩《紐約時報》(*The New York Times*)，一九六七年十月十日，p.42。

⑪當一位王子被加冕為國王，或一位主教登基時，他進入了一個新的存有狀態，並受封新的名號。而在我們的社會中，當一個女人結婚之後，她的名字通常會冠上夫姓，亦象徵性地反映了她擁有了新的存有狀態。

⑫詹‧法蘭克(Jan Frank)，〈分析性審視下的腦葉切斷手術〉(Some Aspects of Lobotomy Under Analytic Scrutiny)，收錄於《精神醫學》(*Psychiatry*)雜誌，一九五○年二月，第十三期。

⑬艾斯奇里斯(Aeschylus)，《希臘悲劇全集》(*The Complete Greek Tragedies*)中之《復仇三女神》(*The

Eumenides)，p.161。

⑭出處同上，p.152。

意志

Will

7 意志危機 The Will in Crisis

這是我們所面臨的真正困境：當人的恐懼出現，人的愛亦隨之消逝；而在人的確認中，失去的是對**他人之意志**。

——尼采

和我約了一起吃中飯的朋友，看起來一臉沮喪。開飯沒多久，他告訴我這個周末發生了一件事，令他十分愁煩。他的三個子女——老大二十三歲、老么十二歲——這個周末紮紮實實地和他談了好幾個小時，談話的內容，意在指責我的朋友是造成他們問題的重要來源——就算這些問題不是直接由他引起的。此番責難的結論是，他們的老爸對於自己與子女的關係從未做清楚的界定，沒有明確而堅定的立場，亦未曾建立一個強而有力的權威關係結構。

我的朋友是個感受敏銳、且極富想像力的人，不論在生活或事業上，都被周遭的人視爲成功的典範。養育他長大的父母非常嚴格、「自愛」；然而，他深知自己絕對無法以這種維多利亞式、極度強調「意志力」的管教模式，來養育自己的孩子。另一方面，他和他夫人也從未投入過度放任式的教養風尚，因爲他倆十分清楚那不過是維多利亞主義被擊潰之後，人們用以塡補眞空狀態的另一種謬誤罷了。聽著朋友講述這個不小的挫折，令我感到沈痛的是，幾乎每一位時下的父母親都用他們自己的方式，表達出相同的苦痛和迷惑；我的朋友迷惘地問道：「到底父母要**怎麼**決定和孩子有關的事呢？到底一個父親該怎麼伸張他的意志呢？」

這個意志的危機不僅影響著「精神官能症患者」，也影響著「正常人」；它折磨著躺在長沙發上的病人，也令聆聽病人訴苦的心理學家或精神科醫師煩惱不已。我前面提到的朋友並非臨床定義上的精神官能症患者，然而他所經歷的關於意志和決定的心理矛盾，絕不亞於所謂的「病人」，因爲意志問題的浮現，是我們這個轉型時代所不可避免的心理動亂。我們原有的意志力與決定能力所遭到的破壞，已經到了無可挽救的地步；但諷刺的是（只希望這不會是悲劇），在眼前這個對人類未來具有關鍵性影響的時代裡，當人類的力量急遽成長，且人類的每一步決定都至關重要的時候，人類卻發現自己正陷入一個意志基礎業已蕩然無存的處境中。

個人責任之顛覆

弗洛依德的重要貢獻之一——也許是他最大的貢獻——即在他破除了維多利亞時代的「意志力」中所包藏的徒勞和自欺。我們十九世紀的祖先們，把那樣的「意志力」視爲人人應備的官能(faculty)，深信唯有如此，人們才能夠下定決心，引導自己的生命走上文化所教導的、理性和道德兼備的道路。我之所以說這可能是弗洛依德最偉大的貢獻，是因爲他對維多利亞式意志力的病態影響的探索，引領他發現了「潛意識」。他揭露了一片廣袤無垠的領域——在那裡暗藏著即將醞發爲各種動機和行爲的潛意識衝動、焦慮、恐懼，這些驅力和不同的本能動力，將終其一生寄宿在人身上。藉著描述這些「想望」和「驅力」——而非「意志」——如何指導人的行爲，弗洛依德無疑是重新形構了人的形象，而此形象在根本上摧毀了西方人重視道德情感和智能的自我形象。在他精闢的剖析中，維多利亞式的「意志」終於原形畢露，讓人看見它不過是一張以理性化和自欺所編織成的大網。現在，他當年對維多利亞式那浮誇的「意志力」的病態面向所做的診斷，最終被證明是正確的。

然而，隨此揭露來的，是意志和決心不可避免地遭到破壞，而個人的責任感亦被顛覆。在此之後所浮現的人類新形象中，人類是被決定的——亦即，他不再高居主導的驅動地位，而落入**被驅動**的被動狀態。弗洛依德在贊同葛羅戴克(Groddeck)〔譯註：約格・葛羅戴克(Georg Groddeck, 1866~1934)，爲精神科醫師，以研究身心症(psychosomatic disorder)著稱，是本我概念的創始者（雖然弗洛依德後來在使用此詞時，已與原創之意涵相去甚遠），和弗洛依德在一九一七至一九三四年之間有許多書信往來，被後者視爲忠誠門徒。〕的說法時，表示：「人是依靠潛意識而活著。」他並寫道：「對心靈自由和自主選擇性懷抱根深柢固的信念……是非常不科學的想法，此信念必定會在統轄人類心理生活的決定論發言的時刻，退下場去。」①

姑且不論弗洛依德的論調是眞或僞，但我們無法否認的是，它畢竟具有重要的實質意義。因爲這個看法反映、合理化、並且推動了現代人在看待自身時，所抱持的一種廣泛觀點（這幾乎已成爲二十世紀中期的特有疾病），即傾向把自己視爲一種由心理驅力——這個擁有駭人威力的玩意——所造成的被動而不情不願的產物（我們還可以加上，亦是「強大經濟力量的產物」。在此，馬克思在社會經濟層面的分析和觀察上，展現了與弗洛依德相匹敵的天才）。

這裡並非意在指陳，弗洛依德和馬克思二人是「造成」個人意志與責任感喪失的罪魁禍首。相反地，偉人們往往**反映**了他們所身處的社會文化底層中正在湧現的問題，並且，在反覆思考之後，他們便著手詮釋、模塑他們所觀察到的現象。我們可以不同意他們的詮釋，卻不能否認他們的確**觀察到**某些事實。因爲，若我們忽視、摒棄弗洛依德的發現，便也同時切斷了我們和自身歷史的聯繫、斲傷了我們的意識，並錯失了藉此危機、將意識的統整提升到另一個新層面的機會。既然人的形象永遠都不可能回復原樣，我們的選擇只有兩種：在我們引以爲傲的「意志力」崩毀的時刻黯然退卻，或是趁這個機會把意識的統合推向新的境界。我們當然不希望「選擇」前一條路；但顯然地，我們尚未達成後者；因此，我們現在面臨的意志危機，即是卡在前後兩種選擇當中，動彈不得。

意志的毀損所造成的困境，即使是在弗洛依德自身的領域——精神分析——中亦已成爲一個棘手的問題。精神分析學家艾倫·惠利斯對此問題有極敏銳的見解：

> 在飽經世故者的圈子裡，「意志力」這個措詞已經儼然成為天真的代名詞。試圖單憑一己之力從精神官能症的悲慘處境中，披荊斬棘、突破難關，已經是過時的作法；因為一個人愈是展現其堅強的意志，愈會被貼上使用「反恐懼」(counter-phobic)策略的標籤。如今，潛意識已成為意志之遺產繼承者。我們的命運，昔日是被意志所決定，而今，則是被潛抑的心理生活所掌管。有見識的現代人讓自己躺在（精神分析的）長沙發上，然而，這麼做卻令他們無法一肩挑起自己的問題。當意志的價值被取消，勇氣亦失去了它的意義；因為勇氣是為了實踐意志而存在的，它的價值當然無法超越它所服務的對象。現在，在我們

對人類的理解中，我們獲得了一種決定論(determinism)，然而卻失去了決斷力(determination)。②

在過去幾十年中，把自我視爲決定論之子嗣的傾向已經廣布開來，這個觀點並且匯入另一個當代人的信念：此即，在透過原子能形式所展現的科學力量之下，人類是全然無助的。當然，加重此無助感最明顯的表徵便是核子彈，對此，一般百姓都感到自己是無能爲力的。許多知識份子眼見這個現象不斷向自身逼近，不由得自問：「難道現代人退化了嗎？」③實際上，過去十年間最重要的發展即爲，幾乎所有的人（即便只在家裡看電視或去看場電影）都多多少少察覺到這項事實。最近上映的一部電影裡，便有如此露骨的陳述：「核子時代的來臨，已經扼殺了人們對發生在自己身上的事具有任何影響力的信念。」④的確，我們甚至可以說，現代人精神官能症的核心問題即在於，他們對自身責任感的體驗已經受到嚴重損傷，而其意志力與下決定的能力亦已然枯竭。意志的缺乏不僅是一個倫理學的問題，因爲，現代人經常覺得，就算他眞正地施行了自己的「意志」——或召喚任何其他被認爲是意志的幻覺——他的行爲都無法引起任何作用。我們所面臨的重要問題，即來自這內在深沈的無力感，這存在於意志中的矛盾。

意志之矛盾

有些讀者大概會反駁道，無論是在個人機會的開展，或是集體對大自然的征服上，人類目前所能發揮的力量是史無前例的。當然，這對人類偉大力量的強調，正是前述存在意志中的矛盾的另一面向。人類在對自己的決定感到懷疑而煩悶不已、深感無力的同時，他也確信著：身爲現代人，他無所不能。上帝已死，而我們不正藉著重現《創世記》情景、扮演著神的角色嗎？——我們在實驗室裡成功地分裂了原子，並在廣島做過成功的實際演練。不過當然，我們的作法剛好和神相反：上帝從混沌中創造形式，而我們則是從形式中創造出混亂；極少有人不在內心的某個角落藏著深切的驚恐，擔心著萬一在關鍵時刻來臨之前，我們沒有能力再把混亂還原成原來的形式，那該如何是好？

然而，我們的焦慮很容易就被傲立於時代尖端的興奮之情和炫惑感所打發，認爲自己正置身於一個永遠不會再有毒蛇出現的伊甸園。廣告不斷地對人們進行轟炸，告訴人們在每一張機票或人壽保險單後面，都銜接著一個全新的世界。我們被保證每個小時都可以（在電視節目的廣告時段）接收到每日的賜福，它的內容包括：只要我們能熟稔地駕馭電腦、大衆傳播技術，就能獲得無窮的力量；在這個新的電子時代中，我們的腦波可以被調整，讓我們得以用嶄新的方式觀看、聆聽這個世界；而在神經機械學、固定薪水、大衆藝術、新式自我教學的神奇方法……當中，皆蘊藏著取之不盡的豐富力量；另外還有ＬＳＤ迷幻藥，它能「擴展我們的心智」，並且釋放充沛的潛能——這曾經是人們對精神分析的期待，而現在，多虧了這個意外的發明，只要靠藥物便能輕易做到，既省力又省時間；再者，具有重塑人格效果的化學藥物技術、可取代衰老心臟和腎臟的人工器官的發展，以及探索教人永遠不會疲勞的方法等等，將使人得以無止境地活下去……然而，我們並不會對觀衆們時而顯露的迷惘感到驚訝：**他們**不明白自己到底是受到精靈們賜福、額頭上敷了油的天堂選民——或只是愚蠢而容易上當的傻子？當然，實情是我們兩種都是。

在所有這些歌頌偉大力量與自由的保證中，作爲訊息接受人的觀衆被期待扮演**被動**的角色。但是這不僅發生在廣告媒體中，就連教育體制、醫療系統中也存在相同的期待，所有新些發明所提供的服務，都是**對**我們、**爲**我們而做的；而我們的角色（不管它被安排得如何巧妙），即在服從、接受這些福份，並且心存感激。這個現象在原子彈製造，和尋找、佔據新行星的外太空探險等先進科技領域中尤爲明顯——我們作爲個別的人，對於這樣的事情一點都沾不上邊，充其量不過只能透過匿名的、如迷宮般複雜的管道繳稅，然後在電視上收看太空飛航。

描述藉由藥物探索新世界（或「臨現」(happening)）所使用的詞彙是「啓動」或「打開」(turn on)。使用這個詞彙的好處是在於，它毀損了維多利亞主義在諸如「我是我靈魂的掌舵人」等詞句中所給出的錯覺，讓人錯信只要身具喀爾文教徒的精神和肌肉，憑一己之意志即可以決定事情是否發生——此種唯意志論的傲慢性格，的確大大囿限了經驗，並箝制了我們的情感。「被啓動」的說法，顯示了一種任憑自己被刺激、被掌握、被打開的自發性。然而，當我們「啓動」電器用品、「發動」汽車或「打開」電視機時，使用的也是同一個詞彙，這絕非偶然。在此明顯地出現了一個矛盾點：我們雖從造就了枯燥無味的工業文明的維多利亞式「意志力」和嚴苛的自我控制中脫逃（嬉皮們反對這樣的文明不無道理），卻掉入了一個表面上看似將帶來意識擴張的「自由」假象；而這樣的「自由」，實際上以更強悍、更隱微的方式，將人的形象逐步轉化爲機器。人們把迷幻藥說成是治療此令人窒息的、非人性的機械文明的一帖良藥。但是，卻遺忘了機器的本質，乃是經由佔據一個介於人與自然之間的位置，爲我們提供服務。由此觀之，難道嗑藥行爲的本質，不也包含著類似使用機器的行爲中的相同成分嗎？因爲二者皆讓人變得被動。現代人所面臨的奇特窘境即在於此，那些**使我們變得強而有力的發展進程——譬如原子彈及其他科技能源的偉大發明——恰好是奪去人們力量的過程**。在此情況下，我們的意志會遭受毀損，實爲在所難免。正也因爲如此，當許多人告訴我們「意志不過是個假象」時，聽來不過是老調重彈。如同賴因（譯註：羅納爾德・賴因(Ronald David Laing, 1927~1989)是二十世紀心理學領域中頗受爭議的人物，時常和大衛・庫伯(David Cooper)及米歇爾・傅柯(Michal Foucault)等人物一併被歸入「反精神醫學」運動中。

他極力反對傳統精神醫學對待精神分裂症病人的方式，特別抨擊腦葉切斷手術、電擊療法等非人道的治療手段。重要著作包括《分裂的自我》(*The Divided Self*)等作品，賴因在此書中以存在哲學的觀點描繪了精神分裂症患者的內心世界。他並且認爲心理治療者應學習古代巫師的精神，將心理治療看作醫師與病人雙方相互宣洩的過程。〕的話語所顯示的，現代人已然掉進一個「瘋狂被動的地獄」。

然而，就在這無處不包圍我們、形塑我們的強悍非人性力量，教我們深感無力時，我們同時又被要求負起另一種責任：在多到令人害怕的選擇中做決定；這無非是更進一步加深了既存的兩難困境。以休閒時間爲例：有愈來愈多的人每天只工作四到六小時，對這些人而言，選擇是必須的。已有足夠的證據顯示，若人們不能以有意義的活動塡補餘暇，他們便會被一種特有的冷漠疾病所侵襲，而這疾病可能造成嚴重的無力感、上癮，和可能導致自我毀滅的敵意；另外，也將提高服用避孕藥的比例，特別是在事後丸發明上市之後。這份新的自由——主要是指在性關係選擇上的完全自由——可謂正式將「選擇」這個詞彙，推入現代生活的重心。若我們想避免全然的混亂狀態，接下來的責任就整個地落到個人身上，他必須自己選擇性價值觀，或至少找到參與性經驗的理由。因爲這個新自由的出現，正好發生在原本作爲選擇基準——或反叛基礎的價值觀進入極度混亂的時刻（即便是在對既定性價值觀的反叛當中，至少也呈現了某種結構），而所有原本由社會、家庭和教會所提供的外在指導方針皆已蕩然無存，這份自由的確是件天大的禮物，但也成爲每個人肩上無以估量的沈重負荷。

在醫療體系中也存在類似的矛盾。醫學技術的急遽成長，伴隨著更細緻的專業領域分工，無可避免地使得病人成爲治療**對象**(object)——病人匆忙地奔向電話，不是爲了詢問醫師該怎麼處理自己的病情，而是想知道今天早上該去看哪一位專科醫師、哪一間X光片檢查室，或該掛哪個門診。當醫療過程變得愈來愈**非人性化**，愈來愈像卡夫卡小說的情節時，病人自己的責任也就相對地減少。然而此時，病人的疾病本身卻變得愈來愈**有人味**。因爲，就如心臟病和老年疾病所顯示的，疾病所影響的不光是某個特定身體器官的機制，而是病患的全體自我。老年疾病指出了一個不爭的事實，此即，人必須接受身體的極限、自己的有限性，以及最終的死亡！對於此類疾病的「治療」或處理，只有在病患的自我意識得到拓展、深化，再加上病患自身願意積極參與治療過程的條件下，才可能達成。

在心臟疾病和老年疾病中，幫助病患肯定——而非消極反抗——身體極限的意識狀態，曾經被稱作「精神力量」。在**接納**與**協調**的過程中，此一精神力量得到最佳的呈現。這個過程將予人適切的洞察力和價值觀，幫助病患超越生死的問題，使他能夠對眼前的事情做必要的決定。然而，在現代世俗社會密密麻麻的專業分工領域中，已經無法找到作爲此意識狀態之精神基礎的舊有形式，而我們又尚未尋得能夠支撐此價值觀、並協助做重大抉擇的新基礎。

尤其是當人體器官可以人工器官取代，而神經疲乏亦可被克服時，選擇自己要活多久，將可能成爲人類實際面臨的抉擇。此終極決定乃基於下面的問題：您**想要**活下去嗎？若答案爲是，那麼您想要活多久？——曾經，這是個以自殺的可能性的理論爲基礎所引發的形上學提問；而今，這可能是我們每一個人將面臨的實際抉擇。醫療工作者要如何決定延長人類的壽命到多久呢？通常我們得到的回答是：這個問題尙待哲學家與神學家來解決。但是，意欲協助我們的哲學家們何處尋？所謂的學院派哲學據稱——就如上帝一樣——已經死了；⑤再說，無論如何，我們的現代哲學——除了存在主義以外——所關心的主要是形式的問題，而非重大的生命議題。由於我們在爲上帝守靈的時刻，已經向神學家道了別，因此，當我們轉回身，翻開碩果僅存的《聖經新約》，仔細審視我們的遺產時，我們發現自己已然是失怙孤兒——雖然繼承了大量的生理知識的財富，然而其中卻無絲毫涉及作爲抉擇基礎的價値觀，或是這些價値觀所從出的神話與象徵。

置身維多利亞時代的尼采，以其驚人的凌厲目光預見即將來臨的事；他是少數幾個率先宣稱「上帝已死」的人物之一。然而，與我們這個時代再次宣告此神聖性之死亡結局的人相反，他勇敢地迎向隨這個宣判而來的後果。「在切斷了地球繫於太陽的鎖鍊之後，我們接下來該怎麼辦？……我們該往何處去？遠離所有的太陽嗎？我們難道不會一直如此沈淪下去？往後、側移、向前，還是向四方八方漫遊？然而，還存在所謂的方向嗎？在穿越這無盡的虛無時，我們難道不會犯錯嗎？我們豈未感受到這片虛空的氣息？

豈未發覺這氣息變得愈加冷冽？難道不斷地向我們籠罩而來的深夜不是一個比一個更加漆黑？……（所有的一切都說明著）上帝已死！」⑥帶著深沈的諷刺，尼采讓我們從一個瘋子的口中，聽到這番描述自我狂亂失序，和意志癱瘓的話語。在此寓言的最後，瘋子說道：「這驚人的事件仍不斷向我們逼近。」現在，這事件就正在我們身上發生，而且的確造成無比驚人的影響——**人類正站在一個關鍵的抉擇點上，我們可以參與一個新世界的誕生，或是親手主導人性本身的毀滅**。

因此，意志的危機並非起自個人在世界中是否擁有強大的力量，而是引發自力量的現身或缺席之間所存在的矛盾衝突——其後果即為意志的癱瘓。

約翰的故事

在我們的臨床工作中，時常出現與意志危機有關的病例，這些病例對我們目前所遭遇的問題提供了新的觀點。我的同事希瓦諾・阿里耶逖(Sylvano Arieti)醫師曾在一篇重要的論文中述及，僵直型精神分裂症乃是意志失調所引起的疾病，易言之，病因並非出在運動機能器官本身。他更進一步指出，僵直型精神分裂症患者所處的病理世界，就和活在眞實世界中的我們一樣，是被圍困在一個內在的僵局中。僵直型精神分裂症的問題實爲**價值觀**與**意志**的問題，而病患的靜止不動，正是他所經驗的矛盾衝突的表達形式之一。

阿里耶逖醫師在此論文中描述一位名叫約翰的病人的病情。約翰是天主教徒，三十多歲，是位聰明的專業人士，被轉介給阿里耶逖醫師的原因是，他重複地受到不斷升高的焦慮感侵襲。這樣的焦慮感讓約翰憶起十年前那一次僵直型精神分裂症的病發，爲了避免往事重演，他連忙尋求治療。下面，我將引述阿里耶逖醫師個案報告中的片段，特別是有關僵直型精神分裂症初次病發的部分：⑦

約翰有三個兄弟姊妹。他回憶起初次發生焦慮感的時間，可回溯到童年早期。他記得自己有多麼依賴把他帶大的姑媽。這位姑媽經常不避諱地在他面前褪去衣裳，這個舉動造成他興奮與罪惡感交織的複雜情緒。九歲到十歲之間，他曾經和朋友嘗試過同性戀的性關係，在那之後有過短暫的同性戀性慾望，後來並有經常手淫的習慣……他對馬懷有特殊的欽羨之情，因為（依據他自己的說法）：「牠們從雕像般俊美的軀體中，排泄出如此美麗的糞便。」⑧他在學校的表現很好，並且在青春期過後對宗教表現出極大興趣，曾考慮過當神父，重要原因之一是為了控制他的性慾衝動。這個控制和他那性關係頗為複雜的姊姊，在某個方面恰成對比……大學畢業後，他決定盡全力把性逐出他的生活。此外，他曾經到一個專為年輕男人而設的農場去度假，在那裡他可以伐木。然而，在這個農場裡，他卻變得極度焦慮和沮喪。他愈來愈憎惡其他人，覺得那些傢伙既粗野又滿口髒話。他覺得自己就快要崩潰了。他記得有天晚上對自己說道：「我再也受不了了，我怎麼會變得這個樣子？怎麼會無來由地如此焦慮？我這輩子又沒做錯過什麼事。」然而他這樣安慰自己，或許自己正在經驗的種種，乃是神的旨意。

執念和強迫行為變得愈來愈嚴重。他發現自己「無時無刻不在懷疑自己的懷疑，然後又不斷地懷疑自己對懷疑的懷疑」，並且被一種強烈的驚恐所佔據。有一天，他驚懼地發現自己想做的行為，和他實際做出的行為中間，發生了不一致的現象。譬如說，當他正在脫衣服，而想把鞋子脫下時，他卻丟下一本工作日誌……他的心智非常明晰，而且完全清楚發生了什麼事，但是他卻發現自己無法控制自己的行為。他開始想，他有可能會不由自主地犯罪，甚至殺人。他告訴自己：「我不想在這個世界被詛咒，也不想死後還遭人唾罵。我努力做個好人，但是一點用都沒有。這真是太不公平了。我可能在只想伸手拿一片麵包的時候，卻殺了人。」

接下來，他有種感覺，彷彿自己只要做一個動作或行為，就可能對自己連同整個營隊的人造成天大的災禍。因此，他動也不動，以保護整個團體。他覺得自己變成了弟兄們的看守人。他的恐懼變得極度強烈，以至於根本箝制了任何行動。在過度驚嚇中，他說他：「看見自己逐漸僵化、呈現出如雕像般的姿勢。」他察覺到一種意圖——把自己殺掉，因為，死了總比犯罪好。他爬上一棵大樹，然後跳下來，但是被送到醫院去的時候，身上只帶著輕微的擦傷。在醫院裡，他仍然絲毫不動，活像一尊石像。⑨在他住院期間，約翰做過七十一次的自殺嘗試。雖然大部分的時間裡他都處在僵直狀態中，但是偶爾他會做出一些衝動行為，比方說把束縛衣撕成碎片，然後做成一個用來上吊的布環。

當阿里耶逖醫師問他為什麼要重複這些自殺行為時，他給了兩個理由：第一，是為了解除罪惡感，並且避免自己犯罪；然而，第二個原因聽來更奇特——自殺是唯一能夠超越靜止障礙的行動。**因此，自殺是爲了要活下去；亦是他生命中唯一剩下的行動**。

一天，他的醫師問他：「你一直想要自殺。難道在生命中你沒有想要任何其他的東西嗎？」花了好一番功夫，約翰含糊地回答：「吃，我要吃。」於是醫師帶他到醫院的病患餐廳，告訴他：「你可以吃任何想吃的東西。」約翰立即抓了一大堆食物，狼吞虎嚥地吃將起來。

我暫且省略關於約翰僵直型精神分裂症的後續發展，及他如何克服此疾病的敘述，而先在此提出幾點值得注意的事情。首先，農場的營隊讓約翰處在一個充滿同性戀刺激的環境中；第二，他想尋求的避難所是宗教情感；第三，執念和強迫行爲的機制，以及最初與性感受相連的任何行動所產生的焦慮，幾乎已擴張到所有的行爲中。因此，所有的行爲都被附加上責任感的重擔，都成爲道德議題。所有的動作不被認知爲單純的事實，而是被視爲一種價值觀的展現。阿里耶遜醫師注意到，約翰的「感受令人聯想到其他僵直型精神分裂症患者所經歷到的宇宙般強大力量，或負面的全能威力，這些感受讓他們相信，自己的行爲可能造成整個宇宙的毀滅」。⑩

在約翰的故事裡，我們看見意志的激烈衝突，他所秉持的價值觀讓他忙得焦頭爛額。對我來說，醫師所提的問題——「你什麼都不想要嗎？」——具有相當重要的意義，因爲這個問題顯示了**實現單純想望的重要性，而這是所有意志行動的第一步**。阿里耶遜在此指出，當一個人像約翰一樣承擔如此巨大的責任感時，他的被動性是完全可被理解的。這樣的被動性並非來自移情作用或催眠狀態下的服從：「當病患遵從命令時，是因爲這些命令乃是出自他人的意志，也因此他們自己無須對此行爲之後果負責。」約翰的僵直與麻木，其實是現代人冷漠的極端展現，活在這樣一個困阨的時代裡，人們在潛意識上，極力渴望有人能夠爲他們擔起責任的重擔。

在此病例中，病人活在一個「所有的抉擇行爲，都和被過分強化的價值感相連的病態處境中，當這折磨人的責任感達到極端強烈的狀態時，病患會認爲即便是自己的一個小動作，都可能會毀掉全世界」。阿里耶遜醫師繼續說：「唉！這精神病患的心理構念，其實提醒著我們今日現實上的可能性，的確，只要有人按一個按鈕，便可能造成宇宙性的影響！只願僵直型精神分裂症患者所背負的浩瀚責任感中，可納入這迄今未被察覺的可能性。」⑪

在（和約翰相較之下）所謂正常人的情況裡，被圍困的意志往往逃向可提供暫時性依靠的「權宜派」避難所。因此，在此意志發生危機的時代裡，我們觀察到四處充滿了**抗議**的困境。當我詢問幾個不同校區的教職員團體，他們校區的學生對越戰有何觀感時，他們回答道，眞正的歧見並不在「擁戰」或「反戰」的意見上，而是發生在抗議陣營和反抗議陣營之間。眼前，抗議行爲似乎具有部分的建設性，因爲藉著從反面伸張主見，它至少保留了意志的外觀——即便我並不明確地知道自己**支持**什麼，至少我知道自己**反對**什麼。的確，對於二到三歲的孩童來說，能夠堅持與父母相反的立場，是人類意志發展的重要開端。然而，**若意志僅停留在抗議階段，它將會對它所抗議的東西形成依賴**。抗議是尙未發育完成的意志。就像依賴父母的孩子，它是從它的敵人那裡借取動力的來源。假若這情形持續下去，意志的內容便會被掏空；我們將永遠成爲敵人的陰影，只能隨其行動起舞。遲早，我們的內在會變得空無一物，而可能在下一回防禦戰線上被對手擊潰。

下一階段的防禦戰線即爲**指責的投射**(projection of blame)。我們可在每一回戰爭中，看見敵對雙方都在不知不覺中坦承自己在整合原魔力量上的失敗。以越戰爲例，國務卿洛斯克(Rusk)和內閣一致譴責越共須爲戰勢的逐漸擴升負責，而越共——以及國內反戰人士則反過來指責洛斯克和我們的內閣。從彼此的指責中所獲得的自以爲是的安全感，使敵對雙方都得到暫時的滿足。然而，除了如事件中所展現的、對歷史情勢的嚴重過度簡化之外，我們更爲這暫時的安全感付出極昂貴的代價。因爲，**不知不覺地，我們已將決定權交到敵方手中**。指責敵方，意味著選擇和行動的自由是被掌握在敵方手中，而我們只能針對其行動**做回應**。這樣的預設將反過來摧毀我們自身的安全感。因爲，就長遠來看，我們已經違反自己的意願，把手中的牌如數交出。我們的意志，便更進一步遭受斲傷。在此，我們見證了所有心理防禦機制的自我矛盾效應：**自動地把主控權交到敵方手中**。

在這些無法令人滿意的手段之下，意志活動變得愈來愈重複而冗贅，最終則傾向一種無動於衷的麻木態度。這樣的態度若是無法轉化爲進入更高意識層次的動力，以解決手邊的問題，個人或團體將全然放棄自身的意志。但是，假若我們想要在意志癱瘓的狀態中免除這樣的麻木，我們遲早必須自問：我的內在究竟發生了什麼事，才導致或促成了這樣的癱瘓？

精神分析中之意志

心理學和精神分析如何面對這個意志危機呢？前面曾經述及弗洛依德摧毀了維多利亞式的意志力，只不過是對此時代中意志與決斷力遭到毀損的表述之一。此外，我們也觀察到分析者本身亦擔憂意志的混沌狀態，已經把精神分析丟進一個難以衝破的困境。惠利斯在指出我們「獲得了決定論，卻失去了決斷力」之後，接著在前面所引述的論文中說道：「意志的關鍵重要性在於……（它）畢竟極可能是將均衡力量注入轉變過程中的重要因素。」⑫

在心理學各支派，以及其他包括哲學、宗教在內的各個領域中，有些思慮周密的人，已經開始對精神分析過程對其病人意志的影響，提出許多切中要害的問題。其中，某些問題獲得相當負面的結論。比方說，任教於普林斯頓及紐約市立大學的西爾文•湯姆金斯(Silvan Tomkins)教授就曾指控道：「精神分析是一種有系統的訓練優柔寡斷的方法。」他自己曾經接受過幾年的精神分析。另外，卡爾•克勞斯(Carl Kraus)亦曾對精神分析下過極其銳利的類似評斷：「精神分析即為它的治療所宣稱要治癒的疾病。」這句遠近馳名的話所欲指稱的事實是：精神分析造就了現代人放棄自主性的傾向。

近年來，已有不少跡象顯示，精神分析這門科學和職業正逐漸進入一種危機狀態。

披露此危機的現象之一——它已在精神分析領域中湧現，教我們再也不能迴避這個問題，便是某些正統弗洛依德學派的傑出成員，都開始轉而反對精神分析。⑬他們在論述中的口吻非常類似當前悲嘆著「上帝已死」的神學家們。然而，正如神學家的上帝一般，就其被誤解的角度來看，我們的確可以說精神分析的上帝已死。

精神分析的危機根源，是出自它未能解決意志和抉擇的問題。因爲，倘若弗洛依德在其理論中所提出的徹底決定論爲眞，那麼根本沒有任何人可能在精神分析中被治癒。然而，即使是與此理論持全然相反的意見，我們仍將得出一模一樣的結果：若我們支持一種徹底的非決定論，亦即，我們可以隨心所欲地改造自己，比方說只要在新年許個願，或是當場痛下決心等等，在此情況下，也就沒有人會需要精神分析了。但事實上，我們發現人的問題通常是十分頑固、倔強又棘手的——可是另一方面，我們卻又發現人**的確會**改變。因此，我們必須進一步探究令人們改變的原因。

許多學院派心理學家亦傾向於採取這樣的觀點（無論他們之中個別的心理學家們如何看待自身的倫理行動）：心理學家所關切的只是在找出什麼是被決定的，以及什麼是可在決定論架構中被理解的。如此對自身覺察力強加限制，當然會無可避免地矇住自己理解的眼睛；於是，分析者試圖將病人轉變爲他允許自己覺識到的形象。心理學家傾向於潛抑關於力量的問題，尤其是非理性力量。我們僅從字面上理解亞里斯多德的格言：「人是理性的動物」，而假設人**僅止於此**，並且將非理性視爲須待矯正的暫時性心理失調，認為只要給予個人適切的教育，便可以克服這個問題，即便在病理現象較為嚴重的情況裡，只須對病患的失調心理情緒進行再教育，亦可解決。當然，在阿德勒(Alfred Adler)的心理學理論中確實存在著對力量的關懷，然而，此部分理論往往被他對社交自卑感和人必須為安全感奮鬥的信念所掩蓋，而只被當作其理論中的副標題而已。但另一方面，其實弗洛依德對於原始食人行為以及攻擊本能的假設，即涵攝力量成分在內；但是，這個理論元素時常被合理化地解釋為：只有在極端病態的案例中才會出現此類行為。如此，對於力量的潛抑，使得心理學不費吹灰之力就把意志的問題摒除在外，而緊抓住決定論的理論層面不放；這是因為蟄伏在決定論中的原魔效應尚未得見天日。⑭

然而，在精神分析與心理治療中，治療者所面對的是活生生的、受苦的人們，在此，意志與抉擇遭受毀損的問題處理便益發迫切。因為精神分析與其他大多數心理治療的理論和實踐，皆無可避免地加深病患的被動傾向。奧圖・蘭克和威爾翰莫・瑞區在一九二〇年代即開始提出，存在精神分析之內的某些既定傾向，造成了它自身生命力的耗竭，並且，這些傾向不僅削弱了它所欲處理的實在，亦閹割了病患尋求改變的力量與意向。在精神分析的早期發展中，由於當時對潛意識的揭發造成極顯著的「震撼效果」，這些內存的問題便未引起公開討論。再者，弗洛依德接受精神醫學訓練的早期所分析的病例，乃以歇斯底里症為主，而他每一位歇斯底里症病患的身上，的確都可發現一種特殊的動力暗流——弗洛依德可能會稱之為「潛抑的力比多」——亟欲顯現其自身。反觀今日，當我們大部分的病人患的是各種不同形式的強迫症、幾乎每個人都知道伊底帕斯情結，而且病人在性議題上暢所欲言的程度，可能會教弗洛依德的維多利亞病人們嚇得從沙發上摔下來的時候（雖說談論性，實是最容易躲避對愛情與性關係做眞正**決定**的方法），我們便無法再迴避由意志與抉擇能力的毀損所造成的困境。就我的判斷，迄今對古典精神分析而言仍舊是個棘手而難解之謎的「重複性強迫行爲」，其實與意志危機有著根本的關係。

其他形式的心理治療亦未能避開精神分析所遭遇的難題——因爲，心理治療的過程本身已經內建著某些特質，誘使病人放棄作爲決定主體的位置。光是「病患」這個名詞本身，即已預設了這樣的角色。不但是心理治療中慣常的、支持性的成分中帶有這個傾向，另一方面，病患和治療者本身都極易屈服於一種誘惑：企圖從除了患者自身以外的所有東西裡頭，找到該負責的罪魁禍首。當然，無論何種類型或流派的心理治療者心底都明白，遲早病人都必須自己做出重要的決定，並學習爲自己承擔責任；然而，大部分心理治療的理論與技術，皆傾向於建立在全然相反的前提上。

幻象與意志

已有部分心理學家及精神分析學家針對意志與抉擇問題的否認，提出各種不同的陳述。譬如，晚期弗洛依德學派學者羅伯特・耐特(Robert Knight)即認爲，人類一向不會把抉擇的自由看成是：「……掌管人類行爲原則的自由意志的運作，而是一種爲因果關係所決定的主觀經驗。」⑮在此篇文章中，耐特在所有的「自由」上都加了引號，無非是爲了表示這個字眼的幻象性質。意即，所謂的選擇和責任不過是先前狀態所引致的幻象，其後又轉而成爲引發未來行動的原因。

然而——我們在此將發現一種根本上的不一致性——作爲**治療者**，精神分析師不得不承認，病人的抉擇行動確實具有不容忽視的重要性。作爲心理治療師的弗洛依德，在臨床的實踐上十分令人驚訝地採取了一種與自己理論全然不同的觀點。他在《自我與本我》(*The Ego and the Id*)書中寫道：「……分析工作的目的不在於去除病態的反應，而是賦予病人的自我以選擇自己出路的**自由**。」）⑯

惠利斯繼續在下面這段文字中，說明心理治療師在治療過程中所面臨的實際困境：

在分析尾聲中，治療師極可能發現自己希望病人有能力表現出更多的「衝勁」和「決斷力」，有更高的意願去「充分發揮自己的力量」。通常這樣的盼望最終會促使治療者對病人說：「人必須自助」、「唯有付出才會有所成就」，或「你總得要試一試」等等。然而這類話語的介入極少在個案報告中被提及，因為它們往往被認為不夠高尚，或不具有解釋效力。這類敦請病人做選擇的呼籲，通常會令分析師感到十分尷尬，因為這似乎意味著他正在使用某種連他自己都不相信的方法，並且，這會顯得他分析的技巧不夠專業，才會需要用到這樣的話。⑰

如此，精神分析將發現自己處於一個十分怪異而不適切的位置，彷彿它相信病人必須對自由抱持某種幻象，才可能進行轉變，因此，病人必須要培養這樣的幻象，或至少要順服它。有兩位評論家曾對此問題中所存在的矛盾（亦可見於前述耐特的見解）做過詳細的描述：「隨著心理治療的進展，自由的經驗感受亦隨之提升；接受過成功分析的人們，會表示自己在生活的行爲上體驗到一種治療前所未有的自由感。這麼說來，倘若自由是個幻象，那麼治療的目的，或至少是治療成功的結果，即在修復一種幻象，雖然大部分的治療者都相信所謂成功的治療，原本應該是要提高病人對自身和世界在認知上的明晰度。」⑱有某些分析師確實曾公開承認，他們所從事的工作是在培育一種幻象，並且在他們的理論中將其合理化。⑲

讓我們想想上述這段話的意涵。在這些訊息中我們被告知：**幻象**乃是推動性格改變的首要因素；而且，眞理與行動之間並不存在根本的——或僅有理論上的——關係。因此，我們所欲苦苦追尋的並非眞理，而是**幻象**。我們被迫相信，我們無法在這個世界的定義中存活；若我們堅持據此而活，後果將會是，如惠利斯所暗示的，不知不覺地陷入一種被動的無力感中，然後導致極度的冷漠和憂鬱。

我不需苦心思索便可明瞭，企圖用這樣的辦法解決困境是行不通的。因爲，就連分析者自己都不可能依賴這個幻象而活——我們怎麼可能對一個已知是幻象的事物做出保證呢？（這難道不是一種病態現象嗎？）再者，倘使病人必須相信某種幻象，那麼這個幻象的可能性（不同於眞理）會是無窮盡的——如此一來，究竟該由誰來決定某位病人要使用**哪一種**幻象來過生活呢？我們是否要選擇那些「有用的」幻象呢？若此爲眞，那麼我們對眞理的概念一定有問題；因爲，如果幻象眞的有用，想必幻象也不全然是幻象了。聲稱幻象在轉變中扮演著決定性角色的陳述，其實基本上是一種反理性（亦即反科學）的言論，因爲它暗示了在行爲層次上，一個概念的眞僞並不重要。但這樣的論點無法令人滿意；因爲若此話當眞，則所謂的「幻象」中必存有某些眞理，而在所謂的「眞理」中反而藏著些許幻象了。

有些學者從不同的角度提出另一種解決方案。在確認了自由與意志必須在精神分析的性格結構中佔有一席之地之後，哈特曼(Hartmann)與拉帕波爾(Rapaport)等晚期「自我」(ego)分析學家，發展出「自我自主性」(Autonomy of the Ego)的概念。如此，自我便被指派以執行自由與抉擇的任務。但是，就定義上而言，自我是性格的**一部分**；問題是，**部分**怎麼可能擁有自由呢？拉帕波爾曾寫過一篇關於「自我自主性」的論文，榮格亦曾經用一整章的篇幅談論「潛意識的自主性」；而現在，我們大可追隨華特・加儂(Walter B. Cannon)〔譯註：華特・加儂(Walter Bradford Cannon, 1871-1945)爲美國傑出之醫學科學家，亦爲放射線學之先驅。其對交感神經腎上腺系統的研究，開創了神經內分泌學之學門。一生中對人類社會展現出濃郁的人道關懷，曾多次協助受戰爭蹂躪及種族迫害者。此外，他對美國的醫學教育與醫療政策亦多有貢獻。〕的腳蹤，寫一篇名曰〈身體自主性〉的文章。這三種觀點皆包含著部分的眞理，然而，它們也可能都含有重要的錯誤。因爲，自我、身體和潛意識三者之中，無一是眞正具有自主性的；它們分別是構成一個整體性的一部分。而意志與自由必須在此整體性中才能找到其基礎。我深信，將性格劃分爲自我、超我與本我的概念化方式，正是正統精神分析傳統一直無法解決意志問題的重要原因。

我們從精神分析的實際工作中得知，**自由匱乏**的現象是在病患所有的機能面向中顯現；這包括了他的身體（肌肉的抑制）、所謂的潛意識經驗（潛抑），以及他的社交關係（他幾乎無法察覺到別人的存在，以至於連自己的存在都難以察覺）。我們亦從經驗得知，當此人從心理治療中獲得自由感時，他身體的動作會變得較爲自在，夢境更爲自由，而在與他人的關係中，也會有更多未經深思熟慮的自發性出現。這意味著自主性和自由，不可能存在於有機體的某個特殊部分，而必須是屬於整體我(total self)——這個結合了思想／情感／選擇／行動的有機體——的一種特質。我將在文後討論意向性(intentionality)的段落裡，呈現意志和抉擇如何同時與本我、自我和超我三者緊密相連（若我們依然決定使用弗洛依德的用語）。我們將發現，在任何可被稱爲「自我運作」(ego function)的步驟**之前**，我們所做的每一個細微的決定中皆醞釀著某種深遠意蘊——它包含了自發性、情感與象徵的意義。我十分贊同貝多漢的說法，他強調，堅強的自我並非決心的起因，而是決心的結果。⑳

所謂的「自我自主性」概念，由於將行使抉擇的寶座，安置在性格的某個特殊部分或器官中，因而並未能跳脫出舊有「自由意志」概念所遭遇的問題。若我們將此概念精緻而複雜的外衣撕開，我們將發現某種與笛卡兒理論極其類似的東西：笛卡兒認爲，人類的靈魂，就藏在位於大腦基座、連接頭腦與身體的松果腺體(pineal gland)中。當然，自我精神分析對現代人所迫切關心的自主性、自我引導與抉擇的問題進行反思，絕對有其積極的正面意義。然而，在面對這些充滿衝突與矛盾的問題時，自我分析學派仍舊不可避免地陷入了困境。

精神分析與心理學的所有陳述，在在揭露著現代西方人所面臨的意志與抉擇的困境中，包含著強烈的不一致性與矛盾性。當弗洛依德坦白地表示，他的工作是在試圖讓病人獲得「選擇的自由」時，正顯現了他一貫的誠實篤性，因爲他深知這樣的說法直接地違背了他自己的理論。然而，他並未在矛盾之前畏縮，亦不曾草率地尋求簡便的解決辦法。但不可否認的是，精神分析的文化乃是源自弗洛依德，而在此理論自身的矛盾中，傳統精神分析變得愈來愈難以存活。

在本書中，我將試圖提出一個可能的解決方案。我的嘗試乃是基於這樣一種信念：我們已經忽略了人類經驗中一個十分重要的向度，而此向度在人類意志的實踐中，佔有關鍵性地位。賀德森・侯葛蘭德(Hudson Hoagland)曾寫過一段話，直接點出了這樣的兩難處境：

假設我是個全能的生理學家，擁有所有關於生理學、化學的知識，並且完全掌握你大腦中每一個時刻的分子運動。具備這些知識，我就可以根據你大腦機制的運作，精確地預測你會做什麼，因為你的行為——包括意識行為和言語行為，都和你大腦的神經運作相關。然而，這個預測之所以能夠精準的前提是，我不能告訴你我的預測為何。假使我把根據你大腦運作的完整知識所做出的預測說出來，在洩露訊息的同時，我便改變了你腦中的生理狀態，而這可能讓你做出全然不同於原本預測的行為。倘若我試著事先考慮告知預測的效應，我便注定會掉入一個永無止境的回歸中——因為就邏輯上來說……我等於是在追逐自己的尾巴，將無限逆向地考慮效應的效應的效應……㉑

人類的覺察和意識——亦即理解——使得人類的行爲含有無法預測的成分。而且，人類是一種執拗地堅持要理解的動物。意識狀態的改變同時涉及「外在」和「內在」，它包含了來自外在世界施於個人的力量，亦與個人如何**傾聽**這些力量的態度有關。侯葛蘭德的例子讓我們注意到，人的體悟，可能包括了覺察諸如童年時期業已遺忘或埋藏的事物，以及在心理治療過程中所湧現的「深層」經驗。

這便涉及到——若我們試著「預測」後續的討論——全然迥異於純粹**意圖**(intention)的**意向性**(intentionality)概念。在人類的經驗中，意向性乃是意志與抉擇的基礎；它不僅發生在意志與抉擇之前，更是使其後二者得以發生的根源。何以意向性長久以來一直受到西方歷史的忽略，是顯而易見的事。自從笛卡兒把理解和意志分開之後，科學便在此二元論的基礎上持續地發展，而且，我們嘗試接受這樣的「事實」：人類的存在可以和他們的「自由」區分開來，認知亦可以與意圖分開。特別是弗洛依德在未經徹底正當化他的研究發現的情況下，便恪守科學理論的二元區分法；而今——就算是弗洛依德在世，這樣的作法再也行不通了。重視意向性並非意在取消決定論的影響，而是要把關於決定論和自由的問題，置放到一個更深入的探討層面。

註釋

①弗洛依德(Sigmund Freud)，《精神分析引論》(*General Introduction to Psychoanalysis*, Joan Riviera 譯，New York, Garden City Publishing Co., 1938)，p. 95。

②艾倫・惠利斯(Alan Wheelis)，〈意志與精神分析〉(Will and Psychoanalysis)，刊載於《美國精神分析學會期刊》(*Journal of the American Psychoanalytic Association*)，IV / 2，一九五六年四月號，p.256。惠利斯在本文及《身分的探索》(*The Quest for Identity*)一書的後面幾章，曾對此問題提出解決的辦法，然而卻未如他對此問題所做之分析來得透徹有力。

③《退化的現代人》(*Modern Man Is Obsolete*)亦爲諾曼・寇森斯(Norman Cousins)所著之書名，此書的寫作的時間乃緊接著第一顆原子彈爆炸之後。

④爲電影《五月裡的七天》（*Seven Days in May*，直譯）中之對話。

⑤摘自佛依爾(L. S. Feuer)教授之文章〈美國哲學之死〉(American Philosophy Is Dead)，刊載於《紐約時報雜誌》(*The New York Times Magazine*)，一九六六年四月二十四日。

⑥尼采(Friedrich Nietzsche)，《快樂的科學》(*The Gay Science*)。參見華特・考夫曼(Walter Kaufmann)所著之《尼采：哲學家，心理學家與反基督者》(*Nietzsche: Philosopher, Psychologist, Antichrist*, Princeton, N. J., Princeton University Press, 1950)，p.75。

⑦希瓦諾・阿里耶逖(Sylvano Arieti)，〈抉擇與價值：僵直型精神分裂之個案研究〉(Volition and Value: A Study Based on Catatonic Schizophrenia)，發表於一九六〇年十二月之精神分析學會議中；其後出版在一九六一年

四月號 II / 2 之《綜合精神醫學》(*Comprehensive Psychiatry*)期刊中，p.77。

⑧出處同上，p.78。

⑨出處同上，p.79。

⑩出處同上，p. 80。

⑪出處同上，p.81。

⑫參見惠利斯之著作。亦可參見布魯諾・貝多漢(Bruno Bettelheim)之《了然於心》(*The Informed Heart*)。

⑬參見朱爾・馬瑟曼(Jules Masserman)及朱德森・馬莫(Judson Marmor)一九六六年五月於美國精神醫學大會，和美國精神分析學會上之演講。

⑭近來，力量議題之所以被帶進心理學領域中，乃是拜一位談論族群關係衝突的黑人心理學家之賜，這不啻具有重要意義，並與事實十分相稱。這力量的問題絕對不容忽視。請見克拉克(Clark)之《黑暗貧民窟》(*Dark Ghetto*)。

⑮羅伯特・耐特(Robert Knight)，〈決定論、自由與心理治療〉(Determinism, Freedom and Psychotherapy)，刊載於《精神醫學》(*Psychiatry*)期刊，1946/9，pp.251-262。

⑯弗洛依德，《自我與本我》(*The Ego and the Id,* Hogarth, n. p. 50, Norton Library, n. p. 40)。

⑰惠利斯，p.287。

⑱維拉・賈區(Vera M. Gatch)與莫利斯・帖莫林(Maurice Temerlin)，〈心靈決定論之信念與心理治療師之行為〉(The Belief in Psychic Determinism and the Behavior of the Psychotherapist)，刊載於《存在心理學與精神醫學評

論》(*Review of Existential Psychology and Psychiatry*)，pp.16-34。

⑲參見耐特著作。

⑳參見貝多漢著作。

㉑賀德森・侯葛蘭德(Hudson Hoagland)，〈科學與新人道主義〉(Science and the New Humanism)，刊載於《科學》(*Science*)雜誌，一九六四年，第一四三期，p. 14。

8 願望與意志

Wish and Will

在概念與創造之間
在情緒和回應之間
有陰霾低垂
生命真是十分漫長

——艾略特

在觀察到心理學和心理治療中的矛盾之後，我們無法就此坐視不管，亦不能將意志與抉擇的問題交由命運去決定。我們不能假設在心理治療過程中，病患本人會「偶然地」自己做抉擇，或是因不堪無聊、想棄權，或與治療師之間已相互折騰太久而感到疲累，才勉強做出決定；更不能接受病患是因爲感受到治療師（眼前的仁慈父母）可能會讚許某些作爲，便依治療師的期許而改變行爲模式。我認爲，我們必須將意志與抉擇的議題放回其原本應據的中心位置——因爲「爲建築者所棄絕之石塊，恰爲奠基之磐石」。此作法並非意在反對決定論，亦不是爲了否認弗洛依德所描述的潛意識經驗。畢竟，這些決定論的、「潛意識的」因素當然未曾停止運作，而且，凡是從事心理治療的人，絕對無法或忘在每個小時的治療過程中，不知有多少次爲其不可避免的運作而震撼。①

因此，問題的焦點並非在如何對抗這些數不清的、作用在每個人身上的決定性力量。若我們從一開始便同意決定論確實有其價值，這將幫助我們在後續的討論中，保持較爲清晰的觀點。其價值之一在於，對決定論具有信念，將使我們和一個強大的運動結盟；類似的實例有喀爾文教派、馬克思主義和行爲主義。和決定論聯盟的好處，是它賦予了人最大的自由度，讓人精力充沛地、放任地做任何事——這個矛盾的事實，亦爲我們亟欲探討的問題之一。價值之二爲，決定論將我們從日常生活裡大大小小的事物所形成的桎梏中釋放出來；因爲所有的事情都在事前被安排妥當。其三，決定論的信念讓人得以克服膽怯，獲得自信，因我們可預先準備。在此意義下的決定論，實爲一種人類經驗領域的擴張，因爲它把我們欲探討的議題引往更深的層次。然而，假若我們意欲眞切地面對自身的經驗，亦必須在這個較深入的層次上，尋找自己的自由。

正是這個悖論，杜絕了繼續談論「完全決定論」的可行性；然而此悖論的存在卻是合乎邏輯的。因爲，假若完全決定論爲眞，那麼我們根本不需要對其進行論證。倘使眞的有人欲論證他是完全被決定的（這樣的事情在我大學時代可謂司空見慣），我大可同意他的理由，並且在他的論據中，添加上其他可能控制他、卻仍未爲其所知（可能源自其自身的不安全感）的潛意識動力，以便使這個完全決定論的論點更加完整。我更可以合理地反駁說，若他目前提出此論點的行爲本身，純粹爲被完全決定的結果，那麼他在論證的同時，勢必無法考慮其眞僞，易言之，不論是提出論證的人本身或其他任何人，都不具備據以判定眞僞的準則。因此，我認爲完全決定論在邏輯上的自我矛盾，是不容置疑的。然而，爲了維持存在主義的立場，我可能還是會選擇對提出此論證的人指出，就在他提出這些問題、並投注精力尋找答案的同時，他已經在有意義地行使某種程度的自由。

一個更好的例子是，在心理治療中，不論病人如何受到諸多其尚未察覺的各種力量的侵擾，就在他揭露、探索其生命中的決定性力量時，他同時也以某種特殊的方式，引領自己朝向某種出路，這表示病人已經做了某種選擇，即便它在表面上看起來多麼微不足道；也代表了他正體嘗著某種自由，不論這份自由以如何幽微的方式展現。然而，這全然不意味著我們「逼迫」病人做選擇。相反地，我深信，只有當病人自身的意志和決策力量得到澄清時，治療者才能避免在不知不覺中影響病人的選擇方向。我的論點是，個人的自我意識本身——亦即個人對廣大、複雜而千變萬化的經驗之流的潛在覺識力——即不可避免地使生活的每個時刻裡，都包含著做決定的因素。

多年來，我一直堅信，在人類的意志與抉擇的經驗領域中，不斷地產生複雜而深具意義的變化，我這些年來的治療經驗更逐漸地加深這個信念；只可惜我們的研究腳步尚未跟上這個經驗領域中的實際發展。此外，我更相信，我們對此經驗領域的忽略，不僅是心理學這門科學的缺憾，更使得我們在人我關係的理解上貧乏得可憐。

在接下來的章節中，我們的任務便是在探索這些問題。首先，我們將探討願望與意志間的關係，以便更深入地了解願望的意涵；接著是對**意向性**(intentionality)進行分析；最後，我們會把所獲得的理解，應用到實際的治療中。而貫穿整個探索過程的潛在論題是：透過這樣的探詢，我們能否發現在人類抉擇行為中所具有之意涵的新洞見，並找到解決意志與抉擇問題的新基礎？

意志力的轉渡

首先必須說明的是，「意志力」或「自由意志」這兩個字眼的意義，保守地說來，十分曖昧，甚至可以說已經沒有什麼作用——即便此二詞彙尚存在我們的語言中。「意志力」所表達的是驕矜的維多利亞人為操縱其周遭世界、以強悍手腕征服大自然所做的努力，這樣的操縱亦包含了對自身的掌控與對生活的律則化，意即，對待自己如同外在的物體。這樣的「意志」，是違背「願望」的，它並且被用來當作否定「願望」的工具。誠如恩尼斯特・夏胥帖爾(Ernest Schachtel)所言，維多利亞人極力想否認自己曾經是個孩童，亟欲潛抑自己的非理性傾向與所謂的幼稚願望，因爲這恰與他所欲樹立的成熟、負責的形象相違。如此，意志力，是一種用來逃避對身體與性慾驅力有所覺察的方式，同時亦是爲了避免顯露敵意衝動，因爲這些都不符合有教養的、自制的自我形象。

我從不少病人身上觀察到，對「意志力」的強調其實是一種用來潛抑自身被動慾望的反向作用(reaction formation)，亦即用以對抗和驅逐被照顧願望的手段；由此觀之，維多利亞主義中對「意志」的重視，極可能與此反向作用機制息息相關。意即，意志乃否認願望的工具。以臨床的術語來說，這個否認的過程將導致愈來愈嚴重的情緒空虛、內在的心理內容會逐漸被掏空，而個人的想像力和智識經驗亦將日趨貧乏、枯竭；因此，人的渴望、欲念和願望，全都會受到箝制、遏抑。無庸置疑地，此種潛抑的意志力，將引致大量的憎恨、抑制、敵意、自我棄絕，及與此相關的臨床心理症狀。

我的病人當中有位二十七、八歲的年輕女士（因爲後面還會回頭談到這位病人，在此爲她取名爲海倫），她在治療之初告訴我，她的格言向來都是「有志者，事竟成」。對擔任執行工作的海倫而言，這句格言似乎特別受用，因爲這份工作包含大量的例行公事，更必須做許多重要的決定；此外，由於她出身自備受尊崇的新英格蘭典型上層中產階級家庭，這句格言也與此家世背景頗爲相稱。她予人的最初印象是，一個擁有「堅強意志」的人。但唯一的問題出在她的主要外顯症狀：強迫的雜交性行爲；她似乎不知道該如何拒絕。姑且不論原因爲何——顯然她的美貌也可能是因素之一，這行爲都和她的

「意志力」截然牴觸；對她自己來說，這矛盾點亦是不言而喻的。偶爾，她會「狼吞虎嚥」，把別人早餐盤裡吃剩的食物一掃而空，然後爲此付出胃痛的代價，事後又要努力節食以保持身材。她在工作上也顯露出類似的強迫模式——有時她會一連工作十四個小時，卻毫無明顯進展。不久，她發現自己經常沈浸在大量的悲傷淚水中，儘管表面上她擁有不錯的社會成就，在內心深處，包圍著她的卻是強烈的寂寞與孤獨。她談到對母親的渴望——在一個如夢似幻的回憶中，她依稀記得坐在母親身旁，和母親一起沐浴在陽光裡的情景；而在一個反覆出現的夢境裡，她極度渴望能夠再度被海浪圍繞。另一個夢中，她夢見自己回到家門口，敲門，但是當她的母親打開門看見她時，卻認不得她是誰，於是當著她的面，砰然將門關上。與此關聯的實際狀況是，她的母親曾患嚴重的憂鬱症，並且就在海倫出生之後，在一家精神療養院中住過好些年。

我們在此看見一個孤單可憐的小嬰孩，永遠渴望著她不曾獲得的東西。因此，這份對「意志力」的過度強調，很顯然是一種狂亂的「反向作用」，一種亟欲補償其嬰孩時期未獲滿足的需求的絕望嘗試，一種拋開早年痛苦渴望的求生策略。正因爲如此，我們毫不訝異她的症狀會以強迫性的型態出現——這是人類意識中諷刺而「平衡」的複雜過程。此症狀的出現正是意志誤入歧途的結果；意志轉而變成自我毀滅的力量，並向個體本身直撲而來。這代表著生命正在對她喊話——若我們以象徵性的說法修改她的格言——當存在極度的渴望與未獲滿足的需求時，有志者，事絕對**不會成**。

再者，我們注意到，海倫的問題並非單純的對父母親的蔑視——如同我們在許多青少年行爲中所觀察到的；因爲在後者的情況下，依然顯現了一種積極的「意志」，即便它出現的方式是負面的，但這樣的狀況並不難處理。相較之下，我們這位病人的問題要更嚴重得多——那是一種空無、空虛的感覺，是一種渴望，想用某種東西填補自嬰兒期以來便持續存在的空白。如此，在依賴的渴望尚未浮現至意識中、且未在某種程度上被整合之前，若這個「意志」便提前崩潰的話，這樣的空虛感將可能惡化，而導致個體發展出一種極度冷漠的態度。早年的創傷在海倫還是嬰兒的時候便教導她，必須棄絕所有的願望，因爲這些願望伴隨著某種絕望在內，而此絕望極可能引導她走上完全瘋狂的道路。因此，「意志力」就變成她驅除願望的手段。然而，精神官能症卻復仇似地、恰好在問題的源發處中湧現。

弗洛依德的反意志體系

精神分析正是在意志慘敗之處崛起。當弗洛依德觀察到在維多利亞文化中，意志如何被用來作爲潛抑的一貫工具之後，我們並不意外，他會將精神分析發展爲一反意志體系。誠如保羅・呂格爾教授所言，在弗洛依德的理論中，意志的現象不僅在與本能的辯證中被粉碎，另一方面，它也在與權威（以超我的形式出現）的交手中敗下陣來。在弗洛依德的看法中，教意志俯首稱臣者有三：本我、超我，與外在世界；意志乃爲此三者之手下拜將——即使不是全盤皆輸，在此三者面前，亦只顯得軟弱無力。由於極度渴望在外在世界中獲得成就，海倫有強烈的是非觀念；然而，外在世界、本我和超我——若我們接受這些表述——卻無情地讓「有志者事竟成」的格言淪爲笑柄，並勒索她付出自虐性罪惡感的代價。

弗洛依德將意志視爲替潛抑作用效勞的工具，而不再是正面的推動力量。爲了了解人類行爲的力量與動機，他反而從「本能的遞嬗更迭」與「被潛抑的力比多的去向」中，探詢人類活動的泉源。在弗洛依德的理論系統中，目標的選擇並不是一種眞正的選擇，而是一個歷史性變動的函數。他把「意志」視爲整個系統中的魔鬼，因爲意志具有發動阻抗與潛抑作用的負面功能。若有人對「魔鬼」這個詞彙有意見，我們可以改用惠利斯所提出的、較爲精緻的字眼：「反恐懼」(counter-phobic)策略。②如此，「潛意識便正式繼承了意志力的遺產」。

在弗洛依德的理論中，確定意志具有毀滅力量的證據來源爲何？第一個來源，無疑是來自弗洛依德準確的臨床觀察。第二種來源則是文化上的觀察；弗洛依德的理論與它所欲描述與傳達的疏離現象相符。然而，我們須謹記在心的是，弗洛依德的探討是從一個客觀主義的、疏離的商業市場文化出發，他的理論則在試圖反映出這樣的文化。我曾在其他文章中談及，維多利亞時代對意志力的過分強調，實爲不斷區隔劃分之下的零頭碎片，這個現象預示了日後的文化崩解，而在一九一四年（以戰爭的形式）爆發。在強迫型精神官能症的情況中，對意志力的過度強調，其實意味著「意志」模式的日趨僵化，當情況嚴重到一定的程度，個人的整體系統便會完全崩潰，而以心理症狀的形式出現。維多利亞人以**意志**爲名遮掩他的自我疏離，而弗洛依德則在他的理論體系中，以截然相反的稱名來表達這個現象：亦即，願望。

弗洛依德必須推翻意志的第三個原因是基於科學模式的要求，因爲他的目標和慾望即在建立一個以十九世紀自然科學爲基礎的決定論科學。所以，他需要建構一個量化的因果效應系統：他把這個系統的機制比喻爲「水力學」，並且在他最後一部著作中，將力比多類比成一種「電磁電荷」。

而弗洛依德欲摧毀意志的第四個原因，正是我們現在意欲在更深層的意義上，重新發現意志的基礎：亦即，爲了深化人類經驗，也爲了將與意志相關的現象，提升至一個能適當反映人類尊嚴、使人類生命受到尊重的層次。因爲，維多利亞式的「意志力」，雖然揚言要使每個人都「成爲自己命運的主宰」，聲稱只要在大年除夕發下重誓，或依靠主日彌撒中的偶發靈思，便能決定自己生命的整個進程，卻事與願違地貶抑了人類的生命、剝奪了人性尊嚴，也讓人類經驗變得微不足道。

我們不應對弗洛依德理論中時而顯現的矛盾（比方說上述後二種原因）感到沮喪而退縮；弗洛依德之所以偉大的理由之一，便在於他能面對這樣的矛盾。面對此罪名，他大可借用惠特曼(Walt Whitman)的詩句來反駁：「我自我矛盾嗎？好吧，我的確是自我矛盾。」

願望

在對「意志力」此一病態心理過程發動過一連串的激烈攻擊之後，弗洛依德逐漸發展出對「願望」(wish)的深刻重視。他認爲，推動我們的是「願望」，而非「意志」。他曾多次強調：「除願望之外，沒有任何事物能發動心理裝置。」我們既然決定對願望的蘊涵進行探索，在此須先指出一個將有助於此番探索的重點：在另一個偏向決定論的心理學理論體系中，願望亦被視爲推動人類行爲的「力量」，此即霍爾學派行爲主義〔譯註：克拉克・霍爾(Clark Leonard Hull, 1884～1952)，乃美國行爲學派心理學家。以假設演繹法研究學習與動機的行爲理論。其最大學術貢獻之一爲提出「降低驅力假說」(drive reduction hypothesis)。此假說的大致內容爲，當某行爲降低了原本由慾望或需求所引起的緊張時，此一行爲的習慣強度(habit strength)便爲因驅力降低的結果而受到增強(reinforce)。〕。在此學派之理論中，「願望」是以慾望和需求的面貌被呈現，其目的是在降低緊張狀態；這樣的想法恰與弗洛依德對「愉悅」(pleasure)一詞的定義——緊張感的降低——不謀而合。大致說來，所有的人類科學皆假設人類具有適應與演化的願望；

亦即，人類總是意欲「生存」，而且還要「長命百歲」。

有鑑於在我們這個後維多利亞時代中，仍然傾向於把「願望」狹隘地視爲對不成熟的、幼稚「需求」的讓步；我們因而必須重申，「願望」這個詞彙所指稱的過程，遠較「童年殘餘物」這類貧瘠的看法，要來得更爲寬廣。我們可在所有的自然現象中，找到與「願望」有關的事物，就連最精微的原子反應模式也不例外；其中的一個例子，是由懷德海與保羅・田立克所命名的，自然粒子的「正反極運動」(negative-positive movement)。此運動的形式之一爲「趨性」(tropism)，按其詞源學上的意義，即爲生物有機體內在所具有的「轉向」趨勢。然而，若我們對「願望」的認識，停留在粒子與粒子或有機體與有機體之間、盲目的無意志運動，我們將被殘酷地推落到弗洛依德的悲觀結論——「死亡本能」——的字面解讀裡，而認爲：生物體皆不可避免地具有回歸至無機物狀態的傾向。倘若願望**只是一種力量**，那麼所有的人都已踏上一趟注定失敗的朝聖之旅，唯一的目的地便是歸返至無機物的岩石狀態。

但是，願望也含有**意義**成分在內。意即，人類的願望，其實是力量與意義的特殊交會。此「意義」成分的確包含在弗洛依德的願望概念中，並且可謂其重要貢獻之一，即便在他談論願望時，往往矛盾地把它描繪成如同一種盲目的力量。然而，弗洛依德在實際運用願望這個概念時，卻呈現出令人嘆爲觀止的豐富性——特別是在關於幻想、自由聯想和夢的理論中——這正是因爲他並不認爲願望僅爲純粹的盲目推動力，而是一種蘊含意義的傾向。儘管當弗洛依德書寫願望的實現與慾力需求的滿足時，似乎把願望描述爲一種追求經濟效益的心理能量(economic quantity)，但無論如何，他總是把這個力量放在與意義相逢的脈絡中。

譬如，在生命的頭幾個星期，嬰兒可能會毫無區辨地、盲目地用嘴巴尋找著乳頭；任何乳頭都好，不管是母親的乳頭或是奶嘴。③然而隨著意識的逐漸浮現，以及在客觀世界中經驗到自己爲主體的理解力日趨發展，許多新的能力便繼而出現。其中最重要的即爲象徵符號的運用，並且以象徵意義的形式，使自己和生命世界發生關聯。於是，願望便不再僅僅是盲目的驅動力；而是富含意義的力量。從今以後，乳頭(nipple)轉變爲乳房(breast)——這兩個字詞眞是有天壤之別！前者是身體某個部分的解剖性描述，供給我們生存所需之食糧；而後者則爲帶來整體經驗的象徵——代表著與女性關懷相連的溫暖、親密，甚至是美和愛的可能性。

我十分清楚將此象徵意義面向引進人類自然科學中的困難；然而，無論如何，我們都應該呈現人（我們的研究對象）的本眞面貌——一種以象徵意義（即語言）與生命發生關聯的生物。因此，若我們堅持把願望視爲單純的驅力，便犯了方法學與實徵上的謬誤。在人類意識浮現之後，**願望便不再只是「需求」，亦非「心理經濟能量」**。當一個男人對這個女人動了慾念，而對另一個女人毫無感覺，絕非單純地取決於力比多囤積的量，而是前一個女人對他所具有的各種意義，引導、形塑了這個男人的愛慾「力量」。

在此，對於前句中的「絕非」二字，我應補充兩個例外，以作爲修正。第一種例外是一種人爲處境，比方說在北極駐紮了十二個月的軍人，而在此處境中，人的某些經驗面向完全被有意識地排除在外。另一個例外則是出自病理現象，在此病症中，個人被全無區辨性的性慾驅力所推迫，而任意跟男性或女性發生關係，如同前述的海倫。然而，在此呈現的是一個純然屬於病理的情況；這恰好爲我的論點提供了重要的論據，此論點即爲：不具區辨性的性行爲，正與人類願望中的意義成分相牴觸。我不清楚當法皇路易十六說「無論哪個女人都好，只要幫她沐浴淨身，帶她去看過牙醫就行了」的時候，到底意味著什麼；但我深知，只要一個人不是貴爲君皇，或在心理狀態極度紊亂的情況下，當他（她）和另一個人相當輕浮地（比方說在某次偶遇或嘉年華會中）發生一夜情之後，他將在事後（或許只在幻想中）賦予對方某種有意義的屬性，比方說溫柔、美善或是特別的情感。即使是**作嘔**的感覺，也是人類某種意義願望的展現，或表達了願望未得實現的挫敗感。在某些幾乎純屬匿名的性關係場合中（比方說在某些同性戀的性行爲實踐裡），個人在事後感到噁心的反應，亦展示了在此所欲說明的論點。作爲心理治療師的經驗告訴我，人們必須要以某種私密的方式，看待這個和他發生性關係的生物（即使只是在幻想中），如此，他才能避免自身人格的解離。

此論點所導出的必然結果是，那些從「控制本我衝動」或「整合初級過程」(primary processes)等概念出發，所進行的心理治療討論或取向，完全誤解了問題的要旨。問題的核心之一是，這裡所謂的「初級過程」眞的存在嗎？我必須說，它僅存在於極嚴重的病理狀態，或抽離的心理學理論中。在前一種情況裡，意義象徵過程已然崩解，如患有心理症狀的病人所顯示的；後一者情況，則是在治療中，心理治療師運用自己的象徵作用(symbolism)的過程。因爲，站在我們眼前的，並不是一個由許多初級過程組構而成的有機體，而是一個活生生的人；這個人的生命經驗裡包括了願望、驅力和需求，這些經驗爲他本人所知，亦可藉由象徵意義爲我們所知。因此，**精神官能症的起因是象徵意義出了問題，而非本我衝動四處亂竄的緣故**。

我們正談到的人類願望，並不僅是來自過去的推動力，亦非單純地來自人類原始需求亟欲被滿足的呼聲。人類願望中仍然存在著某種選擇性。藉著記憶與幻想交織的象徵過程，願望形塑著未來，打造著我們所期盼的未來的樣貌。願望，是我們邁向未來的第一步，是我們企求未來按照自身意願發展的許可證；它讓我們擁有探索內心深處的能力，並且教我們懷著渴望、全力投注於改變未來的事工中。請注意，我說的是**第一步**，而非終點；我非常清楚所謂的「願望實現」(wish fulfillment)之類的概念，只把願望視爲意志的替代物。而我所欲闡明的是，所有的意志都有願望作爲其前身。意即，願望就如同所有的象徵過程，含有一種**漸進**性，它同時具有一個向前延伸的趨勢，以及一個**回歸**的端點，亦即一個由後往前的推進力。由此觀之，願望同時包含了**意義**與**力量**兩個面向；而它的動機力量的出現，即在意義與力量相會的時刻。現在我們便能明白，爲何威廉・

林區(William Lynch)要說：「願望乃是最具人性的行爲表現。」④

無能許願症

已有進一步的證據，從另一個角度擴展我們對願望意涵的理解。此即，在人們失去許願能力之後，將導致疾病、空虛與絕望。艾略特在其鉅著《荒原》中，以一種寬宏的文化觀，呈現了這個事實。閱讀著這部劃時代的詩篇，那些令人難以忘懷的事件歷歷在目，反覆地以交響樂般波瀾壯闊的力量，歌詠出生命一旦失去願望的悲涼。故事的主角是位閒居家中的貴婦，她對性和奢華的生活皆已感到厭倦，便對她的愛人說：

「我現在該做什麼？到底該做什麼？
我現在就要衝出門去，在街上遊走
任由自己披頭散髮地走著。那明天又要做什麼呢？
我們還能該做些什麼？」
十點鐘，啜飲淡而無味的熱茶。
倘若下雨的話，就在四點搭輛閉篷車。
然後我們下棋，

強睜著永遠闔不上的雙眼，等待一記
敲門聲。

(Ⅱ：131-138)

在艾略特的詩作中，我們隨處可認出現代人在情感與靈性上的荒原特徵。其中之一是人際溝通的極度缺乏：當此貴婦責問她的愛人爲何不對她說話、並哀求他說出心裡的念頭時，他只回答道：

我想，我們正處在鼠巷中
死者的屍骨便是在此遺失。

(Ⅱ：115-116)

停止願望，即形同死亡，或至少是滯居在死者的國度中。另一個現代荒原特徵則爲厭膩：詩人在此試圖闡釋的是，若願望僅被當作尋求滿足的衝動的話，那麼想像中的結局應該是在人的需求獲得滿足之後收場；然而，**當所有的願望都被實現之後，人們心中的空虛、茫然和徒勞之感，將更爲劇烈**。因爲，這意味著人已不再想望。

然而，當艾略特以極富詩意的筆調書寫著最不詩意的主題時，他所欲表達的意涵遠勝於此——這亦是我們的心理學亟欲達到的目標。簡言之，他把導致此處境的原因，描述爲**貧瘠**。這部詩作是以一個與不孕有關的神話作爲基本主題，而此傳奇中的人物，即爲統治荒原的漁人王(Fisher King)。這個古老的傳奇與土地的豐饒有關：當「荒原」捱過嚴冬之後，春的腳步隨之到來；後來，這個神話逐漸轉變爲亞瑟王的故事，而聖杯即成爲治療漁人王的唯一途徑。「這片荒蕪、枯竭的土地，一直要待一位聖潔騎士的到來，並治癒了漁人王——因爲他的性生殖器受了傷——之後，才又重新顯露生機。」⑤貧瘠的主要來源是徒勞感、失去方向、漫無目標，以及缺乏對生命的熱忱；這些現象都與意識受到嚴重阻障有很大的關係。在《荒原》中，「眞正可怕的是這個女人的渾然不覺……」⑥這個現象又被艾略特詮釋爲缺乏信念的結果；而此缺乏的部分原因，乃是個人將自身與其歷史文化傳統中的強大象徵經驗，徹底切斷的結果。他在詩中以莎士比亞、米爾頓和歐維德(Ovid)時期的社會背景爲依據，建造這位貴婦的現代起居室，然而，她對周遭環境的美，毫無知覺。他又將劇中的性愛場景，安插在狄多(Dido)與伊妮亞斯(Aeneas)、安東尼與克麗歐佩特拉等，歷史上轟轟烈烈的愛情故事的敘述中——只可惜，性對這位貴婦和她的愛人來說，遠非轟轟烈烈的情事，即使連「徒勞的掌心對掌心，氣喘吁吁」都稱不上。

其實，艾略特眞正想說的是：一旦失去信念，我們便不再**渴望**，亦無法**許願**。而這也包含了性的渴望在內：一旦失去信念，我們將變得無能，不論是在生殖器上或在其他面向上。我們可以運用本章中所提出的語彙，來詮釋這部詩作中的宗教脈絡——在此宗教脈絡裡，含有從願望的象徵作用所傳達出的意義面向，而正是這個面向賦予了願望所特有的人性特質；此外，若失去這個意義層面，則不管是感情或性方面的渴望，都將日漸枯竭。艾略特的這部詩作寫於一九二二年，亦即樂觀主義興起的早期，彼時，我們還滿心相信和平與繁榮即將來臨，並且認為僅須數載的進步與發展，我們便可滿足自己所有的需求；易言之，在那個被費茲傑羅(F. Scott Fitzgerald)稱作「爵士年代」的時期，唯一的悲觀主義不過是充滿著浪漫、鄉愁與顧影自憐的憂鬱罷了。雖然這部詩作在我們這個時代受到大量的討論，但在當年，鮮少有人能夠真正明瞭這部作品對未來的預示性——無論他們的心如何被艾略特的詩句所擄獲；我想，即便是作者自己都沒有預料到，日後的臨床心理治療會如此深刻地證實了他對冷漠與性無能問題的預測。

一如某些存在主義哲學家，艾略特並不相信在他進行創作的那個年代裡，有可能從當時的文化中找到問題的答案。假海德格之言，正所謂「時機尚未成熟」；而田立克所說的「神顯時刻」(*Kairos*)（譯註：當田立克在談 *Kairos* 時，指的是截然迥異於歷史性時間的非條件性關鍵時刻，在這個時刻裡，時間被永恆性所擾亂，而使得歷史達到某種成熟度，屆時神性的完全展現將可為人類所感知。此概念是以基督教神學論述出發，全然改變了對我們歷史的理解角度。），亦仍未降臨。因此，艾略特只讓騎士走到培里路斯（Perilous，意指危險的）禮拜堂那麼遠的距離：

前面有座空無長物的禮拜堂，僅有風在那裡居留，
沒有窗户，門扉搖擺不止，
只有再也傷不了人的一堆枯骨。

（V：388-390）

當時，騎士看不到任何復甦的眞實希望，而在詩作的結局，漁人王靜止不動地說：

背對一片枯原，釣魚
我是否至少該為我的土地建立秩序？
倫敦鐵橋垮下來、垮下來
垮下來。

（V：424-426）

我認爲，漁人王在最後轉向**技術性**的追尋，是十分吸引人的轉變——「爲土地建立秩序」，這正是當焦慮封鎖了內在深層的意向性時，人們藉以找尋出路的作法。然而，這份對技術的全神貫注，卻與「倫敦鐵橋垮下來」這一深具震撼力的詩句並置，因而散發

更爲動人的力量。縱使在一九二二年時，時機顯然尚未成熟，人們未能尋得解救貧瘠的答案，但或許在我們這個時代裡，可能發現解答的蹤影。

此外，這部詩作中，其實孕育著一種想望，它潛藏在解救生殖器或塡飽肚皮的問題之後。這個富有想像力的渴望表現在「闔不上的雙眼，等待一記敲門聲」這行詩句中。純粹就生物學和心理學的層面來說，我們彷彿在此聽見睡美人神話的回聲，只不過睡美人等待的是王子的吻。在睡美人故事中的公主，天眞無邪地沈睡著；而我們這位貴婦，卻絕望地睜著闔不上的雙眼，無法入眠。但在更深的意味裡，我在「等待一記敲門聲」中看到一種深沈的渴望，悄悄在絕望中升起，這樣的等待，可以被描繪成一個亟欲超越絕望狀態的願望，正似《等待果陀》劇中所暗示的意味。在此願望中，包含了找到出路的一線希望（儘管這個希望多麼隱微），而這個建造可能性的願望所蘊藏的動力開端，將可能超越空虛、徒勞與冷漠。

何以缺乏許願能力

近幾年來，在精神醫學及其相關領域中，已有不少學者開始思考、探索願望與意志的問題。由此觀之，這個時代對於此類問題正在索求新的觀點，而此一關懷之流的匯聚，可說是對重建許願能力的迫切需求所做出的回應。

對文學與深層心理學之關係做過透徹剖析的威廉・林區神父(Father William Lynch)，在一個深刻的論題中闡述，心理疾病並非由渴望所造成，相反地，它是導因自**願望的匱乏**。他認爲，我們現在面臨的問題是，要如何深化人們許願的能力，而心理治療的任務之一，便是在創造許願的潛能。他把願望定義爲一種「**在想像中的積極描繪**」。⑦其意在指出，許願是一個及物動詞——許願本身即是一個**行動**。當林區將許願描述爲一種想像力的行動時，其中包含了某種自主性成分在內；因此，「所有眞誠的願望都是一個富含創造力的行動」。⑧在治療經驗中，我發現了支持此見解的證據：當病人勇於面對自身感受並大聲說出「我**想要**……」的時候，的確是跨出了積極的一步。因爲事實上，個人的衝突原本一直處在一個被湮沒的、未被明晰表達的狀態，此時個人並不替自己的願望負責，而只是期待上帝或他的父母藉由某種心靈感應，而明白他想要什麼；然而，這個將願望說出的（表面上看來無實際作用的）動作，卻足以把這個衝突從暗處喚出，使個人能對其所欲之物做外顯的、健康的表達。林區以《創世記》的神學神話爲基礎，說道：「當人顯露自身的願望時，上帝便感到歡欣。」⑨

林區接著談到一個普遍被忽略的論點，此即，**存於人際關係中的願望，必須是在交互性**(mutuality)**中發生**。這項眞理呈現在許多神話中：當交互關係發生決裂時，個人的命運便注定只能朝向毀滅。易卜生劇作《皮爾・金》的主人翁，邊環遊世界，邊按著自己的願望，許願和行動；但問題是，他的願望和他所遇到的人們完全沒有任何關係，而全然是出自他以自我中心的想望而已，他「把自己圍藏在自我的桶裡，並用自我的木塞緊緊封住」。而同樣地，在《睡美人》的童話故事裡，年輕的王子們「在時機未成熟之前」（此為童話中的描述）便拚命攻擊荊棘，以解救、喚醒沈睡的公主；這樣未顧及他者的舉動，無異於試圖在對方未做好心理準備之前，便強迫對方相愛或發生性關係的自私行為；他們展現的是一種不具相互性的渴念。年輕的王子們為自己的慾望和需求奮不顧身，卻根本未考慮「爾—我」(Thou-I)關係。若願望與意志能以屬於人際相互性中的匿名的、富想像力的行為，來被看待和體會的話，聖奧古斯丁(St. Augustine)的格言——「愛，然後依**意志**而行」——中，必定含著深切的眞理。

當然，林區神父和聖奧古斯丁都不是對人性抱持天眞態度的人（弗洛依德也不是），他們深知自己是用理想的話語來描述願望，也確知人們有時會使用願望和意志攻擊他的鄰人；再者，想像力雖然可作為富創造力的相互性願望的泉源，但它也受到個人能力、信念與經驗的限制；因此，在我們的願望中，始終包含著對他人和自身施暴的可能性，不論我們被分析得多麼透徹，不管這行徑的承受者有多麼慈悲，亦無視於我們曾經歷多少次的心靈頓悟。林區將此命名為「任性」(willfulness)，意即不顧現實處境，而堅持自己的願望。他認為，任性是一種以蔑視作為推動力的意志，在此情況下，願望是用以**反抗**某事物，而非為了**達成**某個目標。他繼續說，輕蔑、任性的行為乃與幻想有關，而不涉及想像力，並且是一種否定現實的心理狀態——不論是一個人或某個非人的自然面向——不願看清現實，而對其加以形塑、尊重，也不讓自己享受箇中樂趣。

最近，精神科醫師萊斯理・法柏⑩針對意志所進行的重要研究，亦呈現了願望與意志中自主和自發的成分。法柏醫師將「意志」劃分成兩個領域。第一種意志中包含了自我置身於一整體性中的體驗，以及相對來說較具有自發性的、且朝某個特定方向前進的運動。在此類意志行動中，個體是以全副身心在移動，而其經驗特性是一種全然放鬆的、充滿想像力的開放特質。此等自由經驗，遠早於任何政治學或心理學開始談論自由之前；我們甚至可以說，此即爲決定論者所預設的自由狀態；但是當然，它在任何決定論的論題出現之前，早就已經存在。相反地，法柏醫師所指稱的第二種意志領域，則含有強迫的成分在內，意即，它使非此即彼的決定成爲必要之務，而且此一決定是在**反對**此事而**擁護**彼事之間採取一個固定的態度。若我們使用弗洛依德的詞彙，那麼「超我的意志」(will of the Super-Ego)必然歸屬於此意志領域。法柏取意志的第二種意涵，做了下列比較：即使我們可以立志閱讀，卻無法以意志獲得理解；即使我們可以立志取得知識，卻無法藉此獲得智慧；即使我們可以用意志追求審愼，卻不能以意志求得道德。這些對比在創作工作中表露無遺。法柏所謂的第二種意志領域，在創作過程中表現爲意識的、費力的、批評性的投入，比如說準備一場會議的演說或修改手稿等等。然而，當演說實際進行中、或當寫作被一種天外來的創作「靈感」接手時，其全神貫注的程度將使我們忘卻自己的存在。在這樣的經驗中，願望和意志已成爲一體。創作經驗的特徵之一即爲，藉由超越衝突，創作達到一種暫時合而爲一的狀態。

法柏強調，我們所面臨的誘惑是，第二意志領域往往想要併吞第一意志領域；若此情況果眞發生，我們將失去自發性和行動的自由流暢，意志將會變得極度費力，並受到控制——亦即，返回維多利亞式意志力的操作模式。因此，若借用葉慈的詩句來形容這個錯誤，便是「意志試圖僭越想像力的職分」。就我的理解，法柏所欲描述的第一類意志，非常接近林區所指稱的「願望」。並且，林區（在其「願望」概念）和法柏（在其「自發性意志」中）二人皆以不同的話語，爲我們下一章的主題——**意向性**(intentionality)，做了十分精闢的描述。

在此，我先對此概念做簡短的說明。所謂**意志，是指個人組織自我的能力**，以使個人能夠朝向某個特定方向或既定目標。**願望則是以想像力**對眼前正在發生的行爲或狀態，**編造**隨後的**可能性**。

然而，在進入更錯綜複雜的問題之前，我們必須先做兩件事。首先，我們要粗略地描繪意志與願望之間的相互辯證關係；這是爲了指出幾個必須納入考慮的現象學面向。「意志」和「願望」可被視爲參與運作的兩個端點：「意志」需要保持自我意識，而「願望」則否；「意志」暗示了可能存在非此即彼的抉擇，而「願望」則無；「願望」賦予「意志」以溫暖、滿足感、想像力、童稚的嬉戲，與豐富性；而「意志」則保護「願望」，使它無須冒太大的危險而得以延續。倘若取消「願望」，「意志」將失去它的生命力，並可能在自我矛盾中精疲力竭而亡；若我們只有「意志」卻無「願望」，下場即是成為生命力枯竭的維多利亞式新清教徒。而假使只有「願望」而無「意志」，我們則會變成被驅迫的、不由自主的、行為幼稚的人，就像成人的身體裡住著一個永遠長不大的小孩，更有可能成為毫無自主意識的機器人。

威廉・詹姆斯的意志論

在進一步探索意向性之前，另一個必須先完成的任務，是討論美國天才心理學家與哲學家——威廉・詹姆斯——對意志的看法，因為他本人的一生中，都在和意志的問題對抗。拜其自身經驗之賜，我們才能以此為起點，邁上探索意志的道路。

我有位十分受人敬重的同事，曾描寫過詹姆斯患有「極嚴重的憂鬱症」，「許多年來，一直瀕臨自殺邊緣」，並且籲請眾人，不要因為這些適應不良的面向，便「對他進行嚴厲地評斷」。⑪但是，我對此持不同觀點。我相信，理解詹姆斯所患的憂鬱症，以及他如何與之對抗的過程，將有助於我們對他做較公正的評價，並因此而對他更加欽佩。的確，他的一生都為猶豫所苦，總是難以做決定。在他晚年，當他掙扎著該不該捨棄哈佛的教職時，他可能第一天在他的日記上寫下「辭職」，隔天改成「不要辭職」，第三天又改回「辭職」。詹姆斯之所以如此難下決定，是基於他內在的豐富性，因為對他而言，隨著每個決定而來的是數不清的可能性。

然而，正是詹姆斯的憂鬱症——他時常寫到渴望找到「一個讓自己想要多活四個鐘頭的理由」——迫使他如此關心意志的問題，亦正是因為他**與憂鬱症搏鬥的經驗，使得他對於人類意志有極深入的了解**。他深信——身為心理治療者，我認為他的這番見解相當具有臨床上的可信度——自己對意志能力的發現，才使得他畢生的成果如此豐碩，即便是到六十八歲去世之前，他不斷為憂鬱症、失眠、眼疾、背痛等病症折磨。在我們這個「意志失調的時代」，此稱名既已出現，且讓我們懷著殷切期待，重返威廉·詹姆斯，盡可能挖掘他對意志問題的貢獻，以便為我們這個意志失調的時代，尋求解決方案。

一八九〇年，他出版了探討意志的著名論作，⑫在章節的一開頭，他便立刻將**願望**解釋為不可能達成的慾望，並以**意志**與之相較，認為後者僅存在於個人之能力可及至所欲之目標時。易言之，若在某個慾望中含有無法獲得的意義時，那就只是個**願望**而已。我認為這個對願望的定義，恰好透露出詹姆斯的維多利亞主義傾向的一面；對他而言，願望是不切實際的、過分天真的。顯然，在我們一開始許願的時候，願望看起來都是遙不可及的。只有當我們以各種方式說出一個願望、從各個不同的角度詳加考慮，並且（或許需一段時間）當我們能夠產生足夠的力量、冒險**實現**它時，**願望**才會**成為**可能。

然而，詹姆斯就這樣投入了意志的論述，並且這些研究成果在日後成為意志論述的文獻中，最令人振奮的學術專著；只可惜我在此僅能略微提及。首先，詹姆斯認為有一種「初級意志」(primary will)，其區辨特徵是，這類意志並不涉及一連串的決定。比方說，當我們決定換一件襯衫或開始寫一篇論文的時候，只要行動一開始，整個系列的運作便自動發生；亦即，這樣的意志行為是由觀念發動的(ideomotor)。轉而言之，此類「初級意志」的基本條件是：不存在衝突(absence of conflict)。詹姆斯在此試圖保留意志的自發性(spontaneity)，而因此採取了一個反對維多利亞式意志力的立場；長久以來，詹姆斯自身即在生命中行使著僅具單面機能的「意志力」，這事實勢必讓他極度沮喪，而造成了他行為上的癱瘓，最後並以嚴重的憂鬱症呈現他的失望。在當前這個時代，我們對於「不存在衝突」的含意有更多的了解（在此方面，應感謝精神分析的主要貢獻），並且，更明白在那些表面上看來不具衝突的心理狀態中，實際上是暗濤洶湧。

詹姆斯接著談到「健康的意志」，他把此類意志定義為隨願景(vision)而來的行動。這個願景需有清晰的概念，並包含了比例調配得當的各種動機——這是一個相當理性主義式的想法。⑬而在談論「不健康的意志」時，他十分準確地將焦點放在**受阻的意志**上。他舉了一個生理現象的實例，以說明這個狀態：當我們的眼神失焦的時候，我們無法「再將注意力拉回」到原本注視的物體上，「我們只能呆坐著瞪視一片空茫，什麼都做不了」。意識的目標此時無法觸及我們的敏感部位，亦即無法激發我們敏銳的知覺反應。此狀態下的特徵是極度的疲憊、精疲力竭；「而繼此疲憊之後，一種類似冷漠的狀態將被引發，在精神病院中，此狀態被命名為「**喪志症**」(*abulia*)，乃是心理疾病的症狀之一」。⑭有趣的是，詹姆斯僅在心理疾病的脈絡中談論這樣的冷漠。但是我個人認為，其實這是我們這個社會所特有的長期心靈狀態——即「**我們這個時代的精神官能症人格**」〔譯註：此話乃出自卡倫・霍妮(Karen Horney)之書名《我們時代的神經症人格》(*The Neurotic Personality of Our Time*，中譯者：馮川，遠流出版公司，人與社會名著譯叢6，1990)。〕（遠流出版之中譯本譯名）。

由此延伸出的問題是：為什麼某件事物絲毫激不起我的**興趣**、觸碰不到我、無法吸引我？詹姆斯在接續的討論中，進入意志的核心問題，此即：**注意力**(attention)。我不知道他自己清不清楚，這個論點有如神來之筆，當我們使用現代精神分析的概念工具來分析意志、尋找它的場域時，往往會發現自己被推回到**注意力**或**意圖**(intention)的層次。因為行使意志時所花費的努力，正是用在維持注意力上面；易言之，意志的心理負擔，即是在於必須努力維持意識的清晰狀態，也就是必須維持注意力集中的心理張力。詹姆斯說到，「天生下來」便屬於良好適應類型的人們，其實不太需要如此費力，然而對於英雄和精神官能症患者而言，行使意志則是十分費力的事。基於此看法，他後來在一個令人驚訝、卻具有敏銳觀點的陳述中，將**信念**、**注意力**與**意志**三者視為一體：

簡言之，由於意志與信念，皆意味著自我(Self)與目標之間存在著某種關係，因此，它們實為一相同心理現象的兩個不同稱名。⑮最簡明扼要的公式可能是，**我們的信念**和**注意力**其實是相同的事實。⑯

接著，他舉出一個人味十足、極爲世俗的例子，十分吸引人。我在底下詳引原文，因爲我會在後面繼續援引這個例子，以討論詹姆斯意志概念中未完成的面向：

> 我們都知道在一個寒風刺骨的清晨，從一個沒有暖爐的房間的床上起身，是股什麼滋味，也知道體內的維生原則會如何抗議這樣的試煉（我們大可將場景設在未出現中央暖氣設備之前的新英格蘭）。也許有很多人都曾經有過在某些早晨，無法一鼓作氣痛下決心起身，而繼續躺在床上，賴上一個小時的經驗。我們想著，這樣下去一定會遲到，或者工作會被耽擱；於是我們對自己說，「我**必須**要起床，這太可恥了」等等；然而，暖和的被窩是如此香甜，而屋外的嚴寒又太過殘酷，因此，我們的毅力逐漸衰退，並不停地向後拖延執行的時間，雖然它在之前已經接近決定的邊緣。在此情況下，我們到底要怎麼樣才起得了床呢？若容我就自己的經驗來推測，我們往往在毫無掙扎、亦未做任何決定的情況下便起了床。我們突然發現自己**就這麼**起床了。這要感謝我們的意識狀態，幸運地遲鈍了一會兒，讓我們暫時遺忘了溫暖和寒冷；在那一刻，**我們跌**

進一個關於日常生活的空想(revery)中，而此時，一個念頭閃過腦際，「喂！我不能再這麼賴下去啦！」——在此幸運的時刻裡，這個念頭並未喚起任何自相矛盾，或令人不知所措的建議，而是自然而然地立刻產生恰當的運動效應。其實，在整個掙扎的過程中，是我們對溫暖和寒冷的高度意識，造成活動的痲痺……⑰

詹姆斯的結論是，當抑制作用停止時，原本的念頭便發揮作用，教我們猛然起身。他又以典型詹姆斯式的自信補充道：「對我而言，這個例子可說是所有心理抉擇過程的縮影。」

接下來，讓我們回到詹姆斯本人的例子，繼續我們這次特殊的探查。在上段引文中，我們注意到，當他正要接近意志問題的核心時，突然冒出一句奇特的陳述：「我們突然發現自己**就這麼**起床了。」這句話，顯然草草跳過整個問題的重心。詹姆斯認爲，我們「未做任何決定」，只是「意識狀態幸運地遲鈍了一會兒」。

然而，我想探問的是，在那「意識狀態幸運地遲鈍了一會兒」的時刻裡，究竟發生了什麼事?當然，個人之後的確是從令人不知所措的猶豫處境裡跳脫出來；但是，這個反面陳述仍舊未曾告訴我們爲何事情如是發生。我們顯然不能像詹姆斯一樣，將此過程簡單地稱爲「幸運事件」，或「偶然之事」。若我們意志的基礎僅僅建立在「運氣」或

「偶然」之上，那麼，我們無疑是在沙洲上建造自己的房子，意即，我們的意志根本就沒有任何基礎可言。

然而，我並非暗示直至日前爲止，詹姆斯的例子根本沒有指出任何事實，因爲他的確說出了一些重要的事，此即，他所提出的例證，恰好展示了**維多利亞式意志力的徹底失敗**——在此意志中包含了一項「機能」(faculty)，其運作方式乃是基於強迫自己的身體，以從事違反自身慾望的行爲。維多利亞式的意志力將所有的事情都轉變爲理性主義式的(rationalistic)道學(moralistic)議題——例如，被暖和的被窩吸引，而對自己的慾望投降，相較於遵從所謂「超我」的壓力，「黎明即起」、「勤奮工作」的行爲，簡直是懦弱可恥的反應。弗洛依德即曾大量著墨於維多利亞式意志力中所包藏的自欺和理性化傾向，並且藉此（我相信）一勞永逸地罷黜了此類意志觀點的舊有地位。詹姆斯的例子中，呈現了他自己和具有麻痺效果的維多利亞主義之間的激烈抗爭，在該主義僵化的觀點下，生存的目標被扭曲成以自我爲中心的個人性格展現，而卻正好全然迴避了眞正的道德議題。

因此，讓我們回到意志的關鍵問題，在「意識狀態幸運地遲鈍了一會兒」的當口，究竟發生了什麼事？詹姆斯只告訴我們，「我們跌進一個關於日常生活的空想中」。啊，原來秘密就藏在這裡！關於此「空想」(revery)，心理治療爲我們提供了當年詹姆斯所欠缺的大量資料——此外，我並不認爲我們是「跌進」此空想中。

為了澄清之前我曾經聲明詹姆斯的意志概念乃一「未竟事業」的說法，我將在此提出我的論點。**我認為不僅是詹姆斯遺忘了人類經驗領域中的一個完整面向，就連現代心理學也忽略了這個重要的經驗層面**。問題的答案並不在於詹姆斯對於意志的意識分析，亦不存於弗洛依德的潛意識分析，而是位於橫跨意識與潛意識、認知與意圖之間，並同時涵納四者的界域之中。

現在，我們便準備進入這個在歷史上向以**意向性**之名現身的領域。

註釋

①威廉・詹姆斯在《心理學原理》(*Principles of Psychology*)一書談論意志的章節中，聲稱自由意志的問題無法在心理學層次被解決。因為，這是一個屬於形上學範疇的提問；並且，倘若心理學家在自由意志與決定論的爭論中採取立場，那麼他應該要弄清楚自己是在談論形上學的問題，並且要適時地保持警戒。

②惠利斯，p.289。

③恩尼斯特・夏胥帖爾(Ernest Schachtel)告訴我，當小海鷗看見畫在木板上的黃色標記時，會做出餵哺反應，因為這個標記類似於海鷗媽媽喉嚨上的斑紋。

④摘自威廉・林區(William F. Lynch)未出版的論文，本篇論文曾於一九六四年在紐約所舉辦的、以意志與責任

爲主題的研討會中發表。

⑤引自萊特・湯瑪斯(Wright Thomas)和史都華・布朗(Stuart Brown)對《荒原》的討論及評論，詳見《讀詩：一批判研究之引論》(*Reading Poems: An Introduction to a Critical Study*, New York, Oxford University Press, 1941)，p.716。

⑥出處同上。

⑦威廉・林區，一九六四年於「美國存在主義心理學暨精神醫學協會」年會中之演講。這段話讓我想起史賓諾莎(Spinoza)的教誨，他說，我們應「把想獲得的美德，放在心神的最前方」，如此我們便能在每次情境發生時，觀察到它的運作方式，而漸漸地，此美德便將銘刻在我們心中。我不知道我們可否或應否確實地遵行這道勸誡，然而，我們欲從史賓諾莎與林區神父的言談中得出的重要結論是，人的意識所具有的轉變和積極的面向。

⑧出處同上。

⑨出處同上。

⑩引自萊斯理・法柏(Leslie Farber)之論文，發表於一九六四年在紐約所舉辦之意志與責任研討會中。其後收錄於《意志的道路：朝向一種意志心理學與心理病理學之嘗試》(*The Ways of the Will: Essays Toward a Psychology and Psychopathology of Will*, New York, Basic Books, 1966)，pp.1-25。

⑪希爾嘉(E. R. Hilgard)，〈威廉・詹姆斯之未竟事業〉(The Unfinished Work of William James)。此篇論文發表於一九六七年九月在華盛頓舉行之美國心理學學會之年會中。

⑫詹姆斯於一八九〇年出版之曠世鉅作《心理學原理》中，即著手談論意志之問題，時間比弗洛依德出版《夢的解析》(*Interpretation of Dreams*)一書整整早了十年。

⑬詹姆斯認爲基於快樂／痛苦原則而建立的動機體系說——意即，我們意欲某事，是因爲它會帶來快樂，而決定不要其他事物，則是因爲它們帶來痛苦——有兩大謬誤。其一，是快樂與痛苦除了是表面層次的動機之外，它們亦只是許多不同動機中的兩種而已。其二，在更基本的層次上來說，快樂與痛苦其實是伴隨物，而非引發行動的原因，亦即：我的行動是爲了達成某種自我實現，而當我的行動確實達到這個目的時，這個行動便爲我帶來快樂。誠如詹姆斯所言，我持續寫作，並非因爲我從中得到快樂，而是我開始寫作之後，內心充滿興奮，因此，我是爲了寫作本身，而繼續手中的工作或計畫；當然，我很可能在持續工作這個事實中，獲得許多不同的樂趣。

⑭詹姆斯，Ⅱ，p.546。

⑮出處同上，p.321。

⑯出處同上，p.322。

⑰出處同上，p.524。黑體爲本書作者所加。

9 意向性

Intentionality

學習並不是知識碎片的**堆積**，而是一種**成長**。在此過程中，每一個認識行為都推動著學習者的發展，使他有能力以愈來愈複雜的方式組構客體性——而客體複雜度的成長，亦同時提升了主體的認識能力。

——胡塞爾，昆汀．勞爾(Quentin Lauer)之譯文

在深入探索願望的意涵時，我們發現有個奇特的主題不斷地湧現。隱約中，我們感到願望不僅是想望的滿足而已。其實，當威廉．林區談到願望中的「自主」性質，以及他和萊斯理．法柏對於想像力、自發性與願望之關聯的強調，都在在暗示著這個主題的重要性。而當我們認識到人類願望中的**意義**面向——亦即願望並非一種單純的欲力——時，這個主題則開始得到清晰的呈現；我們可在語言、藝術及其他象徵中，看見此願望的意義面向。此外，在詹姆斯所舉的、在一個冷冽清晨起床的例子裡，他留下了一個巨大的「未知」，而此未知恰好清楚地指出這個奇特主題的存在。

這個貫穿整個意志討論過程的必要主題，即爲**意向性**(intentionality)。藉由意向性這個詞，我所欲意指的是：一賦予經驗以意義的結構。我們千萬不可把意向性視爲意圖(intentions)，因爲意向性乃是意圖的基礎；亦即，**先存在意向性，才使得人能夠有所意圖**。回到詹姆斯的例子：賴在床上的人，對將展開的這一天內所有可能發生的事情，進行著想像的參與，正是在此過程中，我們察覺到自己有能力形成、塑造、改變我們自己和接下來的這一天；而這**想像的參與即爲意向性**。詹姆斯躲在被窩裡的空想，正好完美地展現了意向性——雖然這個重要性爲詹姆斯自己所否認。意向性乃是意識的核心；我相信，它亦爲願望與意志問題的重要關鍵。

首先，到底意向性這個詞彙意味著什麼？我將分成兩個階段來界定它的意涵。在意向性的初步階段裡，我們的意圖乃取決於我們理解世界的方式。譬如說，今天下午，我上山去看一棟房子。首先，假設我正在找一個所在，以供朋友在暑期度假之用，那麼當我在接近這幢建築物時，我會自問它是否夠穩固、設計是否理想、光線好不好，以及其他對我而言是否構成一個好的「庇護所」的條件。又，假設我是個投機的房地產商人，那麼我最先注意到的問題會是：這幢房屋的修護成本夠不夠低廉？未來的賣價是否將遠超過眼前的投資？以及所有與「利潤」相關的問題。再者，假如這房子是我前來拜訪的朋友的家，那麼當我看著它的時候，我的眼神中會看出「殷勤好客」——更不消說，在盯著露天陽台上的躺椅時，我已經在期待一次愉快的午後閒談。另外，如果我是來參加這個屋子裡正進行的雞尾酒會，而這房子的主人上次來參加我家的宴會時，態度十分冷淡，我會發現自己在尋找一切跡象，證明所有的朋友都會比較喜歡我的家，換句話說，我看待這幢房子的眼光將包含了嫉妒，和毀謗的「社會地位」評價——人類即以此偏見而著稱。最後，倘若在這個下午，我身上帶著我的水彩顏料用具上山，準備寫生，那麼我會注意這幢房子依傍山側，屋頂的線條向上一直延伸到山頂，另一邊則往山谷直奔而去，而且，我甚至偏愛這房屋搖搖欲墜的感覺，亟欲從中尋找所有藝術創作的可能性。

在上述五種可能性中，提供視覺感官刺激的是同一幢房屋，而且對這個刺激做反應的也是同一個人。但是，在每個情況中，這幢房屋和我們的觀看經驗，將帶來截然不同的意義。

然而，主體經驗僅是意向性的面向之一。其另一面向，則來自於經驗的客體(object)。意向性即為主客體之間的橋樑。它是使我們——作為主體——得以觀看並理解外在世界——作為客體——的意義結構。在意向性中，我們才得以跨越主客體的二元分立。

意向性的根源

就我看來，意向性這個重要概念在現代心理學中一直受到嚴重的忽略，因此，我特別懇請讀者和我一起探索它的意涵。爲了尋找意向性的根源，我們必須上溯至古代思潮。亞里斯多德曾說：「被置放在我們眼前的（以現代的話語來說是『爲我們所感知的』）乃是靈魂的**意圖**。」而西塞羅(Cicero)則談到：「靈魂，乃身體之**張力**(tension)。」①然而，意向性概念本身，則是在中世紀早期，才由阿拉伯哲學家引薦到西方思潮中，而逐漸成爲中世紀的中心思想。在當時，圍繞著此概念的思想是在探討認識眞實(reality)如何可能；易言之，意向性乃是探討認識論(epistemology)的概念。在此意義下，意向性被區分爲二類：一爲「**初級意向性**」(*intensio primo*)，意指認識特殊的事物——亦即，認識實際存在的物體；二爲「**次級意向性**」(*intensio secundo*)，其目的在了解這些實存事物與一般概念之間的關係——亦即，概念上的理解。

從上述對意向性的初步溯源中得知，當我們認識某件事物時，意味著我們已經以某種方式參與其中。對於聖多瑪斯・阿奎納（St. Thomas Aquinas，義大利神學家）來說，意向性即爲理解力(intellect)對所認識事物的掌握。他指出（可惜的是他所使用的語詞頗難翻譯）：「藉由一種在理解行爲中的被賦形(being informed)，理解力本身會對被理解的事物形成某種意圖。」②由此，我們注意到在「被賦形」的被動語態之後，跟隨著「**形成**」這個主動語態；我認爲，這表示在認識的過程中，我們被所認識之事物賦形，但就在此一認識行爲中，我們的理解力亦同時賦予此認識對象以某種形式。在此，最重要的詞彙是「**賦形**」(in-form，進入形式）或「形塑」（forming in，使成爲某種形式）。告知某人某事，即在形塑此人——我們發現這個過程在心理治療中特別重要，有時候治療師在關鍵時刻所說的一句話、一個字，將可發揮強大的作用。這和我們在研究所裡受到的教導，有著天壤之別！課堂裡告訴我們，訊息只是在我們之外的、爲我們所操弄的枯燥資料。

如此，意向性一開始即以**認識論**(epistemology)的姿態出現，它是我們認識眞實的方法，亦負載了我們所認識的眞實的意義。

其後，康德在現代思潮中所掀起的「第二次哥白尼革命」，使我們對意向性的探討往前跨了一大步。康德認爲，人的心智並非僅是被動的陶土，任憑感官印象在上面留下印記，亦非吸收事實、再進行分類的某種裝置。事實上，是客體本身符應(conform)了我們理解的方式。③證明此一事實的最佳實例之一是數學。數學乃是心智的構念(construct)；只是大自然符應、「回應」了這些構念。繼康德之後，羅素(Bertrand Russell)在一個半世紀之後對物理學做了類似的說明：「物理學之所以如數學般精確，並非因爲我們對物理世界知之甚詳，相反地，那是因爲我們對它了解太少；因此，我們只能發現物理世界中的數學屬性。」④康德革命的基礎，乃建立在將人的心智視爲主動、形塑其所認識世界的參與者。如此，理解本身，亦成爲組構世界的一部分。

在十九世紀後半葉，法蘭茲·布倫塔諾(Franz Brentano)再度提出意向性概念的重要性，當時他在維也納大學的精彩講座，曾吸引了弗洛依德和胡塞爾等重量級當代思想家。布倫塔諾認爲對意識的定義，必須觀照其**意指**(intend)、即指向某個在它之外的事物的特性——更明確地說，意識總是**意指著對象**(object)。因此，意向性的作用即在給予意識有意義的內容。

即使（就我所知）弗洛依德從未在著作中提及布倫塔諾，但是，很顯然地，他絕不只是布倫塔諾課堂上一個匿名的聽衆。有人告訴我，證據顯示弗洛依德當年曾積極參與講座中的討論，而且布倫塔諾還曾經幫他寫過推薦信。在我看來，弗洛依德理論中所隱含的觀點，說明著布倫塔諾對其思想的影響；有時候，思想的傳承在人與人之間極其親密而隱微地發生著，以至於這些想法已然點滴形成受傳者思想中之重要部分，以至於儼然成爲後者自身的觀點。意向性便是在此情形下，交織成弗洛依德對自由聯想、夢和幻想的研究取徑的經緯。弗洛依德之所以未曾在其理論中明白地談論此概念，其原因可能和一向強調科學的學院派心理學對此概念之長久遺忘，如出一轍；弗洛依德一直想要將他的精神分析，建立爲一門具有自然科學形式的心理學，因此，如要光明正大地談意向性——心靈和身體之間「失落的一環」——將使得這項任務極其困難（即使不是全然不可能）。譬如，弗洛依德費盡心力構思出一套關於力比多的經濟理論，其中最重要的變項是性興奮心理經濟能量的變化。當然，純粹的性慾可能啓動某種力量，伴隨著整個體內相關的腺體和神經肌肉的運作，以及性器官部位的興奮等。然而，我們後來知道一個人的力比多根本不是具有固定量的驅力，而是會隨著個體和他（她）所愛的對象——愛人、父母、前任男女朋友或其他人——之間的關係升高或降低；意即，關係的象徵意涵——質的因素——比起力比多的量，更具有變項的意義和解釋力。實際上，是弗洛依德向我們透露了關係中所具有的意涵，然而，這恰好摧毀了他自己和其他人對心理活動的純粹量化解釋。

當年布倫塔諾的另一名弟子胡塞爾(Edmund Husserl)，後來成爲當代現象學之父，他把意向性概念延伸至整個知識領域。胡塞爾指出，意識從來不是存在一個純屬主體的眞空狀態中，而總是意識著某物。意識不僅無法與它的對象世界分開，更是構成世界的一部分。此處的要點是——借用胡塞爾自己的話——「意義乃心智之意向」(meaning is an intention of the mind)。⑤意識本身之作爲和經驗，即在不斷地形塑、重塑我們的世界；在此過程中，自我與對象之間具有不可或離的關係；自我在觀察世界的同時，亦參與其中；倘若缺少任何一端，自我和世界二者皆不可能被理解。當然，這並不意味著我們不能將經驗中的主體或客體面向，暫時地「置入括弧中」(bracket)。〔譯註：「置入括弧中」乃胡塞爾現象學之存而不論(phenomenolog cal epcché)方法，亦即，我們既然不能直接肯定、亦無法否定世界的存在，便將作爲對象的世界當作意識之知覺現象，而暫時懸置其實存性。〕比方說，當我測量我的房子、估算重新粉刷需要多少油漆，或是收到孩子的內分泌檢查報告時，我會把對這件事情的感受，暫時擱在一邊，以便盡量清楚地了解這些數據本身的意義。而當我完全掌握這些客觀數據之後，我的責任才是把它們放回到與我有關的意義脈絡中——如何計畫重新粉刷的工作，或者照顧孩子的健康。我相信，我們的心理學所犯的重大錯誤之一，即在於把部分的經驗面向括弧起來之後，卻始終未將它們重新放回整體經驗中。

然而接下來，多虧海德格的努力，才將胡塞爾概念從柏拉圖唯心論的「稀薄空氣」中拯救出來，而將其擴展至包含了感受、價值與行為的人類整體經驗中。海德格之所以能做到這點，是因為他提出了「操煩」（care，英.,*Sorge*，德）這個概念。操煩乃構成世界的本質，如同康德認為世界的本質是奠基於智性(understanding)。海德格曾多次指出，人是關懷存有(Being)的存有者(being)。而當人無法承擔這個角色時——從臨床治療的觀察，我們可以補充，即在盲從和人格分裂的狀態底下——他便失去了作為一個存有者的條件，換句話說，他即失去了他的生命潛能。在操煩和意向性中，存在一個緊密的內在關聯，光是從意向性(intentionality)這個詞的字根「照料」(tend)——照顧某人或某事——一詞，便可略窺一二。

一個字詞，體現了數代人的創造力與智慧的累積；不知幾個世紀以來，一群嘗試對自己和他們的同胞訴說重要事情的人們，從創造這個詞、不斷地對其深究、重塑，又經過無數次的沿革，才使得這個詞以今天的樣貌呈現在我們眼前。現在，讓我們試著尋根溯源，嘗試借助於詞源學的探究，以便對「意向性」，及「意圖」(intend)與「意向」(intention)等相關詞彙，獲得更深刻的理解。

上述詞彙皆源自拉丁文 *intendere*，這個字包括 *in* 和 *tendere* 兩個部分，後者亦可寫成 *tensum*。十分有趣地是，*tensum* 的字面意義是「伸展」(stretch)，「張力」(tension)這個詞即由此而來。因此，我們立刻得知「意向」(intention)即爲朝向某物之「延展」(strectching)。

現在，許多讀者可能會對下面的事實感到吃驚（就像我一樣）：當我們在《韋伯大學字典》⑥裡查閱「intend」這個字，我們會發現第一個字義竟然是「**意謂**、**意指**」(to mean, signify)，這和我們在日常談話中常說或常聽到的「我想要做什麼事」一句中所具有的「目的」(purpose)或「計畫」(design)性質，絲毫無涉。在第二個字義裡，韋伯才定義道：「在心中有所目的或計畫」。人部分受到維多利亞式唯意志論影響的人們，往往傾向於跳過第一個、最重要的字義，而僅只使用這個字的延伸義：即有意識的計畫和目的。但是，既然我們的心理學很快地便證明了此種意識的計畫和目的，在大部分的情況裡實屬幻象，並且，我們根本不是這些看似美好、經過自由抉擇的意志計畫的主人，因此，我們被迫要拋棄這一整套裝滿了「意向」(intention)的「意圖」(intent)工具箱。我們十分清楚，通往地獄的道路正是由善良的意向所鋪砌而成；而我們現在親眼看見這些意向——無論好或壞，都不過只是我們自負自誇的虛構物。然而，若我們將「自負」(self-conceit)改變爲「自顧」(self-concern)，並且了解到若缺少了自顧，任何的知識或行動便都不可能發生——因爲，所有的事物中都存在它的關懷和意圖，而我們便是藉由這些意圖，才認識我們的世界；雖然面對相同的字詞，倘使我們的目光能從這些字詞的貶義形式，轉向它們所具有的正面形式，我們將獲得全然不同的蘊涵！

意向的最重要面向，是在於它與**意蘊**(meaning)間的關聯。在談論法律時，我們說：「這道法令的**含意**(intent)為何？」《韋伯大學字典》對「intent」所做的第一個定義是：「將心智轉向某物，**因此**，亦即轉向計畫或目的。」⑦在此定義中，計畫和目的是放在「因此」之後；也就是說，經驗中的唯意志論面向，是基於心智已經朝向某物，而且此物對我們而言具有某種重要性和意涵。

當然，循此詞源學的探究一路走來，不斷出現在我們眼簾的一個字是「tend」。這個字意味著「朝向某事物的運動」──比方說「**趨向**」(tend toward)，「**趨勢**」(tendency)。在我看來，這個字正是整個探索的核心；它作為字根，位居意向性之中，似乎意在永遠地提醒我們，意涵並非純粹屬於「知識的」(intellectual)，而行動亦非僅是過往之推迫下所導致的結果；在意涵和行動中，我們都**朝著**某個事物而去。此外，更**奇特地是**，如我們早先稍微提及，這個字亦有照顧之意(to take care of)──我們照料(tend)羊群和牲口，也**照顧**(tend to)我們自己。

因此，胡塞爾所言──「意義乃心智之意向」──之中，同時包含著**意涵**和**行動**，二者皆是**朝向某事物的運動**。他並指出德語中 *meinung* 這個名詞的雙重意涵：這個字的**意思**可以是「意見」(opinion)，或是「意蘊」(meaning)；它和其動詞形式 *meinen* 有著相同的字根，此動詞的意思為「照顧」(to tend)。此時，我反覆思量這個詞彙在英文中的意涵，不禁驚喜地發現——由於從小到大的教育，讓我學會把客觀事實視爲萬事萬物的縮影，且其地位僅次於神，甚至可以說就是神的寶座——原來 mean 亦具有雙重意義。比方說，「我的意思(mean)是這張紙是白色的」這句話，我們會把它當成一個單純的事實陳述；其意義相當於「A 就是 B」。但是，若我說：「我想要(mean)在街角轉彎，怎知車胎竟然打滑！」此時，「mean」這個字說明著我的意圖，是一個承諾和信念的陳述，尚待時間來證明此意圖是否能如實兌現。

因此，我們所探求的論題，現在指向了一個結論，此即：**每一個意蘊中都包含著一個承諾**(commitment)。這**不**意味著每當我產生一個念頭**之後**，我便要動用全身的肌肉，以便完成這個想法。它更絕**不是**如那些讀到這個段落的行爲主義者，腦中所想的那樣：「正如我們不斷地強調的——意識只存乎行動之中，而且我們大可從肌肉活動、外顯行爲等開始進行研究。」不，我們的分析正好導出完全相反的結論，亦即，在意向中，完全**沒有**絲毫純粹的肌肉活動（比方說講話時喉頭肌肉的收縮）。我們只觀察到，一個人在**意向著**某件事。再者，除非我們得知外顯行爲及其意向的關係，並將前者視爲後者的表達，否則，我們根本無法了解此行爲的意義爲何。當意蘊失去了意向時，它便不再具有任何意蘊。所有的意識行爲都**朝向著**某事，它是人朝著某事物前進之前的轉向(turning)；此行爲中並且潛藏著一個推動人們朝向某個方向行去的力量。

如此，認知與意圖(conation)、認識與意願並肩同行，不可或離。這便是承諾何以這般重要的原因。若我不**意欲**(will)某事，那麼我永遠都不會對此事**有所知**；相反地，假如我對某事一無**所知**，我對此事的意欲將不可能有任何內容。在此情況下，我們可大膽直言：人類創造了自身的意義。但請注意，我並不是指人僅創造他自己的意義，也不是在表明此創造意義的行為和眞實之間，從來不存在任何辯證性的關聯；我所欲指陳的是，倘若人不投入創造自身意義的工作，那麼他將永遠無法認識眞實。

直至目前爲止，我所進行的探究都是在定義意向性這個概念。我曾經強調，意向性同時包含了對眞實的認識以及對眞實的模塑，兩個面向缺一不可。從意向性的觀點看來，詹姆斯窩在床上的空想是全然合理的，並且，他接下來之所以會從床上猛地一躍而起，並非出自某種飄渺恍惚的「幸運時刻」或是「偶然巧合」，而是完全可被理解的、是他「**和日常事件相連**」的確實表現。由於他對這一天、以及這一天當中可能發生的事件，進行了「想像參與」(imaginative participation)，整件事便向他伸展而來，使理解發生，因而才得以完成起床的動作。

精神分析之實例

接下來，我將舉幾個精神分析中的例子，以說明意向性的相關問題。在一個令人著迷的病例中，病人之所以無法知覺到某些在他眼前出現的明顯事物，並非基於視覺或神經系統功能運作等器質性障礙，而是**他正深陷其中的意向性，讓他無法看見這些事物**。

有位病人在第一次診療時便告訴我，他的母親在他出生前曾經嘗試流產，而在他出生之後，則把他交給一位始終未出嫁的老姑媽照顧；二歲大的時候，他母親又將他送到孤兒院，答應他每個星期天都會來探訪，但後來卻甚少露面。現在，如果我們告訴他——天真地以爲這麼做會對他有幫助——「你的母親恨你」，那麼就算他聽到了我們說的話，這些字眼對他卻毫無任何意義可言。有時，我們的確觀察到令人驚訝的類似情形：即便是治療者一再重複地說某個字，比方說「恨」，但是病人卻根本聽不見。假如我的病人是個心理學家或精神科醫師，他很可能會說：「我了解整件事似乎都在說明著我的母親不想要我、不愛我，但是這些話在我聽起來，卻都像是外國話一樣沒有任何意義。」這些話並不是支吾其詞的逃避，也不是在玩語言上的捉迷藏，而是明白地指出一個事實：**病人無法允許自己知覺到創傷，直到他已經準備好面對它**。

這樣的經驗相信對所有的人來說都不算陌生：當我們嗅到自己可能會被炒魷魚的氣氛時，或我們得知至愛的人將不久人世的時候，我們都可能做出一模一樣的反應。在我們的心中，將浮現一段奇特的自我對話：「我知道自己**之後一定**要面對這件事，但是不是現在。」這等於是說：「我知道這是眞的，但是我現在還沒有辦法允許自己看清楚這件事。」倘若我們無法面對一次創傷事件的發生，整個世界將變得令人無法承受，然而弔詭地是，當我們無法逃避的時候，這個世界一樣會令人喘不過氣來。精神分裂症便是這個兩難處境下的一種極端反應。有時候，治療者會錯誤地試圖把病人尚無法承認的明顯眞相，反覆地灌輸到病人的腦袋裡——例如，告訴一個女病人她不愛她的小孩。這樣的作法——如果她還願意留在診療室裡的話，非常可能引起另一種（或許更嚴重的）阻礙，使病人更遠離眞實世界。

由於意向性的前提是建立在與世界的親密關係上，因此，有時候，爲了能夠繼續生活，我們甚至必須暫時把世界隔離在外。我們不應光憑一個譴責性的詞彙「阻抗作用」(resistance)，就打發掉這個（在某些情況下是）必要的生存手段。我並非質疑阻抗作用的眞實性，對此，弗洛依德及其他許多學者已多有闡釋；然而，我所欲強調的是一個更寬廣的結構現象，即如梅洛・龐蒂所言：「所有的意向皆爲一種注意力(attention)，而此注意力即是『我能』(I-can)。」⑧易言之，對於某些事物，除非我們能夠在某種程度上先經驗到「我能」，否則我們便無法注意到這件事。

相同的原理亦明顯地發生在記憶的運作中，因而產生十分有趣的現象。病人往往需要經過一、二年的分析，才能回憶起童年時期確實發生的特定事件。而當他們記起這個事件時，是否表示了他們的記憶力增強了呢？當然不是。實際上，**眞正**發生轉變的，是病人與他周遭世界的關係——大致而言，這是因爲他信任治療師的能力增加了，也因此增加了他對自己的信任感；此外，由其他原因所引發的精神焦慮也會同時減緩許多。最重要的是，他和意向性——而非有意識的意圖（這在從前往往被認爲是改變的起點）——

的關係改變了。因此，**記憶乃是意向性的函數**。由此觀之，記憶就如同感官知覺，一直要到病人能夠對問題所在的經驗事件採取主動的態度，他才可能回憶起這個事件。一如法蘭茲·亞歷山大(Franz Alexander)之語：「發掘童年記憶並非分析的原因，而是分析的結果。」⑨

所有的關鍵都繫於存在認識與意願，或認知與意圖之間的不可分離性；並且，沒有任何一個領域能比心理治療更清晰地呈現這個關鍵。病人之所以會跨進心理治療室，是因為他們意識到自己在生活中無法行動的主因，是在於他們不**知道**──他們無法察覺自己的「潛意識」驅力，不知道他們自己的心理運作機制，更從來沒有發現到這些機制何時在童年被啓動……等等。然而，倘若這是唯一的態度，那麼這位病人將會在沙發上繼續躺上八、九年，仍舊無法採取行動，因為他知道的總是不夠多；而精神分析則會變成西爾文·湯姆金斯所批評的，成為一種「系統化的猶豫訓練」。

但是，假若心理治療採取另一個完全相反的途徑──正如許多學派近來所做的，堅持治療者的任務是在為病人「澄清」他的現實處境，並且要求病人據以行動，那麼將會造成另一個謬誤。這將使得心理治療師成為社會的心靈警察，他的工作目標亦將被扭曲為，協助病人服膺此特定歷史時空下的社會道德規範──針對這點，我們只能說，我們不太確定這些道德規範是否確實可行，而且就算可行，它們的價值本身也相當令人質疑。若想避開前述兩種錯誤，唯一的方法是把問題推向更深入的意向性的探討中。

在此，我的論點是：精神分析的功能應是在於，把意圖推往更深、更廣、更根本的意向性。精神分析一向不都在論證，根本不存在全然意識的意圖嗎？弗洛依德、叔本華和尼采不都提醒著人們——不論我們是否眞的是謀殺者——所有的人都不斷地被那「非理性的」、惡魔般的、黑暗的生命動力所驅迫嗎？在弗洛依德罷黜了意志作爲引發行爲的動機之後，我們的行爲所涉及的領域，便超越了純粹的「理性」、理智或正當性。精神分析所提供的知識，不僅使區辨意圖和意向性的成爲必要的工作，亦同時指出了存在二者之間的必然關聯。

現在，我們必須先停下來思考意向性與「目的」或「唯意志論」的分別。首先，意向性具有知識論的形式；而目的和唯意志論皆不屬於知識論範疇。其次，意向性涉及一種**回應**(response)，而目的或唯意志論則否。必須先澄清的是，意向性絲毫不具唯我論的(solipsistic)色彩，它是個人對於其置身於世的結構，所做出的積極回應。是意向性預先建造了基礎，才使得目的和意志論的出現成爲可能。

一位病人**有意的**意圖——就他自己意識到的部分而言——可能是：盡量準時赴約，把發生在他身上所有重要的事情都對治療者傾訴，並試著放鬆心情，保持完全的誠實等等。然而，他無意識的意圖，則很可能是藉著扮演「好病人」的角色以取悅治療者，或是想讓治療者對他精彩的自由聯想內容感到印象深刻，或故意繪聲繪影地講述他可能對自己或他人造成的傷害，以博取治療者無條件的關愛。意圖是一個心理狀態，在此狀態下，我們有意地讓自己做出某些行爲。而意向性，則同時是意識與潛意識意圖的基礎；它所指涉的是一種存有狀態，並且或多或少涉及個人在某個時間點上、對這個世界進行適應的**整體性**(totality)。在心理治療中最有趣的時刻，是當我們看到刻意的強烈意圖——即「意志力」之產物——如何阻擋了個人的意向性，而恰是這個強烈的意圖，使病人無法與他自身經驗的深層面向對談。我們那位還躲在被窩裡、用維多利亞意志力掙扎著要起床、卻始終癱在那裡不動的威廉・詹姆斯先生，便是一個最好的範例。而且，只要他不放棄以頑強的意志力與舒服的被窩對抗，我們可以擔保他會繼續猶豫下去。

根據我對意向性這個詞彙的用法，意向性是位於立即的覺識狀態之下，並包含自發的、身體的因素，亦即我們通常稱之爲「潛意識」的各個面向。這當中隱含著正、負兩面意涵。譬如說，我此刻的**意圖**，是在將這些對我而言極重要的想法，以清晰可讀的形式寫出來，並且盡快完成這一章。然而，除非我獻身於參與一個比這個**意圖**更廣大的**意向性**——意即，盡己所能、以最眞實的方式寫好這本書——否則，我只會寫出一堆沈悶、平庸的文字，生產出一部了無新意、亦無甚原創性的作品。因爲，在此盡速完成寫作的壓力下，所有原本可能在我腦際出現的嶄新意念，以及前意識或潛意識經驗面向中可能浮現的創新洞見和創作形式，都可能爲之堵塞。然而，精神分析的貢獻即在挖掘人類的**深層**面向，它大大地拓展了意圖的範疇，並且將意圖從意識層次的目的，推向更完整的、更根本的人類情感與願望，而個人不僅是他自身過去的產物，亦不斷地朝向未來走去。精神分析絕不會任由意圖停留在單純的意圖上，而是要把它推入更深、更寬廣、更根本的意向性層面。

我們在前面提過，意向性爲願望和意願提供了基礎結構。但就精神分析學的角度而言，意向性所賦予的結構，亦可爲意識層面中意圖的潛抑和堵塞提供基礎。弗洛依德曾經清楚地表明，在他所使用的「自由聯想」(free association)方法中，那些表面上看來任意給出的聯想內容，其實完全不是任意的。隨著自由聯想的進行，病人的思慮、記憶和幻想逐漸成形，形成某種模式，並出現有意義的主題（對此，不光是病人，即使是任何進行此一自由聯想的人——躺在沙發上，或在一般的思考、創作狀態中——在當下都可能完全不明白它們的意謂），正是因爲這些是**他的**幻想、是**他的**自由聯想，源自**他**特有的知覺世界的方式，來自**他**所做的承諾，以及**他**所面臨的問題。一直要到事後，個人才可能從這些表面上看來任意、不連貫的話語中，看出、理解它們的意涵。**自由聯想是一個超越單純意識意圖的技術，並使人把自己交託到意向性領域中**。這些深層的意蘊，是藏在意向性根本的、更具涵攝性的領域中；然而，也正是在這片領域中，我們發現了病人最初潛抑其意圖的原因。我深信，弗洛依德和精神分析的長遠影響，將使我們對意向性有更深入、更遼闊的理解。

知覺與意向性

我坐在我的書桌前，桌面上有一張紙。現在，如果我想要在這張紙上，爲我的手稿做一些筆記，那麼我會注意到眼前的這張紙是不是空白的；我會自問：這張紙已經被塗寫過了嗎？或者，我想要用這張紙爲我的孫兒摺一架紙飛機，那麼我會注意這張紙夠不夠結實。又，假若我想在這張紙上作畫，此時，我會看到它粗糙的木紋質感誘惑著我的鉛筆，保證著我即將繪出的線條會更有趣。在前述三個例子裡，擱在我眼前的是相同的一張紙，而對這張紙做出反應的也是同一個人，然而，我的眼中卻看出三種全然不同的紙。當然，如果硬要把這個現象稱作「知覺的扭曲」，是完全沒有道理的；這個例子不過是充分呈現了：一個既定事件、一套既定的刺激—反應模式，可能會產生出無限多種意義。

所謂的意圖，是將注意力轉移到某事物之上。在此意義下，知覺(perception)即由意向性所引導。這個事實展現在意識所具有的主題／背景效應上。當我們看著這棵樹的時候，樹後的山即爲背景；而當我們看著山的時候，情況正好相反，此時主題是山，而樹則成爲前景。知覺的選擇性、非此即彼的特性，乃意向性的面向之一。我無法在注視此物的同時，不放棄觀看其他事物。意即，在此時刻我對某物說「是」，就意味著我必須對其他事說「不」。這個例子稍稍揭露了意識之本質如何充滿著衝突。衝突，乃是意向性的重要部分，亦是抉擇的開始，而此開端則呈現在意識本身的結構中。

但是，在此必須盡速澄清的是，這個選擇過程——看這裡，而不是看那裡——全然不是單靠頸部或眼睛肌肉的使用，以便在注意力搜尋對象時，讓頭部轉動、改變視線的身體動作而已。有一個更爲精巧複雜、且更有趣的過程正在發生，此即**孕思**(conceive)某物的內在過程，恰是這個關鍵過程，才讓我們可能對此物產生**知覺**(perceive)。這便是存在於主體經驗與對象世界之間神奇的親密關聯：在我能夠**孕思**某物之前，我無法對它產生**知覺**。唐諾・史尼格(Donald Snygg)教授曾經提醒我們一個奇特的事件：當庫克船長(Captain Cook)所率領的那艘船航進一個原始部落的港灣時，部落的人們無法看見這艘船，因爲他們沒有任何字詞或象徵來表達它。⑩他們的眼中究竟看見了什麼？我們不得而知——也許是一朵雲或一隻動物——但是，最起碼是某個已經具有象徵符號的東西。藉著語言（或象徵過程），我們**孕思著**將要進入**知覺**的事物。

「conceive」這個字在英文裡亦有懷孕的意思，而這個類比並無不當。因爲知覺行爲當中，亦須具備使某事物在自我之內孕生的能力；倘若某人無法做到這點，或者因某種緣故，此人尚未準備好在自我之中、對他所見之事物孕生出某種**態度**或**立場**，則此人將無法對其所見產生知覺。以精神分析的實例來說，當病人還沒準備好面對眞相、還不能**孕思**自身的問題時，他便無法對自己和自己的生命產生洞見，亦無法察覺到關於自身的眞相。

知覺(perceive)和孕思(conceive)的詞幹皆源自拉丁文 *capere*，其字義爲「拿取」、「抓住」。即使是「理解」(apprehend)這個表面上看似被動的字眼，其實都具有主動的特質，因其字源爲 *prehendere*，意思是「用手緊握」（這內存於字詞演化過程中的智慧，與我們對這些詞彙原有的認識，實乃大相逕庭！原本，對大部分的人來說，知覺不過是某個刺激發生後，在視網膜上留下的一個印記而已；換句話說，我們原本以爲，知覺不過是一種被動的生理現象）！因此，以性或懷孕作爲知覺的比喻，並無不當之處：因爲知覺(perception)和孕思(conception)過程二者皆是對世界的積極形塑，在此過程中，活生生的人與和他相連的世界之間，進行著一種對談(intercourse)。於是，新的觀念被孕生，對塞尚所繪之樹的新觀點被創造出來，而新的科技發明也被完成。意識的**創造**，即在它孕思了它自身的知識；而在此創造過程中，主體和客體之間所呈現的連續、雙向、吸引、排斥的應答關係，並非與性交相異其趣。然而，這絕不是一種主從關係。倘若我們借用一個古老的譬喻，這就像是雕塑家和陶土之間的關係，我們必須了解到，陶土亦**塑造**了它的雕塑家；意即，陶土決定了雕塑家的工作方式，限制、甚至改變他的意圖，並且因此而形塑了他的潛力與意識狀態。

假使意向性在知覺作用中扮演著重要的角色——我相信它的確是——那麼，此面向直至目前在心理學研究中仍然被忽略一事，便益發顯得是個災難。因此，我們不僅不應任其遭受忽視——在我看來，這無異於是對心理學研究的玷污——更應把意向性當作研究必須考慮之因素。這意味著，必須在研究中考慮實驗者偏見(experimenter's bias)此一變項。針對此變項，羅伯特・羅森塔爾(Robert Rosenthal)即曾證實研究者之期待或「意圖」，將影響其研究結果。⑪再者，在任何一項實驗中，研究者亦應考慮受試者的意圖。除此之外，研究者在從事一項合作計畫時，應該思考讓他的同事共同參與此項研究計畫的背後意圖爲何？而當他在課堂上進行主題統覺測驗(Thematic Apperception Test)時，那些受試學生的意向性何在？眞正令我感到驚異的是，我們似乎一直認爲這些事情完全沒有任何重要性。

無論如何，請容我再次強調，當我閱讀心理學研究報告時，我總認爲這些心理學家實際上在處理的東西，和他們以爲自己正在做的研究不太一樣。而除非研究者能從意向性層次上、逐一澄清所有參與研究的人的處境，否則他將無法確知他所獲得的研究結果到底是什麼。

這個討論的延伸，將把我們帶到探討身體與意向性的關係的門檻旁。然而，在我們跨越這個門檻之前，我們必須先澄清一個常見的誤解，此即，人們經常把意向性和內省(introspection)相互混淆。意向性並不是一個藉著內觀而企圖發現什麼的過程；更不是一種將自己轉變爲客體的觀看方式。正如保羅・呂格爾指出的，意向性和「觀看」無關，亦不涉及將自我拆解成「觀看者」和「行動者」的過程。這慣於混淆意向性和內省的傾向，正說明了自笛卡兒開創了二元論以來，直至我們所處的這個時代，人們仍舊很難揚棄以主、客體二分的觀點看待所有事物的習慣。事實上，意向性乃顯現在行動之中。人是在行動中揭露自身，而非在自觀之中。需爲意向性承擔責任的並非一種思索過程，而是一種行動，因爲後者始終與回應有關。

身體與意向性

維多利亞人總是以其意志，壓制、潛抑他稱之爲「低等的」身體慾望。然而，一個人若是從不考慮他的身體慾望，他絕對不可能成爲一個果斷的人。我們從前一章的討論中得知，人必須將身體慾望整合到個人的意志中，否則二者將彼此成爲對方的阻礙。身體包含了與意向性有關的肌肉、神經和腺體的活動，例如當我們極度憤怒、氣得想摔東西的時候，腎上腺素的分泌會增加；或當我們焦急、想要快跑的時候，心跳會加快；又，當我們性興奮、想性交的時候，性器官會充血等等。在心理治療中，當病人感到自身的慾望和意向性整個地被隔絕的時刻，對治療者而言最好的處理起點，是幫助病人察覺他在當下的身體感受，以及他的身體狀態。

威廉．詹姆斯對身體十分重視。關於這點，我們可從他堅決地強調感官的重要性，以及他將情緒視爲「對身體內在變化的知覺」等論點中看出。在另一個維多利亞人——

弗洛依德，對性與本能的專注中，亦有類似的對身體的關懷。在這兩個男人身上，我們都看見一種維多利亞式的努力，希冀尋回**被他們自身文化所隔離的身體**。只可惜，他們都還是把身體視爲工具，殊不知，這恰好表達出他們原本試圖克服的疏離性。

當我在二十五年前感染肺結核時，奇怪地發現我所繼承的「意志力」起不了什麼作用。當年，對此病症唯一的治療方法是躺床和緩慢漸進地增加運動量。我們沒有辦法單憑意志讓病情好轉，而且，通常那些意志愈堅強、愈有操控傾向的人，一旦患了肺結核，病情往往愈容易惡化。然而，我發現，傾聽自己的身體，是幫助我痊癒的重要關鍵。當我能夠敏銳地感受自己身體的狀況時，亦即我可以「聆聽」自己感到疲憊、需要較多的休息，或者感覺到身體比較有氣力、可以多做點運動的時候，我的病情便轉好；而當我發現自己感受不到身體的訊息時（有時候接受精神分析的病人會說，我實在「搞不懂它！」這就很接近這樣的狀態），我的狀況便轉壞。這聽起來很像是病得很嚴重的人，用這種詩意的或「神秘的」觀點，哄自己開心；然而，事實上，這是個紮紮實實的、事關存亡的經驗議題。就我的判斷，這個解釋也適用於其他病人的情況。這種對身體的覺識感時常會自然發生；但是當然，這並不是必然的現象。普凡德斯(Pfanders)說：「**意志便是聆聽**。」⑫這句話立即令人想起對身體的「聆聽」。在當今社會中，聆聽自己的身體，需要相當的努力——這份努力是在於隨時保持一種「開放的狀態」，注意身體發出的所有信號。近幾年來，在許多身體復健師、運動教練和瑜珈指導老師的努力下，聆聽身體的能力和心理健康狀態之間的相互關係，終於得到充分地闡明。實際上，在我們常用的語句中，便透露著抉擇的意味，比方說，我「承認」我累了，我「同意」休息，我「贊成」遵循醫師（或老師）的建議，我將「採用」飲食療法等等。意即，在意欲行爲(willing)中，除了違反身體慾望之外，也存在**順應**身體慾望的選擇，這是一種由內而發的意願；也就是說，這是一種**參與的**、而非**對抗**的意願。

亞里斯多德告訴我們：「意志乃經由慾望而行。」我們的慾望是在我們的身體內、隨著各種腺體的改變，而爲我們所感受和體驗——這些生理改變是被體現的**慾望**(embodied desires)——這意味著我們無法不對身體所發出的聲音，採取某種立場和態度；即便是極力否認自己的**願望**，都是一種立場。然而，全然的疏離，只有在我們能夠脫離自己的身體時，才可能做到。因此，立即否認自身慾望的感受，通常牽涉到對自己的身體施暴。

我們的身體，是我們作爲一個獨特個人的最佳表達。既然我是我的身體，作爲一個有別於他人的存在實在，我便無可逃避地必須以某種方式，逼自己披甲上陣——或者拒絕上陣，但這其實是同一回事。一個人可以試圖在心理上和另一人相符，或在**想法**上成爲另一人的翻版；然而身體上的**連體嬰**，卻極爲罕見。若是一個人無法區分自己與他人（比方說自己的母親）之間的差異，在一般的情形下，表示此人有嚴重的精神疾病，通常是精神分裂症。由於我的身體是生活在空間中的實在，有其能動性(motility)，並且藉著它在空間中的運動，而在二者之間建立了一個特殊的關係；這個事實使身體成爲一個活生生的象徵，意味著我們無論如何無法逃避對這個身體「採取立場」的任務。呂格爾再三強調，意志是**被體現**的意志。正是因爲如此，許多談論意志的話語，都涉及身體所在位置的描述——例如「採取某種立場」、接納一種「觀點」、選擇一個「方向」等等。此外，我們說某人是「正直的」、「直率的」，而相反的描述則爲「屈從的」、「卑躬屈膝的」或「迴避的」，這些詞語都以身體的姿勢和動作，指涉與意志和果決有關的外顯行爲。在易卜生的劇作《皮爾・金》中，只要這位主人翁繼續跟隨波依格(Boyg)的鬼魂，四處遊蕩，彎腰駝背地行走，他就永遠無法成爲一個個別的自我；一直要到他終於能「抬頭挺胸」——易卜生如此形容這個意志單純的人的姿態——地行走時，他才獲得了某種自我性(selfhood)。

有一種更有趣的觀點：身體作爲意向性的**語言**(language)。身體不僅表現(express)意向性，它更是意向性的**傳達**(communicate)者。當一位病人跨進諮商室的門口，意向性便表現在他走路的神態和身體的姿勢上，比方說他在談話中是向前傾還是往後靠等等。治療者會自問，病人是否半閉著嘴巴說話？又，當我暫時不聽病人談話的內容，而只聽他說話的腔調時，他的聲音在告訴我什麼？其實，不僅是在治療中的談話透露著超過一般人所察覺到的特性，即便是在日常生活的溝通過程裡，我們的說話行爲中包含如舞蹈般細膩的特徵，並且，由身體的動作所持續創造的表現形式，亦傳達出豐富的意涵。

卡爾・羅傑斯(Carl Rogers)及他的同事們曾在威斯康辛州對精神分裂症進行研究，至少連續數月，這些病人除了使用身體語言之外，完全無法或不願意透過言談溝通；藉著試圖理解病人的行爲模式，這個研究淸晰地呈現了意向性和身體的關聯。尤金・詹林(Eugene Genlin)醫師在報告中提到，有一回，他到病房去治療一位不肯開口、且敵意很重的病人。⑬剛開始，病人一看到醫師出現，便立刻逃跑；後來，病人在逃跑之前，稍微多待了一會兒；到最後，他終於沒有跑開，而讓詹林醫師在他旁邊默默地待了一個鐘頭。在他恐懼時飄忽不定的眼神裡，在他嘴角流露著介於哭泣與微笑的顫抖間，在他臉上所有的表情當中，訴說著千言萬語，這比口說的語詞更富有意蘊，亦更具雄辯性。顯然地，這樣的表達，要比一個聰明絕頂的病人、爲了避開對自己內心眞實感受的覺識、而一連幾個月滔滔不絕地講述、堆充滿機智的話語，向我們傳達了更多東西。

意志與意向性

莎士比亞在他的一首十四行詩中，描述在一整日的旅途勞頓之後，如何拖著疲憊的身軀上床。他吟道：

> 然而此刻，另一段旅途在我腦中啟程，
> 當軀體勞動已盡，心思卻開始運轉；

只因我思慮——遠離我此刻逗留之所——
意欲一次熱忱的朝聖，向你奔去，
而教我垂睏的眼簾依舊睜亮……⑭

在此，莎士比亞在使用「**意欲**」(intend)一詞時，已經把行動包含在意向之內。反觀今日，同樣一句話，我們可能會說成「意欲**做**一次熱忱的朝聖」，因爲，我們以爲意欲和行動是分開的二件事，而把行動視爲是必須被外顯地產出的東西，是在我們做了決定**之後**，外加在決定之上的另一個動作。當年，在莎士比亞寫作時，英文還是一個充滿特殊生命力和強大力量的語言——正如所有語言在古典時期中的情形，此時期語言的共同特徵，是意向和行動的不可分離性。語言的晚期發展，即反映出近代思潮中將心靈與身體截然分開的二元論：我們以爲，意向和行動是二個可區別的連續動作；因此，我們必須要再指出「做」的行動本身。然而，本章所欲強調的重點即在於，莎士比亞在詩句中的用法，不僅表現了更多的詩意，重要的是，它其實更正確地表達了人的心理狀態。亦即，意欲是先於人爲抽象概念的實際經驗。將行動從意向中抽離，其實是人爲的說明，並不能正確描述我們的實際體驗。因爲，行動即包含在意向中，反之亦然。

呂格爾教授又舉了以下的例子，⑮說明意向與行動的不可分離。在「我將去旅行」這句話裡，這趟旅行不僅是一個客觀的事實——也就是說，看見我自己已經在旅途上—

——亦是一個**將被完成**的行動，**是我要去**實踐的計畫。易言之，這是一個在我能力範圍內，可以被我實踐的可能性。呂格爾指出，在這個旅行計畫中，我們所處理的是未來結構；但是，若我們將之貶抑爲一種「僅止於」主觀的揣想，則是錯誤的說法。原因是，此計畫必定涉及未來，亦即與未決的結構有關，因此這個籌劃的客觀性並不下於其所具有的主觀成分。然而，由於維根斯坦(Wittgenstein)及其他實證主義者以不正確的化約概念——在這點上也少不了行爲學派的推波助瀾——錯誤地將世界完全建構在客觀事實上，而造成了主、客觀的嚴格區分，並導致主觀性被貶抑。事實上，「我能」(I can)亦是組構世界的一部分。這一點在心理治療中特別重要，因爲，病人之所以尋求治療，正是因爲他們說不出「我能」，而掛在嘴邊的往往是「我不能」，或「我沒有辦法」。爲了了解「我不能」意味著什麼，我們必須先澄清「我能」的意涵，以從反面來證成前者。

有件事不可能逃過讀者的慧眼（當然也沒有逃過我的注意），此即，雖然本章中談到「will」這個字時，是取其與意向性有關的含意，但它在英文中亦作爲表明未來時態之用。因此，意願(will)與意向性皆與未來有密不可分的關係。其實，在所有關於意向性的陳述中，「will」的兩種意涵——簡單未來式、說明某件將要發生的事，或個人的決心、代表我將令某事發生——皆以不同的程度出現。例如，「我將(will)在九月前往紐約」，幾乎完全是對未來的單純陳述，而極少決斷的意涵在內；反之，「我將會(will)結婚」或「我將要(will)寫一首詩」，則通常表明了決心，而較少預示未來的意味。未來不僅包括一個即將來臨的時間狀態，它更包含了「我將使此狀態發生」的意向成分。力量即爲潛在性(potentiality)，而潛在性則指向了未來；未來，是要被實現的。在未來的時態中，我們對自己許下承諾、使用允諾的語氣，我們準備妥當、披甲上陣。尼采言道：「人是唯一會許諾的動物。」許諾，意味著人將自己安置於未來的能力。這句話也讓我們回想起威廉・詹姆斯的應允：「且讓此事如是成就(let it be so)。」許多病人的絕望，經常表現以憂鬱、沮喪、「無能」感和強烈的無助感，以另一個角度觀之，我們可將這些症狀視爲沒有能力看見或建構未來的結果。⑯

人是在意向性和意願當中，體驗到自己的身分認同(identity)。「我」，即是「我能」的那個「我」。因此，笛卡兒那句名言——「我思故我在」(I think, therefore, I am)〔譯註：在本文脈絡中，「我思故我在」的「我在」(I am)，應作「我是」解，亦即以某種身分存在。〕——的錯誤乃是出在，身分認同並不是由思考而來，亦即，絕非理知作用(intellectualization)的結果。如同我們在前文中指出的，笛卡兒的公式中遺漏了一個最重要的變項；因爲，此公式直接從思想跳躍到身分認同階段，而實際上，此過程中尙存在一個中間變項，此即：「我能」。齊克果亦曾嘲笑過黑格爾類似於笛卡兒的過度簡化，及理知主義的見解；當黑格爾提出「潛在性將成爲現實」的時候，齊克果回應道，潛在性的確會成爲現實，**但是必須經過「焦慮」這個中間變項**。我們可以把齊克果的句子解釋成：「由於潛在性被體驗爲**我的**潛在性——亦即我的力量，和我的問題——因此，潛在性究竟能否成爲現實，在某種程度上乃操之在我——亦即，我在何處施力，以及我猶豫不決的程度等等。」我們對截至目前爲止所得的理解稍做整理——人類的實際經驗應是：「我思——我能——我願——故我在」(I conceive—I can—I will—I am)其中「我能」和「我願」才是身分認同的根本經驗。這使得我們可以免去以往在心理治療中一個站不住腳的論述，此論述假定病人先發展出一個自我認同感，**然後**才會有所行動。然而事實正好相反，人是在行動**中**體驗自我認同，或至少，是在行動的可能性中對自我身分有所體認。

我曾在其他文章中談到，焦慮和潛在性其實是一體之兩面。⑰當性交的潛在可能性在青少年期出現時，青少年會對他的新力量懷抱熱忱、並產生自我價值感，然而，他同時也會感受到正常程度的焦慮，因爲，這個新的力量將可能使他進入複雜的關係模式中——其中的某些關係可能會非常重要，而他將被迫必須對此關係採取行動。在正常情況下，有建設性的焦慮，會伴隨著對自身潛在性的察覺和承擔。意向性，便是正常焦慮的建設性使用。倘若我們對於行使自己的力量能夠有所期待、知道它可能的，那麼我們便可繼續向前邁進。然而，假如焦慮感強烈到對個人造成全面的壓迫，那麼行動的可能性將被抹除。針對這點，田立克提出，顯著的精神官能焦慮將毀掉意向性，「毀掉我們和有意義的知識或意願的內容之間可能發生的關係」。這是「無價值感」(nothingness)的焦慮。缺少了意向性，我們的確是「微不足道」(nothing)。

有趣的是，田立克接著指出意向性和生命力(vitality)的關聯，接著又說明此關聯如何指向勇氣：

> 人的生命力就如同他的意向性一般強大：兩者乃是相互依賴的。這使得人成為所有生物中最富生命力的動物。他可以以任何方式，超越其置身的任何處境；此可能性推促著他從創作中超越自己。生命力即為藉由創作活動超越自己、而不失去自己的能力。一個生物具有愈強大的創造超越能力，其生命力也就愈充沛。科技的創造世界，是人類生命力最卓越的表達，它更顯示了人類生命力遙遙超出所有動物之上。只有人擁有完全的生命力，因為只有人擁有完全的意向性……假若我們能夠正確地理解生命力和意向性之間的關係，那麼我們便能在效度範圍內，接受對於勇氣的生物性解釋。⑱

全面性的焦慮將摧毀一個人知覺、設想世界的能力，亦即，使他沒有能力理解、形塑與重塑自身的世界。在此意義下，嚴重的焦慮感將摧毀意向性。因爲，我們將停止期待、計畫、承諾和創造；而蜷縮到意識備受局限的防禦圍欄內，只希望保護自己，直到危險過去。意向性和生命力的交互關係乃呈顯在，人的生命力不僅以生物性力量展現自身，它更是一個不斷朝外伸展的、嘗試以各種創造活動形塑、改造世界的力量。因此，我們可以這樣說，**一個人具有多大程度的意向性，他便具有多大的勇氣**。田立克並描述希臘文中 *arête* 的概念，包含了力量和價值的意涵；而同樣地，在羅馬文字中，*virtus* 一字的含意則融合了陽性力量和道德崇尚。「生命力與意向性融合在人類完美的理想典範中，此完美典範距離野蠻狀態和道德主義一樣遙遠。」⑲

根據字源學所提供的最後提示，我們更可進一步將意向性(intentionality)連結到經驗的「強度」(intensity)，或對生命的熱忱(intentness)度上。曾經有許多人嘗試著澄清何者爲心理領域中的生命力，於是便出現了許多類似「活力」(aliveness)的字眼，然而，根本沒有人相信這些字詞說明了任何事實。但是，難道意向性不是爲心理生命力的定義，提供了一個最好的判準嗎？因爲，意向性的程度可說明一個人的活力、下承諾的潛力，以及（在有心理病症困擾的情況裡）在其治療任務中堅持下去的能力。

註釋

①這句話是由保羅・田立克(Paul Tillich)從一本德文哲學字典上讀到，並爲我翻譯成英文的。

②見註①。

③此處，「符應」(con-form)這個字非常有趣，它的意思是「以某形式構成某物」(form with)。

④取自亞瑟・科斯特勒(Arthur Koestler)在《創作行動》(*The Act of Creation,* New York, Macmillan Co., 1964)中，第 251 頁之摘述。

⑤取自昆汀・勞爾(Quentin Lauer)《主體性之勝利》(*The Triumph of Subjectivity*, New York, Fordham University Press, 1958)中，第 29 頁之引述。

⑥《韋伯大學字典》。

⑦同上。

⑧取自保羅・呂格爾在專題討論課上的引述。

⑨私下討論。

⑩一九五三年二月，於紐約心理學學會年會上之演講。

⑪詳見羅伯特・羅森索爾(Robert Rosenthal)在哈佛社會關係學系所發表之多篇關於實驗偏差的研究論文。

⑫保羅・呂格爾在私下討論時之引述。

⑬尤金・詹林(Eugene Genlin)，〈處理精神分裂症患者之治療過程〉(Therapeutic Procedures in Dealing with Schizophrenics)，《與精神分裂病患之治療關係》(*The Therapeutic Relationship with Schizophrenics*，作者：Rogers、Genlin 與 Kiesler, Madison, Wis., University of Wisconson Press, 1967)之第十六章。

⑭第二十七首詩。黑體由本書作者所加。

⑮保羅・呂格爾(Paul Ricoeur)乃巴黎索邦大學哲學系教授，他的研究和講座在當代對意志的理解上，有極其重要的貢獻。他的部分思想，在甫出版的《耶魯泰利演講集》(*Terry Lectures at Yale*)中有英文版文獻。我在呂格

爾教授的演講和私下討論中，獲得了許多寶貴的想法和意見，僅在此致謝。

⑯這和羅伯特・利夫頓(Robert Lifton)醫師的概念相吻合，他認爲心靈疾病的起因是在於「對象徵性不朽的缺乏體認」。此外，尤金・明考斯基(Eugene Minkowski)在其所建構的憂鬱症理論中，亦認爲對於未來時間面向的扭曲，乃是造成憂鬱症的原因，而非憂鬱症的**結果**。〔請參見《存在：精神醫學與心理學之新向度》(*Existence: A New Dimension of Psychiatry and Psychology*)，編者：羅洛・梅、恩尼斯特・安潔爾(Ernest Angel)和亨利・艾倫伯格(Henri Ellenberger)，New York，Basic Books，1958〕。對病人的期待（亦即他的缺乏）有所掛念，便是心理治療中一個合理的、具有建設性的面向。當然，這些期待或缺乏也許太過浪漫、不切實際，或者充滿了不合理的怨憤；然而，正是爲了這是原因，我們更需要將這些期待攤開來談。否則，病人可能進入眞正缺乏希望的處境，屆時，他將極易呈現明顯的冷漠症狀。無論如何，他對未來的意向性，將會決定他對往昔回憶的選擇性內容，以及他如何面對這些回憶的方式；詳見我在上述《存在》一書第四章所做之討論。

⑰《焦慮的意義》(*The Meaning of Anxiety*)。

⑱保羅・田立克，《存在的勇氣》(*The Courage to Be*, New Haven, Yale University Press, 1952)，pp. 81-82。

⑲出處同上，p.83。

10 心理治療中之意向性
Intentionality in Therapy

無論在理論或實踐領域中，我們都未曾關心、幫助過那些不懂得如何承擔風險，或無法活在危險邊緣的人。

——威廉·詹姆斯

將話題轉入治療，主要有兩層目的。第一，是爲了獲得某些啓發，探討意向性和意志的概念如何能夠落實在臨床工作上，以幫助遇到心理困擾的人們。第二，是爲了看看實際的案例，能否幫助我們進一步澄清這個始終縈繞不去的問題：到底什麼是意向性和意志？心理治療的實際案例，可以說是一個富含廣度及深度的資料泉源，在這裡面我們可以看到一群活生生的、充滿感受的、受苦的人們，如何在實際的經驗中體會他們自身獨特的願望、意志和意向性。

在前面對意向性的討論中，我可能——違反我自己的意願——給予大家一個印象，似乎存在某種理想的意願方式，在其中，我們可透過一個參與的過程，而使自己與自己的身體和周遭世界之間，達成一種和諧狀態。然而，這只是願望和意志的一個層面而已。讀者一定會問：如此一來，我們是否忽略了意志的**衝突**面呢？當然，意志的衝突面不僅仍然存在，它並將促使我們把意志的理解推向另一個界域。威廉・詹姆斯曾以動人的語調說道：生而單純的人可能不太有此困擾，然而這衝突在英雄與精神官能症患者的生命中，卻是俯拾可見——我相信這段話是來自他的親身體驗。我們可將精神官能症患者粗淺地定義爲：夾在一個**無法自我實現**的雙重衝突中的人。再次借用詹姆斯自己的例子來說明，不管他繼續待在溫暖舒服的被窩裡，或是迅速起身展現自己高貴的品行，都無法爲他增添一絲一毫的偉大**自尊**。倘若詹姆斯是我的病人，而且在治療一開始就告訴我這個在床上掙扎的故事，那麼我會立刻贊同（默許或坦言）他的**願望**：像這樣一個冷冽的清晨，待在暖和的被窩裡的確是挺舒服的事。再說，這麼做有額外的好處（而且也許更貼近事情的核心），藉由對抗僵化社會中規定人應該早起工作的道德標準，這個舉動恰好展示了個人的自主性。另外，或許繼續躺在床上，其實正表達了詹姆斯對其父親——這位愛之深責之切的超凡父親——雙重的矛盾情緒。唯有坦承、確認當下**立即**的願望，我們才可能了解一個人內心深處的**眞實**願望爲何——亦即，明瞭詹姆斯當天有什麼待辨的重要事件，讓他非起床不可。

爲了釐清病人的意向性，心理治療的任務之一是在將戰場搬到實際生活中。因爲這將幫助病人和治療者，在可能達成眞正滿足感的情況下，迎戰衝突；易言之，必須將原本的掙扎，轉變爲獲得眞正滿足與無法獲得滿足之間的挑戰。詹姆斯對眼前這一天中將發生的事件的揣想，其實正顯示了在意向性的層面上，他是一個對生活抱持著旺盛興趣的人，並且願意將自己奉獻在其能力所及的事情上——這便是爲什麼我在前面堅持他最後起床的決定，絕對不是單純的「機運」而已。

作爲心理治療者，我的任務是盡可能地在每一次的診療中，對病人的意向性隨持保持警覺。此外，若當次的診療中，病人的狀況並未呈現持續的進展，反倒是頻頻出現危機的話——其實在大部分的時候，情況確實是如此，那麼我就必須淸楚地引出此意向性，以免病人有機會避開對它的察覺。然而這個工作，往往十分艱難。

普烈斯頓的故事

下面我將逐字引述的診療內容，是發生在分析治療進入第七個月的時候（這些逐字引述的內容，是從診療錄音帶上整理下來的）。病人是位世故而有天份的四十歲男作家，其主述症狀之一是持續性的「作家瓶頸」，某些時候，情形會變得特別嚴重。他在來看我之前，已經做過五年的分析治療。

前一次的分析治療的確已經對他產生某種程度的幫助，因爲他後來至少可以維持一份穩定的工作——在他花光妻子所繼承的遺產的最後一毛錢之前。然而，他還是有嚴重的焦慮、憂鬱和性障礙（他的前一任分析治療者認爲這些症狀是無法治癒的，原因我不想在此多做說明）。撇開細節不談，他在和這位治療者鬧翻之後一個月，當他痛苦地陷入幾乎令人無法動彈的緊張和絕望狀態時，他寫了封信給我；之後，我答應跟他見面。我決定接下這件個案的部分原因，是因爲像這樣一個擁有內在精神泉源和力量的人，在他前一次的分析裡（至少在根本意義上）未能獲得幫助，對我而言將是一大挑戰。心理治療應該要能幫助這樣的人，而如果不能，最起碼我們必須了解原因何在。由於他所受過的高度教育，讓他對心理學領域內的知識十分熟悉，這在某種程度上促使我在診療中的態度比平常更爲積極，並且對他提出更富挑戰性的質疑。

在此，我想先對我和他之間的討論做一個簡扼的摘要：我現在相信，精神分析之所以不「處理」，亦即無法深入挖掘類似普烈斯頓這樣的病人的問題，是因爲在大部分的情況下，治療者都未觸及病人的意向性問題。正因爲如此，病人永遠都不會完全地**投入**治療中，永遠都未曾眞正地進入分析，換句話說，病人和治療者之間永遠都不曾發生眞正的遭逢。

在下面將討論的那回診療的五個月前，他曾經帶著嚴重的困擾走進我的診療室，這一次，是因爲他已經爲一篇重要文章折騰了好幾個星期，卻一直無法完成。在那次診療中，我感到他極度需要幫助，於是，我臨時改變了治療策略——事實上我經常做這樣的事——直接針對他實際的寫作瓶頸做處理；我問他，當他坐在打字機前的時候，心裡在想什麼，及其他關於寫作的問題。在這次討論後，他回到他的工作室，寫下直至目前爲止他自認爲最好的文章；這篇文章在後來亦爲他獲得廣泛的好評。我在進入正式討論前先提及這段插曲，是因爲它可能牽涉到我們接下來將討論的診療過程中，存在此作家的**意識**意圖與潛在**意向性**之間的對比衝突。

那次，他一進診療室，就一古腦兒跌坐在沙發上，然後重重地嘆了一口氣。

普列斯頓：我在寫作上碰到的問題比以往任何時候都要嚴重。真是蠢極了，只不是過一個簡單的劇本而已。這齣劇規模相當小，不怎麼重要。但我什麼都寫不出來……從我開始寫作以來，這次狀況最糟糕……我已經堆這麼一大疊的廢紙。（手勢）這很明顯是對我精神狀態的考驗……什麼都做不出來……我想這畢竟不是像變魔術那樣簡單……這分明就像在公開展示我是心理變態……必須要做些什麼才行……我的意思是，我今天下午必須要進辦公室——雖然根本不想去。我還有別的事情要做，明天晚上以前一定要做出來……最後期限，這太難了——我不了解為什麼會感覺這麼累人。（停頓）我不知道是否要繼續這樣談下去，還是就隨它去，改談別的事情。

治療者：我想最好由你自己決定，這要看你是不是想繼續談下去。

普烈斯頓：〔深深嘆了口氣〕我已經很習慣老是在這裡當舞台監督了……我的意思是，我這麼做很可能只是為了避免談別的事情。我沒有辦法控制自己的行為。我今天早上剛開始工作的時候非常順利，非常有興致寫這個劇本……但是突然間，整個人就莫名其妙地垮掉！當然，現在壓力已經累積到快讓人瘋掉……我實在想不出該怎麼辦……嗯……我不知道是不是該……談這件事……其實沒什麼……你知道的……只不過是個無所謂的劇本。

在講上面這些話的時候，普烈斯頓的聲調顯得無精打采，嘴巴幾乎沒有張開。在又嘆了許多氣之後，他繼續用漫不經心的口氣說：

昨天夜裡我做了些夢，不記得夢的內容，只依稀記得我做了些夢……如果我記得，也許就會有些突破……或許我就可以觸碰到我的內在……只隔著一道薄薄的牆……為什麼我就是無法突破呢？……走進診療室之前我在想……在我心裡、在我的病裡面藏著非常深厚的積習，你是知道的，這使得每當我好像有什麼進展、看見一絲曙光，或者可能改變什麼的時候——卻偏偏像是把一根針扎進自動防爆輪胎一樣，你了解吧……一定得做些什麼才行……我的焦慮感愈來愈強烈……我整天都繃得很緊……我試圖要驅散它……我有被虐待幻想……每當我試著寫些東西的時候，每五分鐘我就要站起來一次，去上廁所，或倒杯飲料……我的廢紙已經堆得這麼厚一疊……（手勢）……總之，文章自己會被寫出來……每次一開始的時候都很困難，到後來總是會有轉變……對這齣劇我一點興趣都沒有……我不想想這件事……現在的我比從前任何一個時期都糟糕。這是一種習性……我真的對它一點興趣都沒有。

在診療的前十五分鐘裡，我幾乎完全沈默，試著天眞地、單純地聽他想傳達的東西。他究竟想要什麼？今天早上那次崩潰之後，他變成什麼樣的人？他在向我求救嗎？就像五個月前那一次的狀況一樣？然而，當我聽見他漫不經心的口氣，我並不這樣認爲。「我對它一點興趣都沒有」、「總之，文章會自己被寫出來」……等，面對這些話語，我們實在不能下結論說，他現在亟須獲得的幫助是在寫作的問題上。然而，他的確非常懊惱，這點非常明顯而眞實。那麼，他是否期待一種神奇力量的干預，來替他完成寫作呢？當然，在普烈斯頓的生活型態裡，確實含有這樣的成分。這成分顯示在他向我描述的第一個夢境裡。當時分析進入第一個星期，夢的內容是：他身在一家醫院中，並且接受實話血清的注射；起初，血清並未發生作用，後來他開始感到頭暈，因此他和幫他注射的護理人員都認爲血清正開始發揮效用；但在夢的最後，他突然覺得害怕起來，擔心「他將說出的話，是他們不會想聽到的」。我相信今天他仍有這樣的傾向，亦即，他需要以受虐的方式將自己「弄暈」，以準備「接受魔力」。但是，我想這不是眼前最重要的問題所在。再說，在這個早先的夢裡，還包含著一句引人注意的話——他擔心自己將說出的，是他們不會想要聽到的。這句話清楚地說明了問題的重點不在「魔力」本身，而在「他將說出的話」——也就是他對於「他們」（當然包括我在內，即那名在夢裡幫他注射血清的護理人員）在內心所藏匿的眞正態度和感受。而此態度和感受，即爲他的意向性——其意涵呈現在本書對此詞彙的討論裡。由於他的意向性如此在夢中出現——意即，以未經過太多意識扭曲的形式出現——使得我對這個夢特別重視。

就在我試著聆聽今天早上究竟發生了什麼事的同時，我回憶起他剛才走進診療室時的姿態，還有一屁股在沙發上坐下的樣子。當時我有種感覺——雖然我並未立即清楚地意識到自己的感覺——他好像在生氣。而現在，他說話的方式、幾乎不願張開的嘴、從咬緊的牙關把話吐出，都支持著我原先的感受。據此，我做了個假設，今天實際上發生的狀況是，他在對我生氣，更明確地說，是對我感到憤怒。

我應該把我感覺到的告訴他嗎？如果我說出來，他可能會點頭表示同意，然後什麼事都不會發生，除了他可能會退回到他防護欄的更深處、更穩固地躲在裡面，或頂多半遮半掩地表示他被我的話語激怒；又，或者他會說我徹頭徹尾地錯了，結果我們還是待在原地打轉。假使意向性是憤怒，或其他負面情緒，顯然理性的談論一開始便被排除在可能的解決方式之外。我們不可能藉由口語的解釋引出意向性。其實，普烈斯頓已經在他的話語中用一個奇妙的象徵，清楚指出這一點：「我活像個自動防爆輪胎。」換句話說，無論我們拿什麼戳他，這些舉動所能造成的影響，不過就像拿根針扎進這樣的輪胎一樣，他都會立刻自動封合。

因此，我必須讓他**體驗**到對我的憤怒，讓他淸楚地經歷到自己正在對我做的事情。當然，作爲一名治療者，認爲病人所經歷的一切痛苦和寫作上的掙扎，都是針對自己而來，聽來未免過於傲慢；然而，我恰好是這個時刻出現在他眼前的人，是他的人際互動世界在當下的個別體現者。意即，他的意向性正朝向我而來，不論這其中發生著多少移情作用，我都是他的意向性獲得實現的對象。和他共處一室的我，除了用自己的身分出現在他眼前，同時亦代表了他在人際世界中互動的他人，在和他人的互動過程中，他體驗、經歷著存於自己**內在**世界，與**人際**世界中的衝突。

當這個治療鐘點的前四分之一過去之後，我們之間展開接下來的對談：

治療者：從這個治療鐘點一開始，你就不斷地告訴我文章自己會被寫出來……你跟這件事沒有關係……你把責任丟給我……你甚至問我是否該繼續談這件事……而你置身事外……你無能為力。

普列斯頓：〔停頓〕我沒有辦法控制這件事……在我生命中有一大部分是沒有重心的……我自己的重心根本沒有在運作。我的確是置身事外，這我不能爭辯……〔當我挑起這個話題之後，他變得愈來愈激動〕我沒有辦法改變這個狀況。

我覺得「沒有生活重心」這句話，很可能是他閱讀我的書之後，從裡面挑出來的句子，這是個想讓我上鉤的誘餌，目的是希望我轉而跟他討論這個主題。但我只答道：「沒錯」。

普烈斯頓：我沒有辦法……我又不是存心的——也不是在要什麼手段。怎麼會，**怎麼會這樣**！……我坐在我的打字機前工作……我不斷地嘗試不斷地嘗試……真該死。我他媽的到底該怎麼做？……這劇本一點都不難……我試著寫——我根本不怕這劇本的內容……它並不單調——沒什麼大不了……我知道自己該寫什麼……清楚該用什麼筆調……我知道該怎麼判斷……但是我坐在打字機前，什麼都寫不出來，什麼都沒有，就是沒有！我堆了那麼厚的一疊廢紙——同樣的主題，版本改來改去全是堆重複的廢話……**現在**！〔大喊〕我真他媽的到底該怎麼做？

治療者：你是在問我嗎？

普烈斯頓：廢話！

治療者：你在問我——這個動作本身就是在把事情丟出來。

〔停頓〕

普列斯頓：夠了，現在……我已經非常、非常火大……我的天！……我什麼都不想說……我覺得自己現在被困住了……我覺得想殺人……

治療者：你很惱怒嗎？

普列斯頓：這我知道。

治療者：是衝著我來的。

普列斯頓：好吧，那倒是真的。

治療者：你在幾分鐘之前說，你沒有辦法寫出東西的理由，是因為你沒有意願。但事實上你沒有意願的原因，是因為你總是置身事外，你說自己跟這事沒有關係，文章會自動寫成。但是，如果打字機之前沒有人在那裡，是誰要去把東西寫出來呢？

普列斯頓：我沒有意願投入這件工作。在意識層面上，我的確想這麼做，但是意願畢竟是屬於潛意識的範疇。前天晚上，我**有意地**想上這個女孩。〔他在這裡提到二天前晚上，他發生性無能的問題。〕

治療者：但是你昨天在治療中告訴我，你並**不想要**上她。

普列斯頓：好吧，我的意思是我以為我想要……或者，我**應該**想要——喔，我的老天，我不知道！（基於「進攻乃最佳防守之道」的理論，他改變了策略）從去年秋天以來，我一點都沒有改變。我的狀況一定跟以前一樣糟糕——就跟我一開始來看你的時候一樣。

讀者想必很清楚，我在前面說「你把責任丟給我」這句話的用意何在：我是在逼他面對他所說的「文章會自己被寫出來」和「我和這事沒有關係」等話中的荒謬性。藉著凸顯他的**意圖**，我才可能讓他明白，在他的意圖和**意向性**之間存在著極大的衝突。他今天來，表面上是爲了寫作瓶頸尋求幫助，但是，在治療談話的一開始，我們便明顯看出他冷淡的態度和語氣，和他正在受苦、且亟欲解決自身嚴重問題的事實，完全牴觸。然而，這兩種相反的調子，是在意圖的層次上產生矛盾；可是它們必然在意向性的層次上相吻合，亦即，兩者皆被包含在同一個意向性中，不論此意向性爲何。在這一整個鐘頭的對談當中，我們所看到的是意圖與意向性之間的衝突逐漸浮上檯面，並且，不可避免地，伴隨著這個衝突而來的情緒必然會隨之顯現（在這個例子裡是憤怒）。當我說「如果打字機之前沒有人在那裡，是誰要去把東西寫出來」的時候，他心裡的答案非常可能是：「就是你呀，梅先生，你應該要幫我寫出來。」（像施法術一樣，把文章變出來）然而，當這個問題被開門見山地提出來的時候，如果他眞的這麼回答就太荒謬了。因此，當衝突清晰地現身之後，普烈斯頓便說出那段關於意願的妙語。假若我之前直接和他討論這個衝突，後果極可能是陷入無用的理知化談論，而我們將會完全錯失問題的核心；相反地，當我們將衝突放進脈絡當中，我們便聽到普烈斯頓漂亮地說出，他在意識上以爲想要做的事情（意圖），實際上和他「潛在的意願」（意向性）正好相違背。如普烈斯頓此等聰明之人，在精神分析中情緒激動的時刻，往往會一語道出驚人的洞見，雖然他們可能不明白自己說出的話有多麼重要。我想他所說的「意願畢竟是屬於潛意識的範疇」，便是這類具有洞察力的話語。

倘若有讀者責怪我「設陷阱捕捉」這可憐的男人，我會回答，沒錯，這正是我企圖做的事情——或，更正確地說，我是在設陷阱捕捉衝突，把它逼到光天化日之下。如果我的假設是錯的——亦即，我錯讀了實際發生的狀況，他根本不是在對我發怒——那麼，這些話語便會像灑在石頭上的種子一樣，根本發不了芽：也就是說，他不會有所反應。或者，他會簡單地告訴我，我的感受是錯的，然後直接講明實際上發生了什麼事。又，或者他會陷入更強烈的絕望和無助感。假若治療者無法掌握意向性，後果會是治療的對談將無法進行。

當病人在意識層面經驗到衝突的迎面打擊時，他使將憤怒的箭頭指向我——因爲，我根本沒有幫助他；他的狀況就像當初來找我的時候一樣糟糕。這個憤怒的情緒完全在預料當中：我們可在伊底帕斯對狄瑞西阿斯的惱怒裡，看見這個憤怒的原型；正是透過狄瑞西阿斯的聲音，伊底帕斯的衝突終於完全浮現到他的意識中。

接續上面最後一次對談後，接下來的談話內容是這樣的：

治療者：好吧，今天我們至少弄清楚的一件事，那就是你生我的氣。就讓這個情緒出現吧。

普列斯頓：事情不是這樣的。嗯，好吧，也許是……無論如何，管他去死，真是見他媽的大頭鬼！我反正是玩完了，死定了，徹頭徹尾大失敗。我根本做不來，我這份工作簡直可以說是岌岌可危。這個飯碗是丟定了。我會連付給你的錢都沒有。我會去跟他們說：「我寫不出這個劇本，因為我有精神官能症。」他們會滿意這個答案。所以，我就這樣滾蛋，滾回知識份子的鹽礦裡去。

治療者：好啊，這樣一來你就可以好好地報復我了，不是嗎？你會下地獄……變成流浪漢……一事無成……沒有辦法付我錢。

普列斯頓：這……我的意思不是這樣，這不是真的，我說的話沒有一句是真的，就是因為這樣事情才會這麼他媽的讓人沮喪……

治療者：起碼有一件事是真的，今天你在生我的氣。你今天從一進門口開始，就已經在對我生氣。實際上，讓你寫不出東西的，讓你緊繃的，就是你的憤怒。

普列斯頓：我**爲什麼**要生氣？我在生**哪門**子氣？我在生氣？這到底是**什麼**意

思？我有**什麼道理**生氣？……我不說了。

治療者：這跟那一堆為什麼一點關係都沒有。去它的。你不說話，是把我雙手綁住最好的辦法，這就是你生氣的方式，把我的手綁住。

普列斯頓：那我就說吧，沒什麼大不了的！我說又怎麼樣？

治療者：你要我做什麼？

普列斯頓：我不知道，我一開始思考憤怒的感覺，這感覺就離開了。

我想，在和我面對面地感受了他的憤怒之後，我問他的「你要我做什麼」這句話是很重要的。當病人丟給我一個敵意很重的問題時——這狀況頗爲頻繁——我經常會用類似這樣的問題回問他們：「你今天想要我爲你做什麼？」或是另一種稍微更嚇人的問法：「你今天爲什麼來找我？」這是把病人的意向性直接引出來的方法。假如我在他尚未完全體認到自己的憤怒時，便問這麼問題，那麼他非常可能會用一句陳腔濫調——「這不是很明顯嗎？我希望你幫我突破寫作瓶頸的問題呀！」——就把這個問題打發掉。然而，現在，既然這個問題已經不能用這種方法迴避，**他真正的絕望，第一次在這次治療中顯露出來**。

普列斯頓：我說不出來，因為我開始想……我不能……

在這個絕望的關口，我爲這次治療先做一個詮釋性的摘要整理。

治療者：你告訴我，你完全沒有辦法寫作。你告訴我你很生氣，但是沒有辦法對我說什麼，因為你開始思考它。既然如此，你至少**可以**做一件事，那就是告訴我你的感受。昨天，你花了幾乎一個小時告訴我，你必須保持在生病的狀態。當你描述你寫作的情形時，你真正在告訴我的是你沒有盡力嘗試——因為你說你每五分鐘就起來拿一杯飲料，或做什麼別的事。所以，我今天聽到的不是「我不能」，而是一再反覆地吶喊：「我不願意。」我的意思並不是說你可以藉著意志行動來改變這個狀況——看在老天的份上；果真那麼簡單，我們就不會在這兒了。可是，在你「不能」的話語後面，進行的是一場充滿憤怒、頑固的戰爭。今天，這場戰爭的對象是我，另外一個對象則是你的父親。你幾分鐘之前告訴我的話，恰好是最可能激怒你父親的話：丟掉工作，沒有錢，下地獄，變成流浪漢。

他說話的口氣——當然沒有辦法在鉛字中傳達出來，從此發生了一百八十度的大轉變，他的下一句回應，完全脫去漫不經心的腔調，再也沒有前半個鐘頭那種一副悉聽尊便、管你死活的神態。他現在張開了嘴、帶著熱切的口吻說話，渴望交談。

普列斯頓：我剛才跟你說，我的狀態跟我當初來找你的時候一樣。那是假的，我改變了很多。只是外表看起來我還是一樣。為什麼呢？因為衝突變得更危險了，邊緣變得更清晰……我從前沒有看到的，現在看得很清楚。結果是，我必須要讓你把我看成病人，我生氣的原因，正是因為你根本拒絕相信我是無法改變的。我在這兒喊……喔……喔……我病得好嚴重、好嚴重（自嘲的口吻）。但你一聲都不吭……我要你把我看成病人，但你的反應就像在說：「那是狗屁。」……你相信我可以做到，而我卻要你相信我不能。我不想要變好，在好的狀況裡一點都沒有滿足感，滿足感是在生病狀態裡才能得到的。我是名烈士！

治療者：完全正確。

普列斯頓：我是名烈士，我既高貴又敏銳，但我竟然做不到。這真是個十足的悲劇。昨天我告訴你那件事，其實是想說，我必須是無能的——我是女人的犧牲者——是性無能……而我現在卜在這個處境裡，原來的機制無法發揮作用。為什麼我需要生病，為什麼我需要表現出一副活不下去的樣子，那是因為如果我成功的話，我就會死去；如果我心理健康的話，我只有死路一條。他們不能把我趕走，不能拋棄我。你們會自責：「怎麼可以這樣對一個生病的人呢？」

如果我可以自足，就連你都會趕我走。「滾出我的房間，滾出我的家！」我會被拋棄……我根本不屬於這個世界。

治療者：至少有一件事很清楚，是你拋棄了你自己——你看待自己的方式，就好像你不屬於這個世界。這正是你今天在寫作上遇到瓶頸的原因，如果你來，然後告訴我：「我很努力工作，我做到了。」那有什麼特別的？可是你說：「我什麼都做不了！」那就**眞的**是件悲劇了。

普烈斯頓：這就是為什麼你不接受我的「不能」的時候，我會如此惱火的原因。我本來真的很生氣，現在不了，但是本來很生氣。我很氣自己說不出話來。我像這樣緊閉著嘴巴。還有什麼比這更明顯的？！

治療者：對，你惱火的原因確實是因為我不順著你的「我不能」。

這段對話恰好示範了我們在前一章中所談的，治療者必須在病人的「我不能」後面，聽出「我能」的意涵。當然，這並非意味著只要治療者爲病人說出「我能」的意義何在，就可以對他產生幫助，更不表示這兩個字必須被說出來。「我能」要成爲實際的可能性，並爲病人所體會，可能需要相當長的一段時間。我在此所欲強調的是，治療中應把「我能」當作「我不能」的另一端，否則病人將會永無止境地談論他的「不能」，如此，治療只會充滿無謂的話語，缺乏改變的力量，甚至連爲病人帶來情緒紓解的效果都達不到。「我能」可增加「我不能」的動力，讓這些話造成痛楚，但是卻將引發改變的動機。否則，「我不能」就等於宣告放棄，雖然它在一開始會帶來酸甜苦辣的滋味，蘊含鄉愁，或是充滿浪漫的憤世嫉俗的滿足感，但是很快地，這些感傷會被純粹的空虛和嘲弄所取代。

當病人眞的感到無助和絕望的時候，我不會像這樣挑戰他們，理由相當明顯——最主要的原因之一是他們根本還不需要這樣的挑戰。在普烈斯頓的情況裡，最重要的一個關鍵是在於，他用「我不能寫作」這句話當作一個策略，目的是在我腦門上狠狠地抽一鞭。這句「我不能」其實是個遮罩，它眞正的意思並不是「我不能寫作」，而是「我不能承擔痊癒的後果，要是我好了，我會被趕走、被拋棄，而且沒有人愛」，就如他自己後來吐露的眞心話。對病人而言，治療者相信他們的「我能」，是件**極具**威脅性的事；即便治療者並不是用道德訓誡的方式說出這個想法，而只是一種出自實際知識的信念（或某種健康信仰）：人的確可能成長和改變。這個信念之所以對病人造成威脅，並非單純地因爲這個信念將迫使病人扛起責任；這個威脅要比責任感本身來得更加細微和深遠：它讓病人不知道接下來應朝向哪個世界走去。因爲，病人花了一輩子的時間，建立起「我不屬於這個世界」的信念，而現在，他自己和世界的關係徹底地被搖撼。

在這次治療的後半段，他幾乎泣不成聲地繼續說：

普烈斯頓：我絶望地試圖說著：「我病了。」**爲什麼**呢？我之前忘了說一件事……現在突然想起來，是因為你提到我的父親。我怎麼竟然遺漏了這件事！我剛說，我正在寫的東西和我遇上的瓶頸沒有一點關係，其實關係可大了。這齣戲是關於一位父親、一位母親和一個兒子，兒子才從戰場上回來。在家裡待了兩天以後，這個兒子要出門去墮落——就跟我剛從戰場上回來的時候一模一樣。這位父親全身緊繃地站在那裡，兒子跟母親說：「我要出去了」，父親從來沒有跟我說過他愛我。」……然後這個兒子想了想，也許自己也從來沒有告訴他。於是他開口說：「爸，我愛你。」父親的表情剛開始仍然十分僵硬，但後來他終於崩潰，然後兩人彼此擁抱。我裝作不想要這樣……我希望我的父親跟我說：「我愛你，你可以做到。」〔停頓〕我希望我父親用手臂抱著我的肩膀，然後說：「我愛你，你很不錯，你工作很行，你真的行……你有權利活下去。」我從未得到父親的鼓勵。還有一件事，是我的母親鼓勵我……她改變了我……我們之間會有愛恨交織的緊張狀態。但是父親，什麼都沒有，他只告訴我：「離女孩遠一點。」他從來不讓我出門。我希望我的父親對我說：「你可以，你能！」但他只說：「你不能……你活不下去。」

在這次治療剩下的時間裡，他說他對周遭的人們有一種感覺，他覺得他們之所以愛他，是因為他的名氣；但他也提到他矛盾地擔心著，萬一他變得更有名氣，人們就不會再愛他了。他在這次治療的尾聲中所說出的話語，清晰地表達了他的內在衝突——這是人際關係的遭逢實際發生時，便會浮現的**內在**心靈面向：「我就像一面鏡子——鏡子的裡外有兩個人，當一個人往右時，另一個人便向左。」

我們應該如何為前面所發生的事情做總結呢？首先，我們看到病人的**意識意圖**，按照他原本的覺知，他把此意圖理解為：「我在寫作上遇到障礙；這個障礙讓我覺得糟透了。」但是他並未意識到，這個糟透的感覺，其實是來自於他必須開始站起來對抗自身的問題，所引起的憤怒和憎恨，然而他卻把這樣的情緒當作一般的不快，並且導致下面的意圖：「我必須緊急呼叫梅醫師，教他想想辦法。」

接下來，從他一跨進診療室之後對我說話的整體態度，我認為，我們便在其中瞥見了他的意向性，雖然這個察覺尚未達到意識層次。他的意向性中包含了對我的憤怒和憎恨，如一記凶狠的鞭笞；這份攻擊性在他使用的巧妙象徵中，不知不覺地洩露了出來：「我是這裡的戲劇導演。」此意向性以爭鬥的方式顯現，企圖讓我在對抗的過程中接手，要我把寫作的責任扛在肩上等等。我把此種行為類比為在床上下命令的小孩；如同對大人頤指氣使的小王子，萬一，別人對他曾做過的承諾（多半是來自他的母親）沒有被實現，他便暴跳如雷。這個憤怒之所以會湧現的一部分原因是，**他**居然被撂倒了，因爲貴爲王子，他應該揮揮權杖（他的筆）就能解決這個小問題，寫出偉大的作品才是；這個屈辱加上困擾本身所造成的傷害，不啻是雪上加霜。然而，若我在這次治療一開始便提出這個問題，他極可能不會說出後來那番話；但是，我不太願意稱此爲「潛意識」的作用。因爲，他的意向性已經以一種隱微的方式，呈現在他肢體動作的語言，以及他對我說話的象徵方式裡。它是一座連接不同程度的覺察和意識層次的橋。

再者，所出現的片段，也許才更適合被稱作潛意識作用——當他說他前一天晚上所看的劇和他的不快全然無關時（譯註：此處不知是否爲本書作者的筆誤，因爲按照前述的治療談話脈絡，這齣劇的內容，應該是這位病人手邊正在撰寫的劇綱，而非他在前一晚所觀賞的戲。），即包含了潛抑的成分在內。但由於我堅持拒絕順從他的「我不能」，被潛抑的記憶因而驀然浮現。就我看來，直到病人和我發生正面遭逢之後，這段記憶才能衝破原本的潛抑狀態，他才能夠回憶起這齣戲和他自身的衝突之間的確存在極大的關聯，更毫無疑問地和他今天早上所碰到的嚴重寫作障礙，關係至深且大。（此衝突乃在於：「如果我寫得很好而獲得成功，父親將不會再愛我。」）

在這一個小時後三分之一的時間裡，內在心靈的衝突問題終於浮現。在他的憤怒之下，藏著對愛的渴望，和被驅逐、被拋棄的恐懼；唯一獲得愛——特別是被女人愛——的辦法，就是生病、處在需要中、做個失敗者。這衝突當然其來有自，特別是與此有關的童年經驗等等，這正是精神分析應當挖掘的領域；我並非忽略這些發生因素，只是那不是我們在此欲探究的部分。然而，除非我們探索願望和意志——亦即，先使意向性撥雲見日——否則我們將永遠無法碰觸到這片領域。

在關於意向性的討論過程中，可能有些讀者會問到：「這意向性和心理治療中的「行爲外化」(acting out)有何差異？」另外，若讀者再問出下一個問題，那就可謂正中要害了，此即：「如此強調行動作爲意圖不可分割的一部分，難道不會造成對『行爲外化』的鼓勵嗎？」

「行爲外化」，乃是將一衝動（或意圖）轉化爲外顯的行爲，以避免對此衝動產生意識。看清自身的慾望和意圖，或洞悉其全部意涵，必然會對個人的自我——世界關係造成強烈騷動，而這會比將慾望外顯爲身體動作，帶來更多的焦慮和痛楚，因此，即便行爲外化可能導致被冷落或甚至被傷害的後果，亟欲逃避焦慮的個體仍然選擇了後者。因爲，假若個人讓問題停留在肌肉行爲的層次，最起碼他不須立即面對自尊遭受嚴重威脅的困難。這便是爲什麼「行爲外化」會是嬰兒期、精神病和社會性格疾病的典型行爲。行爲外化並非發生在意識層次，而是在意識尚未出現之前、在發展階段上較爲原始的「覺察」(awareness)層次，此覺察狀態爲人類和動物所共有——對此，我將在下一節中詳談。在成人病例中，行爲外化通常是一種卸除慾望或意圖的努力，而不願將其轉化到意識層次。我們很難不藉由行爲將意向性外顯出來；然而，在意圖與行爲兩極之間擺盪，即意味著處在極度的焦慮中。因此，若病人無法以行爲逃避焦慮，他們便會試圖以全然相反的方式，來躲避這個緊張狀態，亦即，根本否認意圖的存在。

世故的病人往往試著將意圖理知化(intellectualization)——這似乎已經成為現下最常見的方法——藉以否認與意圖相連的情感，並企圖削弱整個衝突經驗。現在，當一個病人對他的父親感到一股強烈的恨意，並想殺掉他父親的時候，他通常明白自己不需要真的拿一把槍去殺父親。但是，如果他只是告訴自己：「每個接受精神分析的人，多多少少都會有同樣的想法，這不過是伊底帕斯情結在作怪罷了。」藉著不斷地「談論」這個想法以疏離自己的情緒，那麼他將會使他的防禦更為堅固，而完全無法解決真正存在他和他父親之間的問題。這類病人的作法，正好是把**意向性**從他的經驗中抽離；削弱自己的意向性，使自己不再有任何意欲，不再追求任何東西，而以一種疏離的態度討論它。然而，疏離的態度和精神病的行為外化症狀，其實是逃避面對意向性衝擊的兩種對立的方法，前者所使用的理知化策略，屬於強迫性執念(compulsive-obsessional)類型；而後者的嬰兒般行為表現，則為精神病類型。

我們對病人的要求，是真正地體會他自身意圖的蘊涵和意義；這樣的「體會」的確包含了行為在內，但這個行為的脈絡是**放在意識結構中**，而不是在肢體層次上。當我們強調意圖的行為必須是在意識結構中時，意指著兩件事：第一，這個行為必須被感覺、被經驗，而且必須伴隨著它的社會意涵，被病人接納成為**我**的一部分；第二，當行為被放在意識結構中之後，病人便不再需要肢體層次的展現。如此一來，病人是否要在真實世界裡將行爲外顯化的問題，便被提升到另一個層面上；意即，倘若我能夠面對我的意向性，我將可望在外在世界中做決定。

精神分析應該是病人體驗自身意圖、以及與意圖相關之行爲和意義的最佳場所——若借用弗洛依德描述移情作用時的用語，我們可以說，精神分析乃「意向性之遊樂場」——而能幫助病人無須將此意圖轉化爲外顯行爲。當然，治療者的確是冒著病人可能做出傷害性外顯行爲的風險，因爲只要病人眞正經驗到內在的眞實情緒，就可能會有行爲外化的危險。然而，當病人因爲意識到自己的弒父慾望，而產生情緒擾動時，這個情緒可以、並應該被用來幫助他**改變和父親的關係**。在我的經驗裡，每當這樣的恨意和殺害慾望出現在成人身上時，通常表達了他對父親的依賴感。因此，透過病人對此經驗之意涵的洞悉，加上情感得到宣洩之後，通常的、具建設性的結果是，他將「殺死」自己對父親的過度依賴，並因而在情緒上更爲獨立。毫無疑問地，這樣的說明看起來有過分簡化之嫌，但是，我希望這可以幫助我們更清楚地了解，在意識層次上體驗意圖與其意涵，和藉行爲將意圖外顯化之間的差異。精神病理類型和理知疏離類型二者，都在企圖逃避直接面對自身意向性所具有的意涵。在本書討論意向性的幾個篇章中，最重要的目的，是在試著重新修復行爲的意涵，並使大家明瞭其重要性。如此，對於意向性的關懷，將可望在精神分析治療中，成爲顚覆行爲外化的眞正力量。

在此，還須說明另一個重點：意向性乃奠基在病人與治療者共享的意義母體之上。

所有的人——無論神智正常或患有精神疾病——都活在一個意義母體中；就某種程度而言，此意義母體爲個人所造，然而個人是在人類所共享的歷史、語言處境中，創造出自身的意義母體。這便是語言之所以如此重要的原因：我們在語言中尋找、形塑自己的意義母體，語言亦是我們和其他人類共同分享的所在。賓斯萬格(Binswanger)曾說：「語言乃人類靈性的根源。」同理，我們可說歷史乃人類文化之體。意義母體是所有討論——科學的或其他類別的論述——的基礎，因爲它是讓任何形式的討論——包括心理治療在內——成爲可能的基本要件。若我們想完全客觀地置身於病人（或任何我們試圖了解的人）的意義母體之外，我們便永遠不可能對此意義母體有所了解。治療者必須在參與病人的意義世界的同時，保有自己的意義母體，如此，才可能適切地替病人詮釋他的行爲（特別是針對治療者而發的行爲）。實際上，在所有的人際關係中——不論是友情或愛情，都包含了這個參與彼此意義母體的過程，但這須以不犧牲自己的意義母體爲前提。正是藉著這個過程，人類的意識才能夠進行理解、成長、改變，並且變得愈來愈澄澈而充滿意蘊。

治療階段

針對個別病人進行的治療過程，都牽涉到願望(wish)、意志(will)和決定(decision)三個向度的繫聯。當病人在統整過程中，從一個向度步入下一個向度時，前一個被揭露的向度仍然存在，並且併含在繼之而來的向度中。而貫穿這三個向度的，即爲意向性。

在前幾章中，我們曾分別談過願望、意志與決定，因此，我們在討論過意向性之後，回過頭來看這三者的關聯，別具意義。因爲，若我們想對願望、意志與決定做全面理解，其根本關鍵即繫於意向性。接下來，我們將藉著描述此三向度如何在實際治療過程中一一被揭露，以更深入地呈現問題的意涵。

第一個向度：「**願望**」(wish)是發生在**覺察**(awareness)層次，這是人類作爲有機生物體，與其他動物所共有的面向。嬰兒期的願望、身體的需求和慾望、性與飢餓，以及其他數不清的、無窮無盡的慾望經驗，幾乎是所有派別的心理治療中所關切的主題，不管是從羅傑斯的治療取向，到最正統的弗洛依德學派，皆是如此。對人類來說，當曾經封鎖覺察力的潛抑作用被釋放，而使人們經驗到他自身的願望時，有時可能會引發戲劇性、甚至是創傷性的焦慮和震盪。每種治療取向對於揭露潛抑作用的意涵和必要性，所抱持的看法差異極大——可惜，箇中動力學已超出目前的討論範圍；然而，我並不認爲有任何形式的**心理**治療，拒絕賦予這個覺察過程一個重要的地位。譬如說，渥爾浦(Wolpe)和史基納(B. F. Skinner)的制約療法，便不把揭露覺察面向，當作他們治療的目標。然而，我不會將此類療法稱作心理治療，而認爲應把它命名爲**行爲**治療——正如其名稱所暗示的，此治療取向的目的是在重新制約、再教育和再訓練病人的行爲習慣模式。

願望經驗可能以極單純的方式出現——比方說，撫摸和被撫摸的慾望，與餵哺、和母親或家中其他成員之原初親密經驗有關的願望等。在成人經驗中，願望內容的範圍可能從發生性親密關係、與朋友的手相握，到單純的任風或水拂過臉頰的快感；但這也可能只是一個複合但天眞的經驗，就如當一個人站在一片開滿黃花的連翹樹叢旁，驚覺襯托在黃色花海後的天空，竟湛藍得如此令人目眩的喜悅。類似的當下覺察經驗，將會以逐漸加速的步調持續貫穿人的一生，而且其內容的多樣和豐富性，是大多數的心理學討論所望塵莫及的。

當一個人對自己身體、願望和慾望的覺察漸增，通常會使個人更懂得欣賞作爲存有者(being)的自我，亦提升個人對存有(being)本身的崇敬。在這方面，諸如禪宗佛學的東方哲學思想，十分值得我們學習。

讓我們回頭再看看海倫的例子——我們曾在〈願望與意志〉那一章中討論過這位病人的情況，她用「有志者事竟成」作爲一種反向作用(reaction-formation)，以對抗被母親環抱的強烈渴望。我們注意到，這個渴望似乎可追溯至她生命最初的頭兩年，當時，她的母親因憂鬱症而被送進精神病院。在治療之初，海倫並未察覺自己如此渴望得到母親的愛和溫柔，渴望被愛撫的臂膀包圍（雖然她在雜亂的性行爲中，可從不同的男人身上得到部分滿足）。她只感覺到在她匆忙、緊迫的生活表面下，蔓延著憂鬱、傷感和悲慟。對這些嬰兒期願望的逐漸覺察和接納，以及她在療程中對這些願望的體驗，不時引起她明顯的憤怒、大量的憎恨與無助感，並且爲自己有「弱點」而感到羞愧；隨著治療的進行，這樣的憤怒時或會和一段時間的屈服狀態交替出現。我提及這些事情，是爲了說明，將這些重要的、長久受到否認的願望帶到覺察狀態，並不是件容易的事，亦非幼稚的願望遊戲；這個過程極可能帶來創傷，和強烈的苦惱。正因爲如此，我們在會在精神分析治療中，時常看到退化(regression)現象的發生。此外，把這些願望帶到意識中，並非僅僅爲了「發洩怒氣」或「宣洩情緒」而已——縱使我認爲眞正地經驗到這些情緒，是非常重要的事，如此，我們便可以處理已失落的過去所留下的憂愁、哀傷和悲慟。然而，比「情緒宣洩」更重要的事實是，這些願望表明了一種意義。海倫開始發現她對母親所懷抱的受挫的愛，和她希冀從接連不斷的男女關係中獲得的某種東西，有著密切關聯，明白自己把性和親密關係當作口腔滿足的來源，以及對挑戰和抗爭的需求。（「如果母親和父親不給我愛，我就要讓他們知道我可以怎麼得到它！」）按照憤怒和憎恨情緒發展爲精神官能症的一般過程，此等行爲正是激怒父母的方式之一。

然而，對於願望，我們的文化中還存在另一個不算少見的應對階段：這是把上述的憤怒情緒更加**結構化**之後所出現的形式，在其中，病人發展出「無欲」的目標，他們憤世嫉俗或絕望地不再有任何願望。在我的經驗中，這個態度往往會導致強迫的性格類型。這樣的人依循「最好不要有渴望」、「渴望使我暴露在危險中」、「願望讓我變得軟弱」、「無欲則剛」等公式過生活。而我們的文化社會則以一種奇特而間接的方式，和這些公式一搭一唱。一方面，這個社會似乎承諾我們，所有的願望都能獲得實現——蜂擁而至的廣告向我們保證，一夕之間就可以讓我們搖身變爲金髮或紅髮美女；或者讓你脫離速記員的椅子，立即躍上一班前往巴哈馬首都拿索的飛機，歡度周末。現在，何瑞奇歐・阿爾傑(Horatio Alger)〔譯註：何瑞奇歐・阿爾傑(Horatio Alger, 1832-1899)是美國作家，生平總共出版了一百一十八部小說，主要是以一系列的青少年冒險故事爲主。阿爾傑自己的生命故事相當不凡，出身自一個清貧新英格蘭家庭的他，從小便體弱多病，患有哮喘、嚴重近視，和身高體重不足的問題。他十歲才就學，但十六歲便進入哈佛大學就讀，畢業時年僅十八歲。由於阿爾傑的特殊生平，使他後來成爲美國奮鬥、成功的精神典範。〕的迷思已被打破，然而那個保證我們將擁有全世界的迷思，卻仍然不斷對我們播送。然而，另一方面，我們的文化裡又存在一種特殊的謹慎——「你將會得到大量的滿足，但前提是你要限制你的**感受**，並且不可以洩露自己有太多渴望的事實。」結果是，我們撇開阿爾傑征服世界的典範之後，卻只能被動地**等待**科技的智慧——對此，我們無法推動它，亦無法發揮影響力——爲我們帶來約定的滿足。在二十世紀對機器的廣泛信念中，這個被動性亦成爲獎賞的一部分，和滿足感一起送給我們。

無論人們如何以文化角度詮釋這件事，都會得出相同的結論：人們的內心有許多願望，但是他們以被動的方式處理這些願望，並且盡量掩飾。在今天，斯多噶主義(Stoicism)，不是旨在努力克服慾望，而是努力隱藏它們。有些人永無止境地在合理化、正當化其所作所爲，永遠在衡量、比較事物，把生活當成一個不存在任何**貨物**、所有的生意都在紙上、報表上進行的超級大商場；對於這樣的病人，我有時差點想對他們大吼：「難道你從來都不曾有過任何**渴望**嗎？」但是，我終究沒有喊出來，因爲，其實不難看出，有一籮筐的慾望藏在他們內心的某個角落；問題出在，他們一而再、再而三地公式化他們的慾望，以至於慾望到後來成爲一堆「吱嘎響的枯骨」（艾略特的描述）。合理化願望的否認，並接受這樣的否認，是當前文化社會特有的傾向；其中的信念是，藉由否認願望，我們最終才能獲得願望的滿足。無論讀者是否能在不同的細節上提出爭辯，我們都面臨著同樣的心理問題：我們必須揭露病人的願望，並培養他想望(wishing)的能力，以協助他的情緒達到某種程度的穩定，而得以坦承地面對自己。這並不是治療的終結，而是一個關鍵起點。

我們可以注意到，**身體**在想望中扮演著十分重要的角色。在談論此一向度時，與身體有關的字眼時常出現——比方說，對身體撫摸的渴望，及願望的覺察狀態基本上是在身體層次運作等等。在此治療階段中，身體的重要性乃顯現在它所具有的語言性格上。願望，和潛藏在想望之下的意向性，都表達在細微的肢體動作、說話、走路的方式、上身傾向或遠離治療者等姿態裡——所有的身體動作中都包含了一種語言，更因爲這種語言來自潛意識，所以它甚至比病人的口語意識表達要來得準確而誠實。這便是爲何身體需要被接納、被鼓舞、被渴念、被愛和被尊敬的主要原因。當「身體盔甲」——借用威爾翰莫・瑞區的詞句——破損時，衝突便會湧現；此後，它們將永遠成爲身體表達的一部分。我們可以建設性的積極態度迎接衝突，但是當我們築牆將身體層層包圍時，卻不可能發生任何正面的結果。

從願望到意志

第二個向度，是從覺察狀態轉化爲自我意識。此乃涉及人類獨特的覺察能力——意識。「**意識**」(consciousness)在詞源學上是來自*con*和*scire*，意思是「藉其所知者」(knowing with)。嚴格說來，「自我意識」(self-consciousness)這個詞彙在我們所使用的一般意義中，是個冗詞；因爲意識本身既已包含我對我扮演角色的覺知。進入這個層次，病人體認到「我即爲擁有這許多願望的人」。人之能接納自己作爲一個世界中之個人，即發生在這個向度上。倘若我體認到自己的願望並非僅是盲目地趨向某人、某物的推動力，並且認識到自己居住在世界中，而在此世界中，在我和他人之間可能發生撫觸、餵哺和性歡愉等等的關係，那麼，我將開始尋找該如何對待這些願望的方式。這正爲我們提供了「**內視**」(in-sight)或「內觀」(inward-sight)的機會，使我們能夠在關係之中觀想世界和他人。如此，我們先前被迫潛抑慾望的尷尬處境——無論是因爲無法忍受滿足的缺乏，或是被慾望強迫性的推動而盲目尋求滿足，將爲一種新的態度取代：自我乃深深地涉入在充滿歡愉、愛情、美麗和信任的關係中。接下來，我便可以藉著改變我的行爲，使這樣的關係變得更爲可能。

在我們所使用的語意脈絡中，自我意識意圖的類稱即是意志。這個稱名反映出此類意圖行爲中所包含的積極和自信的意味。

在此向度中，**意志**便不再是對願望的否認，反而是將願望併入更高層次意識的結果。比方說，在單純的覺察和願望層次，從一片黃色連翹花叢中觀看湛藍天空的經驗，會帶來喜悅，使人渴望繼續，或再次品嚐這個經驗；然而，人們若能了解，我就是這個活在有黃花、湛藍天空的世界裡頭的人，而且我甚至可以和朋友分享這個經驗、獲得更進一步的樂趣時，這個理解對於生命、愛情、死亡及其他所有關於人類存在的終極問題，將帶來豐富而深遠的蘊涵。當**丁尼生**看到從壁縫中長出來的花朵時，他嘆道：「……我似乎理解了神與人爲何物。」人的創造性便是從這個向度中展露。人類不會只停留在天真的歡悅中，他會作畫、寫詩，希望對他的同胞傳達他的自身經驗。

從願望、意志到決定

決定和**責任感**，是治療過程的第三個向度。我有意把決定和責任感二詞放在一起，雖然有些冗贅，但目的是在將此二者與意志做清楚的區分。責任感也意味著持續對某事做反應、**有承擔**(responding)。就如意志是人類特有的覺察狀態，決定和責任感亦爲人類在邁向自我實現、統整狀態和完熟境界的過程中，所具有的獨特意識形式。再次說明，這個向度絕對無法經由否認願望、壓迫伸張自我的意志而達成，相反地，我們必須併入、保持前面兩個向度的成果，才可能臻至第三個向度。**決定**，在此處的意義是，自前二向度中，創造出一種行動和生活型態，其中，願望將豐富這個生活型態、賦予它力量，而意志則會彰顯它；我們生命中的重要他人會影響這個由決定所創造出的行動、生活型態，反之，重要他人的出現，亦是此生活型態的結果，這些重要他人將協助我們實現人生的長遠目標。這一點即使並非不證自明，我們亦可在蘇利文的精神醫學人際關係理論的脈絡，和布伯等人的哲學觀點中，找到佐證。這些理論或觀點都指出，願望、意志和決定是在人際關係的網絡核心裡發生，個人不僅爲了自我實現而依賴這個關係，更是爲了他自身的生存。如果這聽起來像是一個倫理學陳述，是因爲它的確是。因爲倫理學的心理學基礎，乃奠基於人所具有的下述能力：超越尋求滿足自己立即慾望的具體處境，以他人或他群的福祉爲考量，而生活在包含了過去和未來的時間向度中；因爲個人的自我實現端賴與他人和他群的關係。

在以下節錄的恩尼斯特・琴恩(Ernest Keen)教授的解釋中，清晰地闡明了我所提出的第三向度：

「浮出」自我意識，是經驗到自己作為一個「評價的自我」，一個「正在成形中的自我」。我無法在這裡提出更準確的字眼，大概是因為這是個極度個人化的經驗。這樣的「浮現」(emerging)涉及身體覺察和自我意識的統整和融合，我們亦可將其視為自我的願望和意志的整合。之所以為個人存在狀態和世界互動的整體運作，保留一個特殊的層級，不僅是為了反映「決定」的辯證性質，更指出了一個重要的洞察，此即，當個人以全部的存在狀態意欲著某事時，並非個別的願望和意志相加之總和所可比擬。一個「決定」不等於願望，亦非意志行動，更不是願望和意志的加成。違反自己意志的願望，就像是想偷糖果的誘惑；違反自己願望的意志，就像否認自己喜歡吃糖；而決定某事，就像自己（為自己）在自己的案頭上銘記著，應該（或不應該）努力得到糖果。因此，下決定即是一個承諾，總是冒著可能失敗的危險，而且做決定時，我的整個存在都參與其中。①

人的自由

我們的最後一個問題是，人的意志與其自由的關係。威廉．詹姆斯曾指出這是一個倫理學問題，而不是心理學問題；他是對的，但是他也很清楚，我們不可能對這個問題避而不談。某些答案，已經被預設在每個人的生活和工作中，而把它們弄清楚，只是意味著願意對自己誠實。

弗洛依德和新心理學所帶來的衝擊之一，是廣泛地擴張了決定論和必然性的領域。這讓我們前所未有地認識到，人類在相當大的程度上是被制約的動物，而且受到潛意識過程的驅動和塑造。假如我們只能在碩果僅存的區域中做選擇，在決定論強力佔領下所遺留的殘存空間裡勉強施行自主權，那麼，我們其實是完全失去自由的。因爲，在此情況下，所謂的自由和選擇便縮小成暫時丟給我們的殘羹剩飯，而一旦新的決定論出現時，就連這些僅存的剩餘自由，都可能再次被剝奪。在此觀點下的人類意志和自由，不過淪爲幼稚荒唐的謬論。

然而，這種對於意志和自由想法未免過於天眞、原始，我們應該摒棄這樣的觀點。自弗洛依德以降，我們已透徹了解一件事：所謂「最初的自由」，亦即在伊甸園尚未「墮落」進意識狀態前的天眞自由，或當嬰孩未掙扎著達到、擴張其意識狀態之前的自由，其實是假的自由。而目前我們和機器之間的爭鬥，實際上是同一個問題的重演。如果我們的自由僅是殘餘物，只存在機器**能力所未及**的範圍，那麼整個爭論注定全盤皆輸：因爲只要一旦新的機器被發明，我們僅有的那一點自由，都將拱手讓出。因此，人的自由絕不可能依賴必然性的暫時懸置，不論是由上帝、科學或其他事物造成這樣的暫止。自由不可能在**律法的漏洞**中生存，彷彿我們的「意志」只能在決定論暫且無力管轄的邊緣中運作。相反地，規劃、形塑、想像力、價值的選擇和**意向性**，才是人類自由的根本特性。

自由和意志並不取決於對決定論的否認，而是存在於和決定論所具有的**關係**之中。史賓諾莎曾寫道：「自由乃是出自對必然性的認可。」②人類的獨特之處，在於他有能力認識到自己在某種程度上是被決定的，並且能夠選擇自己要和這些決定因素之間保持什麼樣的關係。除非他放棄自己的意識，否則他可以、且必須選擇自己和必然性之間的關係，此必然性包括了死亡、年老、智力的限制，以及無法逃避的自身出生背景的制約等等。究竟他會接納、否認、挑戰、確認，或是贊同這些必然性呢？這些字眼中，都含有抉擇的成分在內。至此，我們可以確定的是，人並不是像戲劇評論家一樣，僅僅單純地站在他的主體性之外，旁觀此必然性，再決定對它持有什麼態度。因爲他自己即生活在必然性之中，而他的意向性亦已是此必然性的一部分。自由並不取決於我們對客觀自然界的征服，亦不在於遺留給人類的、位於主體性之內的狹小空間裡，而是奠基在人類同時具有前後二種不同經驗的事實之中。**在我們的意向性之內，此二經驗是互融的；並且就在我們體驗二者時，我們已經同時改變了二者的性質**。意向性不僅使我們有能力面對自身的必然性，更要求我們採取立場以迎接它。對此，我們永遠可以在心理治療中找到可供佐證的實例；當病人強力主張僵硬的決定論時，通常是他受到嚴重挫折，而想要逃避對自身意圖的意涵有所理解。然而，他愈是「堅持其決定論者的立場」——亦即，愈是爭辯（這舉措其實已經包含了意向性）他做任何事都無法改變強加在他身上的命運時，他反而愈讓自己陷入被決定的處境。

尼采時常談到「熱愛命運」(loving fate)。他意指的是，人可以直接地面對他的命運，了解它、直視它、撫摸它、挑戰它、和它拌嘴——並且愛它。此外，縱使自稱是「命運的主人」似乎過於傲慢了些，但我們至少可以不必成為命運的受害者。我們確實是自身命運的**共同創造者**。

精神分析要求我們不應停留在意圖或意識理性化的層次，而應更進一步將理解的觸角延伸至更深的意向性層面。我們的意識再也不可能像以前那樣單純：以為當我們能用意識思考某事的時候，此事便必然為真。意識乃當下的經驗，但其意義則是透過語言、科學、詩詞、宗教和其他具有橋樑作用的人類象徵，才得獲得呈現。

我們分享了威廉•詹姆斯生活在轉型時代中所特有的驚惶失措，只不過，他生於此時代之初，而我們則（但願是）活在此時代之末。對於人生，雖然人們永遠不可能有百分之百確定的答案，但是，詹姆斯至少弄清楚一件事：無論如何，人必須行動。在他二十歲末、三十歲初，有整整五年的時間，詹姆斯完全被自己的憂鬱症所癱瘓，意志微弱到連最無關緊要的事情都無法引發任何行動；然而有一天，他發現自己可以決定去相信自由，於是他**意欲了**自由，並以自由作為他的律則。他寫道：「第一個自由的行動，便是選擇自由。」日後，他深信這個意欲行動，便是使他能夠對付並超越憂鬱症的原因。至少在他的自傳中我們可以淸楚地看到，一直到六十八歲去世之前，詹姆斯所活過的那段高度建設性的生涯，正是從此刻開始。

這個**律則**，後來成爲詹姆斯整體意志觀的重要部分。在衆多迎向我們的感覺中，在衆多觸及我們的刺激當中，我們仍舊擁有決定將注意力放在某些可能性上的能力。實際上，我們會說「讓此成爲我的眞實」，正如詹姆斯一頭躍進的律則——「**就讓它如此！**」這句陳述，其實是他的承諾。

詹姆斯明白，在意欲行動中，我們不只是對所見所聞做反應而已；人在意欲行動中創造、形塑某種原本從來未曾存在的事物。在這樣的決定或律則中，存在著風險，然而，這是我們對這個世界所做的、具獨創性的貢獻之一。在前文中，我曾經批評過詹姆斯的意志理論忽略了意向性，省略了問題的核心。但是，在他親身實踐的**人類**意欲**行動**中——每一個人都是從這個起點開始，其後便不得不與選擇飲下毒芹的蘇格拉底同聲說道：「我不知道，但我相信」，接著勇敢地仰頭飲盡——仍舊展現了詹姆斯的偉大。正因爲他以自身的痛苦與狂喜爲鐵砧所錘鍊出的話語，迴盪著眞誠與力量，我們除了引述他的話，沒有更好的辦法作爲本章討論的終結：

環繞著我們的巨大世界，對我們提出各式各樣的問題，並以各式各樣的方法試煉我們。某些試煉，我們可以用簡單的行動輕而易舉地解決，某些問題，我們可以用既定的成語回應。然而，生命所提出的最深沈的問題，卻不容我們以言語回答，而我們只能在說出：「**是的，即使是這樣也好！**」的同時，感到心弦緊繃，隨之默默地教意志轉向……

因此，世界在那些英勇的人們身上，找到與之匹配的對手和伴侶；並且，他們用以支撐自己屹立不搖、保持自己的心不受撼動所花費的力氣，即為他們在這場人生遊戲中有何價值和作用的直接度量。他**扛得起**全世界……他仍然會在這個行動找到熱忱，但這並不是源自「鴕鳥般的健忘」，而是來自內在欲面對世界的純然意願（儘管其中充滿**震攝人心的事物**）……

「**你究竟想不想要事情變成這樣？**」……我們無時無刻不被這個問題糾纏著，不論事情如芝麻綠豆大或生死攸關，從最理論到最實際的事情都逃不過這個質詢。我們只能用**贊成**或**不贊成**回應這些問題，而不能以話語作答。這些沈默的反應竟如我們最深層的器官，讓我們和事物的本質溝通，這是多麼奇妙！……倘若我們為世界所付出的，全然是新穎的、獨創的貢獻，該是多麼美好！[3]

註釋

①恩尼斯特・琴恩(Ernest Keen)是一九六四年夏天我在哈佛的研究生助理，現在任教於巴克奈爾(Bucknell)。本段文字摘錄於他即將出版的著作。

②羅伯特・耐特(Robert Knight)醫師在引述史賓諾莎的決定論時，其實誤解了史賓諾莎的意旨，而將其等同爲毀滅人類意志的決定論。這樣的誤解把所有的決定論都視爲一種科學的因果關係過程。當然，若這個過程被不當地樹立爲終極原理，的確有害於人類的自由。然而，史賓諾莎的決定論實乃深化了我們對人類經驗的理解，反而爲人的意志增添了尊嚴，因爲這意味著獲得自由必須付出昂貴的代價，但也因此使得這份自由更爲眞實。對史賓諾莎而言，「必然性」乃是攸關生死的事實，而非如耐特醫師所提出的科技過程的必然性。

③詹姆斯，Ⅱ，pp.578-579。

愛與意志

Love and Will

11 愛與意志的關係

The Relation of Love and Will

性激情掀起戰爭、終結和平，它是所有嚴肅事物的基礎，所有俏皮話的目的，是聰明機智的無窮根源，所有暗喻的關鍵，亦包藏著所有神秘暗示的意蘊……只因為它的根基蘊含了最深遠的嚴肅性……而所有的這一切都和一個事實相吻合：性激情乃生存意志的核心，因此即為所有慾望的凝縮。**所以，在文章中，我把生殖器官稱作意志集中點。**

——叔本華

像叔本華這樣頑固的老厭世者（這是那些容易被激怒的人給他的封號）竟會在上面的引文中，把性激情稱爲「生存意志的核心」，又將「生殖器官稱作意志集中點」，是十分出乎意料的事。他在這段話中呈現了一個眞理：愛與意志之間存在著特殊的關係，且兩者是相互依存的。這和現代人對此二者慣常的理解模式恰好背道而馳。以往，力量（我們可暫時把它和意志等同）和愛——甚至是性愛——往往被視爲是相互對立的。但我相信叔本華是對的，愛與力量不僅不相互對立，反而具有密切的關係。

前幾章中對原魔(daimonic)的討論，讓我們了解到自我確認和自我主張——兩個意志中的明顯面向——實爲愛的要素。我們之所以在本書中將愛與意志並置討論，是因爲二者的關聯在所有人的私生活中至關緊要，而在心理治療中，這個關係更有根本的重要性。

愛與意志皆是在關係中的經驗形式。亦即，二者皆描繪著一個人伸向他者、朝向他者，企望對他、她或它發生影響——或者開放自己、被他者影響的生命經驗。二者皆是我們模塑、形成世界，與世界發生關聯的方式，並企圖透過我們渴望從他們那裡獲得利益或愛意的人身上，誘使這個世界給予我們回饋。愛與意志是人際關係中的經驗，這些經驗將使我們擁有影響他者、並被他者影響的力量。

相互阻礙的愛與意志

此外，愛與意志的相互關係也顯露在另一個事實上：當二者之間的協調關係被打破時，雙方皆會喪失其效力；二者將互相造成阻礙。意志會阻擋愛意；這一點在擁有強烈「意志力」、且遵從內在價值觀的那一型男人們身上，得到最大的展現；我們可以在大衛·理斯曼的研究中找到許多實例。①在二十世紀初期的一、二十年中，這些男人通常都是工業和金融界中強有力的領袖，也是我們與維多利亞時代末、那段極度強調個人意志力的歷史時期之間的連結。②也就是在這個時期中，人們可以暢談他們「不屈不撓的靈魂」，並且宣稱：「我是我命運的主人。」但是，爲了使靈魂不屈不撓，我們便不能全心地愛；因爲愛的本質即在征服所有的堡壘。而且，倘若我必須堅持做命運的主宰，那麼我將永遠不能放任自己擁抱熱情；因爲熱情的愛總是帶有悲劇的可能性。正如同我們在前面的章節中看到的，愛慾將「使四肢癱瘓」，並「擊潰所有經過智力深思熟慮的精明計畫」。

我有位年輕的病人，還是個學生，在他父親身上，我們淸楚地看見意志阻礙了愛的實例。這位父親是一家大型財團的財務主管，當他打電話給我，談到要「使他兒子的治療達到最大效率」時，他的口吻十足像是正在開他公司的董事會。有一回，他兒子在學校因某個輕微的病症而感到不適，他立刻飛奔至現場，打點一切；而也是這同一位父親，在看見兒子在度假小屋前的草坪上，握著女友的手、親吻她時，旋即勃然大怒。一次晚餐中，他談到併購兒子朋友的公司的事情，原本已經進入協商階段，但由於他被過分緩慢的談判過程所激怒，便打了通電話給這位準事業夥伴，告訴對方：「就當這件事從來沒有發生過。」他似乎一點都沒有察覺到，他在彈指間，就把另一家公司送進破產的困境中。這位父親是個熱心公益的市民，擔任數個改善市民生活委員會的主席；因此，他全然無法理解，爲什麼自己在擔任一家跨國公司的財務主管期間，他的屬下都在私底下稱呼他為「全歐洲最硬心腸的混蛋」。這位父親以為幫助他解決了**他的**所有問題的「意志力」，實際上恰好同時阻礙了他在情感上的敏銳度，斬斷了他**聆聽**他人的能力，甚至是（或應說，**特別是**）他自己的兒子。因此，我們並不會驚訝於這個極有天份的兒子，在大學裡幾年來的功課一直都很糟，度過一段十分浪蕩的日子，在繞過迂迴曲折的路子之後，才終於允許自己在他自己的事業中獲得成功。

我這位病人的父親，即為遵從內在價值類型的典型代表，他永遠可以在**處理**他人事情的同時，未曾**照顧**到他人的心情；可以給予他人錢財，卻給不出自己的心；可以**指導**人，卻無法**傾聽**他人的心聲。此類「意志力」，是人們把能夠有效地操縱鐵路車廂、股票交割、煤礦開採等工業領域面向的力量，轉渡到人際關係中的結果。但是像這樣的人，他們的意志力亦操縱著自己，因此，他們無法明白為何不能用同樣的方法操縱他人。在此情況下，由於**意志**被錯誤地等同為**個人操縱**，因而便無奈地被推到愛的對立端。

根據心理治療中所發現的大量資料，我們很可以合理地假設，由於過度操縱孩子所引起的潛意識罪惡感，反而使這樣的父母往往過分保護、放縱他們的兒女。這些孩子得到的是汽車而不是道德價值觀；他們學會感官享樂，卻沒有學到體會生命所應具備的敏銳度；父母們隱約知道他們意志力的價值基礎，似乎已經失去效力，但是卻苦於找不到新的價值觀、亦無法放棄操縱式的意志。這些父親往往根據一個假設行事：他們認為堅持自己的意志，是爲了整個家庭著想。

對於意志的過分強調，不但阻擋了愛，而且遲早會引致逆轉反應：**愛將會阻撓意志**。在前述那類父親的教育下成長的子女所形成的新世代中，這樣的現象特別明顯。當前嬉皮運動所提倡的愛，爲此一反向錯誤提供了最明晰的例證。嬉皮運動中有一個基本原則：「嬉皮之愛是無差別的愛。」嬉皮之愛強調**當下**的立即性、自發性和情感的誠實。我們不僅可將嬉皮之愛視爲反抗上一代操縱式意志的結果，實際上，整個嬉皮運動的價值觀都可在此框架中被理解。強調短暫關係的當下體驗中的立即性、自發性和誠實，不啻爲嬉皮對上一代中產階級的愛與性的價值觀，最徹底而有力的批判。嬉皮的反叛有助於摧毀破壞人的意志力。

然而，愛仍需要能夠持續才行。愛人間須透過相當一段時間的彼此遭逢，共同經歷衝突和成長，才會讓他們的愛加深。而任何能夠持續的愛情，都無法省略這樣的成長經驗。這個成長過程涉及了選擇和意志，不管我們如何命名它們。當然，廣泛的愛在一般的、團體的情況裡是適當的；但是，倘若一個人被愛，只是因爲他身爲「人類」這個屬的一份子，相信他並不會因此而感到任何的光榮。與意志分離的愛，或排除意志的愛之中所含有的被動性，不僅無法與其原本強調的熱情相容，亦不可能隨此熱情而成長；因此，這樣的愛往往易於解離；正因爲它並不充分做區分，結果便是愛情永遠不會眞正地進入個人性的私密範疇。在愛情關係中做區別，涉及意願和選擇，而選擇了一個人，即表示不再選擇其他人。但這點在嬉皮之愛中是被忽略的；嬉皮運動發展中所強調的愛的**立即性**，似乎導致了一種生滅於瞬間的、曇花一現的愛情關係。

現在，繼中產階級那種生產線式的、週六晚間固定做愛的機械化愛情關係之後，反叛此虛假性的嬉皮提出愛的自發性，無疑爲人們帶來了一大解脫。然而，愛情中的忠貞和持久的特質到哪裡去了呢？愛慾激情，不僅要求個人必須具備把自己交託到立即經驗中、並且任自己爲立即經驗所刺激的能力，同時也要求人們必須把這個事件帶入自己內心，在由此經驗所生成的新意識層面上，重新塑造、形構自我和關係。然而要做到這些，需要意志的成分。維多利亞式的意志力缺乏愛情所需要的敏感度和彈性；而相反地，嬉皮運動中的愛又欠缺與意志相合的持續力。在此，我們又再度看見一個意志與愛情不可分離的重要範例。

最後，愛與意志問題的相依關係，亦展現在二者「解決方案」的相似性上。在這個時代裡，無論是借助於新科技、修補舊價值觀、以更令人愉悅的方式因襲舊習或任何其他策略，都無法對這兩個問題做適當的處理。我們不能自滿於舊樓新漆；因爲被摧毀的是根基，我們需要全新的「解決方案」，不管我們用任何名稱來命名。

無論新的解決方案是什麼，其要件是產生一種新的意識，以使人與人之間關係的深度和意義，可以重新被放回其應據的中心位置。在任何一個激烈轉型的時代，都需要像這樣擁抱意識。由於缺乏外在的引導，我們必須轉向內在尋求道德力量；並且，每一個個人身上都承受著他的時代對個人責任感的重新質問。我們被要求在一個更深的層次上，回答生而為人的意義。

以性無能為例

性無能問題的特殊性，在於它恰好代表了**愛與意志的匯聚點**。無能表達了個人試圖勉強自己的身體，去做「它」不願意做的事情——在這個例子裡是指從事性行為。或者，若換個方式來說，即是病人試著勉強他的身體，在**他**明明不愛的時候進入愛的關係。我們無法意欲性能力，亦無法意欲愛，但是我們可以意欲開放自己、參與經驗，允許讓可能性成為事實。性無能並非意圖的失敗，而是意向性的失敗。正如性的身體語言在男性身上是陰莖的腫脹、勃起，而在女性身上是性興奮和準備好進入性交，愛慾的語言則是性幻想、想像，和對整個性高潮過程的高度敏感性。倘若第二種較深沈的、細膩的語言並未受到足夠的重視，那麼較為直接、明顯的身體語言便會完全奪取溝通的地位，以性無能作為訊息傳達個人眞正的意向性。

在前一章中討論普烈斯頓的案例時，曾經稍微提及他的性無能症狀，我們在此將更詳細地引述細節，這可能有助於我們理解性無能中的動力，並且可呈現出愛慾與性慾間的對比。在那次診療中，我曾問普烈斯頓，當他那晚正在脫衣服、快跟那個女孩上床的時候，在他腦海中浮現的性幻想是什麼。很可理解地，他很難回想起來，因爲所有與性幻想相連的影像和情感，都在他試圖強迫自己做那件事的同時，受到了潛抑。然而，當他回想起來的時候，他描述的性幻想內容卻是這樣的：女人的陰道是個捕熊的陷阱；她要讓他的陰莖進入她的身體，要他把精子注入她的體內，懷孕生子，如此便可永遠地捕獲他。很顯然地，就在訴說這個幻想的過程中，他不僅經驗到被女人捕獲——雖然聽來十分矛盾，因爲他不是主動引誘，反而是被引誘的——更在他積極投入、讓女孩變得更興奮卻在最後關頭令她失望透頂的行爲中，表達出他自己對女人的反虐待傾向。因此，性無能其實反而正確地表達了發生在普烈斯頓前意識幻想中，那些被否認的象徵意涵。這類的幻想，絕非突發的靈感，相反地，它們準確而必要地表達了他的焦慮、臣服於女人的需求，以及對女人的報復。

幻想是想像的一種表達。幻想和想像，都是爲某個行爲賦予個人意涵的能力。想像乃是意向性的家，而幻想則是意向性的語言之一。在此，我使用幻想這個詞彙時，並不是意指我們想逃避的、不眞實的事物，而是指涉它原本的意涵*phantastikous*，意思是「表徵的能力」和「使某物被看見」。幻想是整體自我的語言，試著溝通、獻出自己，探索各種可能性。幻想的語言說著「我願／我想要」——把自己投射到想像的情境中。若一個人不能夠做到這點，那麼無論**他**的**身體**在不在現場，**他**都無法進入當下的情境中（不管是性行爲或其他場合）。幻想吸納眞實，再把眞實推入另一個新的層面。

在普烈斯頓的其他診療時段中，我們可見到幻想如何被正面利用的情形。底下用一個例子來說明：

普烈斯頓：我思考過我們一直在談論的問題，關於我怎麼避開所有的經驗，讓自己生活在保護的圍牆中等等。然後，我下了一個決定，我對自己說：「只要你持續保護自己，你就會不快樂。為什麼不乾脆放手？我這麼做了。後來我開始覺得貝芙麗非常吸引人，性關係也好像變得比較愉悅。但是，我還是不能勃起。接著我想，難道每一次做愛都一定要有性交嗎？不必嘛！接著我便勃起了。」

當然，好的性愛關係並不是他問題的所有解答。他所面對的衝突的深入根源，在當次治療的後半段討論中才顯現出來，他說：「我無法配得上貝芙麗的愛。」接著他談到他的母親和姊姊，他大喊：「我絕對不能對她們讓步，我一定要向她們報復。讓她們都去死吧，我不會讓步的。」這裡很顯然地出現了一個必須被解決的精神官能症症狀。然而，他在第一個部分訴說的建設性決定行動，必定和這第二部分的困擾相連。正如我們不能忽略第二個部分所呈現的潛意識面向，我們亦不應忽略第一個部分的意志行動。因爲，它們是同一問題的兩個極端，以相互辯證地方式運動，彼此助長。

我們無法意欲去愛，但至少我們可以向機運開放自己，我們可以**孕思可能性**——如同病人的話語所證實，恰是這個開放的態度推動了事情的進行。這個行動把原本拒絕讓我們覺察的東西——亦即被潛抑的問題在潛意識中的根源——驅趕到意識中。如此，我們便可以讓想像力對它發生作用，對它沈思，在腦中翻來覆去地觀看它、將心思集中在上頭，並且在幻想中「邀請」愛的可能性進入生命。

隨著這個討論脈絡走下來，我們便遇上**時間**的問題。在性無能的例子中，我們認出一個再熟稔不過的模式：強迫性匆忙。病人的描述是，「我們**立刻**脫衣服」，或「我們**立刻**上床，但我卻無法勃起」。爲了讓我們能夠做一件讓自己感到極大衝突的事，我們用強迫性的行動，試著一頭栽進事件中，以便智取意識那批窮追不捨的、受壓抑的「獵犬」（或至少趕在牠們抵達之前，讓事情發生）。如馬克白在他的關鍵時刻所道出的經典話語：「倘若該做的總是要做，不如快刀斬亂麻。」(I, 7)我們必須行事匆匆，以免讓我們的意識獲知我們已經——在另一個層面——得知的事情。在風流韻事中，許多人傾向不給予自己足夠的**時間**好認識對方，這個事實已經儼然成爲時下常見的抑鬱症狀。蓋爾布瑞斯(John Galbraith)在談論高速公路沿途充斥的汽車賓館時下了一個結論：我們這個時代是個「速食性」的時代。

當我們在前文中談到「朝性**飛奔**，以避開愛慾」時，「飛奔」一詞，可作數解。首先，飛奔意指匆忙：我們經驗到一種強迫衝動，而並未明晰地覺察，其實是我們的焦慮在催逼著我們。飛奔亦可意味逃避——最好在我們的幻想追趕上行動之前，盡速把事情做完，必須趕在衝突的噪音變得過於刺耳、以至於驅散勃起和與女人性交的慾望前，完成全部的動作。然而，匆忙地進入性程序，卻恰好造成愛慾的短路。

我們現在進入**愛慾**、**時間與想像**的根本關係中。愛慾是需要時間的：必須要有足夠的時間，讓事情的意義逐漸滲透進理解中；要有時間讓想像力開始運作；即便這段時間不是用來「思考」，至少也是用來體驗和產生期待。這便是爲什麼戀愛的人需要獨處，需要有時間獨自四處遊蕩，這並不是爲了試圖專心工作，而是爲了讓愛慾有時間醞釀。這個對時間意義性的強調，恰好是區分愛慾和性慾的重要特徵之一。愛慾彷彿在第一次瞥見對方時便已經開始作用（一見鍾情並不一定是來自精神官能症的特質，亦不應被貶抑爲不成熟的愛），然而，這個冷不防出現的愛人，從我們過去的經驗或對未來的夢想中，引出了一個複合的形象，我們不由自主地感覺到他或她和我們的「生活方式」有關；我們花了一輩子的時間形成、維持這個生活方式，而且當我們愈了解自己，生活方式也就愈明晰。但是，整合過程的發生需要時間，以便將愛慾織進由記憶、希望、恐懼、目標及所有形成我們之所以認得自己的無窮面向、所共同融匯成的複雜體之中。

愛與意志合一

人的任務即在結合愛與意志。二者不會因自動的生物發生過程而開始結合，尚須仰賴人類意識的發展，才有可能完成這項任務。

在我們的社會中，意志往往有抵銷愛情的傾向。其原因來自一段十分重要的起源史。我們都有一段記憶——柏拉圖稱之爲「回憶」(reminiscence)，那是早年在母親胸中受餵哺的經驗，在那段時間裡，我們和母親是合一的。當時，我們也和宇宙結合、相連，並且經驗到一種「與存有合一」的狀態。這合一的狀態會帶來滿足感、寧靜的幸福感、自我接納和極大的喜悅。這便是在禪坐和印度教的冥想中所重現的境界，在某些嗑藥經驗中也可能暫時達到這種境界；如同神秘主義所指出的，那是一種與宇宙合一的溫和狂喜、一種自身完全被宇宙接納的極樂感受。這是所有伊甸園神話、天堂樂園故事，和每一個「黃金時代」中，皆隱含的人類存在背景——一個深植在人類集體記憶中的完美境界。在此境界中，我們的需要在無須任何自我意識的努力下，便可得到滿足，就像早期在母親懷中被餵哺的生物性情境。這是人類「最早的自由」，是人所得到的第一個「是」(yes)。③

然而，這最初的自由隨著人類意識的發展，注定會遭到崩解的命運。我們逐漸體驗到自己和環境之間的差異和衝突，並了解到自己作爲主體，置身於一個由客體組成的世界當中——就連母親後來都會變成一個客體。這是自我和世界的分離，是存在和本體的分裂。就神話學的意義而言，每一個小孩都在這個分離的時刻，重演了亞當的「墮落」。然而，這第一份的自由是不充分的，因爲，若我們欲發展爲完整的人，勢必不能停留在這個階段。因此，縱使我們在此分離中經驗到罪惡感（阿納克辛曼德(Anaximander)（譯註：Anaximander，西元前611-547，古希臘哲學家，認爲人體的基本形式並非如其同代哲人所認爲的，是由風、水、火等元素構成，而提倡將身體視爲萬物所從出、且終將歸至的無垠之物。他亦反對當時盛行的由各種對立概念——特別是冷熱、乾濕——所構成的物理學理論，而辯稱道，若我們堅持要以這樣的觀點看待世界，那麼所有的對立物都不是本然的，而應該是從一個尚未分化的一大團物質——無垠——中分離出來的才對。）將此稱爲與無垠(boundless)的分離」，我們仍舊必須經歷這段痛苦。④只是，這最初的自由仍然會是所有完美典範的來源，是所有烏托邦的原型，它讓我們永遠對天堂樂園懷著憧憬，並使我們盡力試圖重建——這過程總是充滿創造力，但注定要失望——當初在母親臂膀中的完美情境。但是，我們做不到，這並非出自上帝的神威，或是某些偶然的機遇出了差錯；我們做不到，只因爲這是人的意識發展的必然結果。然而，我們仍然總是在尋找這樂園，就如當我們寫出一段好文章、或創造出一件好藝術作品時的美好經驗。我們注定要再度「墮落」，但是我們總是預備好重新站起來，再一次對抗自己的命運。

這便是為什麼人的意志——在其具體形式中——總是從「不」開始。我們必須和環境對抗，要有能力拒絕；這在本質上是屬於意識的。阿里耶遜指出，所有意志的根源，都奠基於說「不」的能力——但是這個「不」並非意在對抗父母（雖然它的出現通常是以父母為表述對象）。這個「不」是在抗議一個我們未曾創造的世界，而且這個否定，其實是自我意欲戮力重新塑造世界的堅決主張。在此意義下，意欲總是從**反對**某事開始——通常，我們可在拒絕與母親連結的行為中，看到這個對抗的具體表現。但我們不會驚訝於，這個舉動總是伴隨著罪惡感和焦慮（如同伊甸園的場景），或者引發強烈衝突（如在一般正常發展中的情況）。然而，小孩無論如何要經過這一關，而戳痛他的，正是他自我意識的揭露過程。小孩一方面肯定反抗行為，但一方面卻又深深懊悔；這絲毫不會令人訝異，因為這正是接納自身原魔的過程的一部分。在重新體驗這段抗拒過程之後，一位病人夢見了一隻「老虎」，他總是慣於把老虎詮釋為自己的母親，但是，他那位擁有全觀智慧的治療者接著說道：「這頭老虎就在**你**的裡面。」他的意思是，如此一來，病人便可以不再對抗牠，反而可以吸納牠，把牠轉化為自身力量的一部分，而這麼做的結果，將令他成為一個更有自信的人。

意志是從反對開始，從「不」開始，因為「是」早就已經存在了。然而，這個發展階段的危險乃在於，父母可能會將此行為解釋為孩子的負面性格所致，而把孩子最初的

「不」，視爲衝著父母而來的攻擊性行爲，我們可以從大多數父母的強烈憤怒反應中，觀察到這樣的傾向；反之，對孩子而言，父母的憤怒又會被他理解爲反對其個人發展、爭取自主性的負面態度。在選擇的嘗試遭到責難之後，有些孩子可能會因而放棄自主性，回歸到「極樂的至福」中（但從此刻起，這樣的極樂至福只存在括弧中）。那是一種渴望、一種鄉愁，卻也是一種自我挫敗的經驗；我們在成人精神官能症患者的案例中，經常看到這種回歸原初合一的渴望。然而，逝者不可追，我們不可能重建既往。

這正是重新結合愛與意志，之所以會成爲人的重要任務和成就來源的主因。意志必須從摧毀原初的極樂至福而來，意即，人必須開創自己與他人和世界之間各種可能的新經驗層次；我們須讓成熟的自主性和自由發生，並承擔隨之而來的責任。意志所打下的根基，將可使一種相對而言較爲成熟的愛成爲可能。如此，人類便無須再尋求重建嬰兒期的狀態，而能夠像奧瑞斯提斯一樣，一肩扛起自己在自由選擇後應負的責任。意志摧毀原初自由，斬斷初始的連結，其目的並非在和宇宙展開永遠的抗戰——即使某些人的確只停留在這個階段。當原初的、由**身體**連結所帶來的至福破碎時，此後人的任務便是在**心理**層次上建立新的關係，意即，選擇一個女人去愛，把心獻給她，並將這些情感做有意識的建構。

因此，我所探討的愛與意志之間的關係，並不是自動會在我們身上發生的狀態，而是一項任務；因爲這結合狀態絕不可能不勞而獲，然而，當我們一旦達到，那將會是極大的成就，它表明了一個人的成熟、統合和完整度。然而，所有這一切都無法在愛與意志分離的狀態下達成；人絕不可能僅在單一向度上成長。成熟、統合和完整的程度，將成為我們在對生命可能性做回應時的試金石和判準。

註釋

②請見大衛・理斯曼(David Riesman)、魯爾・丹尼(Reuel Denney)與納森・葛雷澤(Nathan Glazer)合著之《寂寞的群衆》(*The Lonely Crowd*, New Haven, Yale University Press, 1950)。

③我十分清楚我描述這類型男人的口氣太過神秘，而且有許多不符合這個規則的例外——比方說威廉・詹姆斯和他的父親。但是，由於考量到我們所有的人都注定要厭棄上一個年代，我想我的論點大致上來說還算合理。

④這便是爲什麼在母親患有惡性心理疾病的情況下——嚴重的憂鬱症或其他心理病理症狀，可能導致嬰兒的偏執傾向或其他嚴重的心理失調。

⑤阿納克辛曼德(Anaximander)在其斷簡殘編中，遺留下這段話：「每個人都必須爲（他）與無垠的分離而贖罪。」

12 操煩的意涵
The Meaning of Care

唯仁者，能好人，能惡人。

——孔子

關於越戰，有一個奇怪的現象。從這次戰爭傳來的影像畫面——不管是電視上的動態影片，或是報章雜誌裡的靜態照片，都迥異於其他戰爭。再也不見勝利的畫面，再也沒有將旗幟插上岩島(Iwo Jima)山丘頂峰的景象，再也沒有在大街上歡奏進行曲的凱旋軍容。然而，還有另一樣東西，隨著每日的傷亡名單，和不斷升高的屍體計數（因爲沒有別的東西可數），從戰場傳回到我們眼中：這並非經過籌劃的結果，亦非自任何人有意識的決定。這樣東西來自戰地攝影師——這些旅行者代表了我們所有人的潛意識；在戰爭中，他們的**立場**無關緊要，他們之所以拍攝這個場景而非另一個，完全取決當時他們身體的姿勢和肌肉使用的極限，而他們的唯一關懷，是在混亂的戰爭場景中尋找一絲人情味。從這些攝影師帶回來的影像中，我們看到傷者彼此照料，士兵照顧受傷的百姓，陸戰隊隊員用臂膀攙扶袍澤，傷兵們痛苦、惶惑的哀嚎……若我們從最基本的層次去理解，我們可以在這些畫面中，看到**操煩**(care)。

最近在電視上播出的一段報導中，我們看見一個越南的小村莊裡，催淚瓦斯彈被投進一個個洞穴和茅屋裡，爲了把藏匿其中的剩餘越共趕出。然而從這些地洞中倉皇湧出的只有婦女和孩童。有一個年約二歲的小孩，和他的母親一起被攆出洞穴之後，坐在母親的膝上，仰望一個高大的美國黑人陸戰隊隊員。孩童臉頰的兩側沾滿煙霧彈撩起的煙塵、煤灰，和幾道未乾的淚痕。這張舉頭仰望的小臉蛋，表情裡盡是惶惑，好容易不再哭泣了，但卻不了解爲什麼這個世界竟是如此。鏡頭立即轉到低頭俯視小孩的黑人陸戰隊隊員身上，身著野戰服的他威風凜凜，甚至有些駭人。他和小孩有著一模一樣的表情：惶惑，雙眼睜得晶亮，低頭凝視著小孩，嘴唇微張；但是他凝視的眼神紋風不動，牢牢盯在小孩身上。他該怎麼理解這個逼他做出此等情事的世界？當電視播報員喋喋不休地說著，催淚瓦斯的作用只持續十分鐘，而且並未造成任何致命傷害時，攝影師仍然將鏡頭對著陸戰隊員的臉。他是否憶起自己尚年幼的時候，在美國某個南方城鎮，也曾從他原本正在遊玩的洞穴和茅屋中被驅趕出來？是否回想起他自己也曾經被人視爲「低人一等」的民族？是否想起自己的童年，也曾經在一個必須處處當心、只能抬頭仰望他人的世界中生存？而這個世界帶來的痛苦，沒有任何一個孩童有能力揣想其原因何在。他是否在這個孩子身上看見昔日的自己？看見自己身爲一個黑人小孩的驚惶？

我並不認爲他在意識層次上沈思這些問題；我想對他而言，他只是在眼底看見了另一個人類，這個人和他在越南的叢林沼澤中，暫時地停留在共通的人性處境上。他的眼神即是操煩。而攝影師偶然在這個時刻看見了他——恰巧捕捉到他們的對望——便把鏡頭對準這張臉；這是一種尋找人情味的下意識在作用著，表達出暗藏在所有的人潛意識中的罪惡感。並且，當播報員用溫和的聲調唸著：「永無止境的傷亡名單」時，這名現在和以後都將永遠藏在匿名處的攝影師——僅代表著我們自身的潛意識肌肉，向前延伸的盲目動作——繼續扛著攝影機，對準這位低頭直瞪著孩童的高大黑人的臉孔，沒沒無聞地陷身在這場現代戰爭的悲哀流沙中。

這只是**操煩**的一個簡單範例。**那是在同類的身上，認出自己的時刻**；是一個認同他人苦樂的狀態；在這個狀態裡，**我們感到罪惡、憐憫，覺察到原來我們都身處在、並起源於相同的人類基本處境中**。

愛與意志中的操煩

操煩，即爲**在乎**(matter)的狀態；操煩，乃無動於衷的反面。操煩是愛慾和溫柔的必要根源。很幸運地，在嬰兒出生時，操煩亦隨之出現。就生物學上而言，若嬰兒缺乏母親的照顧，它可能連第一天都撐不過去。而就心理層面來說，根據史畢茲(Spitz)的研究，我們得知，假若嬰兒沒有受到母親的關愛，嬰兒會蜷縮在床角、逐漸衰弱、完全不會成長，而停留在麻木狀態。

對希臘人而言，愛慾永遠無法在缺乏熱情的情況下存在。在接受此一看法之後，我們可更進一步地說，愛慾無法缺乏操煩而獨活。愛慾——這魔——從**生理**層面開始攫住我們，把我們捲入它的漩渦中。然而，當中必須要添加操煩——即愛慾的**心理**層面——才算完整的愛慾。操煩的動力來源，是由自然的痛苦感覺所提供；若我們沒有好好照料自己，我們會受傷、被燒灼，或毀損。這便是認同作用的來源：我們能在自己的體內，感受到孩子的痛苦或成人的傷痛。然而，我們的責任是在，不要任憑操煩成為純粹神經末梢的感覺。我並不是否認生物學的現象，只是，操煩必須成為一個意識層面的心理事實。**生命**，首先來自生理層次的存活；然而，**美好的生命**，則取決於我們關心的事物為何。

對海德格而言，操煩（*Sorge*，德）乃是意志的根源。這便是為什麼他除了在駁斥其他哲學家的立場時，鮮少直接談及意志或意欲。因為，意志並非一個獨立存在的「機能」(faculty)，或自我的一個特殊部門，而當我們想將其視為一特殊機能時，總會遇上麻煩。①它是一種個人整體的運作。海德格寫道：「當操煩結構得到完整地理解時，操煩其實包含了自身性(Selfhood)的所有現象。」②當我們停止操煩，我們也就失去了自身的存有；而操煩乃是回歸存有之徑。假使我為存有而操煩，我將看顧它、注意它是否幸福；然而當我不操煩時，我的存有便開始瓦解。海德格：「將操煩視爲人類存在的基本構成現象。」③因此，操煩所具有的**本體性**，便揭露在它組構人成爲人的特性之中。意志和願望並不能作爲操煩的基礎，而其實是反過來：意志和願望乃奠基在操煩之上。④倘若在一開始沒有操煩，那麼意志和願望根本無從發生；反之，當我們本眞地處在操煩之中時，想望或意欲便不由自主地到來。海德格說，意欲乃獲得自由的操煩⑤——我想補充，意志亦是變得更爲積極的操煩。操煩爲自我的恆久性提供了保證。

而使操煩成爲可能的，是時間性(temporality)。奧林帕斯山上的神祇們毫不操煩（對他們而言，時間是永恆而停滯的）——這個曾令許多人感到納悶的事實，終於在這裡得到解答。人的**有限性**，使操煩成爲可能。在海德格的概念中，操煩亦是良知的來源；「良知乃『操煩』（Care，神格化）之呼召」，且「以操煩揭示自身」。⑥

海德格曾經摘述一個關於操煩的古老寓言，歌德也在《浮士德》的結尾中，引用過同樣的寓言：

> 從前，「操煩」(Care)女神在渡河時看見一堆泥土；她若有所思地拾起一塊土，開始動手捏塑。當她正在沈思自己造出什麼東西的時候，朱比特（Jupiter，即宙斯）剛好路過。「操煩」請朱比特賜給它魂魄，朱比特欣然應允。然而，當她想要以自己的名字命名此物時，朱比特立即阻撓她，並爭論應以自己的名字

命名它才對。正在二人吵得不可開交的時候，大地女神現身了，她要求以自己的名稱此造物，因為她為它貢獻了自己身體的一部分。於是，他們喚請農神(Saturn)出面裁決，農神做了下面這個看來十分公正的判決：「朱比特，既然你賦予了它魂魄，你將在它死亡時，獲得它的魂魄；而妳，大地女神，既給了它身體，屆時，便將取回它的軀體。然而，由於是『操煩』最先塑造了這個造物，她將在它活著的一生中擁有它。此外，有鑑於你們為它的命名而爭論，就讓它被稱作『人』(*homo*)，因為它乃是由泥土(*humus*; earth)所造。」⑦

這個迷人的古老寓言，藉裁決者農神——時間之神(Time)——之口，指出了一項重要事實，此即，雖然人的名字 *Homo* 來自土地，但構成人類存在狀態的還是「操煩」女神。在寓言中，人類短暫逗留世界的整段時間，都是由她管轄。這點也顯現在時間三個向度——過去、未來和現在——的實現上。大地女神在過去擁有人類，宙斯則在未來；然而，因為「『操煩』最先塑造了這個造物，她將在它活著的一生中擁有它」，亦即，她的權限是在現在。

這番繞進存有論的討論，更清晰地顯示了意志與操煩的密切關聯，二者其實是同一經驗的兩個面向。此外，這也幫助了我們對願望與意志做更清楚的區分。如同麥克奎立所描繪的，願望就像「一個單純的渴望，彷彿意志夜半從睡夢中突然醒來，仍未跨越行動的夢想狀態」。⑧而意志則爲完滿、成熟的願望形式，它根源於操煩，並且，此根源有其存有論層次上的必要性。在人的意識行動中，意志與操煩攜手並行，而就這層意義來說，二者是相同的。

這使得——實爲**要求**——我們必須更清楚地劃分操煩與多愁善感(sentimentality)。多愁善感是在**思考情感**(sentiment)，而非眞正地**體認**情感的對象。托爾斯泰曾描述幾名俄國婦女在劇院看戲時潸然淚下，但是對她們自家的馬車夫，坐在戶外刺骨寒風中駕車之事，卻全然不以爲意。多愁善感的人對於自己**有**所感而自豪；只是，這份傷感起於主體，亦止於主體。然而，操煩總是**關懷著**某件事；當我們關懷某事物時，我們被自我對客觀對象或事件的經驗所纏繞。在操煩中，由於自己涉入一個客觀的事實，一個人必須對自己所面對的處境做些什麼；這個涉入事件的個人被要求著必須做決定。正是在這一點上，操煩連結了愛與意志。

我認爲保羅・田立克的「**關懷**」(concern)一詞——通常與「終極的」(ultimate)這個形容詞一起出現，即「終極關懷」——可被視爲我們目前正在討論的「操煩」的同義詞。但是在此，我還是偏愛「操煩」(care)這個較爲簡單而直接的詞彙。其實，我們還可以使用「**同情**」(compassion)，而且對於許多讀者來說，這個詞彙可能是比「操煩」更爲精緻、而具有相同意涵的同義詞。然而，同情意味著對「某人懷抱情感」，它可能是一種瞬間起滅的情緒和熱情。因此，我還是選擇了「操煩」，爲了它所具有的存有論意涵，並且因爲它涉及到存有的狀態。

操煩之所以如此重要，是因爲在今天的社會中已經不見它的蹤影。時下年輕人的爭鬥、在大學校園中的反叛，和橫掃全國的抗議風潮，實際上暗中透露著一種「不論發生什麼事都無所謂」的信念；這是一種普遍存在於社會中的無力感。這意味著我們正受到冷漠、無動於衷，和任由興奮劑從外掌控內在的威脅。對此，操煩是唯一的解藥。

即便學生反叛運動所使用的方法可能引發多方批評，但，這些方法畢竟凝煉出一個以保障人類「最根本權利」爲訴求的重要抗爭。這個抗爭的目的是要求人類得以在這個日漸機械化、資訊化的世界裡生存，並希望越戰盡速終結。「請勿裝訂、切割或摺疊」這句標語，透露了一個學生們並未發覺的蘊涵——它恰好把海德格將操煩視爲組構人類存在本體性的主張，以外化的行動展現出來。它代表了拒絕接受從四面八方圍堵我們的空虛感；頑強地堅持人性尊嚴，即便人的尊嚴在各處遭受侵犯；並且，意味著人的自我頑固地主張把意義內容帶進日常活動中，即使這些活動往往極爲單調乏味。

在舊有的浪漫和道德觀點下，愛與意志一直是令人疑惑的兩個概念；也許在這個框架中，此二概念的確有效果不彰且不堪使用之嫌。當前，在此浪慢情懷即將過時的關口，我們已無法再藉由號召浪漫情懷，或訴諸「應然」，以支持愛與意志二概念——因爲不論是前者或後者，都已失去它們令人信服的力量。然而，有一個根本的老問題還是沒有解決：到底有什麼事、什麼人，是我**在乎**的？如果沒有，我可能找到自己**眞正**在乎的人或事嗎？

操煩是一種特殊型態的意向性，這點我們可在心理治療中明顯地看出。操煩意味著希望某人過得好；若是心理治療者的內心未曾有過操煩的體驗，或不相信發生在病人身上的事情有任何重要性的話，這將是心理治療的一大悲哀。「意向性」(intentionality)和「操煩」二詞的共同性落在「照料」(tenc)這小字眼上，這個字是意向性的字根，而且具有操煩的意涵。照料意味著一種傾向、一個趨勢，是把體重重心移到身體某一側的運動；此外，這個字也說明了關心、看護、隨侍在側，和表現出掛念。在此意義下，這個字乃是愛與意志的共同根源。

操煩之神話原型

下面，我將引述一段歷史情節——內容非常接近我們這個時代，應有助於我們深入了解操煩的神話。讓我們穿越時空，走進古典希臘黃金時代後的時期。此時約爲西元前二、三世紀，我們正巧親眼目睹了神話和象徵，如何賦予市民一副對抗內心衝突和自我疑惑的盔甲。我們發現自己置身於 個在心理情緒上與艾斯奇里斯和蘇格拉底時代截然迥異的世界裡。在文學作品中，我們隨處可見猖獗蔓延的焦慮、內在疑慮，和心理衝突。然而，這個世界對於我們這個時代的人而言，卻是十分熟悉。就如一位研究希臘化時代（Hellenistic Age，西元前四至一世紀）的學者所言：

倘若你有天早上醒來，發現某個奇蹟把你傳送到西元前三世紀初期的雅典，你將會發現自己對所置身的這個社會之性靈氛圍，並不全然陌生。城邦國家的政治理想——自由、民主、國族自足——已經失去它們的吸引力，因為此時的世界被大規模的專制政權所統治，並為經濟危機、社會動盪所摇撼。古老的神祇們幸運地保有了祂們的神廟和祭品，然而，卻不再能喚起鮮活的信仰。柏拉圖和亞里斯多德，這二位前一世紀的智慧大師，似乎並未為此一新興世代帶來任何訊息——沒有任何針砭可供醫治四處蔓延的恍惚、懷疑和宿命情緒。⑨

這個時代和緊鄰的下一個時代中的作家們，確實都察覺到這個憂慮（*angst*，德）。普魯泰克生動的描繪了一個有顯著焦慮症狀的男人，他的手心不住地冒汗，並受失眠所苦。⑩艾匹克特圖斯(Epictetus)所著之書中，有一章名為〈關於焦慮〉(Concerning Anxiety)，他在其中爲焦慮狀態做診斷，甚至寫出如何克服此焦慮的規則。「這個男人的失調是發生在獲取意志和逃避意志的衝突之間，他並沒有選對方法，他滿頭大汗，因爲（除了焦慮之外）沒有別的事會讓人的臉色變得如此蒼白，而且教一個男人渾身發抖、牙齒發顫。」⑪路克雷提悟斯(Lucretius)悲嘆著隨處可見焦慮的事實——懼怕死亡、懼怕瘟疫、懼怕死亡之後將臨的處罰，或懼怕超人的神靈。在他的詩篇《宇宙的本質》(*The Nature of the Universe*)中，他描寫自己仰望「綴滿閃爍繁星」的夜空，「一顆業已受盡哀愁折磨的心，竟又有新的焦慮逐漸甦醒、抬頭。我們不覺陷入沈思，懷疑自己是否被一個深不可測的神聖力量所掌握，而正是這同一力量讓閃亮的星辰，各自隨著不同的軌道運行。」⑫

路克雷提悟斯所訴說的焦慮根源，再度讓我們想起當前由飛碟、夜光所引起的現代焦慮，人們擔憂這些現象是否意味著有外星訪客、精靈，或者其他神秘的未知物體降臨地球。某些像榮格一樣敏銳的心理治療學家，認爲現代人和太空關係的改變，實際上在二十世紀中期所造成的隱含的焦慮，比人們所願意承認的要嚴重得多。⑬

除了這些心理投射和幻覺之外，我們這個時代與那充滿焦慮的古希臘時期之間，還存在更多的共同點。路克雷提悟斯回顧西元前三世紀的希臘，寫下這段對當時社會的描述，若暫且不談其文章的詩意風格，讀者簡直會以爲這是從現代報章中所摘引出的、對此大時代社會(Great Society)的描繪：

> 伊比鳩魯觀察到，大體而言，所有維持生存所需的必需品，都已經可供所有人隨意使用，而且……人們的生計皆已獲得保障。他也看見某些人享受著財富和聲望，尊嚴與權柄，並為他們子女的美好成就而喜悅。然而，除此之外，他仍

舊在每個屋簷下，觀察到許多傷痛的心，這些受到無盡折磨的心智，全然無能減輕這痛苦，而被迫用大量的牢騷，來發洩他們的情緒。⑭

路克雷提悟斯循著這條分析路徑，繼續花了不少力氣做了十分有趣的診斷。他下結論道：「此疾病之根源是在其容器本身。」意即，是人類自身，或人的心智本身出了問題。伊比鳩魯深信——且有路克雷提悟斯忠實地追隨其後，倘若我們能以完全理性的方式向人們詮釋自然世界，那麼人們將可脫離焦慮之苦海。

然而，我卻認為此疾病的根源，其實是來自於人們失落了世界。在此二時期的人類社會中所發生的最劇烈改變是，人們失去了與世界、他人，和自己溝通的途徑。意即，神話和象徵已經全然瓦解。一如伊比鳩魯其後所言：「人類不知自己置身於**世界中**的哪個角落。」⑮

在希臘化時期，有許多思想學派發展昌盛，除了傳統的柏拉圖學派和亞里斯多德學派之外，不僅有斯多噶學派(Stoic)和伊比鳩魯學派(Epicurean)的對壘，還包括了犬儒學派(Cynic)、感官主義(Cyreniac)和快樂主義(Hedonist)等。這些分殊的學派有一個重要的共同點，此即，它們都不再像蘇格拉底學派那樣致力於發現道德實在，亦放棄如柏拉圖和亞里斯多德學派那建構眞理體系的事業。這些學派反而是在教導人們，如何在此充滿心理與性靈衝突的世界裡，過生活。**不論好壞，這些學派的教導，儼然成為現代外顯心理治**

療的特性。

此時期的許多學派，皆認爲人最重要的問題，是在於如何控制他們的熱情，以及如何以超然的態度面對生命的衝突。斯多噶和伊比鳩魯二學派發展出一種宣揚心神寧靜(*ataraxia*)的教誨，亦即，以堅強的意志追求一種在面對生命時「堅定不移」的態度，尋求一種無熱情的平靜，這點在斯多噶學派中尤爲彰顯，它們甚至要求個人拒絕被任何生命中的情緒（不論是來自悲哀、艱辛或失落）所觸動。此二學派主張，人應該維護他對外在事件的支配權，假如做不到這點，那麼他至少應該表現出不爲外在事件所動的堅定。斯多噶主義的信念和實踐，經常能引致強大的個人力量（讀者可參見古羅馬軍團士兵和總督的行爲表現）。

然而，此力量的獲得，是以壓抑所有的情緒（不管是負面或正面的）作爲代價。在嘗試提供心理治療的努力上，伊比鳩魯和斯多噶學派所使用的方法，在根本上其實並無太大差異。陶茲曾寫道：「二學派皆欲將熱情從人類生命中驅逐，二者的理想皆爲……從擾人的情緒中解脫，爲達此目的，前者認爲我們應對人和神抱持正面的看法，而後者則認爲根本就不要抱持任何看法。」⑯

伊比鳩魯學派所追尋的是，藉著理性地平衡享樂（其中，特別強調智性的歡愉），以臻至身心的寧靜。表面上看來，這似乎打開了一道通往滿足的生命大門，彷彿張開了雙臂，擁抱歡悅。但是，路克雷提悟斯告訴我們，伊比鳩魯「爲慾望和恐懼設限」，因為「他清楚地解釋，人類經常不必要地在內心掀起不安的狂風巨浪」。⑰然而，不論這個為恐懼設限的控制手段有何意圖（有趣的是，此舉也意味著限制慾望），在真正的實踐中，這樣的方法卻適足以削弱驅策個人的動力。十分詭異的是，此時期的某位作家，竟將伊比鳩魯指為閹人。

快樂主義的傳統，則強調在感官滿足裡尋求歡愉。然而，無論是哪個時期的快樂主義者（當然也包括我們這個時代的）都將發現，純粹為尋求感官滿足的享樂行徑，到最後竟奇特地無法帶來滿足。此學派的一位導師黑傑希亞斯(Hegesias)，由於對總是追求快樂而感到絕望，後來成為悲觀主義哲學家；而且，後來托勒密(Ptolemy)甚至不得不禁止他在亞歷山大講課，因有許多人在聽了他的演講後自殺。在歷史上，這是教師或哲學家們，初次「把他們的教室視為生病靈魂的診療所。」⑱

從現在回顧的眼光看來，凡此種種指導人們如何面對焦慮的努力中，令人留下最深刻印象的，還是路克雷提悟斯的貢獻。這位對人類苦痛具有敏銳感受的詩人，無法在目睹環繞周身的這一大片心理和性靈的荒蕪後，硬是裝作鐵石心腸。不管他對心神的寧靜懷抱著多麼強烈的渴望，他的詩人本性依然拒絕提供他，為達成此種寧靜所必需的疏離和壓抑的能力。他寫道：「這糾纏人心的恐懼和焦慮，並不因兵器的猛烈撞擊聲，或凶狠的槍林彈雨而畏避。它們蠻不在乎地在王公貴族、帝王將相間高視闊步，絲毫不因黃金的閃耀或紫袍的光澤而肅然起敬。」⑲

他深知，這些焦慮的部分原因，是來自人們生活的無意義性。「在人們腦中，極度清晰地感到一個沈重的負荷，這些重擔令他們沮喪。要是他們也能如此清晰地察覺到這沮喪的原因、知曉這鬱積在胸中的惡毒團塊的根源，他們便不會按照現已司空見慣的這種方式過生活了——沒有人知道自己究竟想要什麼，所有的人永遠都在設法逃離自己眼前的所在，似乎只有不斷地移動才能擺脫這個重擔。」⑳不愧爲敏銳的心理學家和詩人，路克雷提悟斯在描述這份因厭煩而來的倉皇匆忙之後，他又說：「在這麼做的同時，個人其實眞正逃離的是他自己。」他繼續言道：

> 經常，某些富麗堂皇的官邸主人，厭倦了家中死板的生活，於是啟程離家，但沒多久就又匆匆折返，因為他在外頭並沒有覺得更好。然後他駕著雙駒四輪馬車，火速趕往他的鄉間別墅，那副匆促的情狀，彷彿是要趕去搶救一幢著火的房子。但是當他一跨進門檻，便開始打起呵欠來，或悶悶不樂地就寢、借助睡眠以尋求忘卻，又或者再度匆匆趕回城市、舊地重遊。㉑

路克雷提悟斯以宗教的虔誠，致力於詮釋從師父伊比鳩魯那裡繼承而來的信仰。他深信，對於自然天地萬物的決定論式理解，將治癒人們的恐懼和焦慮。

如同在一片漆黑中顫抖的孩童，任何一件小事都會教他驚慌失措，有時候我們也會在大白天裡，被無端的恐懼所壓迫，就像孩子沒來由地想像黑暗中有東西要來襲擊他的莫名驚恐。這份憂懼和心理的黑暗，就算再強烈的太陽光束都無法將之驅散，唯有依靠對自然的外在形式與內在運作的理解，才可能消除這份黑暗。㉒

路克雷提悟斯深信，假若他能抹煞神明和神話，並幫助人們接受啓蒙、獲得經驗、變得理性化，那麼接下來，他便能採取必要的步驟，使人們從焦慮中解脫。伊比鳩魯，環顧充斥他四周的神像——或鑄於錢幣，或塑於雕像——便如許多經驗主義者一樣犯了一項錯誤（雖然這個錯誤顯然頗爲天眞），他錯在誤把神祇當成**物體**(object)。伊比鳩魯堅決地想把神明驅逐至天人世界之間的太虛(interspace)之中，好讓人類不會再有與祂們接觸的危險，他以爲如此便可一勞永逸地解決難題（然而他似乎不曾懷疑現代人類竟可能會有機會環遊這片太虛）！「因爲神祇的根本特質，便是在純粹的寧靜中享受不朽的存在，遠離凡塵俗事。神祇永遠不受痛苦和危難侵擾，擅長應變，免於任何人類需求，對人類的功過漠不關心，且完全對憤怒免疫。」㉓

路克雷提悟斯甚至比他的師父更進一步，企圖把神話整個廢除，希望如此便可解除人類「對於神祇所懷有的毫無事實根據的恐懼」。㉔他宣稱：「神話中所敘述的那位受盡折磨的坦特勒斯(Tantalus)根本不存在……永恆地躺在地獄中被猛禽啄刺的提逖歐斯(Tityos)也是虛構的……而眞正的提逖歐斯就在我們當中——這可憐的傢伙，爲愛而精疲力竭，被猛禽撕扯，被啃噬人心的妒忌吞食，或讓盛怒的毒牙撕裂。薛西佛斯亦（並非一神聖的形象，而只）存在於衆人的眼前，我們都看見他如何下定決心要贏得官職佩章……至於冥府看門犬、復仇三姊妹，以及冥府伸手不見五指的漆黑與噴著惡臭煙霾的狹隘入口，這一切都不可能在任何地方存在……」㉕另外，再也沒有普洛米修斯，因爲「當初將天火帶到塵間、供必朽之人使用的媒介，如今已然照耀普世」。㉖

如此，路克雷提悟斯首先以實體的方式處理神話人物，預設他的讀者們都相信這些人物活生生地存在某處（因此，他當然不可能想像艾斯奇里斯的信念）。接著，他便爲這些人物的出現做心理學上的解釋：神話乃是個人主體心理過程的象徵性表達。他在此處提出的主張，實爲每一個聰明人都知道的事實，因爲神話的一端的確與個人主體經驗的心理動力有關。然而，這個見解只說對了事實的一半，它的主要問題在於忽略了神話所蘊藏的豐富潛在意涵；神話是個人試圖從人類的共同困境——我們**的確**生存在一個有限的宇宙裡——中找尋意義、並嘗試與之協調的方法，而在此世界中，薛西佛斯是所有「正常」人或焦慮症病人的客觀呈現。這不僅意味著所有的工人鎮日埋頭在同一件工作中辛勤苦幹（如卡繆指出的，「而他命運的荒謬程度並不亞於薛西佛斯」）；它更說明了我們所有的人都陷在永恆的來來去去，勞動、休息、復勞動，發展、瓦解、再發展的無盡循環中。薛西佛斯的神話就呈現在我們的心跳中，在所有新陳代謝的變化中。在神話裡認出我們自身的命運，可謂替原本無意義的宿命論尋找意義的第一步。㉗

然而，在他試圖透過對自然的理性解釋以消解神話的熱情中，路克雷提悟斯自己卻被迫投入一個再造新神話的事業裡。極諷刺地，這是所有致力於「破除神話」（借用傑若姆・布魯納的語詞）的人的命運；他們將發現自己實際上在暗中重建新神話。㉘路克雷提悟斯屢次聲明，假若讀者能夠讓自己信服生命的自然「原因」，他便可不再受焦慮的侵擾。並且，倘若一個人找不到適當的原因，最好的辦法，便是歸咎於**虛構**的原因！因為我們始終無法棄絕這樣的信念：「無論任何時候，只要是我們的感官所知覺到的，都是眞實的。」㉙而當知覺似乎蒙蔽我們的時候，「既缺乏理由，那麼最好歸咎於虛構的原因……這樣做要勝過讓原本能被清楚理解的事物，掙脫理解的掌握。這是直搗信念巢穴的方法——也就是把原本據以建立生活維持的基礎，徹底剷除」。㉚

這是屬於科技人的神話。這整套假設，預設了人類是由能被理性所理解的事物所掌控，而人的情緒則跟隨他的理解起舞，因此，只要找到合理的解釋（無論其眞僞），人的焦慮和憂懼便可望被治癒。這個神話，對活在現代的我們而言，是愈來愈熟悉了。

既然每個神話總是包含著它的美學「形式」，我們可將路克雷提悟斯的所有詩篇，視爲此神話的體現。事實上，路克雷提悟斯自己便活現了普洛米修斯的形象：他勇敢地挑戰他心目中的迷信、無知和宗教狂熱，認爲這些都是造成恐懼和焦慮的根源。正因爲他所建構的神話含有內在矛盾，這個神話的存在本身便推翻了他自己的論點：我們可能「不借助任何神話」而建構一個「生命的神話」。凡此種種，使得這號人物對我們的探索顯得格外重要。

路克雷提悟斯一生致力於否認原魔和非理性力量，然而極諷刺的是，據說他自己的死，乃是起因於一次巫術法事的參與：「（詩人丁尼生已使這段往事成爲不朽）傳說中，他是在被下了春藥後，發瘋自盡的。」㉛不論此說法爲眞，或爲傳言，都將得出相同的結果──歷史對他的死亡做出如下的詮釋：「完結他生命」的，竟是一個極端非理性的原魔象徵──愛情迷藥。

路克雷提悟斯的努力的確是十分勇敢的，乘著他華美詩歌的翅膀，他似乎高貴地降落在通往啓蒙的康莊大道上。然而，若我們更仔細地探查，便會發現這條道路竟是通往深淵，等待著我們的一個出乎意料的眞空狀態，即一個純粹的事實──死亡。路克雷提悟斯屢次在其詩作中提到死亡，他試圖向他的讀者解釋，只要他們願意接受他的證明，相信死後並沒有地獄等著他們，也沒有魔鬼會燒炙他們，或用其他方式施予他們永恆的懲罰，那麼他們將能面對死亡而一無畏懼。但是，這些對構成人們焦慮可能來源的「解釋」，甚至對路克雷提悟斯自己都沒有發揮多大作用。死亡一直縈繞在他心頭，這是出自他深沈的人類情感，以及他對人類──也包括了他自己──的積極同情。

結果證明，這個始終纏繞著他的關於死亡的衝突，正如大部分人類所面臨的衝突一樣，其關鍵並不在於如何找到這個未來地獄的位置，重要的是，此衝突的根源實乃涉及人類之愛、寂寞與悲痛。在詩篇的最後幾頁，路克雷提悟斯以令人難忘地鮮明筆調，描繪了發生在雅典那場大瘟疫的景象，他直逼死亡駭人面貌的敘述手法，恰好呼應了詩篇的開頭：

> 無數寂寞的喪禮迅速進行著，卻無一送葬者隨至墓地……最令人沮喪的症狀是，一旦人們眼見自己陷入病症，他便勇氣盡失，如被判了死刑般地攤在絶望裡。而就在期待死亡來臨的當口，他旋即斷了氣……舉國上下，人心惶惶。每個人依次地進入此等情狀，當他因喪親而悲痛時，在情況容許的情形下，他會想盡辦法照顧亡者……人們會將自己的親屬放置到原本為別人搭建的、激烈狂嘯的火葬柴堆當中，然後用火炬引燃。人們往往寧可在爭執糾紛中流失大量鮮血，也不願棄守亡者的屍體。㉜

最後這幾行詩句——描述人類即便在極度悲痛的折磨中，仍舊寧可「流淌（自己的）鮮血……也不願棄守亡者的屍體」的景象，人們徒勞地嘗試著緊緊守住他們的至愛——是最強而有力的象徵，它代表了人的生命超越了所有自然的解釋。這個鮮明的證據說明著，生命的意義是存於人類所懷有的憐憫、寂寞與愛等諸般情緒中。讀完詩篇末節，我們堅信這才是眞正的邪惡、驚恐，與焦慮的必然根源，無論是路克雷提悟斯或其他人，任誰都無法否認、取消或緩和這個事實。

但是，路克雷提悟斯雖然無法解決死亡的問題，他卻從未迴避過它，這證明了他的勇氣和誠實。根據理性「規則」，詩篇以這樣的描述作爲結尾，可謂犯了極明顯的錯誤——因爲，理性的作者應該要下一個肯定的結論才是！但我們看出路克雷提悟斯並不僅爲「大腦」所掌控，他更富有深沈的人性情感；最終，他的詩作依然戰勝了他的教條。藝術創作中所蘊含的美，使他能夠不去尋求「解決」或逃避死亡，而是直接面對它，直到最後一分鐘。然而，死亡焦慮——所有焦慮的原型根源——依然存在。終其一生，路克雷提悟斯承擔著他自己的憂懼和焦慮（也許他承擔的不僅於此），而此事實無疑與他敏銳的感受力和慈悲心相連，正是這些特質使他成爲絕佳的詩人。

但我們不能僅止於讚賞詩人之感性及其詩作之美。因爲在某種意義下，路克雷提悟斯的確超越了死亡的問題。藉著**融合愛與死**、協調不可相容者、統合對立的二端，他超越了這個難解的迷；艾斯奇里斯在他的劇作《奧瑞斯提亞》中，亦高貴地展現了兼合愛與死的容貌。路克雷提悟斯透過新神話原型㉝的建構而做到這點，這在他詩篇的最後幾頁中，展露無遺。

但是，重要的並不是前文中所述及的、他的自然主義論的教條解釋，和他有意識地意圖傳達的理念。我的精神分析經驗，讓我對任何理性解釋能夠平息焦慮的說法，感到十分狐疑；我認為實際的情況是，這些解釋乃作為載具，傳達著一個更為深沈的神話原型，其實是這個神話原型在一個比理性更深的層次上，吸引著人們。比方說，假若我是講述這些解釋的人，那麼我所說出的每個解釋，便成為「我關心你，而且你和我可以彼此信任、溝通」這個神話原型的一部分。這個意涵可能——在精神分析中必然是——比「解釋」或詮釋的內容本身是否全然正確、或「閃耀著智慧光芒」，來得更加重要。我時常注意到，當我在精神分析療程中向病人說明我的詮釋時，當下令他印象深刻的，並不是我所做的詮釋在理論上是否精確，而是我說出的這些話語，表達了我認為他可以改變的信念，並且肯定了他行為的意義。這些是神話的建設性面向。在這樣的解釋中所具有的深沈神話意味乃在於，我們可以信任人際關係世界的意義，而且原則上，人的意識確實可以觸及此意義。

在讀過路克雷提悟斯的詩作之後，我們從椅子上起身，變得更勇於面對死亡與愛情。闔上書頁的同時，我們開始堅信，縱然死亡依舊存在，但就在我們一起承認我們不甘於離棄所愛之人的事實裡，我們看見了生命的意義與高貴。在雅典人們死守摯愛之人的軀體的堅持中，人的愛顯得更加珍貴。與詩人同行，我們肯定了對彼此的愛，攜手並肩對抗死亡。即便詩人並未解決死亡的問題，但我們卻發覺自己更有力量面對死亡，正因為我們聯手與之交戰，心裡便不再如往日般孤單。

這個範例，呈現了神話如何承載著**意向性**。神話作爲傳達的語言，使得意向性能夠被說出。讀者應該還記得早先我們對意向性所做的定義：它是使經驗獲得意義的結構。在路克雷提悟斯詩篇的尾聲中，我們察覺到一個意義結構，它說明著我們的生命如何彼此相連，也和其中存在著死亡這個客觀事實的世界息息相關。我們在這個例子裡，亦觀察到**意向性**如何能與意識層次的**意圖**做清楚的區分；在路克雷提悟斯的情況裡，他的意圖是在提供解釋，以便使人理解，但是事實證明了，這些解釋中存在著許多謬誤，並且大部分的說明都與原旨相去甚遠。然而，在他對此任務的全心奉獻中，浮現了一個更深遠的向度——相信路克雷提悟斯對此未曾完全察覺，這個向度比他從師父伊比鳩魯那裡學得的東西更加重要，即便是他深思熟慮發展出的哲學、甚至是他有意的意圖，都無法與之比擬。這和他說過什麼毫無關係，而是在於他身爲詩人所給出的的整體性中，這個有天賦的人，在他的感受、直覺、愛、意欲，以及思考和寫作中，他遭遇著寬廣人類經驗中的每一個面向。

這是個關於操煩的神話原型；它訴說著，無論外在世界發生什麼事，人的相愛、悲戚、憐憫和同情，才是至關緊要的事。而這些情懷甚至可超越死亡。

現代的操煩

齊克果曾寫道：「**在愛之中，每個人都重新開始。**」這個起始，即是我們稱之爲「操煩」的人際關係。雖然關係所涉及的不僅是情感，但它的確是從這裡開始。這份情感代表了進入一種相互關懷的關係，意味著自己在乎另一個人的存在；這也是一種奉獻的關係，其終極形式爲願意以他人爲樂，或——其極致表現則是——願意爲他人承擔痛苦。

當前的心理學家和哲學家們，開始強調**情感**作爲人類存在的基礎，這正好揭示了操煩的重要性。現在，我們須將情感建立爲使人與現實處境相連的合法面向。當威廉・詹姆斯說「情感是最重要的東西」的時候，他並非意指除情感之外無他，而是意味著所有的故事都是從這裡開始的。情感使人承諾，讓人把自己和對象緊緊相繫，並且保證了行動的發生。然而，在詹姆斯發表這段「存在主義式」陳述之後的數十年間，情感的地位卻降低了，而且被貶抑爲純粹主觀的玩意。反之，理性——更正確地說，應該是科技理性——則成爲可望一舉解決衆家爭端的至高指引。我們把「我覺得」當成「我隱約相信」的同義詞，而認爲這意味著我們不**知道**——殊不知，唯有當我們能**感覺**的時候，我們才可能**知道**。

至於情感的優越地位得以復甦，實有賴於精神分析的發展。近來，在心理學學術圈中所出現的一些論文，顯示出已有許多心理學家和哲學家，有逐漸轉向重新重視情感的趨勢。黑德利・坎崔爾(Hadley Cantril)的〈我感故我在〉(*Senio, ergo sum*)與西爾文・湯姆金斯的〈開放的人〉(*Homo patens*)二篇論文，即爲二例。蘇珊・蘭格(Susan Langer)將她的新書題名爲《心靈，論情感》(*Mind, An Essay on Feeling*)。而蘭格小姐的老師懷德海，在指出笛卡兒「我思故我在」原理中所存在的謬誤時，說道：

> 我們所覺察到的從來都不是純粹的思想或純然的存在。相反地，我發現自己根本上是一個各種情緒的統合體，歡樂、希望、恐懼和悔恨並存，我在各種選擇中做評價，然後做決定——由於我天性主動，這些都是我在和環境互動時所產生的主觀反應。笛卡兒所稱之為「我在」(I am)的整體，對我而言，其實是不斷將一大堆混雜的情緒素材，形塑成一個具有一致性的**情感模式**的過程。㉞

我在前面說過，愛情昔日的浪漫與倫理基礎，現在都已經不再有效。因此，我們必須尋溯至愛情的發源地，就心理學的角度來說，即是重新回到情感上，爲愛情尋找新的根基。

爲了展示情感——表明愛情的一種操煩，如何單純而直接地在心理治療晤談中出現，我將從一次精神分析療程中，摘錄一段對話如下。這恰好又是普烈斯頓的例子，在前一章中，我曾對他的情形做過詳細描述。

普烈斯頓：我就像猶大，我出賣了我的父母、我的姊姊，也出賣了藝術——我不過是為了自己而利用它……我覺得糟透了、十分氣餒……我已經厭煩了缺乏愛的生活。

治療者：〔我鼓勵他放輕鬆，讓他的聯想自然出現。〕

普烈斯頓：我不真誠。十足的騙子。我不是我自己。我是說真的。我無法相信自己……〔沈默〕……我整個卡住了……陷進外在的生活裡，被貝芙麗纏住，就像拼圖一樣，完全不能動彈。我和貝芙麗兩星期前有很棒的性經驗。但是，萬一她懷孕了——我就被迫要去搜尋新的公寓了……〔沈默〕……我不應該說這些的，一點用處都沒有。

治療者：堅持留在被卡住的狀況裡——最起碼這是真的。

普烈斯頓：〔他同意，沈默了幾分鐘。然後，他稍微側過身，從沙發上看著我〕我很擔心你，這一定很難，不知道應該做什麼，是否該說或不該說某些話。就算對弗洛依德自己來說也一定很難。

治療者：〔令我印象深刻的是他說話的語氣變了，迥異於他平時瀟灑得意的語調。過了一會兒，我說〕我是不是在你剛剛說的話裡聽到新的語氣？——一種對我真正的同情，而不是洋洋得意？

普烈斯頓：是的，是真的同情。因為就你跟我，我們兩個人都卡在這兒……我的感覺跟之前幾次很不一樣。

治療者：這幾乎是第一次我從你那裡感覺到一種真正的人性情感……在《等待果陀》〔他早先曾談起這齣劇〕裡，他們彼此關懷。

普烈斯頓：對，他們一起等待是很重要的。

這股眞誠同情的升起，看來也許很輕易，但在心理治療過程中，這卻是重要的關鍵所在。若我們以現代戲劇作爲背景，將可襯托出這一小步的重要性。戲劇探索著情感的根本狀態。我們現在所面臨的處境是，在此理性主義與科技主義至上的時代裡，我們已經對人類視而不見、失去對人的關懷；因而，我們現在必須謙卑地返回最單純的操煩狀態。現代戲劇所呈現的核心議題之一，是溝通的崩解，幾乎所有當代最重要的劇作皆以此爲主題，比方說歐尼爾、貝克特、伊歐內斯柯和品特等劇作家的作品。他們將現代人的面具整個揭開，讓我們看見橫陳在眼前的空虛與茫然；正如歐尼爾的《冰人》向我們揭示的。我們之所以能從舞台上感受到人類的高貴情操——這是悲劇（或任何眞誠人性）的要素——恰是因爲，在劇中，人性的偉大業已從人的身上消逝無蹤。換句話說，高貴情操是作爲一個眞空狀態而在戲劇裡呈現，亦即，它是以**欠缺的方式現身**。這便是無意義性所具有的矛盾意義。明顯的眞空、空虛和冷漠，都是悲劇性的事實。

在《等待果陀》一劇中，果陀的遲遲不來，有其根本的重要性。我們永遠在等待，而問題卻總是停留在：「昨天是不是有棵樹在那兒？」「明天是不是還會有棵樹在那兒？」貝克特——當然還包括許多其他劇作家和視覺藝術家——以震攝的手法，讓我們驚覺人類存在的意蘊，逼使我們以更深沈的目光審視身爲人的境況。我們發現自己在顯然無意義的處境中，仍舊心懷操煩。果陀始終沒有來，但是在等待中，有著操煩和希望。重要的是我們等待，而且就像劇中人一樣，我們在關係中一起等待——我們共穿襤褸的外套、破鞋，分食一小塊蕪菁。**等待即是操煩，而操煩即爲希望**。

艾略特想必已對此矛盾處境了然於心，才會如此寫道：

我對自己的靈魂言道，平靜下來，等待，但不懷抱希望
因希望只會帶來失望；等待，但不懷抱愛情
因愛情的結局總是錯愛；而信仰尚存
但信仰、愛情和希望都在等待之中，
等待，但不思慮，因為你並未準備好如何思慮：
如此，黑夜將有光明照耀，而寂靜將手舞足蹈。㉟

許多當代戲劇的確都呈現了否定，某些劇作甚至危險地在虛無主義的邊緣踏步。然而，正是虛無主義所帶來的震撼，使我們不得不直接面對這片虛空(void)。再者，對於一個耳朵敏銳的人來說，他會聽見這片虛空（現在，這個詞已具有超越性質）中，傳來的一聲更深沈且直接的、對於存在的理解。這個操煩的神話原型——我甚至時常覺得，唯有此神話原型——將使我們更有能力對抗譏諷和冷漠此二當代心理疾病。

如此將情感重新歸位之後，便引導出一種新道德觀，它與表面功夫和慣例形式無涉，而關乎人與人之間關係的本眞性。此一道德觀的模糊輪廓已向我們緩緩靠近，它顯現在部分新一代、眞心關懷這個問題的年輕人身上。這些年輕人對金錢和成功的追求完全不感興趣；現在，像這樣的東西甚至已經變得「不道德」了。他們尋求的是人際關係中的誠懇、開放與眞摯；他們試圖尋找眞誠的情感、一個觸摸、一個凝視的眼神，和幻夢的分享。現在，**本質意涵**(intrinsic meaning)成爲判別的準繩，而判斷此準繩的根據則爲一個人的本眞性，即是否盡守本分，隨時準備爲他人犧牲奉獻。無怪乎，時下會出現一種對話語抱持懷疑態度的傾向；因爲上述的心理狀態，只能引發自當下的情感。

此新道德觀的問題乃出在，它的價值並未具備實質的內容。這些內容**彷彿**存在，但是我們最後會發現，在某種程度上來說，這些內容實起於一時興起的念頭和短暫的情緒。然而，永恆何在？可靠性和持續性何在？我們將在下一章中討論這些問題。

註釋

①康德(Kant)曾說：「『唯有理性之人擁有知行合一——即依照原則行事——的力量，唯有如此，他才具有意志。』他（海德格）立刻接著說：『既然爲了從律則中演繹出行動，理性乃不可或缺的，因此，所謂的意志，不過是切實際的理性。』然而，康德使用『力量』形容意志，表示他亦把意志理解爲一種能量。」摘自約翰・麥克奎立(John Macquarrie)的文章〈意志與存在〉(Will and Existence)，此文收錄於《意欲的概念》(*The Concept of Willing*，編者：James N. Lapsley，New York，Abingdon Press，1967)，p.76。

②馬丁・海德格(Matin Heidegger)，《存有與時間》(*Being and Time*)，英譯者：麥克奎立(John Macquarrie)、羅賓森(Edward Robinson)，New York，Harper & Row，1962，p.370。

③麥克奎立，p.78。

④海德格，p.277。

⑤麥克奎立，p.82。

⑥海德格，p.319。

⑦出處同上，p.242。

⑧麥克奎立，p.82。

⑨請見《宇宙的本質》(*The Nature of the Universe*)英譯本(London, Penguin Books, 1951)，p.7，羅蘭・拉薩姆(Roland Latham)對路克雷提悟斯的引介。

⑩我們在此提到的幾位古希臘作家，約生於一至二世紀之後——普魯泰克(Plutarch)生於西元二世紀；艾匹克特

圖斯(Epictetus)是西元二世紀生活在羅馬的希臘人；路克雷提悟斯(Lucretius)則生活在西元前一世紀。但是，這幾位古希臘文人皆竭盡所知地描繪了早期古希臘的社會景象——路克雷提悟斯解釋了西元前三世紀伊比鳩魯的學說；而艾匹克特圖斯則對季諾(Zeno)的禁慾主義提出詮釋。至少在引文的部分，我們所依賴的是倖存的斷簡殘編。陶茲(Dodds)和其他多位學者認為，這些文人的確忠實地呈現了希臘化時期(Hellenistic period)希臘社會的氛圍。

⑪艾匹克特圖斯，《斯多噶與伊比鳩魯學派哲學家》(*The Stoic and Epicurean Philosophers*)，編者：Whitney J. Oates，New York，Random House，1940，p.306。

⑫路克雷提悟斯，p.208。

⑬請見《榮格自傳——回憶、夢、省思》(*Memories, Dreams, Reflections*)，安妮拉・賈菲(Aniela Jaffé)編著，New York，Vintage Books，1965，pp.212, 334。在此，重要性並不在於人類對衛星、太空船和登月之旅的焦慮本身，而是這些事實象徵性地呈現了人類與天體之間關係的改變。在中世紀和現代的驟變點上，亦即當天文學家對天體提出新的解釋時，皆曾引起同樣的焦慮。與哥白尼(Copernicus)和伽利略(Galileo)同時代的人們，在地球繞太陽旋轉的新理論被證實之後，他們所感受到的太陽溫暖和光芒並未減低，而地球也未曾變得更加「土氣」；然而，人類對自己的形象、他和教會的關係，以及其他原本形塑他生命意義的文化形式，都受到嚴重的衝擊。對路易斯・曼佛德(Lewis Mumford)在閱讀榮格自傳之後，所提出的見解，我十分同意，他寫道：「（榮格）對不明飛行物體（飛碟）所做的評價，大概比那些期待飛碟裡坐著外星訪客的人們，都要來得合理。」他繼續說：「（榮格）將其視為現代人的潛意識投射，由於人類所居住的世界受到他自身科技主義精

密裝置的威脅，因此，人們渴望以更強大的力量來介入這個世界——這是一個僅將天國想像成具有威脅力量的時代，所持有的典型幻覺。」詳見路易斯・曼佛德刊載於一九六四年五月二十三日《紐約客》(*The New Yorker*)的文章。

⑭路克雷提悟斯，p.217。

⑮黑體爲作者所加。

⑯陶茲，p.240。

⑰路克雷提悟斯，p.218。

⑱陶茲，p.248。

⑲路克雷提悟斯，p.61。

⑳出處同上，p.128。

㉑出處同上，p.128。

㉒出處同上，p.98。

㉓出處同上，p.79。

㉔出處同上，p.126。

㉕出處同上，pp.126-127。

㉖出處同上，p.204。

㉗身爲現代人，由於對持續進步的神話抱持強烈的信念，我們特別難以跳脫薛西佛斯的神話。在揚棄上帝的庇

佑之後，我們卻以進步神話來取代天命的地位——「每天、在每一個方面，我們都愈變愈好。」

㉘傑若姆・布魯納(Jerome Bruner)最早在〈神話與身分〉一文中（收錄於《創造神話》(*The Making of Myth*)一書，New York，Putnam，1962）開始使用「破除神話」(mythoclasm)這個詞彙，而在同書第五章中有較詳細的討論。我覺得「破除神話」是個非常有趣的字眼。我認爲，在人們推翻挫敗型神話的作爲中，實際上和反抗父母的舉動，帶有相同的暴烈和被背叛者所感受到的傷害。這就像是在表達：神話原本**應該**幫助我，卻竟然讓我失望！這個情緒表現在破除聖像(iconoclasm)（例如：「上帝已死」）的挑戰行爲，和將精力轉向摧毀神話的舉動中——而事實上，這正是因爲人們對神話懷有強烈的依賴渴望。隨之而來的，是反抗的立誓：「我要不靠神話活下去！」有趣的誓言，這個過程本身即是一個鮮活且意味十足的神話化(mythologize)形式。在反抗舊有信仰的精神分析者身上，我們也可看見類似的神話破除現象。

㉙路克雷提悟斯對自然主義解釋的療效所懷有的狂熱信仰，時或已至荒謬的地步，以至於說出下面這番奇怪的話：「譬如說，尼羅河和地球上其他眾多河川不同的地方在於，在每年春夏之交，它便會氾濫，淹沒全埃及的田野。至於尼羅河爲何總在熱浪來襲時定期氾濫以灌溉埃及，很可能是因爲此時有北風逆吹河口——此風即爲俗稱『伊緹君』(Etesian)的地中海季風。由於季風逆著河流方向吹拂，而阻擋了河水流動。而當水愈積愈多，河面便不斷上升，並阻礙了河流的前進。毫無疑問地，這些陣風必定是逆著河流的方向吹送。它們是由北極的寒星所送來的風。」路克雷提悟斯，p.239。

㉚路克雷提悟斯，p.146。這種指派虛構原因的方法，讓我們想起某些分析師的論調，他們認爲分析師應該幫助病人相信「自由的幻覺」，才能使病人有足夠的決心讓自己改變。（相關討論請參見本書第七章）此外，我

們也不禁想到少數心理治療師主張，給予病人的詮釋是否眞確，和分析詮釋的治療效果並無直接關聯；他們認爲療效乃賴於病人的信仰、期望及其他與詮釋準確性無關的事情。這個不完全的眞理必須被放在一個更廣大的脈絡中來看，亦即，只有當詮釋被放在治療關係中所出現的「意向性」脈絡時，才可能顯現其治療價值。

㉛拉薩姆(Latham)，p.9。

㉜路克雷提悟斯，pp.254, 256。

㉝我使用**神話原型**(*mythos*)這個詞，是爲了與神話(myth)做區分。因爲前者仍具有發展潛力，含有部分潛意識性質，是正在醞釀、成形中的神話。而描述神話形成過程的詞彙是**神話創構**(*mythopeic*)。

㉞懷德海(Alfred North Whitehead)，《懷德海：對人與自然的省思》(*Alfred North Whitehead: His Reflections on Man and Nature*，編著：Ruth Narda Anshen，New York，Harper & Row，1961)，p.28。

㉟艾略特(T. S. Eliot)，《四個四重奏》之〈東河村〉("East Coker", *Four Quartets*, New York, Harcourt, Brace, 1943, p.15)。

13 意識交會①
Communion of Consciousness

讓他們以恩報恩，
讓愛成為他們共同的意志。

——雅典娜，在艾斯奇里斯的《奧瑞斯提亞》尾聲中，對雅典人囑咐他們應盡的義務。

當我們企圖爲迄今探討的這些疑問尋找答案的時候，我們卻往往發現，每一個答案都似乎使問題變得枯燥乏味。每個應答都低估了我們，它不僅未曾呼應問題的深度，更將問題從動態的人性關懷，轉換成過分簡化的、無生命的、死氣沈沈的文字敘述。因此，德・胡日蒙才會在《西方世界之情愛》(*Love in the Western World*)的結尾說道：「也許根本就不存在任何解答。」

唯一解開(resolve)——與解決(solve)對比——問題的方法，是藉由更深入、寬廣的意識向度，轉換這些問題。我們必須納進問題完整的意涵以理解它們，而問題中的對峙點亦需要被解開，即便它們的矛盾性將永遠存在。換句話說，這些問題必須被更深廣地建構起來；如此，從這更豐富的問題架構中，便會升起一個新的意識層次。這幾乎是我們欲獲得解答的最佳途徑，而我們要是能做到這個程度，也就可謂無憾了。譬如說，在心理治療中，我們並非在找尋問題的解答本身，或固定的解決辦法——這反而會使病人每況愈下，比他原先困頓掙扎的狀態更糟。心理治療意在幫助病人涵納、包容、擁抱和整合他的問題。深具洞察力的榮格曾經言道，生命中的嚴肅問題永遠無法被解決，倘若一旦他們表面上看來被解決，一定是某些重要的東西失落了。

這便是本書三個核心主題——**愛慾**、**原魔與意向性**——的「寓意」。愛慾的作用——無論是在個人之中，或在自然宇宙本身的層次——是在引導我們朝向完美形式，誘發我們向外延展、任自己被吸引，預先形塑未來的能力。它是自我意識對**可能發生的事**做應答的能力。原魔——這個人性的陰暗面向——在現代社會中，既潛藏在暗界，亦寓居於超越的愛慾領域裡，並要求著我們將此面向整合到個人意識向度中。意向性是一種富涵想像的注意力，是我們意圖的基礎，也預示著我們的行動。它是我們在參與藝術的認識與展演行爲時的預期能力——亦即，在想像中嘗試與預演的能力。此三核心皆指向一個人類內在的深層向度，並且都要求人類參與、具備開放性，以及給出和接納的能力。更重要的是，三者皆爲愛與意志之基礎中不可或離的部分。

正在敲響大門的新世紀充滿著未知，我們只能透過雲霧繚繞的窗，隱約窺其樣貌；

而對於我們正馳騁邁入的新大陸，我們僅獲得些許暗示。那些試圖替未來設計藍圖的人，實爲有勇無謀；那些企圖預測未來的人，簡直是傻氣得可以；然而更荒唐的，是那些不負責任地想簡單用一句「兒孫自有兒孫福」，便想把關於未來的問題輕易拋開的人。因爲有太多的證據顯示許多現代人並不喜歡自己的時代，而動亂、暴力和戰爭竟成爲當權者改變世界的必要工具。然而，無論新世界的樣貌爲何，我們並不會選擇退縮不前。人類的責任即在尋得一個適合這個新世界的意識層面，以爲科技所造成的毫無人味的廣大空虛，添加人的意義。

許多不同領域的敏銳人士，都已察覺到尋求一新意識向度的迫切需要；而族群關係新意識的浮現，更使得此需求更爲眞實可見，至於我們是否能夠在這個棘手的狀況中存活下來，單視我們是否能超越族群差異。我在此引述詹姆斯・鮑德溫(James Baldwin)的話語：「若我們——我指的是相對而言意識到這個問題的白人與黑人，**他們應像情侶一樣，去督促或創造他人意識的出現**——現在能勇於面對此重任而不動搖，那麼我們便可望（即便在勢單力孤的條件下）結束族群衝突的惡夢，實現家園的建立，並改造世界的歷史。倘若我們現在不敢奢望任何事而裹足不前，那麼《聖經》裡的預言，將在我們身上實現；有個奴隸把此預言編成一首歌，如此唱道：『神給挪亞一道彩虹爲徵兆，洪水即退，但天火將臨。』」②

愛與意志皆爲意識交會的形式。而二者亦皆是**情感**(affect)——即感動、**影響**(affecting)

他人和世界的方式。這個字詞遊戲其來有自，絕非偶然：因爲情感(affect)意味著影響(affection)或情緒(emotion)，同一個字亦可用在「**影響**」改變的發生。換句話說，情感也是用來構作、形塑某事的方法。愛與意志，皆爲創造他人意識的方式。當然，二者之中，任何一個都有可能被濫用：愛可被當作依附，而意志則可能被當成操縱他人、強迫屈從的手段。也許在所有人的行爲中，或多或少都出現依附之愛及操縱之意志的成分。但是，任何對情感的濫用，都不應被拿來當作定義該情感的基礎。愛與意志的缺乏，只會造成間隙，拉開人與人之間的距離，且就長遠來看，更將造成無動由衷的冷漠態度。

賦有人性之愛

當我們擁抱愛與意志這兩個對立面，並轉化二者之間的關係時，我們發現性愛從**驅力**、轉爲**需求**，再轉入**慾望**。弗洛依德起初談性的時候，乃將其視爲一種驅力、一種來自往昔的推動力，以及一套貯存的能量。這個概念會如此形成，在很大程度上是因爲弗洛依德的病人幾乎都是維多利亞式潛抑作用的受害者。但我們現在知道，性愛其實有一系列的演化過程，從最先的驅力，經過原初的需求，再進入慾望。作爲**驅力**的性，基本上是生物的性，具有不可抗拒的生理力量特質。**需求**，是較不蠻橫的驅力形式，但只要需求持續被潛抑，則有保留其驅力特性的傾向。在此，我們把驅力歸併到**需求**中，以共同與**慾望**做對比。

需求的根源是在生理層面，然而，四周充斥不斷的性刺激，使得這需求變得異常急迫；相反地，慾望的根源乃在心理層面，而且是由人類（就其作爲有機體的整體意義而言）經驗所引起，而非生理經驗。前者的經濟運作原則是匱乏，而後者則爲豐沛。需求從後方推促我們——我們嘗試回到某個狀態，保護某件事物，而讓自己被此需求所**驅動**。而另一方面，慾望則從前方牽引著我們朝向新的可能性。需求爲負，慾望爲正。當然，倘若一個人在一定時間內持續受到刺激，而其對性愛（或更明確地說，性）的渴望一直未獲得緩解，這份渴望極可能會回復到先前強迫性需求的狀態，進而形成一種驅力。

從最意想不到的資料來源裡，我們發現一項令人印象深刻的證據，它說明著即使是對較人類低等的靈長類動物，性亦並非如我們原本想像的那樣，是最基本的生物需求。在哈利・赫洛對恆河猴所做的廣泛研究中，很清楚地說明了猴子對接觸、撫摸和關係的需求，比性「驅力」來得更重要。此外，馬瑟曼(Masserman)對猴子的實驗研究也指出相同的結果，亦即，性並非最優先的、無所不在的驅力。當然，就整個種族而言，性的確是最基本的需求，因爲其生物上的生存，必須仰賴性行爲始能延續。但是，對目前的人類世界來說，生物存續之急迫性，已逐漸降低——**人口過多**實已成爲人類的威脅——而整個人類社會以愈來愈開放的態度，朝向人類價值與選擇的發展，在此情況下，我們便發現對性的強調已不再具有建設性，個人亦已不再以滿足基本需求的方式，依賴性行爲。

正是從驅力到慾望的轉變中，我們看見了**人類**的演化。我們發現愛是賦有人性的。假如愛僅是一種**需求**，它就不會變得人性化，也無所謂關係的涉入可言；亦即，包括選擇在內的自我意識的各個自由面向，都不會與之發生關聯。一個人可以只尋求需求的滿足，但是，當性愛成爲慾望時，便涉及意志的範疇；當一個男人選擇了一個女人，他會對愛戀行動有所察覺，並且會發現這行動如何以逐漸增強的方式，達成愛的實現。愛與意志便在這個任務和其成就中相結合。**對人類而言，最強大的需求並非性本身，而是對關係、親密、接納和確認的渴念**。

男女兩性——愛的行爲中的兩端——的存在，所具有之本體必要性乃奠基於此。個人經驗隨著意識的增長而益形豐富；而意識亦具有兩極性，一種非此即彼、接納此便拒絕彼的特性。這便是爲什麼在前面的章節中，我會談到懷德海和田立克二人的理論，皆包含了正負兩極性的原因。愛的悖論乃在於，在愛之中，個人對於自我作爲一個人，具有最高程度的覺識，而亦是在這個時刻，個人對另一人的全神貫注也最爲強烈。德日進(Pierre Teilhard de Chardin)在《人的現象》(*The Phenomenon of Man*)中問道：「愛人們何時最完整地擁有**他們自己**呢？難道不正是他們全然**沈湎於**彼此的時候嗎？」③

在自然過程中所展現的本體兩極性，亦顯現在人類身上。白晝逐漸逝入黑夜，破曉又再度從黑暗中誕生；陰與陽不可或離，總是交替著現身；人的氣息亦總在吐納間。人心臟的收縮與擴張本就呼應著宇宙的兩極運行；我們說人的心跳反映著宇宙的生命脈動，不僅是一種詩意的說法。自然宇宙在存在的每個時刻所唱出的持續韻律，也在每個人類體內悸動的血脈中低迴。

愛所富含的人味，即顯現在愛的行爲本身。人類是唯一**面對面**交配的動物，我們在做愛時，**凝視著**我們的性伴侶。當然，我們可以轉過頭去，或者採取各種不同的姿勢，但是，這些都是同一主題的變奏——而主旋律是面對面地做愛。這樣的姿勢將一個人的整個正面——乳房、胸部、腹部……所有身體最柔軟、最易受傷的部分——都向伴侶的溫柔或殘酷開放。如此，男人可在女人的眼中看到愉悅或畏懼、膽怯或不安等各種表情的細微變化；這個姿勢讓人將自己完全地裸裎在伴侶面前。

這個特徵使得人類以心理動物的身分出現：亦即，從動物轉變爲人——因爲即使連公猴都是攀上雌猴的背部以進行交配。這個轉變所造成的影響非同小可：它爲愛的行爲標上**人性**的印記；這涵蓋了此事實所包括的所有意蘊，其中一個重要的意義在於，如果他們願意，愛人們可以在此刻互訴衷情。再者，由於在性行爲中我們把「自己」給了最親近的人，這便引致另一個必然的結果：對親密經驗的強調。做愛行爲的兩根弦——一是經驗到自己，另一是對伴侶的經驗——在此，暫時地融成一體。我們感受到自身的喜悅和熱情，並在伴侶的眼中，讀著這個親密行爲的意義——而我們已無法分辨，這份熱情是屬於自己的、還是對方的。但是，這個眼神的凝望伴隨著強烈的情感，而提高了我們對關係的意識。我們淸晰地體認到自己正在做的事——它可能只是個遊戲、是剝削、是感官肉慾的分享、是性交、是做愛，或任何其他相關形式。然而，至少這個姿勢所給定的規範是具有人性的。假若要**去除**這個行爲所蘊含的人性，我們必須花費很大的氣力阻斷自身的感受。這涉及心理學領域中的存有論：自我形成關係的能力，建構了智性人(*Homo sapiens*)這個類屬。

現在，「關聯」(relating)這個平庸的字眼，在這個再平庸不過的行爲中，被提升到存有的層次；在性行爲中，男女兩性各自進入其對應角色，重演了與時間一般古老的宇宙過程，每一次都是全新的經驗，每一回都如第一次做愛般充滿驚喜。當畢達哥拉斯提及星辰的天籟時，他說，這是一種以性愛爲伴奏的音樂。

賦有人味的性愛所帶來的結果之一，是豐富的多樣性。我們可將此類比爲莫札特的音樂。在他音樂的某些段落，有優雅的嬉耍，在另外某些段落，瀰漫著純然的感官愉悅，帶來人一種純粹的喜悅。但在像歌劇《唐璜》(*Don Giovanni*)的尾聲或他的四重奏的死亡主題中，莫札特又深深地撼動我們：提醒了我們，自己是被命運所掌握，擁有無法逃避的悲劇力量的原魔，正在我們眼前現身。倘若莫札特的音樂只有嬉遊的成分，那麼它很快便會讓人感到平庸而無聊；假使他只不斷地呈現純然感官享樂，很快就會令人倒胃口；又若他的音樂裡盡是磨難和死亡，則他的創作會沈重得教人喘不過氣。莫札特之所以偉大，即在於他的創作包含了三個向度；正因爲如此，聆聽者必須同時從這三個向度上賞析他的音樂。

同樣地，性愛不能只是嬉戲，而是最好能讓嬉戲成爲性愛的一部分。從這個角度看來，隨意的性關係，在愉悅和溫柔的分享中，確實可能獲得滿足和意義。但是，假如一個人對待性的整體態度和行爲模式，僅任由性之所欲，那麼性的嬉戲本身遲早會變得乏善可陳。至於，純粹的感官享樂亦復如此，即便在任何令人滿足的性愛關係中，這顯然是一個重要的成分，但若我們要求感官享樂擔負親密關係的所有責任，到頭來，我們只會對這樣的關係感到厭膩。如果性只是感官享樂，我們早晚會起而反對性行爲。另一方面，原魔和悲劇成分，則賦予愛情深度，及耐人尋味的特質，正如莫札特的音樂。

愛戀行爲面面觀

現在，我們將對愛戀行爲如何能加深意識，做一總結。首先，由於我們察覺到對方的需要、慾望和其他感情的細微變化，一種溫柔情懷便隨之升起。所有的個人皆繼承了分離和孤立的狀態（正因爲我們都是單獨的個體），而溫柔的經驗，即出自渴望克服這孤獨狀態的兩個人，藉著參與關係，而暫時地超越了兩個孤立的自我，合爲一體。在愛的行爲中，愛人往往無法區分這種特殊的喜悅感受，是屬於自己的、還是所愛之人的——

事實上，這根本沒有任何差別。在此所出現的分享經驗，是一個新的完型(Gestalt)、一個新的磁場、一個新生命。

此深度意識的第二個面向，是來自愛情行爲中對自我的確認。縱使在我們的文化裡，有許多人借用性，來獲得一個短暫的、假造的身分認同，但愛戀行爲可以、而且是應該會爲個人提供一個通往身分認同的、紮實而饒富意蘊的大道。通常，一個人在做愛之後，會獲得嶄新的朝氣和生命力，這並非來自勝利感或個人的能力受到肯定，而是由於個人的覺識狀態得到擴展。或許，做愛也總是包含著憂傷的成分——若繼續引用前文中的類比——就如所有的樂曲，不論曲調多麼歡樂，總還是漾著幾絲愁緒（正因爲它總有終結；我們必須在當下聆聽，否則便永遠錯失它的旋律）。這份憂傷是來自於，我們總被提醒著，自己並未完全成功地戰勝分離；重返子宮的嬰兒期想望，永遠無法成眞。即便是我們逐漸增強的自我意識，也深刻地提醒著我們，沒有任何人能夠全然克服他自身的寂寞。然而，我們從愛戀行爲中所獲得的豐富的自我意義，將使我們安然接受人類有限性所加在我們身上的限制。

由此便引伸出深度意識的第三個面向：它豐富人的性格，並（在可能的範圍內）讓此性格得到實現。在愛戀中，我們對自己和自身情感的覺察逐漸擴張，這樣的覺察包括經驗到自己賦有給予他人快樂的能力，因此，關係的意義也繼而獲得擴展。我們被提升到往日從未達到的境界；我們超越了昔日的自己。對此，我們所能想像的最有力象徵，即為**創生**(procreation)——因為在此過程中，一個新生命可能被孕育而誕生。我所說的新生命，不僅單純地意指嬰孩的「出生」，更指涉著自我之中全新面向的生成。而無論此新生意味著真實的生命或為一隱喻，都不改變愛戀行為所具有的創生特質；並且無論此行為是隨意的、短暫的，或是忠實的、持續的，愛的創造性，都展現在這個基本象徵之中。

此一全新意識的第四個面向，乃基於一個奇特的現象，此即，我們在做愛時之所以能獲得完全的快感，是因為我們有能力給予伴侶愉悅的感受。在當前這個性行為已被機械化、且極度強調從性對象身上獲得「緊張紓解」的時代裡，這樣的觀點聽起來像極了俗不可耐的道德主義論調。但是，這其實一點都不是多愁善感的訴求，反而是所有人都能在愛戀行為中經驗到的事實——亦即，給予乃是自身愉悅的根本來源。許多接受心理治療的病人，往往驚訝地發現到，當他們無法為伴侶「做些什麼」，或自己無法給予——通常指的是在性交過程中給予對方快感——的時候，就好像失落了某些東西。正如給予是自身完整滿足感的根本來源，在愛戀關係中，接納的能力亦是必要的。倘若我們不懂得接受，我們的給予對伴侶而言，將有如一種操縱。反之，若我們無法給予，不斷地接納只會讓自己逐漸空虛。這個悖論的真實性是無庸置疑的；只會接受的人之所以會變得空虛，是因為他不懂得主動地投入關係，並把自己所接受的轉化為屬己的部分。因此，我們在這裡談論的並不是被動的接受，而是**主動的接納**；意即，個人知道、感受到自己正在接納，而把所受得的吸納到自己的經驗中（無論他是否能夠以口語的方式表達），並且心存感激。

在心理治療中，這個主動接納的過程，導致一個奇特的必然現象，此即，當病人感受到某些情緒時——比方性衝動、憤怒、疏離或敵意等，治療者通常會發現自己處在相同的情緒中。發生此現象的原因是，**當人與人之間具有眞誠的關係時，他們便分享著一個共同的情緒場域**。日常生活中，這個現象表現在下面的事實上：我們經常會愛上那些愛我們的人。所謂的「求愛」或「贏得」某人芳心的意涵，即在此處展露。受到某人強烈的「吸引」而想愛他（她），正是因爲他（她）愛著自己。熱情，乃出自對熱情的應答。

我十分淸楚上面的論調，將立刻引起各種反對意見。其一，是人們經常對愛自己的人產生反感。其二，是我的陳述並未考慮到一個人會願意爲所愛之人做許多附加的事，此外，這樣的觀點實在過分著重被動性了。針對第一點抗議，我必須答道，實際上它恰好從反面證明了我的觀點：我們與愛自己的人共同居住在一個完型之中，而爲了保護我們自己免於受對方情緒的侵擾（我們極可能有十分好的理由這麼做），我們選擇以嫌惡的態度做回應。至於第二個反對意見，可以說是爲我所陳述的觀點，附加了一個註腳——此即，倘若這個人愛我，他**會**做所有必要的事，以向我表達他的愛意；但是，這些行動並非引起愛意的原因，而是整個愛戀場域的部分展現。而第三個反對意見，想必是由那些仍然嚴格區分主動與被動的人所發，這樣的人尚未接受，或了解所謂主動接納的意涵爲何。衆所皆知，對大部分的人而言，愛戀經驗中充滿著陷阱、失望和創傷事件。然而，全世界的陷阱加起來，都不能反駁下面的事實：從對方那裡所發出的特定情感，確實會激起某種反應，不論這個反應是正面或負面。再引述一次鮑德溫的話語，我們「像情侶一樣，去督促或創造他人意識的出現」。如是，**做愛**（這個動詞既非有心操弄，亦非出於偶然）應是引發情緒回應的最強大動力。

最後，在理想情況下，在性交的高潮時分，會出現一種新的意識形式。這正是愛人們被提升至超越個人孤立狀態的時刻，亦在此時，個人經驗到一種意識的轉換，感到自己與大自然結爲一體。撫摸、接觸與結合的感受不斷加速，而終於在某個時刻（暫時地）達到一種與天地自然合一的狀態，而在此強烈的宇宙感受中，原本對分離處境的覺察彷彿已然消失，或被淡化。在海明威的小說《戰地春夢》(*For Whom the Bell Tolls*)裡，名喚琵拉(Pilar)的這位年長婦人，等待著英雄和他所愛的女孩從山中做愛回來，當他們回來時，她問道：「大地是否撼動了？」這似乎是暫時喪失自我覺察的正常現象，在此突然湧現的澎湃意識中，就連大地都參與了這場轟轟烈烈的情愛景象。我不希望自己聽起來太過「理想化」，因爲我相信——除了在毫無人性的性行爲中，這是任何做愛場景都具有的特質，無論它是以多麼細微的方式呈現。我也不希望這樣的說法聽來僅具有「神秘主義」的色彩，因爲我認爲，即便我們的覺察力受到相當的局限，這都是與愛戀行爲的實際經驗無法分隔的部分。

創造意識

愛情之所以能將我們推往一個新的意識向度，實因它乃建立在「我們」的原初經驗上。與一般的思考相反，我們的生命其實並非從個體開始，而是從「我們」作為起點；實際上，個人的軀體是由雌雄結合所創造，亦即，是從母親的卵子遇上父親的精子之後，才使我得以創生。個體性即由這個原初的「我們」之中**現身**，並且是憑藉著「我們」才能出現。當然，為了實現自我，每個人遲早都必須成為個體，都必須藉著反抗父母、主張自己的身分認同。因為個體意識的形成，在自我的實現中是不可或缺的要素。雖然我們的生命並非從寂寞的自我開始，但我們必須藉著第一份自由的失落——脫離母親懷抱的伊甸園——而獲得確認自身個體性的能力；因為只有當伊甸園被摧毀之時，人類才得以誕生。**原初的**「我們」是**以器質性**出現，而「我」(1)則源生於人類**意識**。個體之所以能夠成為人，即是因為他有能力接受第一份自由的粉碎，即便過程充滿痛苦，他還是肯定了這個斷裂，而開始邁上前往至高意識狀態的朝聖之旅。當我們舉步前行時，這個原初的「我們」一直都會是這趟旅程的背景。如奧登的詩句所表達的：

無論我們抱持何種觀點，有件事必得挑明
為何所有的情侶總要許願如是
盼他者中的他性與自身相融：
這或許是因為，終究，我們未曾孤單過。④

我們曾在前面說過，性行爲是因爲有了愛慾的救助，才免於走上自我毀滅的命運，而且這是正常的狀態。但是，愛慾必須與友愛關係(*philia*)相連，和友誼並存。若強烈的吸引和熱情持續不斷，所形成緊張狀態將會達到令人難以忍受的地步。友愛關係，是把所愛之人當成另一個人類來看待，用放鬆的心情陪伴在他或她的身旁；單純地喜歡和對方相處，喜歡一起休憩，喜歡一同散步時的韻律，喜歡他或她的聲音和他或她的整個人。這樣的情感將賦予愛慾一種寬廣，允許它有時間慢慢成長，有時間讓愛根扎得更深。友愛關係並不要求我們爲所愛之人做任何事，而只要求我們接納對方、陪伴他或她，愉悅地分享兩人的相處。此即爲「友誼」最單純而直接的定義。這便是爲何田立克要如此強調接納，以及**接受接納**⑤的能力——由於此能力已被現代人遺忘，或許讓人聽來覺得奇怪。自詡爲獨立現代人的我們，往往過分認眞看待力量，而在持續的行爲和反應之中，未嘗察覺生命的許多價值，實是來自不疾不徐、靜觀其變，而非來自在後驅策、在前牽曳的急迫力量；**從單純而靜默的相伴中，將湧現出生命的幸福感**。此即馬修・阿諾德(Mathew Arnold)在其詩句中所欲表達的意念：

> 只有——然此極為珍罕——
> 當我們與所愛的手相握，
> 當，被無止境的匆忙與怒視
> 折磨得渾身疲憊時，
> 我們在彼此眼中讀出清澄愛戀，
> 當我們被塵囂震聾的耳朵
> 有愛人的細語低喃輕撫——
> 一道弩箭重新射回我們胸膛，
> 一個失落的情感節拍再度鼓動迴盪；
> 眼幕低垂，一顆心坦若平疇綠野
> 我們互訴衷情，心意了然。
> 此時，人終於察覺到生命之流。⑥

此即蘇利文所強調的人類發展中之「友伴」(chum)期。這段時期約發生在八至十二歲左右，將持續數年，也就是在男孩和女孩進入成熟的異性關係之前。此時，男孩和女孩眞心地喜歡同性，男孩們勾肩搭背一同上學，女孩則一天到晚如膠似漆地膩在一起。從此時起，我們學會如關心自己一樣地關心別人。蘇利文認爲，如果缺乏這個「友伴」經驗，個人未來將無法建立異性之戀愛關係。他並進一步主張，實際上，孩童在「友伴期」**之前**，無法眞正地愛任何人；並且，即便一個人勉強進入關係，他或許在**行爲上**可以**做出**類似愛的舉措，但是這終將成爲一種無實質意義的矯飾。無論我們是否接受此觀點的極端說法，它畢竟指出了友愛關係的重要性。

此外，哈利．赫洛對恆河猴所進行的實驗，也證實了手足之情的重要性。⑦赫洛的那群猴子當中，那些在童年期不被允許交朋友、從未學會如何和兄弟姊妹或「朋友們」，以無關乎性的方式自由嬉耍的猴子們，日後的確都無法適當地進行性行爲。換句話說，這個與同儕遊戲的時期，對於將來學習如何對異性產生適當的性吸引與反應，實爲必要條件。赫洛在文章中提到：「我們深信，若欲理解情感在靈長類動物社會化過程中所扮演的角色，就必須把愛情視爲由多個情感系統融會而成的領域，而非單一的情緒基調。」

在我們這個匆忙的時代裡，友愛關係，彷彿已成爲過往有餘暇建立友誼的前人，所遺留下的痕跡。我們發現自己從早到晚行事匆匆，從辦公室奔向會議地點、趕往晚餐約會、飛奔上床、第二天一早又匆忙起身開始另一次巡迴，以至於友情在我們生活中的重要性已然消逝無蹤。或者，人們經常錯誤地把它和同性戀相提並論；美國人特別畏懼男性之間的感情，唯恐其中帶有同性戀的暗示。但是我們至少應該還記得，在友伴期，這樣的友愛關係曾經幫助我們找到自己，並且使自我認同的發展得以跨出第一步。

另一方面，友愛關係亦需要「無私的愛」(agapé)的扶持。我們在前文中曾把無私的愛定義爲對他人的敬重、不計自身利益而爲他人福祉著想；亦即，無私之愛，最典型的範例，乃神對世人的愛。在《聖經新約》中把這樣的感情翻譯爲「慈善」(charity)，雖然這個詞彙並未完滿地表達出原意，但這感情中的確包含了無我地給予的成分。在生物學上的類比（即使並非等同物），即爲讓母貓奮不顧身地捍衛小貓的感情，也是教人類不顧一切愛他的嬰孩的內建情感機制的展現。

縱使在無私的愛之中，總是含有扮演神祇的危險，但這是我們必須承擔、且能夠承擔的風險。我們十分清楚，人類不會有純然無私的動機，充其量，每個個人的行爲動機，都混含著各種不同的情感。就像我們不會喜歡他人對自己的愛，如空氣一般飄忽，完全不理會我們身體的存在，也不管我們的性別是男是女；當然，我們也不希望他人只是爲了我們的身體而愛我們。當大人告訴小孩，大人做某些事情是「爲了他好」的時候，小孩會意識到這是個謊言；而所有的人都不會希望別人告訴他，對他的愛只存在「精神層次」。

然而，無論哪一種愛，皆預設了操煩，因爲這些感情說明著在乎。在一般的人與人的關係中，每一種愛皆包含著其他三種成分，即便它們多麼隱晦難辨。

愛、意志與社會形式

愛與意志是在社會的形式中發生。這些形式即為每一個時代中，符應該社會的神話與象徵。形式有如河床，提供了社會生命力流動的憑藉。而創造力，則為此生命力和形式之間爭鬥的結果。任何嘗試寫十四行詩，或按格律吟誦古詩的人都會明白，在理想狀態下，形式並不會剝奪創造性，相反地，它們反而增添了創造力的發揮空間。此外，時下對於形式的反叛，其實是從反面證成其重要性：在我們這個急遽轉型的時代，我們四處獵尋、探查、搜索，企圖透過各種實驗行徑，發掘任何新形式的可能性。有個樸實的例子足供說明此現象；艾靈頓公爵(Duke Ellington)有一回講述道，每當他在作曲的時候，他都必須提醒自己，他樂團的小號手無法安全無誤地準確吹奏出高音，而長號手對這個音域卻十分在行；對於在這些障礙之下作曲，他表示：「有限制是件好事。」這點不僅適用於性慾和愛慾，事實上，任何形式的愛都需要有某些限制；因為，完全的滿足即意味著人的死亡；當愛枯竭之時，亦為爱人之祭日。創造性的本質，即在於它需要藉由形式，才能獲得其創造力；因此，阻障亦有其正面功能。

社會形式最初是由藝術家們所塑造和呈現。這些藝術家教導我們如何觀看這個世界，他們打破窠臼，使我們的意識得到擴展；在每個時代裡，藝術家爲人們指出通往嶄新經驗面向的道路，而這些通路往往爲人們所忽視。這說明了爲什麼我們在觀賞藝術作品時，總有在裡頭重新認出自我的奇特體驗。喬托(Giotto)，是促使文藝復興——這令人讚嘆的覺識狀態——誕生的先驅，他以全新的角度觀看大自然，而首度將岩石及樹木以三度空間的格局呈現在畫布上。這空間何嘗不曾存在，但是，由於中古世紀的人們過度關注自身和永恆之間的垂直關係（這反映在二度空間的鑲嵌畫中），而一直未被看見。喬托拓展了人類意識，正因爲他的觀看角度，要求個人必須站在某個特定的位置，才能發現這個觀點。自此，個體之人的地位開始變得重要起來；永恆不再是觀看的判準，而從今以後這個地位，乃由個人自身的經驗和他觀看的能力所取代。喬托的藝術作品，乃是文藝復興個人主義的先聲，此重大影響尚待百年光陰，才能開花結果。

喬托所描繪出的的新空間觀，不僅影響了麥哲倫和哥倫布對海洋及大陸的地理探險，因而改變了人與世界的關係，也引導了伽利略和哥白尼的天文學探險，進而打破人與天的既往關係。這些空間上的新發現，皆使得人對自己的形象發生劇烈改變。在人類所處的外在空間中發現新的向度，以及隨之而來的對人類心靈拓展的要求，都將引發一種強烈的寂寞感；然而，我們並不是第一個遭遇此種寂寞的世代。詩人約翰・多納（譯註：約翰・多納(John Donne, 1572~1631)，十七世紀英國詩人。這首名爲〈解剖世界〉的詩作，乃是爲了贊助人之女的喪禮所寫，女孩過世時年僅十五歲，詩人藉著哀嘆年輕女孩的早夭，實爲表達其對世界之衰危與腐朽的傷懷。」曾以詩句表達這時期的心理遽變和精神寂寥如下：

人便能坦承道世界已衰，
當在此行星中，在那片蒼穹深處
新的發現不斷湧至……
世界化為千萬碎片，不再連貫；
三綱五常：
君臣、父子，皆成往事，
因為每一單獨之人，皆以為自己必須
幻化為永生鳳凰……⑧

這份寂寞亦顯現在哲學家萊布尼茲(Leibnitz)的孤立單子理論中：生活在此無門無窗的孤立單體內，沒有人能與他人溝通。此外，科學家巴斯卡也表示：

眼看著人類的盲目與不幸，注視著沈默的宇宙，人類似乎迷失在這宇宙的陰暗角落，沒有光明照耀，孤立無援，不知是誰令他們置身於此？在此的目的何在？死亡之後何去何從？面對自己的全然無知，我不禁害怕起來，有如一個人在睡夢中，不知不覺地被載送到一個駭人的荒涼孤島，驚醒時不知身在何處，縱想脫離此地，亦無計可施。⑨

然而，正如上面所提的這些古代奇人最終得以尋至新的意識層面，而在某種程度上，幫助了人們填補新的空間，我們今天亦需要類似的意識轉換。

二十世紀之初，塞尚以新的方式觀看、描繪空間，那並不是一種現實的觀察角度，而是出自一種自發的整體性，尋找在空間中對形式的立即捕捉。他所繪出的是空間的**存在**，而非對空間的**度量**。當我們看著他畫布上的岩石、樹木和山脈時，我們會發現自己並不會想「這道山脈在這棵樹的後面」，而是感到自己被一種當下的完整性所擄獲；他的畫同時包含了遠和近、過去和現在、意識與潛意識，向我們訴說著人和世界關係的當下整體性，因而饒富神話意味。最近，我在倫敦第一次看到塞尚那幅名為《安納西湖》(*Le Lac d' Annecy*)的油畫，實令我神往不已，我驚訝地發現塞尚竟把山的筆觸直接點在樹的上面，完全和他實際所見的景色相悖——那座山距離他作畫處，起碼隔著二十英里遠。在塞尚的畫中，形式並非尚待整合的區隔成分，而是作為一個在場的呈現(presence)，吸引著我們。塞尚的人物畫亦是如此，呈現在我們面前的主題人物，並不只是有著額頭、兩個耳朵和一個鼻子的一張臉，而是一種現身。此在場的現身雄辯滔滔，教我們那受僵化寫實主義奴役的天眞目光，顯得異常貧乏而可憐，並且比寫實主義**更眞切地**向我們展現著人爲何物。此中蘊含的意義是，若一**幅畫能夠對我們訴說什麼，是因爲我們被邀請參與了畫的本身**，而非作爲一個保持距離的旁觀者。

塞尙的畫，讓我們看見空間、石木和臉龐的新世界。他對我們說著，**舊有的**機械世界已然消逝，我們必須在此**嶄新的**空間世界中觀看和生存。即便是在表面上看來平淡如蘋果、蜜桃的靜物畫中，塞尙都不停地對我們說著這項事實。但這在塞尙的樹木畫作中尤爲明顯。在我的大學時代，我經常穿越校園裡那片榆樹林蔭到上課的教室，每每總要讚嘆於那巍峨的樹身與強悍的生命力。現在，我走路到辦公室時，也要經過河畔車道的那排榆樹。在前後兩段時期之間，我有緣觀賞到塞尙所畫的榆樹，並學會欣賞它們那具有建築氣派的偉大身軀，而我現在每天早晨看見的——或應說是經驗到的——榆樹景象，已全然不同於大學時代在校園中所見的景致。現在，這些樹已經融進一種形式的樂章，而這形式已和現實中的樹的形體，全然無涉。那襯著樹的天空所呈現的白色三角形，和將天空切割成形的樹的枝幹一樣重要；那懸宕在空中的純粹力量，和樹木的大小無關，而是由樹的枝幹在灰藍色的赫德遜河上所大筆繪出的線條所組成。

塞尙所揭示的新世界，具有超越因果關係的特徵。亦即，其中不存在一個從A到B、再連到C的線性關係；形式所具有的每一個面向，皆與我們的視線同時誕生——或者根本不出現。這說明著我們這個時代所採取的新形式。畫作的神話性質，跳脫了表象主義和寫實主義，而包含著時間的所有向度，過去、現在和未來，意識與潛意識，盡皆容納其內。再者，最重要的是，若我完全站在畫之外，我根本就**看不見**這畫；只有當我**參與**其中之時，我才能與畫溝通。我們無法以觀察的方式，對照畫中岩石是否確實描繪出眞實岩石的風貌，來欣賞塞尙的畫，而必須透過自己的身體、情感，以及對世界的知覺，讓塞尙畫中岩石所構成的型態對自己說話。塞尙的畫中世界，要求我們以同理心來認識它。而這個包含著基本形式的世界實乃構成了我們整個生命的基礎，因此，唯有在此世界中把自己獻出，我們才能看見塞尙的畫。這是他的繪畫對我們的意識所提出的挑戰。

但是，倘若我們任自己走進塞尙的新形式和空間所形成的世界軌道，我們怎能確保可以再度尋回自己？這個問題解釋了爲什麼會有許多的人，對現代藝術懷有極度激烈而非理性的反對態度；因爲，現代藝術**的確**摧毀了他們舊有的世界觀，他們當然有十足的理由厭惡它。他們再也不能憑藉從前慣用的方式看待、經驗這個世界；當舊有意識一旦粉碎，便毫無重建的餘地。即便塞尙出身自中產階級，看起來擁有安全無虞的穩固堅實生活環境，我們仍然不應受到這些外在條件的哄騙，而忽視了他所創造出的絕然迥異的繪畫語言。塞尙所臻至的意識層次，曾經把較他年長幾歲的梵谷，逼進精神病的折磨中，也讓尼采付出極大代價，畢生與之爭鬥不懈。

自培根(Bacon)以降，現代人便一直以「劃分——征服」的切割方式對待自然世界，這樣的作法已將我們引導至災難的邊緣；而塞尚作品中所透露的人與世界的關係，恰恰與此相反。他在作品中告訴我們，人類可以（且必須）將世界當成一個立即、自發的整體，**意欲**它，並且**愛**它。塞尚及與其同代的藝術家朋友，已經找到一個新的神話和象徵的語言；若我們想在目前所面對的新處境中，以適當的方式去意欲、去愛，這個語言正是我們所需要的。

不論是哪個領域的藝術家，都懷著熱情，希望將其自身與世界相處的潛意識及無意識經驗，傳達給人。「溝通」(communicate)和「交談」(commune)有關，並且兩者都通往與人類同胞「交融」(communion)與形成「共同體」(community)經驗的大道。

我們將世界視爲一個當下而自發的整體性，而以這樣的方式愛著它、意欲著它。我們**意欲**世界，藉由自身的決定、允許和選擇，創造這個世界；我們也**愛著**世界、予它溫情、能量和愛的精力，並且當我們塑造、改變世界的同時，也改變著自己。這便是和自身世界發生全面的深度關係的意義。我的意思當然並不指在我們愛或意欲世界**之前**，世界根本不存在；一個人只能根據他自身的預設回答這個問題，而身爲一個美國中西部居民，並且擁有天生的現實主義傾向，我會假設世界的存在。但是，當我對世界毫無影響力時，這個世界對我而言便不具有眞實性、與自身毫無關聯。人在這樣的世界裡，如夢遊般地移動著，感覺模糊而虛幻，並缺乏確實可靠的接觸。我們可以——像在高速公路上開車的紐約人一樣——選擇把世界關在外面；也可以選擇直視它、創造它。在此意義下，是我們給予塞尚的畫或夏特教堂(Cathedral at Chartres)力量，以感動我們自己。

然而，這和我們的私人生活有何關聯呢？**世界的巨觀宇宙，唯有在意識的微宇宙中才能被認識**。人類能夠意識到他自己和他的世界，是個令人恐懼的歡悅，既是福份，亦是詛咒。

意識從我們原本看似荒謬的行徑中，出人意表地捕捉出意義。浸淫在整個意識中的愛慾，以其力量吸引著我們，並向我們保證，這個力量也可能屬於我們。另一方面，原魔——此忠言逆耳之聲，往往也是我們創造力的來源——則引導我們走向生命，只要我們不扼殺原魔經驗，而懂得以珍惜自我和生命本眞樣貌的心情，接納它們。最後，蘊含著對自我的深度覺識的意向性，則是我們把意識所捕捉到的意義，置入自身行爲的途徑。

我們站在前期時代的意識顚峰，享用著前人所遺留下的智慧。歷史——這棟貯藏著歷代相傳下來的精選寶藏的藏寶屋——造就了我們今天的樣貌，使我們得以擁抱未來。倘若我們的洞察——那遊走在意識邊緣的新形式——總是引導我們前往處女地，而（無論我們喜歡與否）使我們置身在詭異而晦暗土地上，又有什麼關係呢？唯一的出路就在前方，而我們的選擇只有兩種，畏縮不前，或勇往直前。

與愛與意志有關的所有行爲中——就長遠來看，**愛與意志乃出現在任何一個眞摯的行爲中，我們同時塑造著自我和自我所置身的世界。擁抱未來的意義，即在於此。**

註譯

①感謝約翰・布萊柏特羅(John Bleibtreu)先生提供本章標題。

②詹姆斯・鮑德溫(James Baldwin)，《天火將臨》(*The Fire Next Time*)。

③轉錄自丹・沙立文(Dan Sullivan)發表於一九六六年七月號《共和國》(*Commonweal*)之文章〈性與個人〉(Sex and the Person)中之引文。

④奧登(W. H. Auden)，《短詩集》(*Collected Shorter Poems*, New York, Random House, 1967)。

⑤田立克(Tillich)，《存在的勇氣》(*The Courage to Be*)第六章。

⑥《埋葬之人生》(*The Buried Life*)，77-89 行。

⑦哈利・赫洛(Harry Harlow)，〈靈長類之情感〉(Affection in Primates)，發表於《發現》(*Discovery*)雜誌，London，一九六六年一月號，未標頁碼。

⑧約翰・多納(John Donne)，〈解剖世界〉(The First Anniversary: An Anatomy of the World)，輯於《約翰・多納完整詩集》(*The Complete Poetry of John Donne*, 編者：John T. Shawcross, New York, Doubleday & Co., Anchor Books, 1967)，p.278，209-217 行。

⑨巴斯卡(Blaise Pascal)，《沉思錄》(*Pensées*，編譯：G. B. Rawlings, Mount Vernon, N. Y., The Peter Pauper Press, 1946)，p.7。

內容簡介：

愛是人類一個永恆的主題，也是最深刻的人生體驗之一，而意志與人類的生存感密切關聯。人心失衡、迷茫，即在無法了解愛與意志的真諦、愛與意志的源頭、愛與意志交錯的關係。

存在主義心理分析大師羅洛・梅(Rollo May)，以存在主義為基礎，從心理治療的觀點出發，探討愛與意志的心理學意義，連結起生命穿行的兩條門路，探入人心更深的意識裡。對人類存在的焦慮、愛、意志、原魔，皆有發人所未發之創見。

羅洛・梅是二十世紀西方精神醫學界極富盛名的存在主義心理分析大師，被稱為「美國存在心理學之父」，他身為心理治療家，卻出入於哲學、文學、古典研究、以及神學方面的思潮與經典，從中擷取直透人性的洞見和治療心靈的智慧，為現代人開創一片別開生面的心靈天地。

作者：

羅洛・梅(Rollo May)

美國存在心理學家，一九〇九年生。幼年命運多舛，雙親長期不合，終至離異，姊姊曾不幸精神崩潰。大學因參與激進學生刊物遭退學。另行入學畢業後，赴希臘三年，任大學英文教席，並隨阿德勒(Alfred Adler)短期研習。返美後，旋入聯合神學院，與存在主義神學家田立克(Paul Tillich)以師友相交，深受其思想啟迪。

梅年輕時甚為結核病所苦，不得不入療養院靜養三年，然此病反成為其生命轉換點。面對死亡，遍覽群籍之餘，梅尤其耽讀存在主義宗教思想家齊克果(Sören Kierkegaard)之著作。出院之後，入懷特學院(White Institute)攻讀精神分析，遇蘇利文(Harry Stack Sullivan)與佛洛姆(Erich Fromm)等人，終於一九四九年獲得紐約哥倫比亞大學首位臨床心理學博士學位。畢生致力於將存在心理學引入美國，一九九四年病逝於加州。

其心理學思想與歐洲存在心理學家賓斯萬格(Ludwig Binswanger)相應之處甚多；其「命運」與「勇氣」概念，又與存在哲學家海德格(Martin Heidegger)所謂在世存有之被「拋擲世間」與「真誠怵惕」若符合節；惟梅深受美國人文主義薰陶，有博納眾議、歸本弗洛依德之風。諸存在心理學家中，梅乃唯一強調「天真、反叛、平常、創造」四個心理發展階段者，其心理學說，亦對人類存在的焦慮、愛、意志、魔性、創造力及現代人對神話的渴求，發前人之所未發。

一般著作有：《焦慮的意義》(*The Meaning of Anxiety*, 1950)、《追尋自我的現代人》(*Man's Search for Himself*, 1953)、《心理學與人類兩難》(*Psychology and the Human Dilemma*, 1967)、《自由與命運》(*Freedom and Destiny*, 1981)與《存有的發現》(*The Discovery of Being*, 1983)。代表作是：《愛與意志》(*Love and Will*, 1969)和《尋求神話》(*The Cry for Myth*, 1991)。

譯者：

彭仁郁

一九七〇年生於竹北。因早產，在昔日村中唯一的保溫箱裡住過兩個月。一直到赴法研習心理分析之後，才明白這段失落的記憶，如何譜成自身成長經驗的基調，一九九四年自台灣大學心理系畢業後，累積二年研究助理經驗，但仍渾然不識研究為何物。復轉往東華大學族群所，取經基年未果，乃休學，返回台北，擔任某基金會之音樂行政兼董事長秘書之秘書，如此逢迎折腰一年零三個月。一日，驚覺而立之年將近，自嘆生命苦短，遂於一九九九年初，暫捨家人故園來法。現就讀於巴黎第七大學(Université Paris 7-Denis Diderot)心理病理與精神分析博士預備班(DEA de Psychopathologie Fondamentale et Psychanalyse)。

校對：

李鳳珠

台灣大學中文系畢業，專業校對。

羅洛・梅 Rollo May

愛與意志：羅洛・梅經典

生與死相反，
但是思考生命的意義
卻必須從死亡而來。

ISBN:978-986-360-140-1
定價：420元

自由與命運：羅洛・梅經典

生命的意義除了接納無
可改變的環境，
並將之轉變為自己的創造外，
別無其他。
中時開卷版、自由時報副刊
書評推薦
ISBN:978-986-360-165-4
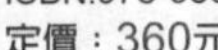
定價：360元

創造的勇氣：羅洛・梅經典

若無勇氣，愛即將褪色，
然後淪為依賴。
如無勇氣，忠實亦難堅持，
然後變為妥協。

中時開卷版書評推薦
ISBN:978-986-360-166-1
定價：230元

權力與無知：羅洛・梅經典

暴力就在此處，
就在常人的世界中，
在失敗者的狂烈哭聲中聽到
青澀少年只在重蹈歷史的覆轍。

ISBN:978-986-3600-68-8
定價：350元

哭喊神話

呈現在我們眼前的....
是一個朝向神話消解的世代。
佇立在過去事物的現代人，
必須瘋狂挖掘自己的根，
即便它是埋藏在太初
遠古的殘骸中。

ISBN:978-986-3600-75-6
定價：380元

焦慮的意義：羅洛・梅經典

焦慮無所不在，
我們在每個角落
幾乎都會碰到焦慮，
並以某種方式與之共處。

聯合報讀書人書評推薦
ISBN:978-986-360-141-8
定價：420元

尤瑟夫・皮柏 Josef Pieper

二十世紀最重要的哲學著作之一

閒暇：一種靈魂的狀態 誠品好讀重量書評推薦

Leisure, The Basis of Culture
德國當代哲學大師經典名著

本書摧毀了20世紀工作至上的迷思，
顛覆當今世界對「閒暇」的觀念

閒暇是一種心靈的態度，
也是靈魂的一種狀態，
可以培養一個人對世界的關照能力。

ISBN:978-986-360-107-4
定價：280元

C. G. Jung 榮格對21世紀的人說話

發現人類內在世界的哥倫布

榮格早在二十世紀即被譽為是二十一世紀的心理學家，因為他的成就與識見遠遠超過了他的時代。

榮格（右一）與弗洛依德（左一）在美國與當地學界合影，中間爲威廉．詹姆斯。

人及其象徵：

榮格思想精華
Carl G. Jung ◎主編
龔卓軍 ◎譯

中時開卷版書評推薦
ISBN: 978-986-6513-81-7
定價：390元

榮格心靈地圖

人類的先知，
神秘心靈世界的拓荒者
Murray Stein◎著
朱侃如 ◎譯
中時開卷版書評推薦
ISBN: 978-986-360-082-4
定價：320元

榮格．占星學

重新評估榮格對
現代占星學的影響
Maggie Hyde ◎著
趙婉君 ◎譯

ISBN: 978-986-6513-49-7
定價：350元

導讀榮格

超心理學大師
榮格全集導讀
Robert H. Hopcke ◎著
蔣韜 ◎譯

ISBN: 978-957-8453-03-6
定價：230元

榮格：思潮與大師經典漫畫

認識榮格的開始
Maggie Hyde ◎著
蔡昌雄 ◎譯

ISBN: 987-986-360-101-2
定價：250元

大夢兩千天

神話是公眾的夢
夢是私我的神話
Anthony Stevens ◎著
薛絢 ◎ 譯

ISBN: 978-986-360-127-2
定價：360元

夢的智慧

榮格的夢與智慧之旅
Segaller & Berger ◎著
龔卓軍 ◎譯

ISBN: 957-8453-94-9
定價：320元

神話學

喬瑟夫 · 坎伯 Joseph Campbell

20世紀美國神話學大師

如果你不能在你所住之處找到聖地，
你就不會在任何地方找到它。
默然接納生命所向你顯示的實相，
就是所謂的成熟。

坎伯與妻子珍 · 厄爾曼

英雄的旅程

讀書人版每週新書金榜
開卷版本周書評
Phil Cousineau ◎著
梁永安 ◎譯

ISBN: 978-986-360-153-1
定價：420元

神話的力量

1995聯合報讀書人
最佳書獎
Campbell & Moyers ◎著
朱侃如 ◎譯

ISBN: 978-986-360-026-8
定價：390元

千面英雄

坎伯的經典之作
中時開卷版，讀書人版每周新書金榜
Joseph Campbell ◎著
朱侃如 ◎譯

ISBN: 957-8453-15-9
定價：420元

坎伯生活美學

開卷版一周好書榜
讀書人版每周新書金榜
Diane K. Osbon ◎著
朱侃如 ◎譯

ISBN: 957-8453-06-X
定價：360元

神話的智慧

開卷版一周好書榜
讀書人版每周新書金榜
Joseph Campbell ◎著
李子寧 ◎譯

ISBN: 957-0411-45-7
定價：390元

美國重要詩人**内哈特 John Neihardt**傳世之作

巫士詩人神話　長銷七十餘年、譯成八種語言的美國西部經典

這本如史詩般的書，述說著一個族群偉大的生命史與心靈史，透過印第安先知黑麋鹿的敘述，一部壯闊的、美麗的草原故事，宛如一幕幕扣人心弦的電影場景。這本書是世界人類生活史的重要資產，其智慧結晶將爲全人類共享，世世代代傳承。

ISBN: 986-7416-02-3　定價：320元

國家圖書館出版品預行編目(CIP) 資料

愛與意志：羅洛．梅經典 / 羅洛．梅（Rollo May）著；
彭仁郁譯 -- 三版 -- 新北市:立緒文化事業有限公司, 民108.08
面；　公分. --（新世紀叢書）
譯自 : Love and Will

ISBN 978-986-360-140-1 (平裝)

1. 性心理　2. 愛

172.7　　108010685

愛與意志：羅洛．梅經典

Love and Will

出版——立緒文化事業有限公司（於中華民國 84 年元月由郝碧蓮、鍾惠民創辦）
作者——羅洛．梅（Rollo May）
譯者——彭仁郁

發行人——郝碧蓮
顧問——鍾惠民

地址——新北市新店區中央六街 62 號 1 樓
電話—— (02) 2219-2173
傳真—— (02) 2219-4998
E-mail Address —— service@ncp.com.tw
劃撥帳號—— 1839142-0 號 立緒文化事業有限公司帳戶
行政院新聞局局版臺業字第 6426 號

總經銷——大和書報圖書股份有限公司
電話—— (02) 8990-2588
傳真—— (02) 2290-1658
地址——新北市新莊區五工五路 2 號
排版——辰皓電腦排版有限公司
印刷——祥新印刷股份有限公司

法律顧問——敦旭法律事務所吳展旭律師

分類號碼—— 172.7
ISBN —— 978-986-360-140-1
出版日期——中華民國 90 年 4 月～ 94 年 10 月初版 一～二刷（1 ～ 4,000）
中華民國 99 年 2 月～ 105 年 2 月二版 一～二刷（1 ～ 2,500）
中華民國 108 年 9 月三版 一刷（1 ～ 1,000）
中華民國 111 年 1 月三版 二刷（1,001 ～ 1,500）

定價◎ 420 元（平裝）

大都文化 閱讀卡

姓　名：

地　址：□□□

電　話：(　　)　　　　傳　真：(　　)

E-mail：

您購買的書名：＿＿＿＿＿＿＿＿＿＿

購書書店：＿＿＿＿＿市（縣）＿＿＿＿書店

■您習慣以何種方式購書？

□逛書店 □劃撥郵購 □電話訂購 □傳真訂購 □銷售人員推薦
□團體訂購 □網路訂購 □讀書會 □演講活動 □其他＿＿＿＿

■您從何處得知本書消息？

□書店 □報章雜誌 □廣播節目 □電視節目 □銷售人員推薦
□師友介紹 □廣告信函 □書訊 □網路 □其他＿＿＿＿

■您的基本資料：

性別：□男 □女　婚姻：□已婚 □未婚　年齡：民國＿＿＿年次

職業：□製造業 □銷售業 □金融業 □資訊業 □學生
□大眾傳播 □自由業 □服務業 □軍警 □公 □教 □家管
□其他＿＿＿＿＿＿

教育程度：□高中以下 □專科 □大學 □研究所及以上

建議事項：

愛戀智慧 閱讀大師

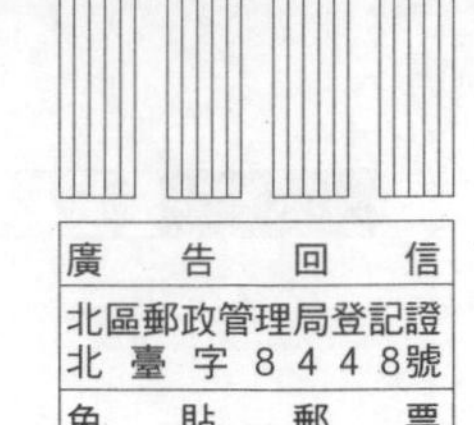

立緒文化事業有限公司 收

新北市 231

新店區中央六街62號一樓

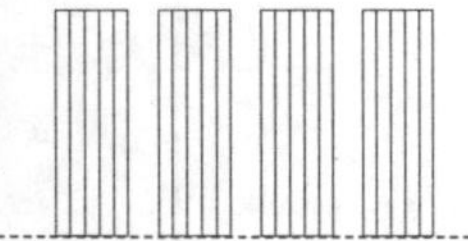

請沿虛線摺下裝訂，謝謝！

感謝您購買立緒文化的書籍

為提供讀者更好的服務，現在填妥各項資訊，寄回閱讀卡（免貼郵票），或者歡迎上網http://www.facebook.com/ncp231即可收到最新書訊及不定期優惠訊息。